L'habillé et le nu

COLLECTION « RELIGIONS ET CROYANCES »

La collection regroupe des ouvrages portant sur les religions des Amériques, la Bible et les cultures, ainsi que sur les rapports entre l'éthique et la religion. La collection est ouverte aux manuscrits de langues française et anglaise.

Dans la même collection :

Pauline Côté, *Les Transactions politiques des croyants : Charismatiques et Témoins de Jéhovah dans le Québec des années 1970 et 1980*, 1993

Adolf Ens, *Subjects or Citizens ? : The Mennonite Experience in Canada, 1870-1925*, 1994

Robert Choquette, *The Oblate Assault on Canada's Northwest*, 1995

Jennifer Reid, *Myth, Symbol, and Colonial Encounter : British and Mi'kmaq in Acadia, 1700-1867*, 1995

M. D. Faber, *New Age Thinking*, 1996

COLLECTION « RELIGIONS ET CROYANCES » N° 6

ANDRÉ GUINDON

L'habillé et le nu

Pour une éthique du vêtir et du dénuder

ESSAI

Texte établi et présenté par
Rosaire Bellemare et Réjean Robidoux

Les Presses de l'Université d'Ottawa
Les éditions du cerf

Cet ouvrage a été publié grâce à une subvention de la Fédération canadienne des sciences humaines et sociales (FCSHS), dont les fonds proviennent du Conseil de recherches en sciences humaines du Canada.

Les Presses de l'Université d'Ottawa remercient le Conseil des Arts du Canada, le ministère du Patrimoine canadien et l'Université d'Ottawa de l'aide qu'ils apportent à leur programme de publication.

DONNÉES DE CATALOGAGE AVANT PUBLICATION (CANADA)

Guindon, André, 1933-1993

L'habillé et le nu : pour une éthique du vêtir et du dénuder : essai

(Collection Religions et croyances ; n° 6)
(Recherches morales)

Comprend des références bibliographiques.

ISBN 2-7603-0443-4 (Presses de l'Université d'Ottawa)

ISBN 2-204-05876-9 (Les éditions du cerf)

1. Vêtements – Aspect moral. 2. Nudité – Aspect moral. 3. Morale sexuelle. 4. Morale pratique I. Bellemare, Rosaire II. Robidoux, Réjean, 1928- III. Titre. IV. Collection : Religions et croyances ; n° 6

B J1697.G84 1997 177'.4 C97-900399-7

Maquette de la couverture : Robert Dolbec

Mise en page : Danielle Péret

ISBN 2-7603-0443-4 (Presses de l'Université d'Ottawa)
ISBN 2-204-05876-9 (Les éditions du cerf)

Imprimé et relié au Canada

TABLE DES MATIÈRES

AVANT-PROPOS

Rosaire Bellemare

Ce livre est un ouvrage posthume. André Guindon y travaillait depuis deux ou trois ans, quand la mort est venue le foudroyer. Dans les papiers qu'il laissait, tout spontanément des collègues amis ont vu plus que des textes abandonnés : un legs. Au fait, il s'agit d'une masse considérable de manuscrits : rédactions successives, certaines dactylographiées, surchargées de ratures, de reprises, d'ajouts – témoignages d'un labeur tant scrupuleux que tenace. On avait sous les yeux autre chose évidemment qu'un brouillon, un texte très travaillé. Mais ce n'est pas un texte qu'on puisse tenir pour absolument définitif. Réjean Robidoux et moi, à qui est échue la tâche de le préparer pour l'édition, en sommes convaincus : A. Guindon avait sans aucun doute encore l'intention de le réviser. Nous avons de fortes raisons de le croire.

Il y a d'abord de ces maladresses et de ces défauts dus à l'inadvertance et qu'un auteur soigneux dépiste en se relisant. Il va sans dire que nous avons fait les corrections nécessaires. Il y a aussi une numérotation des chapitres intrigante parce que double. Une table des matières conservée sur disquette et revue le 2 août 1993 (peu avant sa mort, donc) fait état de 13 chapitres numérotés de 1 à 13. Nous suivrons cet ordre, malgré le fait que le texte répartit le même contenu en chapitres portant les numéros de 1 à 6, puis de 15 à 21. De quoi est-ce le signe ? D'une simple refonte ? De coupures faites dans un projet plus ambitieux ? Nous ne pouvons savoir. En rapportant cette anomalie, nous ne tentons pas de l'expliquer, mais plutôt d'indiquer le caractère encore inachevé de la rédaction.

Beaucoup plus significatif est le fait que A. Guindon, à l'automne 1993, consacrait, une fois de plus, un cours à l'éthique de la nudité et du vêtement. Pour lui, il ne pouvait s'agir d'une répétition, mais d'une reprise du cours précédent pouvant entraîner une refonte importante. C'était de son caractère. Ce que cet enseignement allait lui apporter de neuf ou de mieux perçu aurait à coup sûr trouvé place dans l'ouvrage en chantier. Autre indice d'inachèvement : A. Guindon n'a jamais tenu un texte pour fini avant de l'avoir soumis à des confrères et retouché dans le sens des critiques qu'il jugeait recevables. Ce n'est pas le cas de ce manuscrit, inutile de le dire.

Ceci posé, le texte d'André Guindon nous paraît bien mériter la publication. En premier lieu, à cause de son originalité. Si une morale de fait, une casuistique étriquée de la décence et de l'indécence des modes a sévi jusqu'à une époque récente, le sujet du vêtement et de la nudité n'est guère menacé de banalisation en morale catholique... Il y a vraiment pénurie. La constatation a quelque chose de troublant si l'on songe que, du côté d'autres disciplines (anthropologie, histoire, sociologie, psychologie, etc.), les études se multiplient à un rythme accéléré. À cet égard, c'est un véritable débroussaillement qu'avait entrepris André Guindon. Il serait regrettable que les premiers fruits de sa recherche, même en ce qu'ils peuvent comporter de provisoire, soient à jamais perdus. Ceux et celles qu'intéresse cet ordre de problèmes seraient privés d'un ouvrage utile, propre à stimuler la réflexion.

Le manuscrit d'A. Guindon porte comme titre Une éthique du vêtir et du dénuder. *Cela fait plutôt austère. Pour prévenir cette impression, nous avons cru bon de changer l'intitulé en* L'habillé et le nu. *En même temps, nous avons tenu à conserver l'original et à le placer en sous-titre. L'auteur l'avait précisé, mis au point avec un soin méticuleux dont il importe de saisir le sens. Les infinitifs substantivés, dénuder et vêtir, disent avec netteté ce dont traite l'ouvrage. Ce sont des agirs dont il faut discerner la moralité ou l'immoralité. Celles-ci ne peuvent se prendre du fait matériel d'être nu ou vêtu de telle ou telle façon. Elles se rattachent à l'univers de l'intention – desseins et désirs – ou elles ne sont que mots creux. C'est là, et non ailleurs, que « mettre à nu » et « couvrir d'un vêtement » constituent des gestuelles porteuses de signification humaine positive ou négative. En cela, A. Guindon se maintient fermement, et c'est heureux, dans la ligne où il s'était engagé avec ses ouvrages précédents,* The Sexual Language *et* The Sexual Creators. *Vêtir et dénuder prennent sens en éthique du fait qu'ils parlent; du fait que la nudité* dit *quelque chose d'une personne que le vêtement* ne dit pas *(ou même tait), et que, inversement, le costume manifeste quelque chose que ne saurait exprimer le nu.*

Il en est des significations transmises par ces gestuelles comme du vrai en deçà et au-delà des Pyrénées. Ce qui est obscénité intolérable à une époque ou dans une culture peut être pudeur en d'autres temps ou milieux. De ces diversités irréductibles A. Guindon a demandé aux sciences humaines des spécimens révélateurs. Démarche obligée quand on a en vue une éthique qui soit autre chose que la consécration de coutumes propres à une collectivité particulière, religieuse, nationale, ethnique, ou que l'enième mouture d'une morale supposée supratemporelle et universellement valable. On pourra, c'est par trop évident, ajouter à l'information ici recueillie ou, au contraire, en laisser tomber l'une ou l'autre pièce. On pourra aussi critiquer telle ou telle interprétation proposée. Il reste que le lecteur trouvera dans cet ouvrage, en plus d'une organisation de la matière tout à fait soutenable, un ensemble de considérations critiques méritant un examen sérieux.

L'ordonnance de ces matériaux ne s'est pas produite sans présupposés qui, au fond, n'en font qu'un et que j'essaierai de détailler. Pour commencer, retenons l'obligation d'écarter tout apriorisme : pas de présomption d'immoralité liée au nu, ni de moralité liée au vêtement. Il y a, en effet, un universel à respecter. Dans un article, posthume, A. Guindon en avançait cette expression : « Aucune société connue – exception faite de tribus dégénérescentes – ne vit la nudité comme un fait brut, insignifiant, inconscient[1] *». Autant dire sans quelque souci de moralité. Et cela vaut aussi bien pour la pratique du vêtir. Mais, à ce point, l'*a priori *à éviter se précise. Il consisterait à porter sur une pratique culturelle un jugement de valeur formé hors de son milieu, à la lumière de « principes » qui lui restent étrangers. (Que ces principes se donnent pour* chrétiens *ne constitue pas une excuse.) Ainsi l'universel qu'on respecte, loin de gommer les diversités, les assume, en quoi il se distingue du général. Mais d'autre part, une éthique qui se noierait dans le divers se réduirait à un catalogue de notations empiriques. Elle n'aurait plus de discours propre. Aussi s'impose-t-il de repérer ce que le divers recouvre de commun.*

À cet effet, A. Guindon procède à un classement formel de différents « signifiés » que supportent les deux « signifiants », le vêtir et le dénuder, en vue de fournir au discours éthique un ancrage solide. Son essai révèle en cela un aspect novateur certain, de la même veine, d'ailleurs, que The Sexual Language *et* The Sexual Creators. *Il inquiétera ceux que ces livres avaient effarés. Aux autres il offrira un modèle de recherche fondamentale dans un secteur du champ éthique.*

On aura compris que l'éthique envisagée par A. Guindon est simplement « naturelle », c'est-à-dire, qu'elle ne prétend pas se fonder sur la foi et ses expressions. Elle se propose, évidemment, à la pratique du chrétien, tenu, en tant qu'humain et comme tout humain, d'adopter des conduites humanisantes. La foi ne pousse pas à vivre dans une sorte de ghetto moral. Elle demande, c'est de son essence, à se vivre dans le monde de tous. Aller conclure de là qu'on l'ampute de sa capacité d'influer sur la moralité des fidèles, cela sert seulement à entretenir la désastreuse confu-

1. A. GUINDON, « La référence à la Tradition dans la production d'une "théologie morale" : illustration d'un cas », dans *Théologiques*, 1/2, octobre 1993, p. 65.

sion de la foi et de la morale (et de la religion). Croire en Dieu et en Christ relève d'un ordre supérieur : théologal – ordre des « mœurs divines », comme on osait dire au Moyen Âge. La foi, justement, saisit l'humain dans son agir libre et vrai pour lui faire « dire Dieu ». A. Guindon s'est expliqué sur le sujet dans l'article de Théologiques *cité plus haut. C'est à cette orientation que nous devons une autre étude de lui parue dans le* Laval théologique et philosophique[2] *et (ce qui nous concerne immédiatement) le chapitre 13 du présent ouvrage.*

Dans un avertissement placé en tête de ce chapitre, Réjean Robidoux et moi disons sous quelles réserves nous jugeons bon de le publier. Ici, je soulignerai la belle audace que l'auteur a dû déployer pour l'écrire. J'affirme, sans crainte de démenti, qu'il s'aventurait en territoire vierge. Si l'on excepte, par exemple, le cas de l'habit religieux, force est de reconnaître qu'il n'existe (pas encore ?) de routine théologique à mettre en rapport vêtir/dénuder et « dire Dieu ». La tentative d'A. Guindon paraîtra peut-être à certains rapide, encore malhabile, etc. Mais, soit dit sans vouloir imposer mon sentiment, du moins a-t-il le mérite de s'y être risqué. Et, ce faisant, de combler un vide regrettable.

J'ai mentionné les retouches que demandait le texte laissé par A. Guindon. J'y reviens brièvement, pour que le lecteur puisse se faire une idée de leur nature. La toilette à laquelle nous nous sommes permis, R. Robidoux et moi, de procéder est toute de surface. En voici quelques exemples. Pour éviter des répétitions, sans nuire à la clarté, nous avons remplacé certains termes par des synonymes. Nous avons aussi fait des inversions de mots ou de membres de phrase, affaire de parer à la monotonie. De même, certaines tournures ont été modifiées dans le but de les alléger ou de les varier. La retouche d'une phrase, comme on sait, amène souvent un rajustement de phrases voisines. De toute façon, aucune de nos corrections ne porte atteinte au sens voulu par l'auteur. Au vrai, nous croyons l'avoir bien servi.

Je manquerais à la mémoire de l'auteur si je concluais cette présentation sans avoir rappelé dans quel contexte difficile il a conçu et écrit son essai. Un moraliste bien placé pour savoir, René Simon, en a fait la remarque : « Le métier de théologien moraliste catholique n'est pas sans risque, comme chacun sait. [...] André Guindon en a fait l'expérience[3]. » Expérience éprouvante. Pour la dire je recourrais volontiers à la symbolique de nudité dont nous entretient ici le dernier chapitre. Comme les

2. A. GUINDON, « Pour une éthique du vêtement ou de la nudité ? », dans *Laval théologique et philosophique*, 50/3 octobre 1994, p. 555-574.
3. En tête d'un article de René Simon, « Vers une nouvelle approche de la responsabilité », dans *Église et théologie*, 26 (1995), n° 1, Numéro spécial *In Memoriam André Guindon*, p. 11.

autres moralistes voués à repenser une éthique sexuelle sclérosée, A. Guindon a dû s'exposer nu, sans fard ni masque, sans défense ni échappatoire, aux foudres de milieux conservateurs – sans la chance d'un François d'Assise d'avoir un prélat qui le couvrît de sa chape... Il a été la cible d'attaques souvent rageuses. Pire, il a été victime de dénonciations en haut lieu – cette gangrène de trop de relations dans l'Église. Je n'entends pas retracer la suite de ses démêlés avec la Congrégation pour la doctrine de la foi. Il y aurait trop à dire. Mais je tiens à expliquer, dans la mesure où je le peux, sa conduite durant ces pénibles années.

Si A. Guindon entreprend vers 1990, donc alors qu'il est en difficulté avec la Congrégation, sa recherche sur la nudité, on n'a pas à y voir un geste de bravade contre la curie. Bien sûr, il ne craint pas d'aborder un sujet sexuel et de le traiter dans l'esprit de ses écrits précédents. Mais il le fait pour un motif aisément discernable. Ces mêmes années, en effet, il s'intéresse à fond à l'éthique de la parole (il lui consacrera un séminaire). Sa réflexion est alors tout occupée des dires *humains et de leur moralité, qu'il s'agisse de la parole au sens premier, du langage analogue qu'est la conduite sexuelle ou, maintenant, de cet autre langage : la gestuelle du dénuder et du vêtir. Positions connexes qu'il fallait rappeler afin de restituer le présent essai à l'ensemble cohérent de l'œuvre.*

Dans le cadre que je viens d'évoquer, il est par trop clair que le moraliste doit se mettre à l'écoute de ce que disent *les agents moraux dans et par leur agir. En d'autres mots, ce qu'ils signifient d'eux-mêmes à leurs propres yeux et au regard d'autrui. Et cela, c'est leur manière plus ou moins bien ou mal venue de se faire humain en soi et envers l'autre. Une telle approche du domaine éthique vient heurter les tenants de notions non critiquées de « morale révélée » et de « morale chrétienne ». Ils la taxeront volontiers de naturalisme*[4].

Ce n'est pas ici le lieu de polémiquer. Mais il faut bien signaler ce qui en théologie *morale oppose A. Guindon à ses accusateurs : le rapport de la morale à Dieu. Comme à beaucoup de théologiens, l'idée lui paraît simpliste d'un ensemble de principes, de règles ou de codes arrêtés et dictés du dehors par Dieu. Aussi, plutôt que du côté de l'origine cherche-t-il du côté de l'orientation. Deux phrases tirées d'un de ses derniers articles le disent nettement : « En somme, l'éthique est "chrétienne" en ce qu'elle offre un substrat humain à la croissance dans le Mystère de la vie divine. L'agir humain devient, par grâce, agir chrétien ouvert sur un avenir absolu en Dieu*[5]. »

---

4. En marge, un trait édifiant. On a bien qualifié de naturaliste la « morale » de Thomas d'Aquin. Un blâme contre lequel même le titre de Docteur commun n'offre qu'une mince protection...

Il y a là, dirais-je, une aspiration du moral par le théologal – d'un moral qui ainsi se dépasse sans se dénaturer. Et cela fait reparaître le rapport Dieu-morale sous un autre aspect auquel A. Guindon s'est montré extrêmement sensible, un trait que ses accusateurs ne semblent pas avoir reconnu (ou si peu).

Parler d'ouverture à Dieu est légitime à condition de dire de quel Dieu il s'agit. On connaît (suffisamment ?) les malheurs provoqués par tout absolu négateur de l'humain, que ce soit le Dieu pervers *dénoncé par Maurice Bellet, le Terrible exposé par Jean Delumeau dans* Le péché et la peur, *enfin n'importe quelle figure de potentat, de tourmenteur, de vengeur, de pourvoyeur de merveilleux. La « morale chrétienne » n'est ni morale ni chrétienne à moins qu'elle n'aide le croyant à porter son humanité devant Dieu Agapè, générosité infinie qui veut sa créature heureuse et sauve. Nous touchons au plus vif des positions prises par A. Guindon.*

L'énergie et la persévérance remarquables qu'il a consacrées à promouvoir une « morale de la personne » contre une « morale des actes » se comprend comme refus d'enfermer la morale en elle-même, de donner dans « la morale pour la morale ». Le bon agir ne s'arrête pas à l'« éthiquement correct ». Il se justifie par ce qu'il fait de l'agent, femme ou homme : un meilleur humain. Cela passe la différence entre croyants et incroyants. Reste aux chrétiens, aux chrétiennes, sans se prétendre moralement supérieurs, *à poursuivre leur quête de Dieu vivant et vrai.*

Dans le domaine de la sexualité, une telle conception de l'éthique approche l'humain créé homme et femme sans retoucher cette condition sienne, sans le désexuer – pour me permettre un néologisme. Se comprend ainsi la pleine attention portée par A. Guindon au corps : au corps humain, à humaniser, non au corps-chose. Par où il rejoint la pensée de M. Bellet : « La mort du désir qui va à la mort est *jubilation et plénitude du corps. Chemin perdu en Occident ! Où l'on ne connaît pas, du moins peu, cette bonne joie du corps d'être libre, de n'être tenu ni par les envies ni par les contraintes. Il vit ; et, même mortel, il n'est pas un corps-pour-la-mort*[6]. »

Dans les premiers mois de 1993, A. Guindon faisait paraître les explications exigées de lui par la Congrégation pour la doctrine de la foi[7].

5. « La référence à la Tradition dans la production d'une "théologie morale" : illustration d'un cas », dans *Théologiques*, 4, 1/2, octobre 1993, p. 74. Le cas est, justement, celui de la nudité. (Il faut déplorer l'abondance de coquilles qui déparent ce texte.)

6. M. BELLET, *L'Issue*, Desclée de Brouwer, 1984, p. 200.

7. « L'éthique sexuelle qu'en Église je professe. À propos de *The Sexual Creators* », dans *Église et théologie*, 24 (1993), p. 5-23. En traduction anglaise dans *Origins*, 22 (1993), p. 630-636.

D'un côté, il reconnaissait sans détour avoir parfois utilisé des formules trop vives ou insuffisamment nuancées. De l'autre, il défendait la justesse de ses vues aussi bien que la droiture de ses intentions. Il le faisait avec assurance, mais sans opiniâtreté. Quelque huit mois plus tard, il mourait sans avoir appris comment les autorités avaient reçu son apologie.

Si A. Guindon avait vu à la publication de son ouvrage, il aurait remercié ses deux assistants de recherche, dont il louait souvent le travail, Christine Jamieson et Kevin Murphy. Nous ne saurions passer leur nom sous silence. Il faut remercier également Kenneth Russell qui s'est livré à un fastidieux labeur de vérification des références données par l'auteur. Je m'en voudrais, enfin, de ne pas signaler la tâche accomplie par Viviane Robidoux, qui a assuré la transcription de ce long manuscrit.

PREMIÈRE PARTIE

DU VÊTIR

CHAPITRE 1
Pour une éthique du vêtir

Les mots pour écrire

« Vêtement » se dit d'objets fabriqués pour couvrir (*vestire*) et parer le corps humain : coiffures et chaussures, linges et costumes, accessoires. Certains y incluraient les « inscriptions tégumentaires » : le tatouage pour les peaux claires, la scarification pour les peaux sombres et la peinture[1]. Dans la liste des synonymes, aucun autre terme n'est aussi générique. « Vêtement » ne porte pas les connotations particulières attachées, dans l'usage moderne, à d'autres mots du même groupe. « Habit » suggère un vêtement propre à une fonction (habit de gala, habit liturgique), à une institution (habit de cour, habit ecclésiastique) ou à une occupation (habit de travail, habit de combat). « Tenue » ajoute à « habit » l'idée de manière. « Habillement » dénote plutôt une action : celle de se couvrir le corps, celle de pourvoir (magasin d'habillement), celle de se pourvoir (dépenses d'habillement), ou encore le résultat d'une action (l'ensemble des habits dont on s'est revêtu). « Toilette » fait ressortir le soin prêté à s'habiller, à se parer. De son origine italienne, où il avait le sens de coutume, « costume » garde, dans des expressions comme « costume national », l'idée de conformité à des règles coutumières. Dans l'usage courant, il indique généralement un costume d'apparat, de cérémonie, de théâtre, ou encore, lorsqu'il est employé seul, le « complet » masculin composé de deux (ou trois) pièces : veste, pantalon et gilet. Nous nous rapprochons, avec ce terme, de l'idée d'« uniforme » qui, elle, souligne davantage l'homogénéité d'un costume porté par un groupe quelconque, par exemple la gent militaire, écolière ou infirmière.

Sur la base de l'étymologie ou de l'usage courant, des spécialistes pourront fabriquer des jargons techniques. Historien, F. Boucher suggère

---

1. J.-T. MAERTENS, I, p. 32; J. LAURENT, p. 9.

l'emploi d'« habillement » pour indiquer les conditions matérielles (climat, santé ou production) et de « costume » pour les conditions mentales (croyances, esthétique ou statut social)[2]. Linguiste, R. Barthes propose d'utiliser « vêtement » pour signifier la forme institutionnelle d'un système vestimentaire donné et « habillement » pour l'acte d'appropriation individuelle de cette institution sémiologique[3]. Utiles en langage didactique, ces jargons ne servent guère à notre propos. Nous nous en tiendrons aux propriétés des mots généralement admises, tout en nous autorisant de la souplesse permise par les dictionnaires usuels.

Ces observations lexicales aident à préciser l'expression « éthique du vêtir ». D'une part, la catégorie « vêtir » annonce une considération qui n'exclut rien de ce dont les êtres humains couvrent et parent leurs corps : amulettes ou bijoux, tatouages ou peintures, fards ou coiffures, pagnes ou tuniques, souliers ou gants, culottes ou jupes, robes ou tailleurs. D'autre part, notre analyse ne se confine pas au code vestimentaire qu'a examiné Barthes à travers les dires des revues de mode. Si elle examine aussi les systèmes vestimentaires, c'est dans le but de fonder une réflexion sur les actes du vêtir. Car l'éthique s'intéresse tout spécialement à la conduite des personnes qui, par des sélections vestimentaires appropriées, cherchent à exprimer et à communiquer des messages individuels et sociaux.

Discours scientifiques et discours éthiques

Tout discours qui prétend éclairer la vérité pratique d'un agir humain quelconque (l'éthique) et les normes aptes à le régir de façon sensée (la morale) n'a droit à notre considération que dans la mesure où il donne des garanties quant au sérieux de son information sur l'agir en cause. On ne saurait validement recommander ou déconseiller, ni, *a fortiori*, prescrire ou interdire une conduite vestimentaire quelconque sans connaître la nature des rapports humains que l'acte du vêtir tend à établir. Gouvernement et Tribunal, École et Église, Industrie et Beaux-Arts détiennent toujours un pouvoir de recommandation, sinon d'imposition, des comportements vestimentaires. Néanmoins, le bien-fondé de leurs interventions tiendra toujours à la rectitude des rapports humains qu'elles favorisent. Malgré sa discipline hiérarchique musclée, l'Église catholique ne parvient plus à imposer l'habit ecclésiastique à une partie considérable de son clergé qui le juge contre-producteur de rapports humains ou pastoraux. En Amérique anglo-saxonne, à l'époque coloniale, on assistait à un phéno-

2. F. BOUCHER, p. 9.
3. R. BARTHES, 1967, p. 28.

mène semblable dans les communautés religieuses évangéliques qui refusaient vigoureusement la prédication des ministres itinérants qui affichaient leurs privilèges hiérarchiques par le costume clérical[4]. L'Industrie, dont la puissance de persuasion est colossale, réussit de moins en moins à vendre ses fourrures naturelles à un public qui juge que s'emmitoufler dans des dépouilles d'animaux est une obscénité écologique[5]. L'École des années 1960 a perdu la bataille, nonobstant ses « mesures de guerre » impressionnantes, contre les jeans unisexes et les cheveux longs des jeunes mâles. S'il espère convaincre, le discours sur les mœurs vestimentaires doit s'interroger d'abord sur les propriétés et les buts de l'activité humaine du vêtir.

Qui instruira ici l'éthique ? Au cours du XXe siècle, un grand nombre de disciplines scientifiques se sont intéressées progressivement au phénomène vestimentaire. Chacune d'entre elles contribue à en éclairer l'une ou l'autre facette. Dès la fin du XIXe siècle, les sciences socio-économiques virent dans l'habillement une forme collective de comportement[6]. Elles s'affairèrent à étudier les rapports qui existent entre conduites vestimentaires et structure des classes sociales[7]. Les écoles psychologiques se mirent de la partie. Le behaviorisme formulait des questions sur les méthodes d'enquête et d'observation propres à justifier des propositions généralisables au comportement vestimentaire[8]. La psychanalyse, pour sa part, s'en donnait à cœur joie, brandissant les grands symboles freudiens qui sous-tendent aussi bien les conduites d'apparence que chaque pièce du vêtement, de la cravate phallique à la fourrure pubienne[9]. Ethnologues, archéologues, historiens de la culture matérielle et de l'art, d'autres encore s'emparèrent tour à tour de cet objet de recherche, estimant que l'étude des pratiques vestimentaires est aussi essentielle à la compréhension des sociétés, de leur organisation et de leur évolution, que celle des pratiques économiques, agricoles, guerrières ou gouvernementales[10].

Si elle reste fidèle à sa méthode, néanmoins, aucune discipline scientifique ne nous livre le « dernier mot » sur la gestuelle vêtue. Chacune n'en considère qu'un aspect particulier : économique, social, biologique, politique ou historique. Les influentes théories sociologiques, par exemple, n'expliquent pas comment se construisent les significations d'un code

---

4. L. E. SCHMIDT, p. 41-42.
5. A. LURIE, 1981, p. 128.
6. G. DE TARDE, 1895.
7. T. VEBLEN, 1903 et 1934; G. SIMMEL, 1978 [1907]. Ces pionniers ont fait école : B. BARBER, 1957; D. ROBINSON, 1961; G. D. McCRACKEN, 1985b [voir la biblio. de F. DAVIS, 1992.]
8 L. W. FLACCUS, 1906.
9. J. C. FLÜGEL, 1929 et 1930; J. LAVER, 1938; C. W. CUNNINGTON, 1938, 1941.
10. J. SCHNEIDER et A. B. WEINER, 1986; D. ROCHE, 1989.

vestimentaire, comment elles se communiquent et éventuellement se dissipent[11].

Les sciences ne saisissent leur objet propre que dans des échantillonnages ou dans des recueils circonscrits et imparfaitement représentatifs du comportement de l'ensemble de la population. Les études empiriques, par exemple, sont notoires pour leur recours excessif à des échantillons étudiants. Les historiens du vêtement, pour leur part, déplorent les limites des sources pour l'histoire antérieure au XVIIe siècle. Ils doivent se fier presque exclusivement à des œuvres d'art (et les portraits qui s'intéressent aux comportements humains ne remontent guère qu'au XVIe siècle[12]) et aux écrits normatifs tels les lois somptuaires, les sermons, les traités de morale, les codes de civilité. Idéologiques, ces documents sont souvent fort éloignés de la réalité vestimentaire vécue. Qu'on pense aux patriotiques tableaux représentant des bataillons aux coloris flamboyants. La réalité de l'époque ? Des teintures solubles qui, exposées aux éléments, donnaient des uniformes aux bleus verdissants, aux rouges affadis, aux blancs pisseux[13]. Le quotidien est plus grisâtre que ne le fait miroiter l'art, plus noble cependant que ne l'imagine bassement le moralisme. En tout état de cause, ces témoignages de corps figurés nous livrent « ce qui a été perçu et apprécié », non pas « la vérité de ce "qui a été"[14] ». Quant aux collections de costumes qui contiennent des pièces d'archives du XVIIe siècle, elles ne reflètent guère que les habits d'apparat aristocratiques : à peine quelques articles de linge intime et de vêtements de tous les jours[15]. Même une source apparemment aussi « objective » que celle des traditionnels inventaires après décès est, pour une bonne part, trompeuse, puisque seuls les gens assez nantis pouvaient se payer les services d'un notaire. Si les recueils de costumes apparurent au milieu du Grand Siècle et se multiplièrent progressivement[16], on est en droit de se demander si ces instruments représentent mieux le quotidien vestimentaire que ne le font nos propres magazines de mode. Qui porte ces pièces de collections haute couture exhibées annuellement dans des parades de mannequins ? Ces modèles de collection représentent-ils nos garde-robes ? notre vérité humaine ?

Si chaque contribution scientifique reste limitée, autant dans les données qu'elle recueille que par la particularité de son point de vue, l'ensemble des données colligées et des interprétations proposées est de plus

---

11. F. DAVIS, p. 112-113.
12. F. W. S. VAN THIENEN, p. 55-56.
13. D. ROCHE, p. 236-237.
14. P. PERROT, p. 8.
15. J.-T. MAERTENS, IV, p. 9-10; D. ROCHE, p. 15.
16. D. ROCHE, p. 74-75; 21.

en plus impressionnant à mesure que la documentation s'enrichit et que la méthodologie se perfectionne. Pour faire servir à notre recherche ces savoirs théoriques et parcellaires, il nous faut assembler les pièces détachées, les ajuster, en dégager les significations. À la lumière de cette lecture par le dedans (*insight*), nous pourrons nous adonner aux opérations intellectuelles et affectives créatrices que sont les significations à donner et les valeurs à conférer à nos propres conduites vestimentaires. Du côté de la rigueur des savoirs scientifiques, l'opération se soldera inévitablement par un déficit; du côté de l'intelligibilité d'un phénomène global – seul capable de fonder une pratique sage – elle marquera un gain. Le spécialiste de l'éthique s'expose toujours à la critique des esprits scientifiques en tentant de réfléchir sur un ensemble dont il ne saurait maîtriser les détails les plus infimes. Nous nous en excusons auprès d'eux. Soucieuse de virgules, par contre, notre société scientifique et technologique a du mal à saisir le sens global du « texte vestimentaire ». Si les certitudes éthiques ne dépassent jamais le statut épistémologique d'approximations de la vérité pratique des conduites et des attitudes humaines, elles ont néanmoins l'avantage de viser, autant que faire se peut, l'ensemble du texte plutôt que l'une ou l'autre de ses composantes.

Sémiologie vestimentaire et éthique

Parmi les sciences qui s'intéressent au vêtement, la sémiologie (et ses rapports avec l'éthique) mérite une attention particulière. La sémiologie est la discipline qui « étudie les principes généraux régissant le fonctionnement des systèmes de signes ou codes et établit leur typologie[17] ». Parmi ces systèmes, celui qui permet aux humains d'exprimer leur pensée oralement a été le plus étudié. Langage, langue et parole sont trois catégories distinctes. Le « langage » est la fonction d'expression de la pensée entre les humains. Il désigne l'aptitude ou la faculté qu'ont tous les êtres humains d'exprimer leur pensée. La « langue » est la mise en œuvre du langage par un système de signes communs à une communauté déterminée d'usagers. Si le langage est humain, la langue est française, anglaise, chinoise... Sans un code linguistique pour communiquer avec autrui, personne ne pourrait exercer la fonction langagière. Institution sociale, la langue est gérée par une communauté d'usagers. La « parole » est l'exercice individuel de la fonction langagière suivant un système linguistique donné. Elle incarne langage et langue pour les faire passer à l'acte. À mi-

17. L. J. PRIETO, p. 93. Voir aussi G. MOUNIN, p. 295-296.

chemin entre langue et parole, on situera le « discours », appropriation idéologique d'un système linguistique par un groupe d'individus[18].

La sémiologie ne se réduit pas à la linguistique. R. Barthes a proposé d'y inclure tous les faits signifiants, notamment le vêtement[19]. Déjà des sémiologues se sont mis à l'œuvre[20] pour reconstituer cet ordre spécifique qu'est la culture des apparences, là où, comme le dit D. Roche, « le mental se fait corps[21] ». La sémiologie s'avère particulièrement utile pour déchiffrer la gestuelle vestimentaire, cet ensemble de signes qui, consciemment ou non, exprime autant la singularité propre à chaque esprit incarné de notre espèce que les liens multiples qui nous unissent les uns aux autres. Système archaïque qui, dans les rencontres humaines, précède tout commerce langagier. Avant même de s'adresser la parole, les individus échangent de multiples informations personnelles et sociales par leur tenue vestimentaire. Dans cette « manière de parler[22] », on distinguera, comme on le fait en linguistique, entre l'aptitude ou la fonction vestimentaire, le système vestimentaire et l'appropriation personnelle d'un système vestimentaire, et, à mi-chemin entre ces deux derniers, l'appropriation idéologique d'un système vestimentaire par un groupe d'individus. Héritiers des définitions saussuriennes de leur science, les sémiologues s'intéressent prioritairement au *système* vestimentaire. Ils pratiquent la sémiotique qui porte sur les signes en tant que tels. D'une part, il ne leur appartient pas de comprendre et d'interpréter la *fonction* vestimentaire. C'est aux philosophes du langage qu'il revient de s'interroger sur la signification de l'aptitude vestimentaire chez les humains. D'autre part, les appropriations d'un système vestimentaire par un ou des émetteurs dans une société donnée mettent en cause d'innombrables éléments extra-sémiotiques qui échappent également à la compétence du sémioticien. En tant qu'historiques ces appropriations intéressent l'histoire; en tant que collectives, la sociologie; en tant qu'individuelles, la psychologie; en tant que réglées par la raison droite et la sagesse pratique, l'éthique et la morale.

Paraphrasant M. Merleau-Ponty, on peut dire que l'éthique examine spécifiquement les gestuelles « gestuantes » (la gestuelle en acte, l'énonciation, la communication) plutôt que les gestuelles « gestuées » (le résultat constatable de la gestuelle, l'énoncé, le communiqué[23]). Contrairement

---

18. Pour ce sens de discours, voir O. REBOUL, 1971.
19. R. BARTHES, 1957 et 1964.
20. R. BARTHES, 1967; Y. DELAPORTE, 1984. Moins rigoureusement, M.-A. DESCAMPS, 1984.
21. D. ROCHE, p. 487.
22. M. TOUSSAINT-SAMAT, p. 3.
23. M. MERLEAU-PONTY, p. 229-230.

à l'histoire (y compris l'histoire de la morale), qui scrute des produits passés, l'éthique s'interroge sur l'événement de production en tant que réglé par un propos d'humanisation. Le discours éthique vise une gestuelle vestimentaire présente ou future qui soit apte à promouvoir des interactions de bonne qualité, c'est-à-dire aptes à nous libérer des entraves à notre épanouissement humain. À peu près tout ce qu'on trouve dans la vaste littérature actuelle concernant les mœurs vestimentaires relève de l'histoire de l'éthique, plutôt que de l'éthique proprement dite. Celle-là peut contribuer à produire celle-ci, mais elle ne saurait s'y substituer.

Porteuse des particularités d'un contexte événementiel et des dispositions singulières autant d'un émetteur que d'un récepteur, la gestuelle vestimentaire *en acte* déborde toujours l'objet de la science sémiologique. Rien d'intelligible ne serait transmis ni reçu, par contre, si les acteurs en cause ne partageaient pas un fond commun de règles lexicales et syntaxiques qui permet à l'aptitude vestimentaire de s'exercer et aux usagers de décoder leur habillement. Conformiste ou non, le geste d'habillement n'est interprétable qu'à partir d'un système vestimentaire socialement reçu. Aussi l'éthique reste-t-elle muette, ou alors elle discourt inconsidérément, comme elle ne s'est guère privée de le faire en ce domaine, si elle ne table pas sur une analyse sémiologique pour comprendre la structure du système formel que tout vêtir met effectivement en œuvre.

Matières vestimentaires

Le système vestimentaire est un système de « signes », notion qui appelle la distinction primordiale entre signifié et signifiant. Tout signe, en effet, est une entité à « deux faces ». La première, mentale, non sensible, est le signifié; la deuxième, sensible, est le signifiant, grâce auquel le signe livre son message, sa signification. On pourrait parler, en très gros, de « contenu » pour le signifié et de « contenant » pour le signifiant. Par son immatérialité, le signifié ouvre le signe à une infinité de significations. Par sa matérialité, au contraire, le signifiant est l'élément limitatif. Ainsi, dans le système linguistique, le signifiant n'a à sa disposition qu'un nombre limité de sons (objets de la phonétique) et de premières unités distinctives, nommées phonèmes (objets de la phonologie). Si le langage humain, par exemple, utilise une matière non signifiante comme les sons (qui sont représentés graphiquement dans les divers alphabets existants), chaque langue détermine les unités sonores distinctives de base (les phonèmes) dont ses signifiants seront constitués. La liste en est restreinte et relativement stable, quoique sujette à certaines variations dans le temps et dans l'espace. L'espagnol parlé en Amérique, par exemple, n'a que vingt-deux phonèmes, contre vingt-quatre en Espagne; le français parlé à Paris aujourd'hui n'a plus que trente et un phonèmes contre trente-quatre avant 1940[24].

Si l'analyse du signifiant linguistique laisse encore place aux inévitables variations et débats d'école, elle jouit d'une certaine homogénéité qu'on parviendra difficilement à établir dans le domaine du signifiant vestimentaire. L'élaboration d'une taxonomie des *vestèmes* (correspondant aux *phonèmes*) d'un code vestimentaire donné, comme le suggère M.-A. Descamps[25], m'apparaît une entreprise vouée à l'échec. Pourquoi ? Parce que l'étude du signifiant vestimentaire est confrontée à deux problèmes qui, combinés, soulèvent des difficultés méthodologiques considérables : celui d'isoler une « gestuelle vestimentaire » d'une « gestuelle corporelle » sans briser leur correspondance; celui de la multiplicité des matières non signifiantes de base (par exemple, les « sons » du langage) sur lesquelles tout système signifiant s'échafaude. Nommons-les simplement les matières vestimentaires.

La cosmétologie illustre bien le premier problème. Qu'on pense aux soins du visage avec fond de teint, poudre, rouges à joues et à lèvres, mascara pour les cils, crayon pour les sourcils, ombre pour les paupières, tout cela en teintes innombrables et en texture grasse ou sèche, brillante ou mate. Le système signifiant d'une cosmétique faciale donnée est-il aussi isolable de la gestuelle faciale[26] que les phonèmes linguistiques le sont des voix qui les produisent et les modulent? Je suggère que non. Les effets d'occultation ou de manifestation, d'amincissement ou d'épaississement, d'éclat ou de matité produits sur les sourcils par l'application savante de rimmel ne sont signifiants qu'en conjonction avec les jeux variés de haussement, d'abaissement, de froncement ou de défroncement des sourcils eux-mêmes dans le cadre d'un visage aux mimiques signifiantes. L'art de farder consiste à rehausser les caractéristiques les plus intéressantes d'une gestuelle faciale. La gestuelle cosmétique n'a de virtualité signifiante qu'articulée sur une gestuelle première, celle du visage humain, la région la plus expressive du corps humain. Un code cosmétique ne saurait donc s'élaborer indépendamment d'un code facial donné, ce qui complique singulièrement le travail sémiologique.

Si l'on prétend que la cosmétique pose un problème trop particulier pour permettre une généralisation couvrant l'ensemble de la gestuelle vestimentaire, qu'on pense au chiton ionien, à la toge romaine, au haïk arabe et somalien, au sari indien. Leur dignité incontestable leur vient moins de

---

24. Pour une bonne introduction à ces notions de linguistique, on consultera avec profit A. MARTINET (dir.), 1968; O. DUCROT et T. TODOROV, 1972.
25. M.-A. DESCAMPS, 1984, p. 53-54.
26. P. ECKMAN, 1982.

la forme des vêtements eux-mêmes que de la manière de les porter[27]. Quelle qu'elle soit, la coupe peut-elle servir à coder une gestuelle vestimentaire indépendamment d'une certaine « manière corporelle », d'un port, d'une allure, d'un maintien qu'elle cherche à souligner? Beau Brummel, le dandy le mieux vêtu dans l'Angleterre de son temps, ne se distinguait ni par l'éducation ni par une beauté remarquables, mais par une physionomie, un port de tête, une attitude du corps et un regard qui lui conféraient de la « classe[28] ». Portés par d'autres, ses costumes n'auraient pas produit les mêmes effets. Qu'on songe encore à ces paysans et paysannes qui ennoblissent de façon inimitable de vieux vêtements usés, mais religieusement rapiécés, lessivés, repassés[29]. La propreté fait partie de cette « manière » de porter le vêtement qui, en lui conférant une certaine dignité, contribue à le rendre signifiant.

Puisque toute gestuelle du vêtement ne signifie qu'en symbiose avec la gestuelle corporelle, il n'est pas facile de définir l'étendue du champ noétique des signifiants exclusivement vestimentaires et la nature de ses rapports aux signifiants proprement corporels. À la charnière de la matière et de l'esprit, une gestuelle vestimentaire est un système sémiologique de caractère beaucoup moins abstrait et donc plus ambigu qu'une langue. En ne ménageant pas les éloges à l'égard du tisserand et de la dentellière, Platon et d'autres philosophes à sa suite ne reconnaissent-ils pas que la fabrication ordonnée des étoffes constitue peut-être plus un cas limite qu'un « modèle[30] » de la pensée affrontée au réel ? D'où, par contre, l'aptitude du vêtement à suggérer ce que la pensée ne parvient pas à catégoriser.

À ce premier problème du rapport entre gestuelle du vêtement et gestuelle du corps s'ajoute celui, considérable, de la détermination des matières vestimentaires sur lesquelles chaque ensemble signifiant s'ébauchera. Dans la langue, le « son » (ou sa transposition alphabétique) constitue le substrat du signifiant et est codé en phonèmes distincts selon les utilisations particulières propres à chaque communauté linguistique. Dans la gestuelle vestimentaire, quelle matière donne au signe son support sensible? Et si nous parvenions à la préciser, encore faudrait-il en établir les éléments constitutifs, comme on le fait des divers sons d'un alphabet. En l'absence de ce défrichement du terrain, le décodage ultérieur des signifiants de chaque système particulier risquerait de manquer de perspicacité. Sur ce point encore, la gestuelle vestimentaire s'avère d'une complexité singulière. La matière elle-même n'est pas simple, et je ne sache pas qu'il

27. R. BROBY-JOHANSEN, p. 47.
28. P. BOLLON, p. 213.
29. M. TOUSSAINT-SAMAT, p. 2, à propos de la *gentry* anglaise.
30. F. DAGOGNET, p. 101-103.

y ait à ce jour accord formel sur sa définition. Puisqu'il s'agit ici d'une gestuelle s'adressant à la vue, et non à l'ouïe, que regarde-t-on précisément pour saisir les significations transmises par une toilette?

On concédera que le style ou la coupe vestimentaire constitue une première matière. À certaines époques, la forme a la priorité. Dès le VIe siècle, Chinois et Japonais cultivés se distinguaient des classes inférieures et des étrangers incultes par la manière qu'avaient ces derniers de croiser la veste de la gauche vers la droite[31]. Lorsque l'Italie, Venise en tête, abandonnera, au XVe siècle, la mode bas-gothique, le goût classique de la forme pure et des proportions équilibrées du vêtement marquera le costume Renaissance. Lorsque, vers 1830, la mode masculine cédera définitivement la priorité à la féminine pour sombrer dans un deuil perpétuel, c'est à la seule perfection de la coupe que l'homme de distinction se démarquera des autres. Les illustres dandys du temps, un Beau Brummel (1778-1840) en tête, un comte Alfred d'Orsay (1801-1852) en fin d'époque[32], ne se feront pas remarquer autrement. Jusqu'à tout récemment, la marque la plus visible des pouvoirs sacerdotaux, dans l'habit liturgique du clergé romain, était la façon donnée à l'étole : pour les métropolitains, dédoublée au cou en pallium; pour les évêques, parallèle sur la poitrine; pour les prêtres, croisée sur la poitrine; pour les diacres, simple sur l'épaule gauche[33].

Est-il possible d'établir une typologie universelle des formes vestimentaires? Se fondant sur l'histoire du vêtement, F. Boucher en propose cinq : le drapé, l'enfilé, le cousu fermé, le cousu ouvert, le fourreau[34]. Malgré son origine diachronique, cette énumération n'est pas sans mérite puisqu'elle décrit les façons fondamentales dont le vêtement aurait été confectionné autour du corps. Des questions subsistent pourtant : cette typologie est-elle adéquate? D'autres perspectives ne seraient-elles pas tout aussi décisives? F. Boucher, par exemple, ne tient aucun compte du binôme long/court, quand ce facteur a toujours été prépondérant dans la gestuelle de vêture et dans les réactions populaires aux innovations vestimentaires. Si l'on peut assigner la période de 1100 à 1350 – notamment la fin du XIIIe siècle, qui voit l'arrivée des tailleurs professionnels[35] – comme celle où le vêtement a commencé d'évoluer en Europe occidentale, n'est-ce pas parce que, en plus d'accentuer le relief des corps, la traditionnelle tunique gallo-romaine commençait aussi à raccourcir[36] ? Par la suite, les codes ne

31. J.-T. MAERTENS, IV, p. 71.
32. F. W. S. VAN THIENEN, p. 52; 141.
33. J.-T. MAERTENS, IV, p. 78.
34. F. BOUCHER, p. 12.
35. R. BROBY-JOHANSEN, p. 132.
36. F. W. S. VAN THIENEN, p. 5-10 et 15-16.

cesseront plus de préciser les longueurs qui conviennent. Dans les tribunaux du Grand Siècle, la robe longue sera réservée aux magistrats, une robe plus courte aux notaires, aux procureurs et aux commissaires. Les sergents devront dévoiler beaucoup plus de leur forme corporelle en portant la casaque[37]. Dans la société aristocratique anglaise, la longueur de la traîne démarquait avec exactitude la hiérarchie féminine : seize mètres pour la reine, huit pour ses filles, sept pour les autres princesses, quatre pour les duchesses[38]. Rien d'étonnant que, sous l'Ancien Régime, on parlât de « grande robe », de « robe moyenne » et de « petite robe » pour préciser l'étalon du statut aristocratique. Si nous n'en sommes plus là, on remarquera tout de même que les clubs de golf qui ont « de la classe », justement, interdisent à tous une culotte coupée trop haut au-dessus du genou et, aux hommes, des bas qui n'atteignent pas le genou ! D'autres binômes pourraient s'ajouter qui font partie de la catégorie « forme » : dessus/dessous (manteau, tunique; veston, chemisier), haut/bas, gros/petit (qui sert souvent à distinguer le populaire du raffiné[39]), horizontal/vertical, droit/courbé[40].

La coupe est faite dans une étoffe qui constitue ainsi une seconde matière vestimentaire majeure. Des civilisations entières ont été identifiées au textile ou à la fourrure qui caractérisait leur culture des apparences : pour les peuples hellènes, on a parlé de civilisation du lin; pour les peuples mongols, de civilisation de la soie. M. Toussaint-Samat nomme les Inuits « le peuple à la fourrure[41] ». Si la Renaissance italienne se démarqua de la mode bas-gothique par la forme, c'est par le luxe des étoffes que le costume d'un Vénitien se distinguait d'un autre[42]. Aussi celles-ci feront-elles également l'objet de réglementations tatillonnes. Sous l'Ancien Régime, on promulguait solennellement qui était autorisé à porter les velours de soie, qui les satins, qui les damas et qui devait s'en tenir aux taffetas[43]; qui avait droit à l'hermine, qui au vair, qui à l'agneau, qui au simple lapin. Dans l'hindouisme, les lois de Manu stipulent que l'étudiant en théologie portera une peau de gazelle s'il est brahmane, une peau de cerf s'il est *ksetryia*, une peau de bouc s'il est simple *vaisya*[44]. Même s'ils ne sont plus prescrits ou proscrits formellement, sinon par exception pour des motifs de sécurité, les textiles demeurent toujours des

37. D. ROCHE, p. 45.
38. J.-T. MAERTENS, IV, p. 77.
39. A. LURIE, 1981, p. 205.
40. M. D. SAHLINS, p. 179-204.
41. M. TOUSSAINT-SAMAT, p. 35.
42. F. W. S. VAN THIENEN, p. 52.
43. D. ROCHE, p. 45.
44. J.-T. MAERTENS, IV, p. 77.

matières aptes à signifier. Récemment, on affublait un collègue aux goûts vestimentaires douteux du titre de « Monsieur Polyester » ! Ni le dacron américain ni le tergal français ne caractérisent les garde-robes chic. Sans être prescrite par quelque loi, une hiérarchie d'étoffes, des nobles aux plébéiennes, règne toujours. Quant à déterminer les unités textiles de base, la tâche est devenue presque impossible avec la variété toujours croissante des matières autant synthétiques que naturelles.

Incontestablement, la couleur forme un troisième volet de la matière signifiante. Si le tissu de soie distingue la civilisation mongole des autres traditions vestimentaires, le coloris d'un kimono japonais sert à le distinguer d'un autre. De ce point de vue, la couleur est, dans la tradition japonaise et chinoise, une matière plus décisive que le tissu inévitablement soyeux. À la cour impériale de Kyôto, au VIIe siècle, les rangs, atteignant le nombre de 48 en 681, étaient marqués par un système complexe de couleurs, chacune d'elles indiquant à la fois un élément (bois, feu, terre, etc.) et une qualité (humilité, politesse, sagesse, etc.)[45]. Pour les explorateurs européens qui découvrirent les Amériques, la couleur non de la peau mais de l'ocre dont les peuplades autochtones se couvraient tout le corps en lieu de vêtements servit à caractériser cette civilisation des « Peaux-rouges » comme la soie, la civilisation des Mongols[46]. Avec le noir et le blanc, l'ocre forme une triade de couleurs essentielles qui servent, dans les cultures primitives, à interpréter tatouages, scarifications et peintures tégumentaires[47]. Chez les Amérindiens, comme chez les autres peuples, les couleurs autant vestimentaires que tégumentaires occupaient une place plus ou moins importante. Chez les Pueblos, par exemple, elles pouvaient avoir ou non valeur de symboles dont la signification variait d'un village à l'autre[48].

En Europe occidentale, le vêtement du début du XVe siècle tranchait avec celui du XIVe par la symbolique de ses couleurs[49]. Symbole de la justice, de l'éternité et de la pureté[50], le blanc proclamera l'excellence de la monarchie française[51]. La majesté de la famille impériale chinoise se manifestera par le doré[52]. Figure de la mort, du mal et de l'agressivité, le noir sera porté pour le deuil, sauf par Messire le Roi, qui se vêtira de rouge, et par Madame la Reine, qui s'attristera en blanc, comme en Chine

45. J.-T. MAERTENS, IV, p. 77-78.
46. R. LAUBIN et G. LAUBIN, p. 117.
47. J.-T. MAERTENS, I, p. 41-44.
48. V. M. ROEDIGER, p. 94-95.
49. F. W. S. VAN THIENEN, p. 37.
50. G. CLEVE, p. 162-170.
51. D. ROCHE, p. 234.
52. R. BROBY-JOHANSEN, p. 93.

et au Japon[53]. Dès que la mode européenne commencera à évoluer au Moyen Âge, la recherche de coloris éclatants amènera une sorte de rivalité entre clercs et laïcs[54], laquelle durera jusqu'au XIXe siècle. N'ira-t-on pas même jusqu'à employer des couleurs différentes pour le côté droit et le côté gauche d'un vêtement – affaire d'accentuer la bigarrure? L'uniforme de la garde suisse du Vatican, dessiné, dit-on, par Michel-Ange, est un exemple de ces vestiges venus jusqu'à nous de ces costumes d'autrefois[55]. Parce que la couleur se prête aussi bien que la coupe et l'étoffe à signifier des réalités humaines, on ne manqua pas d'en fixer les règles[56].

Si pareilles dispositions sont absentes de la législation des démocraties contemporaines, des lois non écrites n'en dictent pas moins les usages. Une analyste du « langage vestimentaire », A. Lurie, considère que la couleur est l'élément qui exerce aujourd'hui l'impact le plus immédiat. Elle consacre tout un chapitre à l'analyse du symbolisme des couleurs principales dans notre système vestimentaire et des occasions qui exigent une couleur plutôt qu'une autre[57]. À une réunion d'affaires sérieuses, nul homme averti ne songera à porter autre chose qu'un complet aux couleurs sombres, de préférence le bleu. Par contre, chaque nouvelle saison amène la vogue de nouvelles teintes qui démodent irréparablement les accoutrements de l'année précédente. Si la détermination de couleurs distinctives est théoriquement plus facile que celle des matières « forme » et « étoffe », seuls les spécialistes peuvent aujourd'hui s'y reconnaître.

Forme, étoffe et couleur manifestent, selon D. Roche, les hiérarchies dans l'Ancien Régime[58]. En d'autres civilisations également J.-T. Maertens écrit que les « neuf classes de mandarins chinois se distinguent l'une de l'autre par la couleur, la forme et la matière des boutons fixés sur le chapeau[59] ». Ces trois éléments, auxquels la recherche empirique contemporaine a constamment recours pour étudier les comportements vestimentaires[60], fournissent incontestablement matière aux divers codes signifiants. Épuisent-ils les ressources matérielles de cette gestuelle? Roche lui-même fait souvent appel à un autre aspect de la matérialité qui sert à distinguer et, avec le progrès de l'industrie et de la commercialisa-

---

53. F. W. S. VAN THIENEN, note de la p. 37 rapportée à la p. 170; R. BROBY-JOHANSEN, 1968, p. 93.
54 Dans les *Contes de Canterbury* de G. CHAUCER, c'est le Pasteur qui, de tous les personnages, est le leader de la mode.
55. R. BROBY-JOHANSEN, p. 119 et 137.
56. D. ROCHE, p. 45.
57. A. LURIE, 1981, p. 182-211.
58. D. ROCHE, p. 45.
59. J.-T. MAERTENS, IV, p. 36.
60. S. K. FRANCIS et P. K. EVANS, p. 383-390.

tion des tissus, à confondre les classes à partir du XVIIIe siècle : la quantité[61]. On entend par là autant l'ampleur du vêtement porté que la profusion qui s'affiche par le nombre de toilettes dont on dispose et qu'on expose successivement[62]. L'exhibition de velours et de satins non fonctionnels dans la représentation artistique de certains personnages ajoute à leur prestige. Le peintre Antoine Van Dyck et le sculpteur Gian Lorenzo Bernini emploient constamment ce procédé[63].

La recherche behavioriste contemporaine mise encore régulièrement sur la quantité[64]. Du reste, le déploiement d'une diversité de signifiés dans la gestuelle individuelle ne présuppose-t-il pas la libre disposition d'une garde-robe assez bien garnie ? Les soldats de métier qui ne disposeraient que de l'uniforme de leur rang ou les moines qui ne posséderaient que le froc de leur ordre seraient nécessairement limités dans la manifestation vestimentaire différenciée d'eux-mêmes. Amonceler costumes et accessoires dans ses armoires et toujours paraître aux événements sociaux en nouvel appareil est un « fait qui parle ». Ce qui y est dit se prête évidemment à interprétation. Il est incontestable, cependant, que cette « parole » « fera parler » autrui. Le phénomène n'est pas d'aujourd'hui. Si les commentaires outragés n'ont pas tari au sujet des dépenses ostentatoires d'une Imelda Marcos aux Philippines, d'une Elena Ceaucescu en Roumanie, voire d'une Nancy Reagan aux États-Unis, la « gestuelle impériale » signifiée par la quantité mirobolante des vêtements accumulés dans leurs penderies n'a pas été inventée par ces « premières dames » contemporaines. Élisabeth Ire possédait, dit-on, 6 000 robes et 80 perruques[65]. L'ampleur de sa garde-robe n'est pas étrangère, bien entendu, à la réputation dont jouit la glorieuse *Virgin Queen* d'avoir régenté la mode de l'ère élisabéthaine. La quantité m'apparaît donc constituer un aspect de la matérialité qui n'est réductible ni à la forme, ni à l'étoffe, ni à la couleur. Elle s'agence avec celles-ci pour former les matières à partir desquelles s'élaboreront les codes signifiants d'une culture vestimentaire donnée.

L'articulation du signifié

Dans le domaine de la linguistique, le rattachement de signifiés à des signifiants précis est, hormis les cas relativement rares d'onomatopées,

61. D. ROCHE, par ex., p. 69-117, 120-129, 188-210.
62. A. LURIE, 1981, p. 119-121.
63. *Ibid.*, p. 134-136.
64. T. VEBLEN, p. 65-77; E. N. MATHES et S. B. KEMPHER, p. 495-498; D. KNESS, 1983, p. 659-674; K. HINTON et J. B. MARGERUM, p. 397-402; A. W. KOESTER et J. K. MAY, p. 97-113.
65. F. W. S. VAN THIENEN, p. 76.

purement arbitraire. Rien n'exige d'exprimer le signifié « grand végétal ligneux » par le code « arbre » plutôt que « tree » ou « Baum ». Si la fonction langagière est universelle, les langues, elles, ne le sont pas. Œuvres de culture, non de nature, elles varient selon les conventions établies par chaque groupe linguistique.

Une très large part de la symbolique vestimentaire est aussi purement conventionnelle. Pourquoi, au Conseil du roi de France, la hiérarchie des couleurs descendait-elle du cramoisi au noir en passant par le violet[66], plutôt qu'en ordre inverse ? Ce choix n'apparaît guère fondé en nature. Ainsi en va-t-il des couleurs du cordon de la croix pectorale dans la hiérarchie catholique : dorée pour le pape, rouge et dorée pour les cardinaux, verte et dorée pour les évêques, violette et amarante pour les protonotaires, noire et dorée pour les abbés. Pourquoi le violet était-il considéré comme la couleur « la plus désagréable » dans une enquête française de 1951[67], alors que le vêtement violet est tellement en demande aujourd'hui ? Pourquoi, après avoir servi de premier revêtement humain du corps, la fourrure symbolisera-t-elle le sacré dans l'Égypte des pharaons, la puissance guerrière chez les Scythes, les Gaulois et les Germains, alors que, dans la civilisation gréco-romaine, elle sera le lot des bergers, des esclaves et des « barbares[68] » ? Pourquoi les longueurs changent-elles d'une époque à l'autre pour distinguer les femmes des hommes ? Pourquoi les chefs politiques des sociétés traditionnelles se singularisent-ils par des costumes d'apparat élaborés, alors que les présidents ou premiers ministres des plus puissantes sociétés que la terre ait connues portent des costumes d'une sobriété exemplaire ? Pourquoi le pape, en dehors du cadre liturgique, est-il devenu l'homme d'un seul costume, alors que ses prédécesseurs d'avant l'époque contemporaine en possédaient des quantités impressionnantes, comparables à celles des garde-robes de leurs pairs séculiers ?

L'assignation de tel signifié à tel signifiant est généralement aussi arbitraire qu'en linguistique ou qu'en gestuelle corporelle[69]. Autant Érasme, le père des « civilités » vestimentaires, que les innombrables spécialistes de la « mode écrite » contemporaine se trompent lorsqu'ils présupposent le contraire. Qu'Érasme serait étonné devant le spectacle de notre jeunesse chamarrée, lui qui enseignait aux jeunes du début du XVIe siècle que « porter des habits bariolés et de toutes sortes de couleurs, c'est vouloir ressembler aux baladins et aux singes[70] ». La nature aurait-elle ordonné que les

66. D. ROCHE, p. 45.
67. Citée par M.-A. DESCAMPS, 1984, p. 93-105.
68. M. TOUSSAINT-SAMAT, p. 46-56.
69. On trouvera dans M. DOSTIE, p. 74, une liste impressionnante de gestes qui ont des signifiés tout à fait différents d'une culture à l'autre.
70. ÉRASME, 1877, p. 45 et 47.

couleurs vives conviennent aux animaux et non aux humains ? Les magazines qui « écrivent » la mode ne pensent guère mieux, comme l'a montré R. Barthes, en prétendant que la règle vestimentaire copierait une loi fonctionnelle de la nature. Pour reprendre les exemples de Barthes, l'église froide ne produit pas le boléro de vison blanc ni la participation à un thé dansant le décolleté-bateau[71] ! Tout ce qu'on peut dire, c'est que certains des grands signifiés universels du vêtement, comme la protection dans le premier cas, sans doute le bien-être dans le deuxième, favorisent certaines matières vestimentaires plus que d'autres. Mais on ne saurait expliquer par des convenances naturelles pourquoi la soie était si hautement prisée dans le costume masculin chinois, alors qu'elle était signe de décadence dans le costume d'un empereur romain. Ni pourquoi certains, comme les Français en 1789 et les Norvégiens en 1940, portèrent le bonnet phrygien pour protester, alors que d'autres le coiffent pour aller dormir.

Une part appréciable des signes vestimentaires, par contre, est construite sur des « indices », des faits qui, dans l'expérience commune, impliquent ou annoncent naturellement d'autres faits[72]. Les matières textiles et métalliques rares, riches, raffinées, etc. sont tout indiquées pour signifier la « haute qualité » de celle ou celui qui en fait l'étalage sur sa personne. Les couleurs vives se prêtent mieux à manifester des états psychologiques festifs que les couleurs sombres. Le vêtement drapé sur les épaules, comme le chiton grec ou la toge romaine, favorise les mouvements lents et est mieux indiqué pour épouser des manières graves que des légères. En maintenant le menton levé et en rendant tout regard vers le bas difficile, le collet rigide et monté confère un air hautain. Aussi, alors que les langues humaines sont incompréhensibles pour les personnes qui ne les ont pas apprises, les gestuelles vestimentaires semblent exhiber, à la suite de la gestuelle corporelle qu'elle amplifie, un fond universel plus accessible aux non-usagers.

Si le conventionnalisme moins strict des signes vestimentaires, comparés à ceux des langues, les rend plus universellement accessibles, l'articulation du signifié sur le signifiant en est affaiblie d'autant. On pourra plus souvent s'y méprendre, car les indices sont généralement ouverts à des interprétations et évaluations variées. La « quantité » vestimentaire indique-t-elle l'aisance authentique ou la prodigalité ? le « bon goût » ou le « mauvais goût » ? la puissance ou l'insécurité ? D'autres facteurs extra-sémiotiques devront être connus pour en décider. S'il ne faut pas exagérer les différences entre les deux systèmes, le linguistique et le vestimentaire,

71. R. BARTHES, 1969, p. 269-270.
72 G. MOUNIN, p. 174.

on peut légitimement arguer, comme F. Davis, que la dépendance contextuelle, la variabilité sociale et le sous-codage jouent plus fortement dans le vêtement que dans la langue. La façon inchoative, allusive, souvent ambiguë dont le système vestimentaire puise dans les symboles surtout visuels de la culture donne à ce code une basse sémanticité comparativement à la langue[73]. La plus grande imprécision du sens, en revanche, en fait en même temps un langage plus apte que l'oral et l'écrit à exprimer les ambivalences de la condition humaine. Une réduction structuraliste du vêtir au parler serait une entreprise par trop cartésienne. L'intérêt sémiologique du vêtir n'est-il pas précisément de faire entendre ce que les groupes humains et chacun de leurs membres n'arrivent pas à articuler en communiquant par des systèmes plus abstraits?

Dans l'étude qui suit, contrairement à ce que présupposent plusieurs anciens moralistes, il n'est pas possible de réduire *a priori* une liste de signifiés, à partir d'indices qui seraient « naturellement » déterminés, à des interprétations préétablies. Puisque la sémiologie vestimentaire n'en est qu'à l'état embryonnaire, il s'avère également impossible d'instaurer une étude comparative de codes vestimentaires donnés pour tâcher d'en dégager une sorte de « grammaire générative » qui les sous-tendrait tous. Tout en gardant une conscience aiguë de la difficulté de dégager les signifiés exacts de systèmes vestimentaires dont nous connaissons mal la logique d'ensemble, nous procéderons, dans cet ouvrage, à un examen comparatif diachronique des usages vestimentaires dans le but de dégager les signifiés majeurs qui traversent la culture humaine des apparences. Nous espérons cerner, par-delà l'infinité des nuances culturelles et individuelles qui les différencient dans leur singularité historique et narrative, les fonctions majeures de la gestuelle vestimentaire.

Une conduite adaptative

Au début des années 1970, H. Blumer invitait les sociologues à prendre au sérieux la mode vestimentaire. Celle-ci fournit, disait-il, un mécanisme très efficace pour permettre aux gens de s'adapter individuellement et collectivement à un monde changeant[74]. Étant donné la nature polysémique du code vestimentaire et compte tenu des signifiés majeurs que nous discernerons par la suite dans la gestuelle vestimentaire de l'humanité, nous proposons d'élargir la lecture de Blumer et suggérons que l'ensemble du vêtir est, en effet, une conduite adaptative.

---

73. F. DAVIS, p. 5.
74. H. BLUMER, p. 275-291.

J. Piaget conçoit tout développement humain, autant celui des fonctions biologiques que celui des fonctions les plus symboliques, l'intelligence notamment, comme une adaptation vitale du sujet à l'« objet », c'est-à-dire à tout ce qui est posé devant le sujet. Toute adaptation serait le résultat de deux mouvements structurants : celui d'assimilation, une transformation de l'objet dont le sujet cherche à s'enrichir; et celui d'accommodation, une automodification des schèmes d'action du sujet lui-même en vue d'une meilleure réception de l'objet[75]. À partir de ces notions, le néo-piagétien américain R. Kegan suggère que tout être humain est dynamisé par deux aspirations ou deux « psycho-logiques », l'une favorisant l'enracinement dans le milieu environnant, l'autre cherchant, au contraire, à s'en différencier. L'activité adaptative ou évolutive humaine se présenterait donc comme un mouvement bipolaire qui oscille entre un pôle d'attachement, de dépendance, d'inclusion, de similitude et un pôle de détachement, d'indépendance, de séparation, de dissimilitude[76].

Les grands signifiés du vêtir appartiennent tous, me semble-t-il, à l'une ou l'autre de ces deux psycho-logiques adaptatives et structurantes des êtres que nous sommes[77]. Dans les cinq chapitres qui suivent, nous examinerons le vêtir successivement dans ses signifiés d'appartenance, de socialisation, de participation à la vie commune et dans ses signifiés d'individualisation, de singularisation, d'autonomie. Afin d'ordonner cette longue matière, il a semblé avantageux de regrouper les vêtirs autant d'appartenance que d'individualisation en deux degrés. Le premier degré dénote les gestuelles plus constitutives et de l'enracinement d'une personne dans son milieu et du processus d'individualisation : enracinement dans le milieu communautaire, sexuel, développemental et culturel d'une part; individualisation par la différenciation, la protection, l'attrait sexuel et le bien-être d'autre part. Le second degré indique les gestuelles plus aléatoires, moins constantes, plus sujettes à modification : appartenance aux milieux politique, social, économique et professionnel d'une part; exploration d'identités inédites d'autre part.

---

75. J.-M. DOLLE, p. 51-54.
76. R. KEGAN, p. 106-110. Voir aussi A. GUINDON, 1989, p. 29-32.
77. Au sujet des cinq types d'inscriptions corporelles qu'il examine : les tégumentaires, les génitales, les faciales, les vestimentaires et les cadavériques, J.-T. MAERTENS, I, p. 32, parle, dans un sens voisin, du « fonctionnel » et de l'« érogène ».

CHAPITRE 2
Le vêtir d'appartenance de premier degré

L'habillement, personne n'en doute, sert à insérer les individus dans un ensemble de regroupements humains et à indiquer leur statut de « membre affilié ». Leur costume, comme leur carte de visite, annonce leurs solidarités. On parle volontiers, ici, d'identité sociale ou publique. Ces qualificatifs risquent de restreindre indûment l'étendue de leurs liens, voire de mettre de l'avant ceux d'entre eux qui les marquent le moins profondément. Ne perd-on pas plus aisément un statut social quelconque ou un rang politique que ce qui lie à une communauté d'origine, à l'un des deux sexes, à un groupe d'âge ou à une culture ? Aussi ouvrirons-nous notre enquête sur ces actes du vêtir qui symbolisent nos liens de solidarité primaire.

Statut communautaire

À la fin du siècle dernier, le philosophe et sociologue allemand F. Tönnies mettait à la mode une terminologie qui permet de distinguer entre *Gemeinschaft*, une « communauté » fondée sur des liens organiques, spirituels et affectifs (appartenance de premier degré), et *Gesellschaft*, une « société » urbaine fondée sur des liens de pure rationalité légale[1] (appartenance de second degré). La première favoriserait un habillement d'appartenance communautaire et la stabilité vestimentaire. La deuxième pousserait plutôt à s'habiller « pour le succès » et à s'adapter continuellement aux changements sociaux. À ces deux grandes formes de vie collective correspondent en effet ces deux orientations vestimentaires distinctes. Comme, par contre, la réalité humaine n'est pas réductible à des schèmes

1. F. TÖNNIES (1887), 1944.

théoriques, ni l'aspiration communautaire ni, donc, le vêtir d'appartenance communautaire ne sont disparus avec le phénomène d'urbanisation et le cosmopolitisme qui s'y greffe. Avant même de signifier une variété de statuts à l'intérieur d'une société donnée, le vêtement sert universellement à identifier la communauté d'appartenance de l'usager.

L'ethnographie permet d'affirmer que chaque peuplade primitive possédait, en plus d'un code linguistique, un code vestimentaire distinct qui servait à identifier ses membres ainsi qu'à manifester des appartenances communautaires à tel clan, à tel village, à telle région et ainsi de suite. Vêtus du seul étui pénien, les Bororos du Brésil ne manquent pas d'y inscrire les signes de leur appartenance tribale[2]. Si les peuples inuits possèdent un costume commun qui « remonte aux calendes hyperboréennes[3] », ceux du Canada se reconnaissent par la juxtaposition de fourrures claires et foncées; ceux du Groenland, par l'étroitesse des pans frontal et dorsal; ceux de l'Alaska, par les longues vestes en forme de cloches bordées, ainsi que le capuchon, d'une épaisse garniture en fourrure de carcajou ou de loup; ceux de la Sibérie, par le chapeau de fourrure au lieu du capuchon[4]. À l'intérieur de ces grandes divisions, les sous-groupes affichent aussi des distinctions vestimentaires. Ainsi les huit groupes qui divisent les quelque 25 000 Inuits canadiens sont reconnaissables à des particularités du capuchon et/ou de la veste[5].

Au fur et à mesure que les collectivités organisaient leur mode de vie sur une base démographique plus étendue, le signalement vestimentaire des liens communautaires était élagué des renseignements qui s'avéraient moins nécessaires à la survivance. Si les membres d'une communauté humaine ne reconnaissaient plus nécessairement un parent ou une concitoyenne à sa tenue, ils pouvaient encore, de par toute la terre et jusqu'à une date relativement récente, déchiffrer dans la mise d'autrui ses liens ethniques, « nationaux », souvent régionaux. Dans la France du XIVe siècle, par exemple, la couleur de l'écharpe qu'on portait signalait de quelle province on était tributaire: vert foncé pour la Flandre, rouge pour la Bourgogne, noir et blanc pour la Bretagne, jaune pour la Lorraine[6].

On pourrait cependant citer plusieurs cas de groupes humains qui, pour toutes sortes de circonstances historiques, ont affiché longtemps leur appartenance clanique. Le cas le plus célèbre dans l'histoire occidentale

2. J.-T. MAERTENS, IV, p. 13.
3. M. TOUSSAINT-SAMAT, p. 40-41.
4. B. ISSENMAN et C. RONKIN, p. 38.
5. *Ibid.*, p. 103. Voir aussi p. 125 sur les distinctions régionales dans les motifs de tatouage.
6. M. TOUSSAINT-SAMAT, p. 64.

est celui des grandes familles qui occupaient les *Highlands* écossais. Non seulement tous ces montagnards étaient-ils reconnaissables à leur kilt ou *philibeg* et à leur plaid, mais l'appartenance clanique d'un chacun était codée dans les savants agencements géométriques et colorés du tartan. Chaque tartan (*breacan*, en gaélique) en usage aujourd'hui offre un arrangement particulier de couleurs, de rayures et de carreaux. Chacun de ces motifs (*seti*) représente un clan, une famille ou un régiment, tel le fameux *Black Watel* d'un régiment écossais créé en 1740. À noter que les tartans qui apparaissent au XVIe siècle ne sont pas identiques à ceux qu'on retrouve au XIXe siècle[7]. Aujourd'hui encore on peut se procurer un vademecum, publié 48 fois entre 1891 et 1991, contenant une reproduction en couleurs des 96 tartans et des renseignements essentiels concernant l'histoire du clan, le chef actuel, le nom des familles qui sont autorisées à le porter et tout autre détail indispensable pour l'utilisation de ce code vestimentaire d'une précision remarquable[8]. Qu'on pense encore à la coutume qui s'instaura, dans une Europe qui, au XIIIe siècle, découvrait l'héraldique, de reproduire les « armes familiales » sur le surcot militaire d'abord, sur la livrée des domestiques ensuite, sur le manteau, enfin, des seigneurs eux-mêmes[9].

La richesse des sources visuelles et littéraires du XIVe siècle nous permet d'affirmer que la mode, à savoir l'existence de coupes et de fabrications élégantes avec changements fréquents de style, était alors un fait accompli en Europe occidentale[10]. On pense généralement qu'elle aurait vu le jour à la cour de Bourgogne, peut-être sous Philippe le Beau. Mais pour V. Steele, le phénomène de la mode serait apparu d'abord dans les cités-États italiennes du début de la Renaissance[11]. Toujours est-il que la stabilité vestimentaire que présuppose le signalement communautaire des usagers était ébranlée. Aussi l'abandon des valeurs féodales qui s'amorça d'abord à Venise, au XVe siècle, pour s'étendre à l'ensemble des pays européens avec l'accession d'Henri VIII au trône d'Angleterre en 1509, marquait la naissance d'une civilisation « internationale » nouvelle, celle de la Renaissance. Les classes dirigeantes, les seules sur lesquelles nous sommes suffisamment documentés, étaient plus préoccupées de ne pas retarder par rapport à l'évolution de la mode européenne que de porter le « costume du pays ». Ce manque de patriotisme choquera un Castiglione

---

7. C. HESKETH, p. 8 et 37 ; p. 13 et 27.
8. *Scottish Clans and Tartans*, 1991.
9. F. W. S. VAN THIENEN, p. 16 ; J.-T. MAERTENS, IV, p. 88-89 ; M. TOUSSAINT-SAMAT, p. 63-66.
10. F. W. S. VAN THIENEN, p. 12 ; A. RIBEIRO, 1986, p. 42.
11. V. STEELE, 1988, p. 18-19.

qui, dans *Il libro del cortegiano* (1528), le plus célèbre des manuels d'éducation du gentilhomme, accusa les Italiens de s'habiller, dans leur propre pays, comme des Français ou des Espagnols, voire des Turcs[12].

L'accusation suggère qu'il existait dans l'Europe du XVIe siècle des costumes nationaux, italien, français et espagnol. Sans doute. Mais la nouveauté du siècle consistait en ce que différents pays imposeront l'un après l'autre une mode vestimentaire à l'ensemble de la communauté européenne. Cette hégémonie s'établissait par l'éclat d'une cour royale. Après les orgies de luxe et les effets surprenants qui caractériseront les parades de mode italienne autant à la cour d'un François Ier que d'un Henri VIII, l'Espagne réussira, au cours de la deuxième moitié du XVIe siècle, à imposer son carcan vestimentaire, correct et hautain[13]. La mode deviendra encore plus austère avec la domination des Pays-Bas, dont le costume « régent » laissera sa marque dans l'Europe de la première moitié du XVIIe siècle. Sous Louis XIV, la France reprendra l'initiative, qui ne s'affirmera qu'au XVIIIe siècle[14]. Vers la fin du XVIIIe siècle, la clientèle masculine fut abandonnée aux couturiers anglais qui, à tout prendre, se chargèrent de la maintenir dans l'idéologie puritaine de la disgrâce corporelle.

Le signifié « appartenance communautaire » est-il disparu dans ces grandes sociétés occidentales qui passent peu à peu de l'état de *Gemeinschaft* à celui de *Gesellschaft*? Il n'occupe plus une position prédominante, mais il ne cesse d'influencer la gestuelle vestimentaire. D'abord parce que si la « haute couture » espagnole, italienne, française ou anglaise marquera, pour des périodes plus ou moins prolongées, la mode internationale, les emprunts qu'on lui faisait étaient toujours « adaptés »... comme ces « mets chinois » nord-américains qu'on ne saurait retrouver tels quels en Chine. Même la robe qu'on importe directement de Paris prend, sur le corps d'une New-Yorkaise ou d'une Romaine, une autre allure : non seulement taille et démarche sont-elles différentes, mais encore la ceinture, les bijoux, les souliers, les gants, la coiffure, le maquillage, les verres, le manteau. Bref, l'emprunt étranger est absorbé dans un code vestimentaire new-yorkais ou romain et prend un air local. Malgré leur histoire relativement courte, les États-Unis connaissent aussi des adaptations régionales marquées. Les costumes caractéristiques de la Nouvelle-Angleterre, des États les plus au sud, du centre, du Far West et de la Californie accusent des divergences notables[15]. Il en est de ces influences comme de celle d'une langue internationalement prédomi-

12. Cité par A. RIBEIRO, 1986, p. 65.
13. R. BROBY-JOHANSEN, p. 138-146.
14. F. BRAUDEL, p. 238-239; R. BROBY-JOHANSEN, p. 147-162.
15. A. LURIE, 1981, p. 108-114.

nante : si elle laisse un dépôt dans toutes les autres langues avec lesquelles elle a commerce, ses hôtes la traitent selon leur génie propre[16].

Partout, l'industrie touristique connaît ces lois d'assimilation et fabrique ses pièces d'artisanat aux goûts de l'étranger. Les Indiennes cuna, qui vivent sur les îles de la côte atlantique de Panama, tissent des *molas* « traditionnels » – des appliques rectangulaires réversibles qui se portent à l'arrière ou à l'avant des blouses – que leur tradition vestimentaire n'a jamais connus. Au lieu de se distinguer par la complexité et la dissymétrie du dessin, comme les autochtones les préfèrent, les *molas* touristiques se signalent par la variété des représentations et des couleurs voyantes qui répond mieux aux goûts des clientes étrangères[17]. Malgré le cosmopolitisme contemporain, des systèmes nationaux réussissent à se maintenir tant bien que mal, de sorte qu'un œil entraîné peut encore discerner, à leur mise, un groupe de touristes allemands ou américains. Ces différences, il est vrai, s'atténuent considérablement depuis une dizaine d'années au profit de costumes d'appartenance qui caractérisent des ensembles beaucoup plus vastes. Pendant l'opération *Tempête du désert* de 1991, les téléspectateurs du monde entier pouvaient distinguer immédiatement, à leur costume, les intervenants du Moyen Orient de leurs partenaires occidentaux.

À l'intérieur des grandes sociétés urbanisées, le phénomène du costume d'appartenance communautaire réapparaît sous diverses formes. Car la *Gemeinschaftlichkeit* n'a pas disparu avec la constitution de la *Gesellschaft*, mais elle a survécu en elle sous forme d'unités plus petites. Ainsi, les costumes accentueront les caractéristiques régionales, parfois même les aspirations autonomistes, voire sécessionnistes. En France, par exemple, les costumes régionaux se multiplieront déjà au XVIIIe siècle et atteindront leur apogée au XIXe siècle[18]. Ailleurs, comme dans les communautés américaines coloniales, ce fut sur une base religieuse, surtout, que des systèmes costumiers seront mis en place. Ils permettront d'identifier les quakers, amish ou mennonites, moraves, méthodistes, Baptistes du Septième Jour ou autres[19]. Cette pratique à l'intérieur du « protestantisme évangélical » n'est pas sans rappeler le phénomène de diversification des habits religieux lorsque, à partir du Moyen Âge, ordres et congrégations se multiplièrent. Aujourd'hui, même dans une *Gesellschaft* aussi assimilatrice de ses émigrés que les États-Unis (une pratique connue sous le terme de *melting pot*, bien différente des pratiques multiculturalistes courantes), les groupes arborent, comme cela ne s'est jamais vu auparavant, une

16. C. HAGÈGE, 1987.
17. L. A. HIRSCHFELD, p. 147-166.
18. D. ROCHE, p. 255.
19. A. GUMMERE, p. 32-33; L. E. SCHMIDT, p. 40-41.

ethnicité symbolisée par le vêtement[20]. Même s'il ne se porte souvent plus par les citadins des pays d'origine, le costume ethnique, ou une de ses pièces caractéristiques, est souvent considéré comme nécessaire pour faire voir l'identité du porteur[21]. À la catégorie des costumes d'appartenance communautaire s'ajoute une longue liste de costumes qui servent à identifier les membres d'associations électives (des regroupements scouts et guides aux corps de cadets, des ordres de chevalerie aux *Shriners* américains, des gangs de quartier aux clubs de motards) et à entretenir un sens de solidarité psycho-sociologique.

Si le sens d'appartenance communautaire a diminué considérablement avec le gigantisme urbain des sociétés contemporaines, il n'a pas complètement disparu. Aussi l'habillement qui le symbolise fleurit-il encore autant dans de grands recoupements culturels, ethniques, religieux et géopolitiques que dans une infinité de regroupements secondaires dont l'une des fonctions primordiales est peut-être de donner à leurs membres un sens d'appartenance à une *Gemeinschaft*.

Statut sexuel

Aucun ordre ne divise aussi universellement et adéquatement la communauté humaine que le dimorphisme sexuel. Toutes les autres divisions imaginables n'en sont que d'espèces et de degrés. Celle-là est générique, et ses termes sont mutuellement exclusifs, à l'exception de rares cas d'hermaphroditisme, dont la réalisation parfaite appartient à la mythologie plutôt qu'à l'expérience clinique. Le statut d'homme ou de femme ne pouvait pas ne pas être marqué, voire accentué par le vêtement. On connaît la délicieuse historiette, différemment rapportée, de ce couple urbain de l'Inde, dit ma version, qui, accompagné du jeune fils, rendit visite à la parenté de la campagne. Durant le voyage de retour, un parent demanda à l'enfant s'il s'était bien amusé. « Oh ! oui, dit-il, mes cousins ont plusieurs amis et nous avons joué ensemble toute la journée ». « Y avait-il aussi des filles ou n'étiez-vous que des garçons ? » demanda le parent. « Je ne sais pas. Ils étaient tous nus. » De savantes études confirment aujourd'hui l'importance du vêtement pour l'établissement chez l'enfant de son identité générique[22].

La majorité des « histoires du vêtement » contient des affirmations selon lesquelles, avant le développement de la mode en Occident, hommes

---

20. H. J. GANS, p. 1-20.
21. A. LURIE, 1981, p. 92-93.
22. S. K. THOMPSON, p. 339-347.

et femmes arboraient des tenues vestimentaires assez semblables, sinon identiques. L'histoire abondamment illustrée du costume de R. Broby-Johansen fournit un bon exemple de cette thèse parce qu'elle couvre un grand nombre de civilisations à travers l'espace et le temps. On a l'impression que toutes les pratiques ornementales de scarifications et de tatouages des peuplades primitives sont non seulement communes aux hommes et aux femmes, mais que certaines d'entre elles tendent à effacer symboliquement la différence. Ce serait le cas de ces femmes aïnous qui se faisaient tatouer une moustache sur la lèvre supérieure. Dans les anciennes civilisations du Moyen-Orient, la cosmétique était utilisée également par les deux sexes sur les paupières, les sourcils, les cils, les lèvres, les ongles. La première grève connue dans l'histoire aurait été déclenchée par les constructeurs des pyramides égyptiennes qui réclamaient des produits cosmétiques. Une portion appréciable des gages des soldats et des artisans de la Mésopotamie aurait été consacrée à l'achat de produits cosmétiques, notamment de pommades aromatisées. Avant la militarisation de la Mésopotamie, hommes et femmes s'y seraient vêtus de façon identique : durant le troisième millénaire av. J.-C., d'une ceinture de fourrure portée assez bas sur les flancs, et, au millénaire suivant, d'une pièce carrée de tissu laineux drapée autour du corps. Dans la Perse antique, les deux sexes se seraient habillés de façon identique, pantalons longs et tunique, et cet état de choses se serait perpétué jusqu'aux XVIe et XVIIe siècles. Chez les peuples mongols, il n'y aurait eu qu'un seul costume pour tout le monde, jeunes et vieux, riches et pauvres, hommes et femmes : pantalon, veste, caftan[23].

Les études qui examinent les coutumes de façon plus serrée observent, au contraire, qu'à aucune époque le code vestimentaire n'a ignoré la différenciation sexuelle[24], ne fût-ce qu'en réglant de menus détails de mise, d'ajustement ou d'ornementation[25]. Dans la littérature ethnographique, citons l'exemple des Bedemini, du groupe ethnique du Grand Plateau papouan-néo-guinéen, qui laissaient courir les jeunes enfants mâles nus jusqu'à un âge prescrit, alors que les petites filles étaient revêtues, dès leur sortie de la hutte natale, d'une jupe de fil[26]. La distinction des sexes par le dénuder et le vêtir ne s'applique pas qu'aux enfants. H. Ellis rapportait, au tournant du siècle, un certain nombre d'exemples dans des populations adultes. Dans l'Amazonie, les femmes se démarquaient des hommes nus

---

23. R. BROBY-JOHANSEN, 1968, p. 11-13; 15; 39; 44; 42-45; 79-80; 89. Voir V.-M. ROEDIGER, p. 115-131 et 139-145, qui donne aussi l'impression que, chez les Amérindiens, hommes et femmes se vêtaient et se paraient de façon identique.
24. J. BRENNINKMEYER, p. 160.
25. J.-T. MAERTENS, IV, p. 61.
26. A. SØRUM, p. 322.

par un vêtement chez les Guaycurus, alors que chez les Uaupàs les hommes se différenciaient des femmes nues en portant le pagne. Chez les Hamnites africains, particulièrement les Masaïs, les femmes étaient vêtues alors que les hommes étaient nus, au grand scandale de leurs voisins bantous, les Bagandas[27]. Différence vestimentaire plutôt spectaculaire qui, dès l'enfance, démarque un sexe de l'autre.

Chez les Inuits, femmes et hommes portaient un ensemble parka et pantalon de fourrure assez semblable. Pourtant, des divergences autant fonctionnelles que décoratives sont notables. Se rattachant aux premières, la largeur et la fente pratiquée à l'arrière du parka féminin qui permet d'y insérer un nourrisson et l'élargissement des épaules de la veste masculine pour faciliter le maniement du harpon. Parmi les secondes, les pièces de fourrure des bottes qui sont disposées verticalement chez les hommes et horizontalement chez les femmes. Si hommes et femmes portent boucles d'oreilles, colliers et bracelets, seules ces dernières parent leur chevelure d'ornements. Le tatouage, partout pratiqué, était également réservé aux femmes[28]. Chez les Amérindiens vivant en deçà de l'Arctique, le contraste vestimentaire entre hommes et femmes était établi par la jupe qui couvrait celles-ci de la taille aux genoux. Les garçons et les hommes portaient des mocassins et un pagne, à la ceinture duquel ils agrafaient de longues jambières pour les voyages. Aux occasions festives et pour la saison froide, ils enfilaient une chemise en peau de daim et y ajoutaient parfois un manteau de bison. Si les filles et les femmes se vêtaient aussi de jambières et de mocassins, la pièce principale du costume était une longue robe en peau de chevreuil ou d'orignal[29]. Les Huronnes ressemblaient encore à leurs compagnons en ce qu'elles dénudaient leur poitrine l'été et décoraient abondamment leurs costumes[30]. Chez les Méso-Américains, au contraire, la quantité et la qualité des bijoux dont ils se paraient servaient à distinguer les hommes des femmes[31]. Dans les cultures orales d'Afrique, là où hommes et femmes portent un pagne, l'étoffe servira souvent à distinguer un sexe de l'autre. Chez les chasseurs, par exemple les Fali du Cameroun, les Kavirondo de l'Uganda, les Kissi, les Baga et bien d'autres, le pagne sera de peau pour les hommes et de feuilles pour les femmes. Là où les femmes portent également un pagne de peau, par exemple chez les Swazi, la peau proviendra de bêtes domestiques pour celles-ci et de bêtes sauvages pour les hommes[32].

---

27. H. ELLIS, p. 13.
28. H. E. DRIVER, p. 136-140; B. ISSENMAN et C. RONKIN, p. 38, 79, 125.
29. H. E. DRIVER, p. 140-141.
30. B. TRIGGER, p. 19, 21, 27.
31. H. E. DRIVER, p. 144-146.
32. J.-T. MAERTENS, IV, p. 27.

Quant aux costumes des anciennes civilisations du Moyen-Orient, la part de vérité que contiennent les observations de R. Broby-Johansen et d'autres historiens est que, jusqu'au phénomène de la mode, le schéma vestimentaire semble bien avoir été le même, à peu près partout, pour les deux sexes. Partout aussi, pourtant, on peut distinguer costumes féminins et masculins par des différences de coupe, de longueur, de motifs décoratifs, de bijouterie, de coiffure, de chaussure et, très souvent, dans la façon de porter un même vêtement. Les études plus spécialisées font clairement ressortir ces différences[33]. Autre divergence notable dans la gestuelle vestimentaire de ces grandes civilisations anciennes, l'homme, très rarement la femme, est souvent représenté dépouillé du survêtement, comme la *simlâ* sémite ou l'himation grec, et portant la seule tunique. Souvent même, il est représenté avec un simple pagne, voire avec ce long étui à pénis si caractéristique des anciennes représentations égyptiennes[34]. Même pratique, ici, que chez les Amérindiens où uniquement les mâles s'accommodaient, dans la vie quotidienne, du seul pagne et de mocassins. Ces peuples étaient d'ailleurs fort conscients de la symbolique du vêtement par rapport à la différenciation sexuelle. À preuve, cette interdiction formelle du *Code deutéronomique* (22,5) : « Une femme ne portera pas un costume masculin, et un homme ne mettra pas un vêtement de femme ».

L'histoire du vêtement chez les Romains témoigne de moeurs semblables. Comme dans les autres civilisations anciennes, y compris la grecque, le schéma général du vêtement ne différait pas substantiellement d'un sexe à l'autre dans la Rome royale du VIIIe au VIe siècle av. J.-C. Sous la République (509 à 27 av. J.-C.), cependant, les femmes mariées abandonnèrent la toge aux hommes et aux jeunes filles pour adopter, à l'instar des élégantes de Grèce, la *stola* (le *peplos* chez les Grecques), longue robe à plis, serrée à la taille et brodée dans le bas[35]. La soie, importée de Chine, ou le coton des Indes, fut réservée à ce costume féminin. Le masculin était de lin ou de laine[36]. Dans la Rome impériale, la mode féminine influencera la masculine, au grand scandale des défenseurs de l'ancienne vertu républicaine. On déplorera la féminisation des grands de ce monde qui délaissent les apparences viriles pour se vêtir de soie transparente[37], de tuniques aux manches longues, avec ceintures lâches ou sans ceinture[38] et

33. Par ex., H. F. LUTZ, p. 173-174; J. HEUZEY, p. 21 et s.; E. HAULOTTE, p. 22-24 et 34-35.
34. R. BROBY-JOHANSEN, p. 35, en donne lui-même une illustration.
35. G. HACQUARD, J. DAUTRY et O. MAISANI, p. 29 et 81; H.-I. MARROU, p. 16.
36. J.-T. MAERTENS, IV, p. 61.
37. SUÉTONE, p. 277 (LII : Caligula); JUVÉNAL, p. 193 et 195 (Satire II) : « il serait moins déshonorant, pense-t-il, de plaider tout nu ! »; PLINE L'Ancien.
38. SUÉTONE, p. 40-41 (XLV : Jules César); p. 277 (LII Caligula); p. 387 (LI : Néron).

d'atours féminins plus décadents encore. Des femmes devaient aussi fauter en sens contraire puisque Juvénal prend à partie celles qui se travestissaient[39]. Évidemment, ces lamentations seront remplacées par d'autres lorsque certaines distinctions vestimentaires disparaîtront au profit de nouvelles. La *tunica* romaine masculine, comme le chiton grec, était sans manche et coupée au-dessus du genou[40]. Il faudra attendre l'empereur Commode (180-192) pour que la tunique à manches longues fasse légitimement partie de la garde-robe masculine, même si Alexandre le Grand, persophile convaincu, l'avait introduite 450 ans auparavant dans son vaste empire[41].

Passons par-dessus l'énorme brassage de civilisations qui eut lieu pendant que s'affrontèrent et s'influencèrent mutuellement la tradition sacro-impériale byzantine et les traditions « barbares », celtique et teutonique. Du point de vue du statut sexuel, l'histoire semble se répéter : schéma vestimentaire fondamentalement le même pour les deux sexes, avec le triomphe des tuniques et des manteaux longs qui couvraient tout le corps, mais un ensemble de détails permettant de signaler la « différence ». Lorsque celle-ci était par trop estompée, des réactions outragées immanquablement se faisaient entendre. Témoins, ces textes de Guillaume de Malmesbury qui prend à partie Guillaume II, roi d'Angleterre de 1087 à 1100, pour la féminisation de l'apparence masculine : tuniques lacées, chemises ouvertes qui laissaient voir la nudité du corps, chevelure longue et ainsi de suite[42].

Guillaume de Malmesbury aussi bien que les prédicateurs de l'époque, réagissant avec conviction contre ces « gentilshommes » (le mot est de 1080) et leurs emprunts aux femmes de frivolités dans le vêtement, ne savaient tout simplement pas lire les signes des temps, comme c'est généralement le cas. La façon « guerrière » d'approcher la femme était de moins en moins prisée. La séduction devenait un rôle masculin. Elle était conduite sous le signe de la coquetterie (du « petit coq ») plutôt que sous celui de la bravoure. Ces courants qui animeront l'amour courtois des XIe et XIIe siècles influenceront la tenue vestimentaire masculine, qui s'adoucira considérablement[43].

Ce n'est vraiment qu'à partir du XIVe siècle que s'établira une distinction marquée dans la forme générale du vêtement porté soit par les hommes soit par les femmes. Vers la même époque, la mode masculine

39. JUVÉNAL, p. 287 (Satire VI).
40. H.-I. MARROU, p. 16-17.
41. A. RIBEIRO, 1986, p. 22.
42. W. of MALMESBURY, p. 279.
43. H. PLATELLE, p. 1071-1096 ; J. LAURENT, p. 63.

établira son hégémonie, la féminine se contentant de s'adapter après coup. Le vêtement masculin se releva jusqu'à mi-mollet d'abord, se fendit ensuite sur les côtés pour ouvrir cotte et surcot du bas jusqu'à mi-cuisse et finit par révéler complètement la jambe. Les anciens pantalons celtes et teutoniques, qui s'étaient transformés en braies courtes sous la longue tunique byzantine[44], réapparaîtront sous forme de chausses fixées au pourpoint par des lacets. Le haut du corps sera également mis en valeur par une jaque plus étroitement ajustée, accentuant la largeur du torse par rapport à la taille. La ceinture, qui se portait sur les hanches, servira à tirer encore davantage les verticales de la partie supérieure du vêtement masculin. Les élégants étaient donc minces, élancés, sveltes comme des cathédrales gothiques. La mode féminine ne se distinguait au départ que par la longueur de la robe et par un léger décolleté, le premier dans l'histoire du vêtement féminin en Europe occidentale[45]. Les différences s'accentueront au XVe siècle lorsque, sous l'influence de la cour de Bourgogne, chemises, pourpoints et manteaux masculins se mirent à raccourcir considérablement. Les cuisses se découvrirent et, au moindre mouvement, les jeunes hommes exposaient leur sexe et leurs fesses. On allongea donc les chausses afin de couvrir tout le bas du corps[46]. Désormais, « l'homme est celui qui porte la culotte, la robe reste à la femme[47] ».

Quand l'influence allemande commença à faire reculer au cours de la deuxième moitié du XVe siècle la mode bourguignonne, gothique et « adolescente », on cherchera à mettre davantage en relief les prétendues caractéristiques du corps adulte des hommes et des femmes. Chez ceux-là, une sorte de solidité lourde accusait la carrure des épaules. On vit apparaître la chamarre, une casaque (incitée de la *zamarra,* un manteau de peau de mouton porté par les bergers espagnols) à manches bouffantes, fourrées et décorées dc passementeries[48]. Quant au corps féminin, la mode accentuait nettement et l'ampleur du bassin[49] et le sein, celui-ci par des décolletés profonds, découvrant parfois les mamelons[50]. P. Perrot pense que cette accentuation nouvelle de l'« embonpoint féminin », accompagnée du développement de la cosmétique féminine, sont les deux éléments principaux qui démarquèrent la silhouette féminine de la masculine durant la Renaissance et l'Âge classique[51].

44. R. BROBY-JOHANSEN, 1968, p. 130; 124.
45. F. W. S. VAN THIENEN, p. 21-33.
46. R. BROBY-JOHANSEN, p. 125-126.
47. J. LAURENT, p. 65.
48. A. RIBEIRO, 1986, p. 59-60. Voir aussi F. BOUCHER, planches 433, 459 et 492.
49. F. W. S. VAN THIENEN, p. 39.
50. R. BROBY-JOHANSEN, p. 137-138.
51. P. PERROT, p. 33.

C'est vraisemblablement dans la première moitié du XVIe siècle que la mode masculine se fit, plus qu'en aucun autre temps, virile, agressive, soldatesque, exhubérante et empanachée. De verticale qu'elle était au XIVe siècle, la silhouette masculine se caractérisa par des lignes horizontales. Le pourpoint, serré (le « justaucorps »), descendit à mi-corps. Les chausses, visibles sur toute leur longueur, étaient d'une seule pièce. La culotte, en forme de ballon, couvrait la partie supérieure de la cuisse. La braguette de la fin du XVe siècle, simple rabat couvrant l'ouverture de devant et qu'on avait dû pratiquer sur les chausses serrées pour permettre de marcher, prit au XVIe siècle l'allure d'une érection permanente. Grâce à ses attaches décorées de broderies et de passements, son volume considérable et sa forme saillante, les attributs sexuels virils, même chez les jeunes garçons[52], devinrent le centre d'attraction[53]. Rabelais se gaussera de cette pièce vestimentaire en imaginant que seize aulnes de tissu furent nécessaire pour fabriquer la braguette lorsqu'on vêtit Gargantua à l'âge d'un an et dix mois. « Et fut la forme d'icelle comme d'un arc-boutant, bien estaché joyeusement à deux belles boucles d'or, qui prenoient deux crochetz d'esmail, en un chacun desquelz estoit enchassée une grosse emeraugde de la grosseur d'une pomme d'orange[54] ». Réagissant à ces excès, Thomas More proposera des vêtements simples et d'une même forme invariable pour tous les habitants d'*Utopie* (1516), vêtements qui permettent cependant de distinguer « l'homme de la femme, le célibat du mariage[55] ».

La mode se retournera sous le règne d'Henri III (1574-1589). Avec la montée de l'humanisme érasmien et l'influence grandissante d'une mode espagnole sévère, la braguette se dégonfla et, avec elle, la virilisation excessive du costume masculin[56]. La réaction amena une seconde féminisation de la parure masculine, que venaient encore accentuer petits manchons, boucles d'oreilles, poudre à cheveux parfumée et cosmétiques[57]. Ce raffinement affectait la mode aussi bien féminine que masculine : mêmes soies et dentelles, mêmes nuances et ornements paraient les deux sexes. Le phénomène se poursuivra pendant toute l'ère baroque[58]. L'affectation raillée par Molière dans les *Précieuses ridicules* (1659)

---

52. F. BOUCHER, planches 449 et 538. Pour les adultes, planches 418, 454-460, 464, 492, 521 et 540-541 (paysans).
53. R. BROBY-JOHANSEN, p. 124 ; A. RIBEIRO, p. 62 et 65.
54. RABELAIS, *Gargantua*, ch. VIII, Pléiade, p. 49.
55. THOMAS MORE, p. 133.
56. F. W. S. VAN THIENEN, p. 59-61 ; F. BOUCHER, p. 228 et 426 ; J.-C. BOLOGNE, p. 64-66.
57. F. BOUCHER, p. 240 ; A. RIBEIRO, p. 67.
58. F. W. S. VAN THIENEN, p. 124 ; P. PERROT, p. 56-59 ; D. ROCHE, p. 381.

caractérisait également la gestuelle vestimentaire de l'époque[59]. À tout prendre, les portraits masculins du temps reflètent plutôt l'image d'hommes faibles et émasculés, alors que les portraits féminins évoquent généralement de maîtresses femmes, alertes, plantureuses, puissantes[60].

L'exubérance de la mode masculine prit fin au cours de la deuxième moitié du XVIIIe siècle. Il y eut bien un dernier soubresaut au cours des années 1770. L'Italie exporta une mode « macaroni », imitée aux États-Unis par le *Yankee Doodle*, haute en couleur, fleurie, moulant le corps, le tout coiffé d'une perruque poudrée démesurément haute et surmontée d'un minuscule chapeau. Puis la mode masculine entra définitivement dans sa phase sombre, terne, presque lugubre. Elle héritait du puritanisme anglais du siècle précédent, imbu de l'éthique protestante du travail, braqué contre les mœurs corrompues d'une aristocratie qui s'était approprié l'opulence, le loisir, les affaires amoureuses et l'élégance vestimentaire qui les symbolisaient[61]. L'homme se dépouilla de toute bijouterie, de tout cosmétique et adopta un trois-pièces composé de la veste, de la culotte et du pourpoint, précurseur de notre complet contemporain. Seuls les dandys, au cours de la première moitié du XIXe siècle, se piquèrent encore d'une certaine élégance vestimentaire. Les perruquiers lanceront bien une offensive pour la promulgation d'une loi somptuaire rendant obligatoire le port de la perruque, mais ce sera peine perdue[62].

Le puritanisme n'ayant plus le même ascendant, dût-il réapparaître en méthodisme, l'idéologie bourgeoise patriarcale de l'ère industrielle n'en imposa pas moins à l'homme, « sérieux, actif et fort », de renoncer à la parure et à la coquetterie pour lui-même. Non point pour son épouse, cependant. Celle-ci relaya son mari dans l'étalage des apparences et, au XIXe siècle, en deviendra pleinement la vitrine, la devanture sociale[63]. Elle jouera d'autant mieux son rôle d'enseigne statutaire que sa mise la montrera frivole, oisive, délicate, docile comme une « esclave exquise[64] ». Jamais dans l'histoire de l'Europe occidentale, voire dans l'histoire tout court, hommes et femmes ne seront apparus aussi dissemblables.

Il faudra attendre la deuxième moitié du XIXe siècle pour que le dimorphisme vestimentaire s'estompe quelque peu. L'Américaine Amelia Jencks Bloomer, fondatrice du journal féministe *The Lily*, devint une figure centrale

---

59. F. W. S. VAN THIENEN, p. 91-92.
60. R. BROBY-JOHANSEN, p. 158.
61. F. DAVIS, p. 36-37.
62. F. W. S. VAN THIENEN, p. 141 ; F. BOUCHER, p. 308 et 335 ; A. RIBEIRO, 1984, p. 95, 111-112, 119, 122-126 ; D. ROCHE, p. 43.
63. F. BOUCHER, p. 335 ; P. PERROT, p. 105-106 ; A. RIBEIRO, 1986, p. 112 ; D. ROCHE, p. 43 et 117.
64. D. KUNZLE, p. 570-579.

en ce qui a trait à la masculinisation de la mode féminine et donna son nom à des culottes bouffantes[65]. Durant la première moitié du XXe siècle, le « petit tailleur » de Coco Chanel, avec jupe puis avec pantalon, prolongera cette tendance. Chanel offrait à la « femme active moderne » une toilette appropriée. Avant elle, le couturier Paul Poiret, en supprimant le corset, en épurant le costume féminin et en lançant les robes et les robes-pantalons colorées et « jeunes », contribua à modifier la silhouette féminine. Ce sera le début de la « taille » fine, dont la danseuse de music-hall Mistinguett assurera la vogue internationale dans l'entre-deux-guerres. Elle triomphera, au milieu du siècle, dans le *New Look* (Colette proposa « Nioulouque » !) de Christian Dior avec ses jupes rétrécies vers le bas et le fameux pli d'aisance[66]. La tendance à la dédifférenciation ne s'arrêta pas là. Déjà en 1944, le magazine *Life* rapportait, comme s'il s'agissait d'une tribu lointaine, que des adolescentes américaines portaient des jeans et des chemises masculines, et que ce mouvement inquiétant se répandait. Dans les années 1960, Yves Saint-Laurent donnait au pantalon féminin un statut de haute mode. Si, aujourd'hui encore, la robe fait la femme, un grand nombre ne la portent que rarement. En l'incorporant à sa toilette, par ailleurs, la femme a transformé le pantalon et en a fait un article bien féminin[67].

Au même moment, la mode masculine se mit à évoluer, à partir de la rue plus que des ateliers de la haute couture. Parmi les jeunes travailleurs, la mode *teddy boy* – cheveux huileux, gilets fantaisistes, chaussettes voyantes, souliers à semelles de crêpe épaisses – annonçait des changements profonds. Des *pop stars* comme Elvis Presley et les Rolling Stones assureront, chez les jeunes, le retour d'une mode masculine flamboyante[68]. Ces deux évolutions parallèles, une certaine androgynisation costumière de la taille féminine et une revitalisation de l'allure masculine, conduisirent, au cours des années 1960, à un habillement qui eut tendance à masquer le dimorphisme sexuel[69]. Depuis les années 1970, les nuances vestimentaires (les hommes ne se boutonnent-ils pas encore sur la droite, les femmes, sur la gauche ?) et cosmétiques restent généralement assez claires pour distinguer encore un sexe de l'autre. Le travestisme a presque perdu son sens, faute de différence générique à imiter... Il faut, du reste, parfois y regarder de très près pour savoir si on a affaire à une fille ou à un garçon.

---

65. A. RIBEIRO, 1984, p. 132-133 ; S. B. KAISER, 1990, p. 9.
66. R. BROBY-JOHANSEN, p. 211 ; A. RIBEIRO, 1984, p. 149-150, 161 ; M. TOUSSAINT-SAMAT, p. 447, 448, 454-455.
67. J. LAURENT, p. 83-89 ; M.-A. DESCAMPS, 1984, p. 135-142 ; F. DAVIS, p. 42-46.
68. A. RIBEIRO, 1984, p. 164-165.
69. O. E. KLAPP, p. 83.

Car c'est bien de « garçonnisation » plus que de « masculinisation » qu'il faut parler à propos du vêtement féminin au XXe siècle. Si l'histoire du vêtement nous renseigne sur les redéfinitions successives de la masculinité et de la féminité[70], il faut se rendre à l'évidence que les femmes qui s'habillent aujourd'hui de façon « masculine » ressemblent davantage à des garçons qu'à des hommes[71]. Point n'est besoin d'être féministe militante pour réagir contre cette nouvelle image de la femme immature que projette la mode contemporaine. De toute évidence, le statut générique symbolisé par le vêtement est de nos jours moins clairement défini qu'il ne l'a été à d'autres époques de notre histoire.

Statut « développemental »

En plus d'appartenir à un sexe ainsi qu'à une ou plusieurs communautés, les personnes sont prises aussi dans une séquence de développement humain. L'accès à telle ou telle phase évolutive de l'existence humaine est transculturellement signifié par une gestuelle vestimentaire. Le passage d'un statut « développemental » à un autre est lui-même accompli par des rites de vêture.

La division la plus universelle des « âges de la vie » est celle qui distingue les « enfants », ces individus qu'on estime toujours appartenir encore au monde indifférencié de la nature, des « adultes », ceux qui ont accédé en un seul temps ou par phases au monde culturel de leur peuple. L'âge chronologique de cette transition est partout déterminé sur une base vaguement biologique, par exemple la puberté, réelle ou présupposée, et un ensemble d'autres critères où se mêlent croyances religieuses, morales ou philosophiques, sans omettre des considérations sociologiques, économiques, militaires, politiques ou autres.

Il n'existe probablement pas de « rites de passage » tant soit peu articulés qui n'impliquent des modifications réelles ou symboliques de l'habillement[72]. Autant chez les peuplades anciennes que dans les sociétés modernes, la vêture initiatique signifie à la fois l'entrée dans une autre étape de la vie humaine et la clarification du sexe du ou de la novice. Ces rites d'habillement, A. van Gennep l'a abondamment démontré[73], effectuent donc la séparation de l'enfant d'avec le monde antérieur de l'indifférenciation et son agrégation au monde des hommes et des femmes de son peuple.

70. Voir, par exemple, A. LURIE, 1981, p. 212-221.
71. F. DAVIS, p. 36-37.
72. A. LURIE, 1981, p. 37.
73. A. VAN GENNEP, 1909.

Les rites de passage anciens commençaient souvent par une ou des gestuelles de parure et de vêture qui symbolisaient le *regressus ad uterum* (l'état de nature) avant la renaissance à l'état de culture humaine. Chez les Kunapipi, en Australie, l'application de l'ocre rouge signifiait le retour des néophytes au sein maternel. Chez les filles pubères Dayaki, en Australie, le vêtement blanc porté pendant une année entière manifestait leur asexualité, voire leur androgynisation passagère, avant l'entrée dans l'existence féminine adulte. Au Zaïre et sur la Côte Loango, les rites de puberté des garçons âgés entre 10 et 12 ans incluaient, après la circoncision, une période de réclusion dans la jungle où, en signe de retour dans le sein maternel, ils étaient peints en blanc. Chez les primitifs de l'Inde ancienne, le novice était vêtu d'une peau d'antilope noire, retour au stade embryonnaire avant de renaître dans la condition de brahmane. Chez certains peuples bantous, c'est avant la circoncision que le garçon initié, après être monté dans le lit auprès de sa mère et avoir crié comme un nouveau-né, était enveloppé dans la membrane de l'estomac et la peau d'un bélier sacrifié, pour y demeurer trois jours[74].

L'entrée dans la vie « adulte » s'accomplissait en des rites semblables. Être oint de l'ocre rouge, couleur du sang, symbolisait souvent l'acquisition du statut humain. Il en était ainsi, en Australie, pour les novices, mâles et/ou femelles, chez les Wiradjuri, les Yuin, certaines tribus de la côte nord. Chez les Kurnai, les novices mâles recevaient une « ceinture de maturité »; chez les Yuin, une « ceinture d'homme » faite de fourrure d'opossum[75].

Chez les Tshokwé, les tatouages inscrits après la réclusion de circoncision signifiaient la répartition de tâches précises selon la classe d'âge et, donc, l'insertion de chaque individu dans la hiérarchie sociale[76].

Alors que chez certains peuples les rites de puberté étaient plus élaborés pour les filles que pour les garçons parce que la survivance dépend d'elles[77], d'autres peuples insistaient presque exclusivement sur l'initiation des garçons. Ceux-ci, pensait-on, devaient être arrachés à l'état de nature pour accéder à l'état de culture. La nature, comme la terre-mère, serait féminine et n'engendrerait que du féminin. Les garçons ne naissaient donc pas mâles. Ils devaient être « masculinisés » culturellement. On ne deviendrait mâle que par le labeur des mâles adultes. Cette compréhension du développement n'était pas absente des rites pubertaires

74. M. ELIADE, 1976, p. 112; 103; 79, 118; 123.
75. *Ibid.*, p. 35, 43, 70, et 100; 38 et 41.
76. J.-T. MAERTENS, I, p. 35.
77. C'est le cas chez plusieurs peuples amérindiens, notamment chez les Apaches : H.E. DRIVER, p. 370-372; R. LAUBIN et G. LAUBIN, p. 127.

amérindiens. Tandis que les rites concernant les filles étaient rattachés aux événements naturels de la menstruation, ceux relatifs aux garçons consistaient essentiellement dans l'accession à une confrérie mâle, création toute culturelle. Dans un cas comme dans l'autre, ces rites ont un fond commun : période de réclusion, bain rituel, vêture d'habits nouveaux[78]. Cette idéologie se retrouve aussi dans tous les rites initiatiques des anciennes peuplades de la Mélanésie[79].

Si les développements rituels étaient moins spectaculaires chez nos propres ancêtres, ils n'en étaient pas moins clairs. Chez les anciens Romains, la *pueritia* des garçons se terminait vers l'âge de 17 ans (14 ans sous l'Empire), et l'événement était marqué par la prise de la toge virile[80]. Les jeunes filles, au moment de leur puberté, portaient une *toga regia undulata*. Leur jeunesse ne se terminait qu'au mariage avec l'abandon de la *bulla*, un médaillon rempli d'amulettes qu'elles portaient depuis qu'elles avaient été reconnues par le *paterfamilias*[81].

Dans l'histoire des civilisations, on trouve non seulement des rites de vêture qui marquent le passage du statut d'enfant à celui d'adulte, mais également des exemples de classements vestimentaires qui indiquent des statuts « développementaux » plus diversifiés. Quelques données suffiront à illustrer ce point. Chez les peuples amérindiens des plaines et des prairies, la distinction des différentes cohortes d'âge chez les jeunes mâles (certaines tribus en dénombraient jusqu'à dix, couvrant une durée moyenne de quatre ans chacune) était visible dans le costume de la confrérie à laquelle ils appartenaient. Ayant atteint l'âge statutaire, les garçons d'une confrérie inférieure accédaient aux chants, aux danses et aux costumes de la confrérie immédiatement supérieure[82]. Dans la Chine antique, des motifs brodés sur la tunique servaient à distinguer les élèves qui n'avaient pas encore passé l'examen de ceux qui l'avaient passé : un saumon nageant vers une chute d'eau dans le premier cas, un dragon dans le second[83]. Dans la Rome antique, la coiffure servait à indiquer le statut matrimonial de la femme : une chevelure longue et flottante pour les vierges, les cheveux en chignon pour les femmes mariées[84]. Dans l'Amérique coloniale, les femmes de l'Église morave de Philadelphie se distinguaient par la couleur des rubans avec lesquels elles attachaient leurs

---

78. H. E. DRIVER, p. 345-362 et 370-372. Voir également, pour les filles inuites, B. ISSENMAN et C. RONKIN, p. 125.
79. G. H. HERDT, 1981 et 1984.
80. PLINE le Jeune, I, lib.1, let. 9, p. 28-29.
81. G. HACQUARD, J. DAUTRY et O. MAISANI, p. 30-31 et 154.
82. H. E. DRIVER, p. 352-354.
83. R. BROBY-JOHANSEN, p. 95.
84. M. R. MILES, p. 49.

bonnets : rouges pour les filles de 12 à 16 ans, roses pour les femmes encore non mariées, bleus pour les femmes mariées, blancs pour les veuves[85]. Autant de cas divers où des détails ornementaux servaient à introduire certaines classifications de statut « développemental ».

Quant à notre propre tradition occidentale, les historiens semblent d'accord pour affirmer que, du Moyen Âge jusqu'à la fin du XVIIe siècle, les enfants auraient été vêtus comme des « adultes miniatures ». Ils n'auraient donc pas eu d'habit statutaire propre. P. Ariès en a fait une démonstration à partir des peintures de l'Ancien Régime[86]. Il faudra attendre la dernière moitié du XVIIIe siècle pour que, en Angleterre d'abord, puis dans le reste de l'Europe et en Amérique, l'habillement infantile fasse son apparition. Influence du romantisme, réclamant avec Jean-Jacques Rousseau des vêtements plus confortables dans lesquels les enfants puissent jouer[87] ou importation des pensionnats avec leurs uniformes de type militaire[88] ? Toujours est-il que les portraits d'enfants aisés commencent à montrer, écrit F. Boucher, « des petites filles en robe de linon et de mousseline, aux cheveux flottant librement, et des garçons sans uniformes ni vêtements de parade[89] ».

Ces historiens tiennent-ils suffisamment compte, ici, de leurs propres observations méthodologiques concernant les limites des sources visuelles qu'ils examinent ? Celles-ci ne représentent que rarement, sinon jamais, la réalité vestimentaire quotidienne du « monde ordinaire ». Ne serait-il pas étonnant que la coutume séculaire et universellement constatée d'un habillement propre au statut d'enfant se fût perdue pendant trois ou quatre siècles de notre histoire ? D'autant plus que certains indices infirment la thèse. P. Greven a montré, par exemple, que dans l'Amérique coloniale, à partir du XVIIe siècle, les petits garçons étaient vêtus, souvent à la maison et régulièrement à l'école, d'une jaquette qui ressemblait à une robe[90]. Les colons n'ont certes pas inventé cette coutume. Ils l'ont importée d'Europe, où elle subsista jusqu'à la Première Guerre mondiale[91]. Elle persistait encore sous forme de tabliers bleus que les écoliers portaient à mon arrivée à Paris en 1954 et encore en 1970 lorsque je quittai Toulouse pour revenir au Canada.

Si ces mœurs n'avaient plus cours en Amérique du Nord au temps de ma propre enfance dans les années 1930, les garçons jugés « pré-adoles-

85. A. RITTER, p. 145, cité par L. E. SCHMIDT, p. 43.
86. P. ARIÈS, 1975.
87. A. LURIE, 1981, p. 38.
88. J.-T. MAERTENS, IV, p. 86.
89. F. BOUCHER, p. 312-313. Voir aussi J. LAURENT, p. 120-121 et D. ROCHE, p. 117.
90. P. GREVEN, p. 284-286.
91. J. LAURENT, p. 140.

cents » portaient soit la culotte courte, soit les knickers ou *breeches*. Je n'eus personnellement droit au « pantalon long » qu'à la fin de ma dernière année d'école élémentaire, à l'âge de 14 ans. A. Lurie décrit longuement ces modes infantiles de la fin du XIXe siècle et de la première moitié du XXe siècle. L'influence britannique jouait fortement. Qu'on pense au *Kate Greenaway Look* pour les petites filles, robe longue qui laisse voir l'extrémité d'une culotte blanche bordée de dentelle, au costume marin autant pour les filles que pour les garçons, et au *Little Lord Fauntleroy Look* pour les petits garçons, costume composé essentiellement de knickers de velours noir ou bleu et d'un veston porté sur une blouse blanche avec un large collet en dentelle. Adoré par les mamans, ce costume fut abhorré par la majorité des garçons, auxquels il donnait une allure efféminée que leurs compagnons ne manquaient pas de ridiculiser[92]. Comme certains l'ont observé, la disparition récente des knickers marqua une modification importante du rôle social et de l'autoperception des garçons prépubaires dans nos sociétés[93]. À ces manifestations de l'identification vestimentaire du statut de mineur, il faut ajouter les « uniformes scolaires » qui, dans maintes institutions, surtout féminines, marquaient jusqu'à très récemment le statut d'écolier et d'écolière. Pour n'être pas aussi fortement évocatrices que les rites initiatiques anciens, ces mœurs vestimentaires n'en signifiaient pas moins le passage du statut d'enfant à celui d'homme ou de femme.

Trois caractéristiques principales marquent la tendance contemporaine quant à la gestuelle vestimentaire propre à signifier le statut « développemental ». Une première suit notre intérêt croissant pour notre propre développement humain. Au début du siècle, les chercheurs en développement, un Sigmund Freud ou un Jean Piaget, pensaient encore que toute la crise évolutive se jouait pendant l'enfance, renforçant ainsi la grande division séculaire : enfance – âge adulte. Leurs successeurs du milieu du siècle, un E. Erikson par exemple, estimaient qu'il fallait ajouter une longue période adolescente pour résoudre les problèmes « développementaux » les plus significatifs, donnant plus de poids à la division tripartite : enfance – adolescence – âge adulte. Durant le dernier tiers du XXe siècle, la recherche « développementale » s'est concentrée sur l'âge adulte, établissant un nombre croissant d'« âges de la vie[94] ». L'industrie vestimentaire était à l'écoute. Elle profita de cette nouvelle prise de conscience pour créer de nouveaux marchés : celui de la pouponnière, des enfants d'âge préscolaire, des enfants d'âge scolaire... jusqu'à celui des *senior citizens*, selon

92. A. LURIE, 1981, p. 40-45.
93. G. BUSH et P. LONDON, p. 359-366.
94. J'ai exposé ces problèmes, avec les implications, dans A. GUINDON, 1989.

une expression anglaise si caractéristiquement « développementale ». La tenue de ceux-ci est caractérisée en Occident par des vêtements plus longs et aux teintes plus sobres. Je suis moins d'accord avec A. Lurie lorsqu'elle ajoute que leur mise est également quelque peu démodée[95] depuis que l'industrie a créé une mode adaptée aux personnes âgées.

À certains âges de la vie, surtout les plus incertains, le costume statutaire est de rigueur. Les jeunes de la classe adolescente, notamment, cherchent davantage à se conformer à la mode vestimentaire de la cohorte à laquelle ils appartiennent que ne le font les adultes. Leur identité est normalement plus dépendante des approbations et des désapprobations de leur groupe d'âge que celle des « adultes réussis[96] ». Des études empiriques confirment d'ailleurs que la non-conformité à la mode attire l'anathème social alors que la conformité est source d'estime de la part du groupe[97].

Une deuxième caractéristique consiste en ce que les costumes qui signifient les divers groupes d'âge ne sont plus imposés d'autorité et évoluent rapidement. La recherche empirique a montré, par exemple, que les personnes adolescentes sont grandement influencées dans la sélection quotidienne et l'achat de leur vêtement par leurs égaux, très peu par leurs parents, frères et sœurs, et encore moins par la publicité dans les médias[98]. Même l'idéologie politique passe à l'arrière-plan lorsqu'il s'agit de choisir les symboles vestimentaires. Si les jeunes de Cuba sont généralement attachés au régime du Lider Maximo, ils aspirent à posséder ces jeans et ces chaussures de sport de marque ainsi que ces maillots ornés des logos des groupes musicaux à la mode qui authentifient leur statut international de jeunes[99].

Une troisième caractéristique de l'habillement qui sert à indiquer, aujourd'hui, le statut « développemental » est la tendance avouée à « faire jeune » plutôt qu'à « faire adulte ». Les jeunes du monde entier ont toujours rêvé du jour où ils ou elles revêtiraient les insignes de la maturité. Aujourd'hui, les adultes du monde occidental, peut-être angoissés à l'idée d'avoir à vivre tous les « âges de la vie » qu'on leur a assignés, ne cherchent qu'à paraître jeunes. Si la majorité d'entre eux s'essoufflent vite aux pratiques athlétiques exigeantes qu'ils entreprennent régulièrement pour « garder la taille », la culture des apparences, elle, n'exige pas les efforts

95. A. LURIE, 1981, p. 47.
96. A. GUINDON, 1989, p. 85-107.
97. A. M. VENER et C. R. HOFFER, p. 76-91 ; M. K. JONES, p. 271 ; C. D. ALLEN et J. B. EICHER, p. 125-138 ; E. A. KELLEY *et al.*, p. 167-175 ; R. BULL, p. 459-465 ; M. E. DRAKE et I. M. FORD, p. 283-291.
98. J. B. KERNAN, p. 343-350.
99. C. BOOTH, p. 22-23.

exténuants du jogging ou de l'aérobique. Notre civilisation est peut-être plus classique que nous ne l'imaginons, plus proche de la Grèce antique, qui pensait que le bon et le beau sont l'apanage des jeunes adultes.

Statut culturel

À l'œuvre dans les signifiés précédents (comme il le sera dans les suivants), mais formellement distinct d'eux tous, un dernier signifié social de premier degré est partout présent dans la gestuelle vestimentaire des peuples. Je le qualifierai de culturel, dans le sens très englobant de « culture » qu'on retrouve régulièrement dans l'anthropologie contemporaine. On entend par là cette vision du monde, cet *ethos*, que partagent socialement les membres d'un groupe humain particulier. Cette totalité organique est autant un héritage historique qu'un projet collectif des membres du groupe en interaction constante avec leur environnement[100]. Si ethnologues et historiens s'adonnent avec tant de ferveur à l'étude du vêtement, c'est parce qu'il transmet une infinité de renseignements historico-culturels. La tenue vestimentaire d'un personnage permet non seulement de dater, parfois à quelques années près, son existence et de déterminer ses divers statuts d'appartenance, mais aussi de saisir sur le vif l'« esprit du temps » auquel il appartient, son âme, son génie propre, sa *Weltanschauung*[101].

Lorsque, malgré les critiques sévères qu'il adresse aux théories de G. Simmel sur la mode, H. Blumer le loue pour avoir établi que celle-ci n'a lieu que dans un certain type mobile de société, il lui attribue une contribution douteuse[102]. Ces vues, que les sociologues se sont plu à répéter, ne sont pas exactes. Ce qui est vrai, c'est que les sociétés traditionnelles n'ont pas de conscience historique, de sorte qu'« il suffisait de quelques générations, parfois moins, pour qu'une innovation récente fût investie du prestige des révélations primordiales[103] ». Comme l'explique encore M. Eliade, le sens de toute chose et de tout événement vient du Temps mythique primordial rendu présent. Tout changement culturel, même récent, est donc toujours vu comme ayant existé depuis toujours[104]. Dès 1945, l'ethnologue A. Leroi-Gourhan montrait comment aucun peuple n'a

100. Je m'inspire pour ces notions de l'analyse de mon collègue A. PEELMAN, p. 41-56.
101. Que le vêtement reflète fidèlement l'esprit du temps avait déjà été suggéré par A. L. KROEBER, p. 235-263, et plus clairement en 1938 par J. LAVER.
102. H. BLUMER, p. 275-291 ; G. SIMMEL, 1904, p. 541-558.
103. M. ELIADE, 1976, p. 15.
104. M. ELIADE, 1963, p. 35-54 *passim*; 1972, p. 73-119; 1974, p. 326-343; 1976, p. 11-21.

ignoré la mode. Le pagne monte ou descend ; le rouge, le jaune ou le bleu sont en vogue tour à tour ; la ceinture élargit ou rétrécit ; les baguettes qu'on se passe à travers les narines sont parfois en bois poli, parfois en métal précieux, tantôt plus courtes ou plus longues, et ainsi de suite[105].

L'ignorance du code vestimentaire autant que du code facial fait que nous, Occidentaux de race blanche, distinguons aussi mal un sari indien d'un autre, un kimono chinois ou un burnous arabe d'un autre, que nous distinguons un Indien d'un autre Indien, un Chinois ou un Arabe d'un autre, à moins de les fréquenter et de nous appliquer à les reconnaître. Si la forme générale de ces vêtements demeure relativement stable (comme, d'ailleurs, celle de nos propres costumes), la coupe, le dessin, la composition textile, etc., n'ont cessé de varier avec le temps. S'il y a distinction entre le rythme et l'ampleur des changements vestimentaires d'une civilisation à l'autre, c'est que les progrès techniques des unes ont accéléré le tempo de leur changement. De ce point de vue, l'Europe, surtout à partir du XIVe siècle, a connu un essor considérable. A-t-elle été, pour autant, plus « maîtresse de civilisation », comme semble l'impliquer F. Braudel[106] ? Je n'oserais, pour ma part, l'affirmer.

Plus significative que la prétendue mobilité des coutumes vestimentaires des uns comparée à l'immobilisme des autres est la façon d'être, de penser et de vivre d'un peuple, reflétée par une certaine « culture » (au sens, cette fois, défini au début de cette section) des apparences. Héritière des traditions grecques, asiatiques et « chrétiennes », Byzance, centre de la civilisation occidentale pendant huit siècles (c. 330 à 1100), développa une gestuelle vestimentaire « sacro-impériale » dont on retrouve peu d'exemples dans l'histoire. Voyez ces robes cérémonielles majestueuses, couvertes de broderies, de perles, de pierres précieuses, ces longues tuniques sur lesquelles on passe encore une dalmatique à manche longue, ces capes richement décorées[107]. Cérémonie, dignité, hiérarchie, orgueil, triomphe, permanence, « institutionnalisme », hiératisme, sacralisation. Pourquoi la liturgie catholique romaine a-t-elle emprunté à Byzance une mode vestimentaire qui relève d'une compréhension sacrale de l'existence si étrangère à l'idée même de l'histoire du Salut ? Mauvaise compréhension de la foi chrétienne ou ignorance de la portée culturelle d'une mode vestimentaire ?

Le costume reflète d'ailleurs plus qu'une idéologie profane et/ou religieuse. Il détermine parfois des façons concrètes de vivre de tout un peuple. Le cuir des Inuits, dont l'exigeante préparation, la transformation

---

105. A. LEROI-GOURHAN, II, p. 199. Voir aussi H. E. DRIVER, p. 136.
106. F. BRAUDEL, p. 233-250. Dans le même sens voir D. ROCHE, p. 11-12 et 46-47.
107. R. BROBY-JOHANSEN, p. 102-106.

en vêtement et le constant entretien occupaient une part importante de l'existence des femmes avant l'accès à des vêtements de confection, dictait, peut-être plus que tout autre facteur culturel, un mode de vie[108]. Qu'on pense encore au costume de soie des pays de l'Asie occidentale, notamment de la Chine et du Japon. La sériculture exigeait un degré très élevé d'hygiène, d'où, plausiblement, la propreté proverbiale de ces peuples. L'intolérance des larves du ver à soie au bruit n'est peut-être pas étrangère, non plus, à la retenue et à la gracieuseté également proverbiales des Chinois et des Japonais[109]. La matérialité vestimentaire n'est pas un facteur négligeable. Elle est prégnante de significations culturelles autant pour les personnes qui se sont enculturées en elle que pour celles qui cherchent à les comprendre.

Dans notre civilisation occidentale actuelle, la mode continue d'être instructive des fluctuations toujours plus accélérées des attitudes et des valeurs culturelles. Dans une société où l'on s'entend, de gré ou de force, sur les valeurs, le costume tend à s'uniformiser. Dans l'éthique prolétarienne d'une Chine maoïste, les canons de la mode, établis par les pouvoirs, laissent peu de place à l'imagination. Ce n'est évidemment plus notre cas. Les sociologues, sur ce point, sont en retard sur les historiens pour reconnaître l'importance de l'indicateur vestimentaire et pour développer des catégories et des mesures d'analyse adéquates[110]. La mode hippie nous avait déjà sensibilisés à la profondeur du fossé qui s'était creusé entre les générations par rapport à l'« éthique protestante » du travail. Pour emprunter une distinction à R. Barthes[111], lesquelles des modes ou des tendances actuelles représentent des « modes » (*fads*) passagères et lesquelles, des « Modes » (*fashions*) riches en signification ?

Toujours est-il que pour tout occidental, la mode représente une invitation à faire l'expérience d'un monde différemment[112]. Avec les amples phénomènes d'acculturation que le contact massif des cultures entraîne, chaque groupe qui ne veut pas perdre son identité doit se livrer à un exercice constant de reculturation. Penser que les vêtements que nous portons ne sont qu'un élément insignifiant dans cet effort de ressourcement culturel est une méprise considérable sur la puissance symbolique des apparences.

---

108. *Ibid.*, p. 98-100 ; M. TOUSSAINT-SAMAT, p. 34-42.
109. R. BROBY-JOHANSEN, p. 90.
110. L. E. THOMAS, p. 93-112.
111. R. BARTHES, 1967, p. 13, note I.
112. M. J. KING, p. 46.

CHAPITRE 3
Le vêtir d'appartenance de second degré

Bien qu'elles soient moins déterminantes que les modalités d'appartenance de premier degré, celles de second degré n'en exercent pas moins une influence considérable sur la vie des individus. Surtout dans les sociétés multiculturelles où les liens électifs sont souvent plus caractéristiques que les attaches naturelles. Le statut politique, social, économique ou professionnel peut revêtir une importance telle qu'il définira l'être, le paraître et l'agir d'une personne. Au XIXe siècle, plusieurs femmes de la haute bourgeoisie n'avaient d'existence sociale, en somme, que pour exhiber publiquement le statut socio-économique de leur mari. La vie quotidienne du président d'une grande nation contemporaine est consommée par la chose politique. Et combien d'individus n'adoptent-ils pas un mode de vie totalement déterminé par leur profession ? La symbolisation vestimentaire de l'un ou l'autre de ces ordres d'appartenance de second degré pourra, comme le montrent ces exemples, prédominer à un tel point que les autres signifiés seront à peine perceptibles.

Aucun expert ès sciences vestimentaires n'ignore le fait que la façon de s'habiller a toujours marqué, avec plus ou moins de vigueur, le rang. Au XVIe siècle, la langue française commençait même à utiliser le terme « distinction » pour dire la qualité d'habillement qui « distingue » les rangs supérieurs des inférieurs. Ce qui n'est souvent pas très clair, même chez d'excellents historiens ou sociologues, c'est ce qu'on entend par le « rang ». Chaque société « range » ou ordonne ses membres selon des critères différents et souvent imbriqués.

Le statut sexuel en est un excellent exemple. Dans la presque totalité des sociétés connues, le statut sexuel connote, entre autres, un statut politique. Les ethnologues théorisent, à partir des apparences féminines des symboles culturels, qu'être femme marquait, dans les sociétés du néolithique européen et de l'âge du cuivre, une supériorité dans l'ordre du sacré et plausiblement dans l'ordre du politique[1]. Dans les très anciennes cultures mélanésiennes, objet de prédilection de l'ethnographie contemporaine, la corrélation est inverse. Chez les Grands Nambas du Nord Malekula, les chefs portent les étuis péniens les plus élaborés, symboles du caractère phallique du pouvoir[2]. Transformé en phallus par l'étui érecteur, le pénis n'a plus besoin de la femelle pour s'ériger. Il devient monosexuel, jouissant seul du pouvoir. Selon J.-T. Maertens, l'exemple le plus caractéristique de ce phantasme du pouvoir mâle monosexuel dans la gestuelle vestimentaire contemporaine est celui de « la diversité des ceintures hiérarchiques dans l'Église romaine, noire avec ou sans frange, violette, moirée rouge avec frange rouge et or, blanche avec écusson pontifical, ceinture de drap ou de soie avec ou sans glands au gré des distinctions honorifiques distribuées par le Vatican[3] ».

Pour être plus subtile, notre propre gestuelle vestimentaire manifeste encore l'existence d'un lien entre le pouvoir phallique et le pouvoir tout court. Une femme qui se présente devant un comité de sélection dans l'espoir d'obtenir une position de cadre accroît sensiblement ses chances de succès en portant un tailleur, préférablement aux couleurs sombres et discrètes[4]. Le statut communautaire se prêterait à des considérations semblables. En régime colonial, par exemple, l'autochtone qui revêt le costume de l'occupant ajoute à ses chances d'avancement.

Les statuts social, économique et politique sont encore plus liés les uns aux autres que les précédents. Les gens « bien nés » (statut social) et nantis (statut économique) ont plus facilement accès au pouvoir politique que les autres. Ces statuts n'en constituent pas moins des ordres formellement distincts. Il arrivera même, dans la réalité, que leurs rapports soient antagoniques. Combien d'aristocrates pauvres et de roturiers riches l'histoire européenne n'a-t-elle pas connus ? Que de personnes socialement et économiquement privilégiées n'ont-elles pas tenté de dissimuler, en temps de révolution populaire, ces « avantages » devenus emcombrants ! Il en va du vêtement comme des statuts : si la majorité des signifiants sont polysémiques, les sociétés en ont souvent spécialisé certains à des fins d'organisation humaine. Ces fins, seule une étude attentive aux nuances de la gestuelle vestimentaire permet de les dégager.

---

1. Voir, par exemple, M. GIMBUTAS, 1974 ; É. BADINTER, 1986.
2. M. R. ALLEN, p. 93.
3. J.-T. MAERTENS, IV, p. 17 ; 45.
4. M. RUCKER, D. TABER et A. HARRISON, p. 53-64 ; S. FORSYTHE, M. F. DRAKE et C. E. COX, p. 374-378 ; C. J. SCHERBAUM et D. H. SHEPHERD, p. 391-399.
5. J.-T. MAERTENS, IV, p. 12-19.

Statut politique

De tout temps et en tout lieu, l'ordre politique s'est présenté en utilisant un système complexe d'insignes pour manifester l'organisation et l'exercice du pouvoir. Si de tels insignes correspondent à l'ensemble des conditions culturelles où ils fonctionnent, l'idéologie, soit hiérarchique soit démocratique, qui sous-tend l'ordre politique permet d'en prédire la forme générale. Parce qu'ils doivent s'imposer, les régimes hiérarchiques s'accommodent mieux d'une pratique langagière conative (la fonction linguistique qui contraint le destinataire à agir), d'une résidence de style château fort ou bunker, d'un protocole cérémoniel qui crée une distance imposante entre le potentat et ses sujets, et d'un dispositif de sécurité ostentatoire. Les régimes démocratiques, édifiés en principe sur la représentation, préfèrent une pratique langagière qui soigne le message autant dans son contenu (notamment la fonction référentielle qui vise à convaincre les esprits) que dans sa forme (notamment la fonction poétique qui vise à cultiver l'image), une résidence du genre Maison Blanche, prototype de la demeure rêvée de l'*American citizen*, un protocole cérémoniel souple qui favorise les « bains de foule », l'accès universel, une familiarité de bon ton et un dispositif de sécurité « discret », à la limite invisible.

Le costume, parce qu'il se fait l'interprète le plus direct du corps, caractérise au premier coup d'œil l'idéologie affichée (qui ne coïncide pas nécessairement avec l'idéologie exercée) du corps politique. Dans la hiérarchique, la signalisation est maximisée, parfois jusqu'au ridicule ; dans la démocratique, elle est minimisée jusqu'à devenir à peine perceptible à l'œil non exercé. Cette loi est observable dans tous les états de culture. Même dans les civilisations où le vêtement est réduit au minimum, on exprime, dans le peu qui s'y trouve, le pouvoir politique. J.-T. Maertens a montré comment l'étui pénien jouait le même rôle chez plusieurs peuplades anciennes des îles du Pacifique, mais aussi d'Afrique et de l'Amazonie[5]. Selon des systèmes plus ingénieux les uns que les autres, l'étui est fixé par le haut pour simuler l'érection. Ce vêtir n'a rien à voir avec la protection ou l'occultation. Il ne recouvre souvent que le gland, laissant visible l'ensemble de l'appareil génital, notamment les bourses. Du reste, on le retire à la moindre occasion. Remis au jeune garçon à la puberté, l'étui est proprement phallique, préservant ostensiblement le pénis de l'impuissance, voire de sa flaccidité. C'est bien en tant qu'érectile, donc représentatif du pouvoir, que le pénis est ainsi paré. Aussi les mâles se livrent-ils « à une incessante escalade de longueurs et de couleurs pour en établir la théâtralité[6] ». Autre pratique fort répandue : chez les

6. *Ibid.*, IV, p. 16.

aborigènes d'Afrique, des îles du Pacifique et d'Amérique, où la scarification, le tatouage et la peinture inscrivent sur la peau le caractère sacral du pouvoir, celui du chef et, parfois, des autres personnages qui occupent un rang quelconque dans la hiérarchie politique[7]. Ailleurs, le signalement se fera par une pièce décorative : chez les Grands Nambas, nous l'avons déjà vu, ce sera par l'étui pénien; chez les Tchipéta, par un large bracelet d'ivoire[8].

Dans l'Égypte du deuxième millénaire avant notre ère, les hommes de haut rang se distinguaient des inférieurs en portant un double *shenti* (petit pagne étroit), celui de l'extérieur étant plus long et fabriqué de lin mince et transparent[9]. Sous les Pharaons et jusqu'à la fin de l'Ancien Empire (troisième millénaire avant notre ère), la queue de lion en garniture du *shenti* indiquait la chefferie royale[10]. On trouve maints exemples de pouvoirs qui, se voulant universels, étaient symbolisés par un costume fantastique représentant l'utérus cosmique dans lequel seul le chef peut pénétrer sans mourir. C'est le cas du vêtement ample, rond au-dessus et carré en dessous, de l'empereur de Chine. L'*osode*, costume de l'empereur du Japon des VIIe et VIIIe siècles, s'inspirerait de ce modèle. On en retrouverait des traces en Occident dans les costumes des empereurs de Byzance, mais aussi d'un Charlemagne au début du IXe siècle et d'Henri II le Saint au début du XIe[11].

Les princes médiévaux du XIVe siècle se distingueront de cette tradition en proclamant leur statut politique au moyen d'extravagances vestimentaires : tissus coûteux, fourrures somptueuses, perles et pierreries étalées à profusion sur toute la surface du vêtement. Les registres conservés par l'histoire, ceux notamment du Prince Noir (Édouard, prince de Galles, 1330-1376), témoignent de sommes fabuleuses consacrées aux parures princières[12]. S'il faut en juger par les outrances vestimentaires de la cour de François Ier et de celle d'Henri VIII, cette tendance persista jusqu'au milieu du XVIe siècle. On comprend que Thomas More, chancelier sous Henri VIII, mais sympathique à Érasme et au mouvement humaniste, ait rêvé, dans son utopie de réforme des mœurs vestimentaires, d'un État où suffirait un habit d'un dessin unique[13].

La monarchie absolue fournit une des meilleures illustrations d'une gestuelle vestimentaire du statut politique hiérarchique. Le cas de Louis XIV

---

7. A. VAN GENNEP, p. 119 ; H. E. DRIVER, p. 143 ; J.-T. MAERTENS, I, p. 33-34.
8. D. LIVINGSTONE, 1876, I, p. 152.
9. R. BROBY-JOHANSEN, p. 35.
10. M. TOUSSAINT-SAMAT, p. 52.
11. J.-T. MAERTENS, IV, p. 52-53.
12. *Register of Edward...*, 1930-1933, cité par A. RIBEIRO, 1986, p. 46.
13. THOMAS MORE, p. 133 et 138.

et de sa cour est exemplaire. Sous son auguste père, la supériorité du noble n'avait généralement plus à se gagner ni à se prouver par des faits glorieux. Elle venait avec le « sang bleu ». Comme la participation à un pouvoir politique hérité plutôt que mérité n'a rien qui la signale naturellement, elle ressortit à la culture des apparences. La multiplication des lois somptuaires de l'époque, phénomène documenté notamment par D. Roche, constituait, entre autres, « une vaste entreprise de hiérarchisation des consommations vestimentaires pour garder ordres et conditions sociopolitiques[14] ». Chaque poste exercé dans le royaume était souligné par une couleur, une mesure, une étoffe, des passements. En fin de compte, tout ce beau monde, dont la puissance politique était en réalité résorbée dans le personnage du monarque, et les rares personnes que son bon plaisir avait choisies pour le conseiller et exécuter ses directives, ne s'habillait aussi magnifiquement que pour « diffracter les rayons du Roi-Soleil ». Comme le dit encore P. Perrot, le destin de cette cour était « d'honorer par une présence soumise mais éblouissante l'expansive gloire du Prince, d'être à la fois l'acteur obéissant et le spectateur envoûté de l'apparat magique du pouvoir absolu[15] ». Pourtant imposante, la personne du roi ne suffisait plus à exhiber par la parade vestimentaire l'immensité de son pouvoir. Courtisans et courtisanes contribuaient à l'ordre politique, non plus en mettant à son service leur compétence personnelle, mais en le symbolisant en coûteux équipage et à grand renfort de discipline somptuaire.

Le paroxysme de l'absolutisme royal français, espagnol ou autrichien ne fournit vraisemblablement pas le seul exemple des splendeurs vestimentaires d'une cour vouée tout entière à réfléchir la majesté du prince. Une étude de la culture des apparences à la cour de Catherine la Grande dans la Russie de la deuxième moitié du XVIIIe siècle ou pendant le règne des deux plus grands monarques de la dynastie mandchoue des Ch'ing, K'ang-hsi (1662-1722) et Ch'ien-lung (1736-1796), livrerait, avec les nuances qui s'imposent, des résultats comparables.

Il n'a pas fallu attendre 1789 pour que le monde fonde un régime politique sur un idéal de liberté, de fraternité et d'égalité. Malgré l'institution de l'esclavage qui assurait sa puissance impérialiste, la démocratie athénienne demeure le modèle connu inégalé de la *polis* gérée par tous les citoyens. Aussi le plus grand réformateur politique de la Grèce antique, celui qui fit d'Athènes la métropole incontestée de la civilisation et des arts, celui dont le Ve siècle avant notre ère porte le nom, Périclès, se vêtait-il du même chiton, simple tunique sans manche et coupée au-dessus du

14. D. ROCHE, p. 34.
15. P. PERROT, p. 36.

genou, que ses concitoyens. À l'époque de la République romaine, durant les cinq derniers siècles avant notre ère, les membres du Sénat ne se distinguaient des autres citoyens que par la bordure pourpre qui bordait la toge prétexte (la toge dont se drapaient également les jeunes patriciens)[16]. Même sous l'Empire, l'historien Suétone loue Auguste de s'en tenir à ces mœurs démocratiques et fustige Caligula pour les avoir délaissées[17].

L'égalitarisme révolutionnaire entretient une idéologie du costume uniforme. L'occasion se présentant, on s'agite pour introduire une réforme de la tenue vestimentaire. Ainsi cet adepte allemand de la pédagogie rousseauiste, Bernard Christophe Faust, qui « ambitionne de réformer l'ordre social en réformant l'habit », s'adresse, en 1792, « *À l'Assemblée nationale, sur un vêtement libre, uniforme et national, à l'usage des enfants*[18] ». À la même époque, sous la Convention, les républicains les plus ardents se font appeler « sans-culottes » pour marquer leur innovation vestimentaire. Ils délaissent la culotte à jambe étroite, de tissus coûteux – de soie notamment –, portée dans la classe dirigeante de l'Ancien Régime pour se distinguer du peuple, et adoptent le pantalon populaire rayé, de laine, de lin ou de coton (donc « lavable[19] »). Cette nouvelle mode est lancée, précise-t-on, par le citoyen Chenard, le 10 août 1792[20]. On retrouvera le même phénomène chez les leaders de la Révolution d'octobre 1917 : on imagine mal un Lénine ou un Trotski attifés comme des tsars ! Celui qui a porté à sa limite la logique égalitariste de l'habillement fut Mao-Ze-Dong, qui imposa par décret à tous les habitants de la République populaire un uniforme prolétarien de cotonnade aux couleurs neutres. Dans ces cas, le vêtement devient « costume politique » dans le sens du partisan du terme. Aujourd'hui, le port du costume traditionnel par les musulmanes fonctionne pareillement comme une déclaration de loyauté politico-religieuse.

Dans notre monde contemporain, la différence entre les costumes qui signalent le pouvoir hiérarchique et ceux qui réduisent au minimum la distinction politique existe encore. Elle a cependant pris une tournure particulière dans un monde où le pouvoir mondial est aux mains des grandes démocraties. Le costume qui fait parade de l'autorité politique ne caractérise plus que ses caricatures : l'« autorité » sans importance au plan international de roitelets, de cheiks, de juntes militaires ou l'autorité symbolique des monarchies constitutionnelles. Le film de B. Bertolucci, *Le dernier empereur*, donne une idée assez juste des fastes vestimentaires dans la Cité interdite de Pékin où régnait, sans pouvoir réel, le très jeune

16. G. HACQUARD, J. DAUTRY et O. MAISANI, p. 29 et 54.
17. SUÉTONE, p. 140-145 (LXXIII et LXXXII : Auguste) ; p. 277 (LII : Caligula).
18. T. TARCZYLO, p. 136.
19. A. RIBEIRO, 1984, p. 120.
20. M.-A. DESCAMPS, 1984, p. 44.

Hsünti (P'u-i), le douzième empereur de la dynastie mandchoue des Ming. Aujourd'hui, les obsolescences vestimentaires et la superfluité des consommations ostentatoires de la maison papale sont des « signes des temps » que seuls les intéressés ne savent pas lire[21]. Paradoxalement, les costumes d'apparat royaux et pontificaux ne servent qu'à commémorer, avec ou sans nostalgie, des gloires aujourd'hui fanées. Celles et ceux qui sont investis d'autorité réelle sont assez connus, dans une civilisation démocratique et médiatique, pour se dispenser des dépenses somptuaires qu'exigeait anciennement l'exercice du pouvoir absolu.

Si le vêtement sert encore, dans notre monde, à marquer le pouvoir politique des dirigeants, c'est par une gestuelle tellement subtile qu'elle influence le public sans qu'il le remarque. D'une part, le leader, dans l'exercice quotidien de sa charge, est toujours habillé de costumes et de linge « corrects », le rendant apte à nous représenter avec dignité, à nous faire honneur, mais en n'oubliant pas qu'il est l'un d'entre nous. D'autre part, les leaders des grandes puissances ont tendance – peut-être depuis les « causeries » télévisées de John F. Kennedy – à accorder, à l'occasion, des interviews en vêtements sport. Cette pratique est toutefois plus risquée chez des politiciennes et des politiciens de moindre envergure. Pour être plus subtiles, les règles d'étiquette politique ont moins changé qu'on ne le croit. Sous l'Ancien Régime, un supérieur hiérarchique pouvait se permettre de recevoir au lit ou sur son fauteuil d'aisances, ou, encore, de se dénuder devant des inférieurs. Le contraire aurait été impensable[22]. De tout temps, le pouvoir politique se permet des manques de retenue dont ne peut s'autoriser le commun des mortels. Le seuil d'indulgence des sujets qui choisissent leurs leaders n'est cependant pas très élevé.

Statut social

Dans une société post-clanique, les rangs qu'occupent les individus se définissent plus souvent par le statut social que par le politique. Une communauté de fonction, d'idéologie ou de genre de vie forme un ordre qu'on désigne généralement par l'expression « classe sociale ». Nos sociétés prétendument « sans classe » regroupent pourtant des gens « de la haute » qui frayent peu avec ceux de la classe moyenne. Ces derniers, à leur tour, se gardent bien de fréquenter des gens de « basse classe ». Dans l'échelle sociale, les personnes perchées sur les échelons supérieurs sont générale-

---

21. Pourtant les avertissements n'ont pas manqué : voir notamment, P. WINNINGER, 1968.
22. On trouvera mainte illustration et pratique chez J.-C. BOLOGNE, *passim*.

ment plus soucieuses de leur apparence physique et de leur habillement[23]. Un article du *Time*, automne 1991, rapporte que les grands couturiers ouvrent des collections secondaires (des *bridge lines* littéralement, des « articles-pont ») à des prix qui répondent mieux à un marché de récession économique. Malgré tout, conclut l'article, une classe très aisée continue à exiger de la haute couture à cause du standing social que celle-ci confère[24].

Les anciennes sociétés étaient divisées plus systématiquement que les nôtres en « classes » ou en « ordres » distincts et affichaient plus rigidement ces divisions par des signalements vestimentaires. Le phénomène est déjà observable dans les cultures orales. Même si elles ne se parent que d'un pagne de feuilles, les femmes Maengé de Mélanésie indiquent leur statut social par la couleur et l'espèce de feuilles utilisées[25]. Chez les Tlingit, des Amérindiens de la côte nord du Pacifique, la hauteur du *sahr klin*, large chapeau tissé, indique le rang social d'un chacun[26].

Dans l'Égypte pharaonique, alors que les travailleurs manuels, les paysans et les bergers allaient nus ou vêtus d'un pagne de cuir tanné, les fonctionnaires portaient des tuniques transparentes par-dessus un pagne. Ces tuniques étaient ornées, sur les épaules, de rubans dont la couleur servait à marquer le rang qu'occupait le porteur dans la fonction publique[27]. Que la nudité, le pagne ou autre linge court distingue le populo des classes dirigeantes long vêtues, c'est une coutume abondamment documentée. En Assyrie, le système était semblable à celui que connaissait l'Égypte. En Perse et en Inde, le petit peuple était vêtu d'un pagne court et d'un peu d'étoffe sur la tête tandis que, dans les castes supérieures, on revêtait des pagnes longs, des manteaux et des châles. En Gaule, le peuple était en braies, la noblesse guerrière en tuniques longues et en manteaux dérivés du pallium. Au Japon du IVe au VIIIe siècle, le peuple portait le *tofusagi*, sorte de pagne couvrant les reins et les genoux; les guerriers et les fonctionnaires étaient habillés de la tête aux pieds[28].

Le code vestimentaire signalait ensuite les distinctions qui convenaient entre gens de rang. C'était au moyen de broderies qu'en Chine on ordonnait classes et hiérarchies. Les costumes des fonctionnaires de deuxième classe arboraient un faisan doré, ceux de quatrième classe, une oie sau-

---

23. L. BOLTANSKI, 1971 ; M.-T. DUFLOS-PRIOT, 1981, p. 63-84 ; M. R. SOLOMON et J. SCHOPLER, p. 508-514 (particulièrement soucieux de leur mise seraient les hommes conscients de leur image sociale).
24. J. HAGER et F. NAYERI, p. 58-60.
25. J.-T. MAERTENS, IV, p. 23.
26. J. METCALF, p. 25.
27. R. BROBY-JOHANSEN, p. 35-36.
28. J.-T. MAERTENS, IV, p. 75.

vage; ceux des militaires de deuxième classe, un lion, ceux de quatrième classe, un tigre[29]. Au XVIIe siècle, le système des « trois robes » rappelle ces antécédents : les gens du commun portaient une robe simple; les gens distingués, une robe avec ceinture; les mandarins, une robe ornée de deux carrés brodés de fil d'or, l'un sur la poitrine, l'autre dans le dos. On y représentait un animal qui indiquait le rang du mandarin[30].

Dans l'ensemble des peuples méso-américains, le vêtement, très élaboré et d'une remarquable élégance, marquait soigneusement les rangs sociaux. Chez les Aztèques et les Mixtèques, par exemple, seule la noblesse avait le droit de s'habiller de coton tissé. Les roturiers devaient s'en tenir à des costumes de fibres. Un code minutieux de symboles distinguait les ordres aristocratiques : les guerriers, les prêtres et les gouvernants[31]. Les Irlandais du début du deuxième millénaire, quant à eux, indiquaient les classes au nombre des rayures colorées du vêtement. Seul de la classe, le *Ard Righ* ou Grand Roi, avait droit à sept rayures, dont une était pourpre. Plus considérés qu'ils ne le sont aujourd'hui, les *Oblambs*, ou hommes de savoir, en portaient six et ainsi de suite[32].

Nos ancêtres gréco-romains ne se comportèrent pas autrement. Débarqué dans un port grec, le voyageur pouvait distinguer, d'un coup d'œil, deux grandes classes de personnes : la dirigeante, qui arborait chiton (vêtement de dessous) et himation ou chlamyde pour les soldats et les fonctionnaires (vêtements de dessus); et l'autre, constituée d'esclaves et de travailleurs, vêtue, comme les « barbares », de l'*exomis*, sorte de pièce faite d'une chemise et d'une culotte ou d'un pagne[33]. Rome garda substantiellement ces mœurs. Les esclaves, qui formaient la majorité de la population, étaient vraisemblablement reconnaissables à leur ensemble blouse-et-pagne. Les citoyens et citoyennes, eux, étaient vêtus de la tunique, remplaçant du chiton, et de la *toga*, au lieu de l'himation. Encombrante[34], la toge incorporait la *gravitas* romaine et authentifiait la citoyenneté. Tissée dans l'étoffe blanche et laineuse de la toge, une double bande de pourpre singularisait les sénateurs, y compris l'empereur, et les enfants patriciens. De ce laticlave (*latus clavus*), de la toge prétexte, l'*angustus clavus* se distinguait par des couleurs différentes. Cette toge différenciait la classe des chevaliers (*equites*).

---

29. R. BROBY-JOHANSEN, p. 95.
30. F. BRAUDEL, p. 242.
31. H. E. DRIVER, p. 146.
32. C. HESKETH, p. 9.
33. R. BROBY-JOHANSEN, p. 51 ; H.-I. MARROU, p. 15.
34. PLINE le Jeune, au Ier siècle, s'en plaint dans ses *Lettres*. TERTULLIEN, au début du IIIe siècle, reprend les mêmes doléances dans *De Pallio*, II, p. 168 : "un fardeau plutôt qu'un vêtement".

Les choses se compliquèrent progressivement. De Suétone on apprend que Jules César avait réglé l'usage « des vêtements de pourpre et de perles », les restreignant « à certaines personnes, à certains âges, et pendant certains jours[35] ». Bientôt, le plus haut administrateur de l'Empire en vint à porter une toge pourpre brodée d'or. Les généraux victorieux paradèrent portant une tunique spéciale brodée de palmes dorées et chaussés de bottes pourpres[36]. Les consuls eurent aussi droit à une *toga picta* semblable pour les grandes occasions[37]. Devenu byzantin, l'empire distinguera ses nobles et ses prêtres des autres citoyens par le pallium, une bande étroite de tissu brodé qui se portait par-dessus la cape[38]. Le pallium existe toujours dans la hiérarchie catholique : il sert aujourd'hui, dans la liturgie rassemblant « frères et sœurs » autour d'une même table eucharistique, à distinguer les frères « supérieurs » – le pape, les primats et les archevêques – des frères et sœurs « inférieurs ».

De la longue et obscure période durant laquelle ces impériales coutumes composèrent avec celles, plus grossières, importées de « Barbarie », émergèrent peu à peu de nouveaux codes vestimentaires, indices de reclassements sociaux. La tapisserie de Bayeux représente trois classes de personnages dans le système féodal normand du XIe siècle : le roi et l'évêque, les seuls à porter une tunique longue ; les chevaliers, reconnaissables à leur cape ; les bourgeois, en chausses serrées surmontées d'une robe coupée au genou et serrée à la taille par une ceinture. Artisans, paysans et serfs ne figurent pas au tableau. Ce ne sont pas des personnages de classe[39].

Petit à petit, l'ancienne société se constituera en trois grands états, ceux-là mêmes que Louis XVI convoqua en mai 1789 : noblesse, clergé, tiers état. Ces ordres formaient des ensembles qui se subdivisaient eux-mêmes en systèmes sociaux fort complexes. Le tiers état, désignant par autonymie les non-nobles et les non-clercs, comprenait la puissante classe bourgeoise, où résidait au XVIIIe siècle la force productive et intellectuelle vraie. Le bourgeois s'habillait fort différemment des artisans et des paysans, vêtus essentiellement de longues chemises et de chausses. La noblesse européenne, quant à elle, s'étageait des chevaliers aux princes, en passant par les barons, les vicomtes, les comtes (*earls* en Angleterre), les marquis et les ducs. Le clergé, pour sa part, comptait sept ordres, dont quatre mineurs et trois (si on exclut le sous-diaconat) majeurs, chacun ayant ses insignes liturgiques. De plus grande conséquence sociale était la distinction vestimentaire marquée et remarquée, entre bas et haut clergé,

35. SUÉTONE, p. 39 (XLIII).
36. R. BROBY-JOHANSEN, p. 54-56.
37. H.-I. MARROU, p. 17.
38. R. BROBY-JOHANSEN, p. 104.
39. *Ibid.*, p. 111-112.

et qui indiquait un classement ne correspondant pas nécessairement à l'ordre sacramentaire. Se surajoutaient enfin des « dignités ecclésiastiques » qui, pour n'être souvent ni sacramentaires ni socialement signifiantes, n'en marquaient pas moins un standing protocolaire qu'une infinité de détails vestimentaires définissait : couleurs et teintes nuancées de la soutane, des boutons, boutonnières, revers, doublures, parements, passepoils, cols, bas et gants ; longueur des dentelles, des franges du ceinturon, de la traîne d'une soutane, du manteau ou de la chape; qualité des étoffes, fourrures, bijoux, accessoires et chapeaux, sans compter le code ésotérique réglant le port des innombrables survêtements : camails, mosettes, rochets, mantelets, chapes et j'en passe[40].

Si les lois somptuaires qui se multiplièrent vers le XIVe siècle visaient à protéger l'industrie nationale, les mœurs ou les deniers publics, elles cherchaient prioritairement à maintenir une division non équivoque des classes sociales. Lorsque ces dernières commencèrent à s'amenuiser, la législation somptuaire devint désuète[41]. Dans l'Europe monarchique, en effet, les consommations ne se faisaient pas « selon son rang ». S'habiller « à sa guise » signifiait, comme l'observe D. Roche, se vêtir selon sa condition (guise = manière, sorte). Le transgresseur des normes somptuaires – un magistrat, par exemple, qui se serait vêtu en homme d'épée – se travestissait : il s'habillait (*vestire*) de travers (*trans*)[42].

Au XVIIe siècle, on atteignit en Europe le paroxysme d'une gestuelle vestimentaire qui manifestait les moindres nuances de la hiérarchie sociale. Paru pendant la guerre de Trente Ans (1618-1648), l'uniforme militaire suivait la même voie, indiquant davantage le rang social du soldat dans la hiérarchie militaire que répondant aux soucis tactiques qui l'avaient fait naître[43]. Déjà sous Louis XIV, et jusqu'à Louis XVI, la confusion s'introduira progressivement dans cette vaste entreprise de hiérarchisation du vêtir, brouillant peu à peu les frontières entre les statuts sociaux. Les mœurs révolutionnaires consommeront cette anarchie de la gestuelle vestimentaire de classe pour n'en laisser subsister, après les soubresauts impériaux et monarchiques que l'on sait, que de rares vestiges dans les « habits de parade » qui rehaussent encore aujourd'hui certaines cérémonies d'institutions vénérables : l'Armée, l'Église, l'Université, le Tribunal, la Monarchie constitutionnelle.

---

40. Pour s'amuser, on pourra lire le commentaire, pourtant récent, de L. GROMIER, p. 15-59.
41. J. W. PHILLIPS et H. K. STALEY, 1979, p. 66-71 ; A. RIBEIRO, 1986, p. 46, 63, 74 (qui cite d'autres études sur les lois somptuaires anglaises).
42. D. ROCHE, p. 33-34, 44-45.
43. H. LEHR, 1930. Voir D. ROCHE, p. 213-214.

Une société qui divise ses membres en « cols blancs » et en « cols bleus » n'a éliminé ni l'idée de classe ni celle d'une gestuelle vestimentaire propre à en manifester l'existence. S'il est irrécusable, le brouillage n'est pas tel qu'un œil exercé n'en puisse saisir les éloquentes nuances[44]. Les « parvenus » se trahissent autant par le détail vestimentaire que par un « je ne sais quoi » dans leurs conduites langagières ou gastronomiques. Dans la toilette elle-même d'abord. *Tout*, dans sa version originale portée par la classe à laquelle elle était destinée, contribuait à lui donner « de la classe » : la qualité des couleurs, des teintes, des tons, des matériaux textiles, de la coupe, de l'ajustement, des accessoires. L'absence de cette qualité introduit un élément postiche perceptible. Plus inimitable encore, la façon de porter un costume. Il en est de ces gestuelles comme des conduites vertueuses : lorsqu'elles ne procèdent pas d'une « seconde nature » cultivée depuis des générations, elles dérapent dès que l'auto-censure se relâche. À l'instar de la gastronomie, aucune de ces pratiques du « bon goût » ne s'apprend bien à partir du seul manuel d'étiquette. Comme elles doivent constamment s'inventer à même les situations, elles ne sont marquées d'aisance habituelle que chez celles et ceux qui ont effectivement « de la classe ». Même si les apparences sont toujours trompeuses, il ne faut pas observer longtemps l'habillement des gens pour les classer, avec assez de justesse, en haute société, classe moyenne ou classes populaires.

Aujourd'hui, il est vrai, un nombre important d'individus n'adopte plus des attitudes et des comportements socialement conformes. La sociologie en a pris note au cours des années 1960 et 1970. Alors que les sociologues du début du XXe siècle, un Tarde, un Simmel ou un Veblen, s'intéressaient exclusivement, ou peu s'en faut, aux rapports entre modes et classes socio-économiques, celles et ceux de la deuxième moitié privilégient l'étude des variations dans les interactions sociales dues à des différences telles que *hip* (dans le vent) et *straight* (conservateur)[45]. Une étude auprès de cent étudiants de l'Université de Pennsylvanie, par exemple, montre que, dans 76 p. 100 des cas, le costume dénote fidèlement leurs idées socio-politiques libérales ou conservatrices[46]. L'étude ne dit pas, cependant, s'il manifeste également leur statut social. On retrouve un phénomène semblable à l'intérieur des sociétés religieuses. Toute une aile évangéliste de la société religieuse de l'Amérique coloniale, les Quakers, les Amish ou Mennonites, les anciens Méthodistes, les Baptistes du Septième Jour et d'autres encore, affichaient, par leur tenue vestimentaire, leur non-confor-

44. Contrairement à ce qu'affirme M.-A. DESCAMPS, 1979, p. 35-37.
45. P. SUEFELD, S. BOCHNER et C. MATAS, p. 278-283 ; S. B. KAISER, 1990, p. 12-13.
46. D. KNESS et B. DENSHORE, p. 431-442.

mité aux impositions tant civiles qu'ecclésiastiques de hiérarchies sociales[47]. Une étude récente auprès de 5 475 prêtres américains établit une distinction semblable entre un clergé conformiste et un clergé non conformiste par rapport à un certain ordre social signifié par le costume ecclésiastique[48]. À tout prendre, le vêtir, dans la seconde moitié du XXe siècle, a peut-être davantage servi à signifier la tendance politique que l'appartenance sociale.

Statut économique

Depuis que l'idée d'« ordre » qui marquait significativement l'identité des personnes de l'Ancien Régime s'est estompée, la répartition des gens en trois classes assez mal définies – haute, moyenne et basse – semble liée irrémédiablement au statut économique plutôt que social d'un chacun.

Remarquons d'abord que ce rapprochement entre un certain niveau économique et la classification sociale ne date pas d'aujourd'hui. On attribue au sixième roi de Rome, Servius Tullius (–578 à –534), des réformes qui eurent probablement lieu sous la République au IIIe siècle av. J.-C. L'une d'elles consista à répartir la population en cinq classes selon l'unique critère de la richesse. Dans sa version de l'an –220, cette « constitution servienne » assignait à la première classe les citoyens dont la fortune se chiffrait à un million d'as (l'unité monétaire correspondait alors à un tiers de livre (*libra*) de bronze ; un denier d'argent équivalait à dix as) ; à la deuxième classe, ceux qui possédaient 300 000 as... jusqu'à la cinquième classe constituée de ceux qui « valaient » 4 000 as. Les ouvriers et les non-possédants étaient hors classe[49]. Il n'existe probablement pas d'autres exemples d'une correspondance aussi systématique du rang social au statut économique. En dehors des sociétés utopiques où l'argent n'existe pas, ni, de ce point de vue, la compétition vestimentaire, costume et fortune ont toujours eu partie liée. Peut-être n'existe-t-il pas de démonstration plus claire de cette corrélation que la coutume des Fulanis, peuplade vivant le long du fleuve Niger en Afrique occidentale, de porter d'énormes boucles d'oreilles en or massif dont les dimensions croissent, dit-on, au même rythme que la fortune familiale[50].

Le discours juridique occidental témoigne du lien qui existe entre le statut économique et la consommation vestimentaire. La pauvreté généralisée,

47. L. E. SCHMIDT, p. 38-40.
48. C. R. JASPER et M. E. ROACH-HIGGINS, p. 227-240.
49. G. HACQUARD, J. DAUTRY et O. MAISANI, p. 46 et 104-105.
50. S. KAISER, 1990, p. 48.

remarque F. Braudel, signifierait l'absence de mode[51], donc de consommation vestimentaire comme on l'entend depuis le Moyen Âge occidental. Un examen même sommaire des ordonnances royales françaises montre qu'une large part des lois somptuaires répondait à des préoccupations économiques diverses : tendance des riches bourgeois à s'habiller de tissus qui ne convenaient pas à leur rang social, détournement de l'usage économique du métal précieux par l'achat d'accessoires et de bijoux de luxe, flux de numéraire à l'étranger pour des achats de textiles importés et ainsi de suite[52]. Ce dernier article, en particulier, préoccupait les communautés européennes. Au début du XVIIe siècle, le linge commença à sortir du dessous pour se répandre partout à l'extérieur : collets, rabats, canons sur le haut des bottes, manchettes. Le « blanc » devint une manifestation de statut économique, car il coûtait cher. Les chemises fines, en toile de lin, coûtaient trois à quatre fois les chemises en toile de chanvre. Sans compter, bien sûr, l'ajout de dentelles, surtout des Flandres (notamment d'Anvers), de Milan ou de Venise. Le prix de ces dernières était tellement élevé que les états généraux de 1614 recommandèrent d'en interdire l'importation pour arrêter le flot d'or et d'argent en dehors de la France[53]. Le thème est partout présent, également, dans ces traités de civilité qui, à partir du XVIIe siècle surtout, prêchaient une modération raisonnable[54]. Sous l'influence du calvinisme, du jansénisme français et du puritanisme anglo-saxon, le thème de l'austérité vestimentaire prédominera dans la littérature de bienséance du XIXe siècle[55]. Le pouvoir bourgeois ayant totalement supplanté le pouvoir aristocratique au début du XXe siècle, le statut économique s'est largement substitué au statut social, donc l'argent au vêtement. « Investir », comme note J.-T. Maertens, n'évoque plus guère l'action conférant le pouvoir qu'elle représente (investiture), mais celle de placer des capitaux en les dotant d'un pouvoir autoproducteur[56] (investissement).

Dans une société de libre échange et de consommation comme la nôtre, où la disponibilité généralisée autant de l'argent que des marchandises n'a pas d'équivalent dans l'histoire, vêtements et parures servent couramment à marquer le statut économique de l'usager et à lui donner un sens d'intégration économique à son milieu. Cette corrélation s'est vérifiée aux États-Unis auprès d'adolescents et d'adolescentes anglo-améri-

51. F. BRAUDEL, p. 234-237.
52. H. ARAGON, 1921. Voir aussi D. ROCHE, p. 33 et 54.
53. H. ARAGON, 1921, p. 69. Voir G. VIGARELLO, 1985, p. 81.
54. D. ROCHE, p. 59-60.
55. P. PERROT, p. 157-179.
56. J.-T. MAERTENS, IV, p. 31.

cains et mexico-américains (moins dans l'échantillon afro-américain)[57], auprès d'une population étudiante de niveau collégial[58], auprès de communautés culturelles diverses[59].

La lecture du rang économique à partir du code vestimentaire, par contre, est beaucoup plus difficile que ne le postulait, il y a plus de cinquante ans, un sociologue comme T. Veblen[60]. D'une part, les matières signifiantes sont devenues tellement diversifiées, la technologie de fabrication si perfectionnée, les imitations des collections secondaires si trompeuses que le commun des mortels s'y méprend. D'autre part, l'étalage des richesses ne se fait plus selon des critères purement quantitatifs. Les familles riches de vieille souche (la classe *old money*) enseignent à leur progéniture une austérité cossue, selon l'heureuse expression de P. Perrot. C'est la « petite différence », le « distingué », qui, dans l'uniformité socio-économique bourgeoise, prend de l'importance et « s'alourdit de sens[61] » : la pureté d'un diamant, l'exclusivité d'une agrafe achetée chez un bijoutier de la Cinquième Avenue à New York ou du *Corso* à Rome ; la qualité d'une laine ou d'une soie. En d'autres périodes où les mœurs se raffinent, on peut constater un phénomène semblable. Au mariage de Marie de Médicis, au tout début du XVIIe siècle, les nobles dames italiennes seront choquées de la profusion de bijoux exhibés par les Françaises. Luxe de parvenues qui ne savent choisir un beau bijou et le mettre en valeur[62] ! Le costume des habitués de la richesse, comme celui des familles socialement prestigieuses, est, nous l'avons vu, une création du « bon goût » et de l'adéquation aux circonstances. Aussi n'est-il perceptible qu'aux yeux avertis.

D'autres dynamiques influencent d'ailleurs les pratiques vestimentaires des familles aisées. Celle, notamment, de l'« épargne » qui croît avec les revenus et qui fait partie intégrale de l'éducation de la progéniture bourgeoise. Les enfants des parents à revenus modiques sont généralement habillés d'après les canons de la mode juvénile et possèdent une garde-robe bien garnie. La théorie du *vicarious ostentation* (l'étalage par procuration) dont faisait grand cas T. Veblen ne s'applique pas ici. Elle ne vaut encore que dans le cas des enfants des nouveaux riches. La parade vestimentaire des enfants de familles à revenus modiques est symbolique, au contraire, de ce qu'on espère plutôt que de ce qu'on possède déjà. Elle

57. D. KNESS, p. 659-674.
58. E. M. HILL, E. S. NOCKS et L. GARDNER, p. 143-154.
59. G. A. ARBUCKLE, p. 426-435.
60. T. VEBLEN, p. 65-77.
61. P. PERROT, p. 170 et 141.
62. F. BRAUDEL, p. 240.

étale les aspirations parentales. Les enfants des classes favorisées sont ceux qu'on retrouve régulièrement habillés des mêmes jeans et maillots, en quelque sorte des vêtements de « probation » pour la très longue période d'apprentissage qu'on tente de leur imposer. À y regarder de plus près, par ailleurs, on ne s'y trompera pas : ces « fringues » apparemment si simples sont de meilleur tissu, de meilleure couleur et de meilleure fabrication que les enfants eux-mêmes n'en ont conscience[63].

Statut professionel

Si le statut social n'a plus l'importance qu'on lui accordait sous l'Ancien Régime et si nous éprouvons quelque répugnance à afficher trop ostensiblement notre statut économique, nous nous prêtons plus volontiers à signaler, dans la vie publique, notre statut professionnel. Malgré notre immersion dans la « foule solitaire »[64], nous consentons plus volontiers à nous faire connaître d'autrui selon des critères de compétence ou de métier que selon des classifications socio-économiques. Nous estimons sans doute que le statut professionnel relève de notre propre mérite et parle plus hautement en notre faveur que des titres à l'origine plus suspecte et dont nous ne sommes souvent pas personnellement responsables.

Reflétant notre propre industrie, le statut professionnel se prête également mieux que plusieurs autres aspects de notre identité à être affiché en public parce qu'il fait partie d'une organisation « bureaucratique » de notre société. M. Weber a eu le mérite d'analyser le premier cette abstraction contemporaine caractérisée par l'ordre, l'impersonnalité, la rationalité et le formalisme. Ces traits influent également sur le code vestimentaire implicite ou explicite qui clarifie les structures de fonctionnement de la société[65]. Si le signifié « statut professionnel » a toujours existé dans l'histoire du vêtement d'avant l'univers bureaucratique que nous habitons, il y était plus difficilement isolable des autres signifiés vestimentaires qu'il ne l'est aujourd'hui.

Dans tous les vêtirs d'appartenance examinés, ceux de premier et de second degré, le signifié « compétence professionnelle » affleure régulièrement. Le costume d'appartenance communautaire peut signaler la compétence reconnue aux habitants d'une région désignée. Lorsqu'il tend à viriliser l'homme ou à féminiser la femme, le vêtement symbolise des compétences masculines ou féminines stéréotypées. L'anorak en fourrure

63. A. LURIE, 1981, p. 152-153.
64. D. RIESMAN, N. GLAZER et R. DENNY, 1965.
65. M. WEBER, 1969.

taillé très large aux épaules sert à reconnaître l'homme inuit mais indique aussi sa compétence à manier le harpon[66]. Au contraire, une certaine masculinisation du *dress for success* de la femme de carrière la distingue clairement de ses collègues mâles et symbolise un statut professionnel nouvellement acquis par les femmes contemporaines[67]. Les modes qui cherchent à distinguer clairement les groupes d'âge tendent à signaler les compétences et les incompétences qui caractérisent les âges de la vie. Le vêtir d'un jeune punk et celui d'un jeune dont le blazer annonce le département de l'université qu'il fréquente sont en même temps des énoncés de cultures et de compétences diversifiées. Les codes vestimentaires désignent le rang hiérarchique d'un serviteur de l'État, parfois même les fonctions administratives ou politiques qu'il exerce. La catégorie d'oiseau brodé sur le costume par laquelle on distinguait une classe d'une autre chez les fonctionnaires chinois antiques dénotait le degré de compétence. La richesse d'une garde-robe manifeste à tout le moins les compétences qu'assure un statut économique enviable. Dans tous ces cas, cependant, la dénotation d'une compétence est inséparable de statuts d'appartenance auxquels ces métiers sont rattachés. Anciennement, en effet, on n'appartenait même pas à tel corps ou à telle arme dans l'armée si on n'avait pas les ressources financières nécessaires pour acheter cheval, selle et armure.

Aujourd'hui, dans un pays comme le Canada, par exemple, n'importe qui peut appartenir à n'importe quelle branche de l'armée. Celle-ci défraie même toutes les études secondaires ou post-secondaires d'une recrue pour qu'elle acquière les compétences de son choix : médecine, génie, informatique, etc. L'uniforme militaire transmet donc des messages précis de niveaux de compétence qui n'ont rien à voir, de soi, avec d'autres statuts, excepté celui d'appartenance à la communauté de la défense nationale. En ce sens, on peut le comparer à la ceinture dont la couleur indique le niveau de compétence du judoka. Si l'on peut citer mille exemples, dans toutes les sociétés anciennes, de costumes qui signalaient de façon encore plus voyante qu'aujourd'hui des compétences précises – magistrat, professeur d'université, troubadour, forgeron, médecin, ou porte-fanion –, ces costumes définissaient un faisceau de statuts liés les uns aux autres. Cela n'est plus le cas de nos costumes professionnels contemporains. Souvent moins réglementés, les nôtres jouent pourtant un plus grand rôle à nos yeux puisqu'ils signalent un mode d'appartenance que nous prisons.

La gestuelle vestimentaire de l'« uniforme », abondamment étudiée par la psycho-sociologie des quelque trente dernières années, montre jusqu'à quel point elle réussit à convaincre autrui de notre compétence

66. B. ISSENMAN et C. RONKIN, p. 24 et 38.
67. F. DAVIS, p. 46-54.

professionnelle. Le cas le plus révélateur de la pauvreté d'information d'un costume professionnel en même temps que de son pouvoir de persuasion est sans doute la simple « tenue de ville » par opposition à une mise informelle, sportive, qui ne fait pas « habillé ». Le jour, notamment, le costume de ville prend l'allure d'« uniforme » et transmet des messages de compétence. Il symbolise le sérieux et le professionnalisme. Aussi recommande-t-on de s'en vêtir pour se présenter à une entrevue d'emploi[68] ou encore pour s'assurer la collaboration d'autrui à une enquête[69] ou à une simple demande de renseignements[70]. On a même établi que les passants font plus spontanément l'aumône à un quémandeur bien vêtu qu'à celui qui est habillé de façon négligée. Celui-là passe pour un mendiant plus averti qui saura mieux utiliser l'argent qu'on lui donne[71]. Particulièrement instructive sur l'efficacité de la tenue de ville, de ce point de vue, est l'expérience menée par deux chercheurs anglais auprès de femmes de classe moyenne. Un jeune mâle dans la vingtaine sollicitait leur participation à un questionnaire. Quatre conditions différentes avaient été créées à partir de deux variables : 1. la déclaration du statut professionnel de l'enquêteur – soit étudiant de premier cycle, soit directeur de recherche à l'université ; 2. le costume – soit une tenue de ville, soit une tenue sportive. Il en résulta une participation significativement supérieure des répondantes lorsque l'enquêteur portait le vêtement de ville, indépendamment de ses déclarations verbales de compétence[72]. Aux personnes en tenue de ville, on attribue donc généralement[73] une plus grande compétence et une plus grande créance, estimant qu'elles savent ce qu'elles font. Les destinataires plus âgés sont particulièrement sensibles au message de compétence transmis par la tenue de ville[74].

On estime qu'aux États-Unis plus de 23 millions d'employés portent un uniforme pour offrir à la clientèle, entre autres choses, une image de produits de qualité, de compétence dans les services, de professionnalisme[75]. Les uniformes sportifs ont un effet semblable sur les spectateurs[76] et

68. S. FORSYTHE, M. F. DRAKE et C. E. COX, p. 374-378 ; M. RUCKER, D. TABER et A. HARRISON, p. 53-64.
69. N. JUDO *et al.*, p. 225-227 ; S. LAMBERT, p. 711-712 ; M. WALKER *et al.*, p. 159-160.
70. R. S. SCHIAVO, 1974, p. 245-246.
71. C. L. KLEINKE, p. 223-224.
72. H. GILES et W. CHAVASSE, p. 961-962.
73. Voir des exceptions à cette règle générale dans P. SUEFELD, S. BOCHNER et C. MATAS, p. 278-283 ; J. M. DARLEY et J. COOPER, p. 24-33 ; C. B. KEASY et C. TOMLINSON-KEASY, p. 313-314.
74. S. LAMBERT, p. 711-712 ; N. JUDO *et al.*, p. 225-227 ; B. A. KERR *et al.*, p. 553-556.
75. M. SOLOMON, 1987, p. 30-31.
76. M. B. HARRIS *et al.*, p. 50-62.

accroissent l'agressivité des joueurs[77]. Les réactions aux divers accoutrements professionnels dépendent de l'estime ou de la mésestime de la profession en cause : un habit clérical ou religieux, par exemple, pourra représenter un certain prestige social et la compétence[78] ou, au contraire, l'isolement social et un manque de compétence[79]. Les prêtres américains sont divisés sur l'image propagée par l'uniforme clérical[80]. Dans la controverse concernant le costume des agents de l'ordre public (policiers, gardes, etc.), la majorité des arguments en faveur du maintien d'un uniforme de type traditionnel se ramène à la projection d'une image de compétence et d'autorité professionnelles[81]. Ceux et celles qui favorisent un costume de style blazer estiment que celui-ci favorise des relations plus amicales, moins intimidantes[82].

Le long débat autour de l'habit de ville opposé à l'uniforme traditionnel pour le personnel hospitalier, notamment en ce qui concerne les départements de psychiatrie, reprend des propos semblables. Si quelques études n'ont dégagé aucune différence notable entre l'un ou l'autre costume[83], la très grande majorité ont trouvé que l'uniforme assure un sens d'identité professionnelle autant chez le personnel[84] que chez les patients[85], signale la compétence[86] et l'autorité professionnelle[87] du personnel et de l'institution et est donc de nature à rassurer les patients[88], surtout les plus âgés[89]. Une tenue civile crée un climat plus favorable aux relations personnelles[90], s'avère donc plus « thérapeutique » dans les unités psychiatriques[91], donne un sens de confort à plusieurs des personnes qui le portent[92]. Les jeunes patients préfèrent s'adresser à un personnel dont le costume est une invitation aux relations amicales plutôt qu'une parade de professionnalisme[93].

---

77. J. REHM, p. 357-360.
78. M. L. BOUSKA et P. A. BEATTY, p. 235-238 ; L. N. LONG et T. J. LONG, p. 25-26.
79. R. D. COURSEY, p. 1259-1264 ; L. N. LONG et T. J. LONG, p. 25-26.
80. C. R. JASPER et M. E. ROACH-HIGGINS, p. 227-240.
81. L. BICKMAN, 1974a, p. 49-51 et 1974b, p. 47-61 ; R. MAURO, p. 42-56 ; M. S. SINGER et A. E. SINGER, p. 157-161 ; P. R. SMITH, p. 449-450.
82. V. I. CIZANCKAS, p. 284-291.
83. R. H. KLEIN, p. 19-22 ; R. B. LARSON et R. B. ELLSWORTH, p. 100-101 ; H. PINSKER et W. VINGIANO, p. 78-79.
84. A. GOLDBERG *et al.*, p. 35-43 ; P. HURTEAU, p. 359-360.
85. E. JAKUBOVSKIS, p. 37-39.
86. G. WATSON, p. 34.
87. D. J. MARCUSE, p. 350-375.
88. H. S. LEFF *et al.*, p. 72-79 ; C. NEWNES, p. 28-30.
89. T. TRAVER et A. V. MOSS, p. 47-53.
90. A. JAKUBOVSKIS, p. 37-39 ; V. J. WALKER *et al.*, p. 581-582 ; K. MALCOMSON *et al.*, p. 18-21 ; A. LAVENDER, p. 189-199.
91. J. S. BROWN et L. S. GOLDSTEIN, p. 32-43 ; R. C. RINN, p. 939-945.
92. N. F. JONES *et al.*, p. 216-222.
93. F. E. STERLING, 1980b, p. 58-62 ; T. TRAVER et A. V. MOSS, p. 47-53.

Dans leur analyse sociologique de l'uniforme, N. Joseph et N. Alex nous aident à comprendre le succès d'un costume qui certifie la compétence professionnelle de la personne qui le porte en signalant les fonctions suivantes. Tout habit qui tient lieu d'uniforme symbolise l'appartenance à un groupe et permet donc de reconnaître ses membres. Le rôle mis en avant par l'uniforme occulte tous les autres rôles du destinateur, en même temps qu'il légitime ses interventions professionnelles. En identifiant chaque détenteur de l'uniforme comme un membre du groupe, l'uniforme signale aussi un contrôle de sa compétence par l'organisation et les limites précises de son exercice à l'intérieur et à l'extérieur de l'organisation[94]. Plus efficacement que toute déclaration orale ou écrite, une tenue reconnue par les destinataires comme « uniforme » évoque d'un coup d'œil la réputation du groupe en question. Jusqu'à preuve du contraire, la personne est investie de la renommée de compétence ou d'incompétence accordée au groupe auquel son costume l'identifie. On comprend la faveur et la défaveur par lesquelles passent tour à tour les costumes qui reflètent le statut professionnel.

---

94. N. JOSEPH et N. ALEX, p. 122-128.

CHAPITRE 4
Le vêtir d'individualisation

Les êtres humains n'ont jamais été si indifférenciés les uns des autres que leur gestuelle vestimentaire n'eût communiqué à autrui que leurs divers liens de solidarité mutuelle. Ils se sont aussi toujours vêtus, quoi qu'en pense M.-A. Descamps[1], de manière à signaler leur individualité. « Individualité » plutôt que « personnalité », parce que ce dernier terme marque trop le caractère réflexif ou introspectif de la structuration d'un sujet et suggère trop sa tendance à établir des liens cognitifs et affectifs avec autrui. L'individualité, au contraire, connote l'idée d'un résultat plus radical de différenciation dans l'interaction d'un organisme avec son environnement et celle de distinction, de singularité, d'altérité[2].

Certains types de regroupements humains, comme certains êtres humains, favorisent davantage une stratégie adaptative que l'autre. Leur gestuelle vestimentaire marquera donc prioritairement soit l'appartenance communautaire, soit l'autonomie individuelle. Mais aucune symbolique du vêtement n'est à sens unique. Toutes manifestent les deux aspirations structurantes de base.

Les humains ont mis au point plusieurs stratégies de symbolisation pour individualiser le vêtir. Trois d'entre elles sont universellement présentes dans le processus de l'individualisation. Par sa gestuelle vestimentaire, chaque être humain se différencie de ses semblables, protège son individualité propre contre ce qui la menace et cherche à la promouvoir auprès d'autrui. Une quatrième stratégie, qui semble avoir pris beaucoup d'ampleur récemment, consiste à se sentir à l'aise dans son corps vêtu.

---

1. M.-A. DESCAMPS, 1984, p. 54-55.
2. A. LALANDE, « Individualité », p. 501-504.

La différenciation

D'Aristote à Leibniz, la philosophie a défini la matérialité comme « principe d'individuation » chez les êtres sensibles. Vieille expression scolastique, aujourd'hui peu employée, qui signifie ce par quoi tel type d'être, le floral, l'aviaire ou encore l'humain, se singularise en existants concrets et différenciés les uns des autres. Chez les êtres humains, la matérialité de base est, évidemment, la corporalité. Le vêtement étant, selon l'expression d'Érasme, « le corps du corps[3] », il ne peut manquer d'accentuer la fonction différenciatrice de la corporalité humaine. À l'intérieur du genre humain et des ordres humains signifiés par le vêtement, chaque individu est plus qu'un spécimen, le nième clone de l'espèce ou d'une série de l'espèce. Il représente une version originale de la forme humaine ou d'une catégorie plus particulière d'humain : une race, un sexe, un groupe d'âge, une religion, une orientation sexuelle. Si dans la série « gai », par exemple, des éléments communs de la toilette peuvent, dans certains milieux, révéler l'orientation homosexuelle du porteur, une symbolique vestimentaire élaborée communiquera les préférences sexuelles, le style propre et d'autres particularités qui font de chaque personne gaie un individu unique[4].

La fabrication familiale des habits et la haute couture représentaient le paradis du costume taillé sur mesure, soulignant et rehaussant les caractéristiques individuelles. La revente des habits usagés dans les friperies françaises des XVIIe et XVIIIe siècles annonçait déjà un bouleversement assez considérable de ces mœurs[5]. La production en série du vêtement eut son origine au milieu du XIXe siècle dans les plantations de coton d'Amérique. Des esclaves elle s'étendit à l'ensemble de la population américaine. À l'époque de la Première Guerre mondiale, le prêt-à-porter était un fait accompli à travers l'Europe. Sauf en France. Le royaume de la haute couture voyait mal – c'était de bonne guerre ! – comment un costume qui n'était pas coupé sur mesure pouvait convenir à un individu[6]. S'il n'était pas sans mérite, l'argument ne suffit pas à briser l'opposition. Le sociologue C. W. Mills observait avec perspicacité que, dans une société de consommation, le *personal touch* protège l'individu de l'anonymat[7]. La multiplicité et la variété même des articles fabriqués permettent de composer des ensembles relativement individualisés. Vint enfin l'ère de l'élec-

---

3. ÉRASME, 1877, p. 43.
4. J. J. HAYES, p. 45-57.
5. D. ROCHE, p. 328-345, attribue cependant trop d'importance à ces pratiques et donne faussement l'impression que le vêtement de confection est une invention française.
6. R. BROBY-JOHANSEN, p. 213-214.
7. C. W. MILLS, 1966.

tronique. Le tricotage et le tissage informatisés transforment sous nos yeux le prêt-à-porter uniforme en une variété infinie de motifs et de couleurs à partir d'un même dessin de base. Sont également liées à cette technologie ces additions de dessins, de photos ou de slogans de notre choix sur les maillots ou autres pièces de vêtement. Si le procédé n'est encore appliqué qu'à des pièces bon marché, il faut prévoir qu'avec des progrès techniques à venir, l'individualisation-sur-demande se répandra. L'éditrice en chef de *Vogue*, Anna Wintour, pense même que les femmes contemporaines recherchent de plus en plus une toilette individualisée plutôt qu'une trouvaille de couturier, fût-ce un Giorgio Armani, une Donna Karan ou un Michael Kors. Elles choisissent une veste Chanel avec une jupe DKNY de Karan sans craindre d'être dénoncées par la police de la mode[8]. Tournure ironique des événements que cette contestation par la clientèle de la haute couture qui posait naguère en gardienne de l'originalité.

Pour que ce signifié de différenciation individuelle prenne toute l'importance qu'on lui connaît à notre époque, il fallait que naisse l'« individualisme occidental ». Si on peut déjà en discerner les prémices dans les *Confessions* d'un Augustin d'Hippone au début du ve siècle, il faudra attendre la Renaissance et l'époque moderne pour que se cristallisent cette conscience et ce goût de l'unicité individuelle. S'il avait vécu avant la Renaissance, Rembrandt ne se serait pas analysé lui-même dans une soixantaine d'autoportraits ni Jean-Jacques Rousseau dans *Les Confessions*[9]. Soutenue par une nouvelle économie de libre marché, par la découverte de nouvelles routes vers les Amériques avec le Génois Christophe Colomb, vers les Indes avec le Portugais Vasco de Gama, voire vers l'espace avec l'Allemand Johannes Kepler et par une prodigieuse efflorescence des arts (Léonard de Vinci, Michel-Ange, Shakespeare, Cervantès...), une culture audacieuse des apparences vestimentaires naquit qui permettait à chaque individu d'affirmer son originalité[10].

La Renaissance marqua incontestablement une avancée décisive dans la prise de conscience de l'individualité et dans son expression vestimentaire. Le signifié de différenciation individuelle de l'habillement n'est pas absent, pour autant, de la culture des apparences dans les civilisations antérieures. Même chez les peuplades aux coutumes les plus conformistes et les plus rudimentaires, on perçoit, dans la tenue de chaque individu, des nuances de coiffures, de coloris, de dessins, de bijoux ou de cosmétiques que n'expliquent pas exhaustivement les seules modalités d'appartenance. Au premier coup d'œil, deux jeunes garçons bochimans du Kalahari ne se

8. J. HAGER et F. NAYERI, p. 60.
9. L. TRILLING, p. 24-25.
10. R. BROBY-JOHANSEN, p. 133-136.

distinguent guère avec leur peau de couleur jaunâtre, leur courte stature, leurs petites fesses saillantes et leur pagne de cuir. À y regarder de plus près, pourtant, l'un porte un bracelet au poignet, l'autre à la cheville, et la décoration du pagne de l'un diffère de celle de l'autre. Les tatouages qui ornent les corps des hommes malaysiens suivent tous des motifs traditionnels, et pourtant aucun n'est identique à l'autre. Aucun Amérindien n'est jamais peint exactement comme son congénère. Le colorant corporel, surtout le fard, est du reste une affaire tellement personnelle qu'il est indiscret d'interroger quelqu'un là-dessus – comme aussi bien sur le choix de telle teinte ou de tel dessin[11]. Inutile de multiplier les exemples, ils sont de tous les siècles et de toutes les cultures.

Dans notre civilisation caractérisée à la fois par l'individualisme et par une économie de consommation, le signifié de différenciation du costume passe au premier plan. Aussi la recherche sociologique a-t-elle délaissé ses explications trop exclusivement environnementales de la gestuelle vestimentaire[12] pour examiner enfin les corrélations qui existent entre l'habillement et les variables de la « personnalité[13] » (mot impropre, pensent avec raison les philosophes, pour désigner l'unité psychologique individuelle) ou des types de personnalité[14]. Les études se sont donc multipliées pour décoder ces corrélations. Ainsi, pour nous en tenir à un nombre limité d'exemples, une tenue vestimentaire soignée dénoterait la responsabilité individuelle et une attitude plus positive envers soi-même[15]. Une tenue à la mode, par ailleurs, projetterait une image de sociabilité[16]. Lié à l'image du moi idéal de chaque individu[17], le choix des habits sert donc à structurer l'identité individuelle[18]. Cela est si vrai que les personnes dont l'identité psychologique est perturbée ne manifestent aucun intérêt pour l'habillement[19]. Aussi a-t-on imaginé une thérapie vestimentaire pour les aider à reconstruire la conscience de qui elles sont[20].

Ayant constaté, comme il a été dit plus haut, que le vêtement est « le corps du corps », Érasme ajoutait : « il [le vêtement] donne une idée des dispositions de l'esprit[21] ». Notre vêtir nous singularise en reflétant non

---

11. H. E. DRIVER, p. 140 ; R. LAUBIN et G. LAUBIN, p. 117.
12. Voir, déjà, les remarques de E. HARNS, 1938, p. 239-250.
13. N. H. COMPTON, p. 191-195 ; L. R. AIKEN, p. 119-128 ; K. GIBBINS, p. 301-312.
14. P. N. HAMID, 1968, p. 904-906 ; 1969, p. 191-194 ; A. M. FIORE et M. DELONG, p. 267-274.
15. D. J. SCHNEIDER, p. 167-170.
16. B. H. CONNER, K. PETERS et R. H. NAGASAWA, p. 32-41 ; B. H. JOHNSON, R. H. NAGASAWA et K. PETERS, p. 58-63.
17. N. H. COMPTON, p. 191-195 ; K. GIBBINS, p. 301-312.
18. H. J. HOFFMAN, p. 269-280.
19. M. M. SWEENEY et P. ZIONTS, p. 411-420.
20. H. B. BAKER, p. 94-98 ; M. V. SEEMAN, p. 579-582.
21. ÉRASME, 1877, p. 43.

seulement les traits généraux de notre « personnalité », mais en marquant aussi les variations journalières de notre état émotionnel. Dès le XVIIIe siècle et indéniablement au XIXe siècle, remarque D. Roche, « les comportements vestimentaires se différencient [alors] au gré des rythmes et des fêtes[22] ». On commence à distinguer des tissus, des couleurs et des coupes pour travailler, d'autres pour voyager ou pour fêter. Notre habillement souligne encore et contribue à créer en nous et autour de nous les dispositions voulues pour travailler ou nous délasser, pour prier ou festoyer, pour socialiser ou nous isoler. Ce signifié de différenciation individuelle, jusque dans la concrétude de nos dispositions intérieures momentanées, fait tellement partie de notre gestuelle vestimentaire qu'il constitue un critère majeur dans les jugements que nous portons sur les dispositions d'autrui[23].

La protection

« Protéger » vient du latin *protegere*, littéralement couvrir devant. Le *Petit Robert* en donne la signification suivante : « Couvrir de manière à intercepter ce qui peut nuire, à mettre à l'abri des choses, des agents atmosphériques, du regard d'autrui ». Les trois catégories de « nuisances » contre lesquelles le vêtement a universellement garanti les êtres humains ont été, en effet, des agents atmosphériques, physiques et psychologiques.

De Platon[24] à Hegel[25], des philosophes idéalistes ont systématiquement minimisé la corporalité humaine, au point de déclarer sans sourciller que, contrairement aux animaux, les humains ne sont pas pourvus naturellement de ce qu'il faut pour se protéger des intempéries. Cette vue précritique traînait encore dans les études sur les origines du vêtement de la première moitié du XXe siècle[26]. Toujours un peu sceptique, Montaigne avait pourtant, quatre cents ans passés, cité bien des exemples cocasses « par où l'on voit » que nous étions faits pour vivre nus dans notre milieu naturel, mais que « nous avons éteint nos propres moyens par les moyens empruntés ». Un gueux auquel on demandait comment il pouvait endurer le froid de l'hiver vêtu seulement d'une chemise répondit : « Et vous, monsieur [...], vous avez bien la face découverte ; or moi, je suis tout face[27] ». Les experts ne tarissent pas d'exemples qui corroborent le point avancé par

22. D. ROCHE, p. 255.
23. M. B. HARRIS *et al.*, 1983, p. 88-97.
24. PLATON, *Protagoras* 321a-c, I, p. 88-89 ; *République* II, 369d, I, p. 914.
25. G. W. F. HEGEL, III, p. 153.
26. Par exemple, K. DUNLAP, p. 64-78.
27. MONTAIGNE, l. I, chap. 36, a : 1950, p. 263-264 ; b : 1989, I, p. 244.

Montaigne : les chasseurs nus de la période glaciaire du pléistocène dont les peintures des cavernes gardent le souvenir ; les peuplades vivant nues dans les climats les plus torrides ou les plus froids[28] ; les bébés inuits que leurs mères sortent complètement nus du sac à dos en plein hiver[29] ; les enfants sauvages ayant survécu nus dans des conditions climatiques rigoureuses[30]. Au début du XIXe siècle, Jean Itard a observé et « éduqué » Victor, « l'enfant sauvage de l'Aveyron », qu'il a conditionné à porter des vêtements en lui faisant donner tous les jours des bains très chauds de deux ou trois heures[31]. L'hypothèse scientifique la plus courante, dont la vraisemblance biologique est reconnue, postule que les êtres humains ont commencé, pour d'autres motifs, à s'orner et à se draper de plantes et de peaux animales. Le *kaunakès* (des pelleteries montées en nappe) reste l'exemple connu de cette deuxième étape, l'étape habillée après celle de la nudité. Il remonterait à 5000 ans avant notre ère[32]. Cette pratique du *kaunakès* réduisit progressivement l'immunité du corps humain aux conditions climatiques sévères[33], ouvrant la voie à une troisième étape de recouvrement en fourrures ajustées au corps pour faciliter la mobilité et pour garder la chaleur[34]. Si les êtres humains n'ont pas commencé à se vêtir pour se protéger des intempéries, chaleur et froid excessifs devinrent une considération après que l'habillement eut débilité leur système immunitaire. Aussi de très anciens systèmes vestimentaires existent-ils, comme les costumes de fourrure inuits[35] et les applications faciales des Pueblos[36], qui sont construits et conçus avec une ingéniosité remarquable pour protéger le corps contre chaleurs et froids excessifs.

Proche de cette première forme, la protection contre tout un ensemble de dangers physiques a certainement motivé, tout au cours de l'existence humaine, le port d'habits protecteurs. Les civilisations de cueillette et d'élevage ont vraisemblablement conçu des costumes de travail aptes à protéger les parties du corps que chaque métier exposait le plus aux accidents. L'usage immémorial du tablier de cuir par le forgeron remonte, on peut le croire, à l'époque de la première métallurgie, durant le deuxième millénaire avant notre ère. Pour prévenir la cécité causée par la neige, les

28. R. BROBY-JOHANSEN, p. 6 ; M. TOUSSAINT-SAMAT, p. 3.
29. R. BROBY-JOHANSEN, p. 7.
30. J. A. SINGH et R. M. ZINGG, 1980.
31. L. MALSON et J. ITARD, p. 143-146.
32. M. TOUSSAINT-SAMAT, p. 46-48.
33. Une étude récente, citée par A. GOODSON, p. 74, a montré que les enfants vêtus auraient un niveau d'activité significativement inférieur à celui qu'ils atteignaient lorsqu'ils étaient nus.
34. R. BEALS et H. HOIJER, 1965 ; S. KAISER, 1985, p. 28-30.
35. B. ISSENMAN et C. RONKIN, p. 103 et 138.
36. V. M. ROEDIGER, p. 155.

Inuits ont inventé, depuis les temps les plus reculés, des lunettes de bois ou d'ivoire, à une ou deux fentes[37]. Dans tout environnement de travail qui présente quelque danger, les êtres humains ont confectionné et perfectionné, au cours des siècles, des vêtements protecteurs : entourés d'abeilles, les apiculteurs se sont munis de gants et de casques à filet ; travaillant dans un chantier de construction encombré de matériaux de toutes sortes, les ouvriers ont réclamé chaussures, casques, gants et lunettes de protection ; menacés d'irradiations, ingénieurs et techniciens évoluent dans des combinaisons spéciales qui les recouvrent de la tête aux pieds. Angoissé par un environnement qu'il estime déshumanisant, Paco Rabane a confectionné des robes à la texture métallique, coques symboliques dans lesquelles les corps se réfugient.

Au cours du paléolithique, sont apparues à côté des civilisations pacifiques de cueillette et d'élevage, les civilisations patriarcales, avec leurs mœurs guerrières. Celles-ci et leurs descendants développèrent un arsenal d'armes défensives – boucliers primitifs, peltes grecques, targes ou écus médiévaux, pavois navals, remparts de toute espèce – et de costumes protecteurs. Ces costumes sont essentiellement de deux sortes (parfois combinées), correspondant à deux stratégies guerrières. Le camouflage protecteur sert à piéger et à tuer l'ennemi comme une proie. Il est apparenté à la stratégie de chasse. Pour disparaître dans le décor désertique du Kalahari, les chasseurs bochimans se peignaient le corps de lignes rouges et jaunes. Les Amérindiens nomades de la Tierra del Fuego se couvraient tout le corps d'une teinture blanche pour la chasse hivernale[38]. Imitant ces coutumes séculaires, Charles X de Suède camoufla ses soldats avec des chemises blanches lorsqu'il attaqua Copenhague durant l'hiver 1658. Trois siècles plus tard, les Finlandais devinrent célèbres pour l'efficacité de leur costume blanc dans leurs combats contre les Soviétiques durant l'hiver 1939-1940. Dans les guerres du XXe siècle, qui visaient à exterminer le plus grand nombre d'ennemis possible, la protection par le vêtement de camouflage a prédominé.

L'autre stratégie consiste à résister aux armes employées par l'adversaire et, en même temps, à l'impressionner pour l'amener à capituler ou à cesser son action belliqueuse. Vieille comme la guerre, cette stratégie prenait la forme, chez les « Peaux-rouges », de peintures faciales destinées à semer la terreur dans le cœur de l'ennemi. Comme chez presque tous les peuples guerriers connus, plusieurs nations amérindiennes utilisaient aussi le masque, qui servait à la fois à protéger le visage et à effaroucher l'adversaire[39]. Toute une panoplie de pièces défensives remplacera le pagne

37. H. E. DRIVER, p. 138.
38. R. BRODY-JOHANSEN, p. 14.

protecteur, la cotte de branchage et le monstrueux masque des débuts : jambières, brassards et gants, cottes de mailles ou hauberts, cuirasses, casques et visières. Les armures s'alourdirent. Vers l'an 2000 avant notre ère, déjà, les soldats autant assyriens qu'égyptiens utilisaient des casques et des cottes de cuivre couverts de bronze. On a découvert au Danemark une cotte de mailles datant de la période romaine qui ne contenait pas moins de deux mille anneaux. Au XIIIe siècle, en Europe occidentale, la cotte de mailles couvrait le corps de la tête aux pieds. Au XIVe siècle, elle cédait la place à une armure blindée plus solide, qui résistait mieux aux armes de plus en plus puissantes[40]. Ces lourdes armures médiévales atteignirent la limite de la logique protectrice, au détriment même des manœuvres offensives. La désescalade progressive des mesures protectrices amenée par la lourdeur du costume s'est poursuivie jusqu'à nos jours. Les progrès techniques, ceux de l'industrie aérospatiale notamment, ont permis la fabrication de costumes militaires qui combinent camouflage et absorption des coups. À la catégorie proprement militaire s'ajoute celle de la sécurité civile, dont les agents se couvrent aussi de pièces protectrices comme les gilets pare-balles des policiers ou les casques et les visières des brigades anti-émeute.

À cette liste on pourrait encore ajouter celle des costumes que la société impose à des groupes réputés menaçants pour se protéger contre eux. On pensera aux prisonniers. Le cas le plus frappant, surtout pour son étendue dans le temps, est la distinction vestimentaire imposée aux Juifs, à partir de l'ordonnance du calife Al-Mutawakkil en 849, en passant par celle du concile de Narbonne en 1229 et le décret du Saint-Office de 1776, pour finir, espérons-le, avec les dispositions nazies en vue de l'Holocauste[41].

Aux accoutrements protecteurs pour la chasse et pour la guerre s'apparentent ceux qui protègent les joueurs dans les innombrables jeux, souvent violents, que les adultes de tous les temps ont inventés. On a régulièrement pratiqué le sport avec des costumes protecteurs qui ressemblent étrangement à ceux qu'on utilisait pour faire la guerre. De par le monde, les soldats désœuvrés se sont adonnés à des tournois d'adresse dont les gestes et les costumes étaient ceux de la guerre. Dans notre histoire occidentale, les combats « courtois » des chevaliers médiévaux en sont l'exemple le plus connu. Mais on retrouve ce même phénomène chez tous les peuples guerriers d'Orient. Aujourd'hui, les mêmes techniques de protection sont

39. F. BOUCHER, p. 10 ; R. BROBY-JOHANSEN, p. 67 ; R. LAUBIN et G. LAUBIN, p. 120.
40. R. BROBY-JOHANSEN, p. 68 ; 117 et 123.
41. A. RUBENS, cité par J.-T. MAERTENS, IV, p. 66-69.

visées dans les costumes des agents de la défense nationale ou de l'ordre civil et dans ceux des sports violents, comme le hockey ou le football américain, ou des sports qui, comme la plongée sous-marine ou le ski, s'exercent en milieu éprouvant pour l'organisme humain. Quant aux sports jugés moins dangereux, ils ne se sont presque jamais pratiqués sans quelque élément de protection corporelle. On pourrait objecter que la majorité des sports « olympiques » de l'Antiquité se pratiquaient nu. Oui ! et pourtant certains artifices corporels servaient même là à protéger les jouteurs : l'huile et la chevelure courte qui, à la lutte comme aux combats militaires corps-à-corps[42], offraient moins de prise à l'adversaire. Aujourd'hui, peu de sports se pratiquent sans l'une ou l'autre pièce protectrice, ne fût-ce que le suspensoir, les lunettes de nage ou de cyclisme, les bandeaux de front et de poignet qui protègent de la sueur les yeux et les mains des joueurs de tennis, de paume ou de ping-pong.

Ce dernier exemple, emprunté au vestiaire sportif, appartient simultanément à une autre catégorie de moyens protecteurs contre des agents physiques, ceux de la « malpropreté » : les saletés extérieures, bien sûr, mais aussi et surtout nos propres sécrétions. Les façons là-dessus ont pu évoluer à des rythmes inégaux, selon les lieux et les circonstances. Avec le développement du tourisme dans la deuxième moitié du XXe siècle, les Nord-Américains, par exemple, ont été confrontés plus nombreux aux modes de vie différents de pays étrangers d'égale civilisation. Ils découvraient en Europe, dans les années 1950, à côté de trésors culturels et gastronomiques incomparables, des carences mortifiantes : nombres insuffisants et piètres installations de bains et de douches, le tout encore aggravé par la rareté de l'eau chaude, etc. En conséquence de quoi les soins de propreté corporelle ne pouvaient être que réduits. On s'en apercevait à l'air que l'on pouvait respirer dans les lieux publics, les salles de théâtre, de concert, de cinéma ou le métro de Paris !

Depuis lors, G. Vigarello a fait la lumière sur l'histoire de l'hygiène du corps depuis le Moyen Âge[43]. Les Parisiens et Parisiennes des années 1940 et 1950 étaient les derniers héritiers – ou peut s'en faut – d'une situation créée partiellement au XVIe siècle par l'émigration massive des populations rurales[44]. Habituées aux ablutions en nature, elles connurent, arrivées dans la capitale, une pénurie d'eau. Plus décisives encore, selon Vigarello, les nouvelles théories hygiéniques du XVe siècle prônaient que les ablutions corporelles ouvraient les pores de la peau et laissaient le

42. R. BROBY-JOHANSEN, p. 46.
43. G. VIGARELLO, 1987.
44. D'après L. WRIGHT, p. 68, l'Angleterre de la même époque connut une situation de malpropreté pire encore que la France et l'Italie.

corps sans défense contre les miasmes infectieux et les épidémies[45]. On commença donc à s'en remettre et à une parfumerie capiteuse pour couvrir les exhalaisons de son propre corps et au linge pour assurer sa propreté. Si on avait porté, dans l'Antiquité, le pagne puis, d'importation scythe en Gaule, les braies sous la tunique[46] et si on les avait progressivement remplacées, dans le monde gallo-romain du IVe siècle, par la *camisia*, une chemise issue de la tunique[47], nos ancêtres européens ne portaient rien que l'on puisse comparer à notre « linge intime ». La lingerie d'homme autant que de femme se réduisait essentiellement à des formes diverses de chemises portées directement sur la peau. La chemise absorbera les sueurs et, par un changement fréquent, assurera à la peau une certaine fraîcheur. Les sous-vêtements tirent leur origine de préoccupations plus hygiéniques que sexuelles. Lorsqu'ils firent leur apparition (car déjà au XVIIe siècle les préoccupations de civilité se substituaient à celles d'hygiène[48]), on pratiquait à l'égard de ces pièces de lingerie une discrétion qu'on peut comparer à celle que nous gardons à l'égard des serviettes hygiéniques ou des couches de bébé. Des articles vestimentaires pour l'entraînement, l'ancien *sweater*, le *sweat shirt* ou le *sweat suit*, indiquent étymologiquement une fonction protectrice semblable.

La protection qu'assure le vêtement ne se réduit pas aux agents atmosphériques ni aux dangers physiques comme ceux qu'occasionnent le travail, la guerre, le sport ou la saleté produite par l'environnement ou par son propre corps. Elle s'étend aux menaces psychologiques, notamment aux regards inquiétants sinon menaçants d'autrui. Baignant dans l'atmosphère victorienne, le philosophe allemand M. Scheler a consacré un petit livre à l'analyse de la pudeur. Il y reprend une interprétation moralisatrice selon laquelle l'homme aurait d'abord couvert son sexe par honte. La perte d'immunité aurait commencé dans la zone génitale ainsi protégée pour s'étendre progressivement « aux autres parties de l'organisme[49] ». Malgré tout le respect dû au phénoménologue des *Fühlen* (émotions), cette vue anti-sexuelle des origines vestimentaires laisse sceptique. Outre l'absence de fondements empiriques pour l'étayer, elle contredit une analyse élémentaire du désir. Celui-ci n'est-il pas constitutivement une tendance que l'absence même de son objet nourrit ? Il est vrai que Scheler n'avait pu connaître les résultats de recherches savantes faites après son

45. Voir aussi F. BRAUDEL, p. 247.
46. M. TOUSSAINT-SAMAT, p. 57.
47. F. BOUCHER, p. 138 ; H.-I. MARROU, p. 19.
48. G. VIGARELLO, 1987, p. 68-69 ; 90-102.
49. M. F. SCHELER, p. 22-23.

temps. On a depuis démontré, expériences de laboratoire à l'appui[50], que des sujets longtemps exposés aux nudités sexuelles y perdent rapidement tout intérêt. La saturation visuelle d'organes génitaux n'était guère de nature à inciter nos lointains ancêtres à couvrir « ce sein [etc.] que je ne saurais voir ».

Les analyses de Scheler ne sont pas entièrement invalidées pour autant. Car s'étant vêtus pour les autres raisons que l'on sait, y compris la protection, les êtres humains cultivèrent progressivement des sentiments d'anxiété à l'idée d'exposer ce qui était maintenant à l'abri des regards. Il est même assez probable, comme l'expliquent, avec considérations cliniques et théoriques, P. Cacciari-Thaon et J. Judenne[51], que la mère, en vêtant l'enfant, crée une nouvelle « peau psychique ». Toutes les satisfactions tactiles que les gestes du vêtir maternel sont susceptibles de causer contribuent à faire du vêtement une enveloppe protectrice qui prend, pour ainsi dire, le relais de l'utérus. L'enveloppe de la « peau psychique » symbolise, dans un sens encore plus « profond » que ne l'entendait Érasme, le « corps du corps », une seconde peau sécurisante. S'en défaire devant autrui, *a fortiori* en être dépouillé par autrui, c'est se retrouver dans une situation de vulnérabilité. Sur ce réflexe construit, le discours éthique des « peuples habillés » n'a jamais tari. Mais la littérature utopique, depuis le récit yahviste de la situation paradisiaque jusqu'aux élucubrations modernes sur les « bons sauvages », traite un phénomène de culture, non de nature.

La beauté

Un utopiste de la deuxième moitié du XVIIe siècle, le Flamand S. Van Doelvelt, auteur de *La République des philosophes ou Histoire des Ajaciens*, laissa aussi à la postérité une *Lettre à Madame la Marquise de *** sur la nudité des sauvages*. En ce qui a trait à la honte de la nudité, il écrit : « tout n'est que coutume, prévention, effet de l'éducation, [...] il n'y a rien d'inné en nous ». L'histoire le démontre, explique-t-il, puisqu'une telle honte n'existe pas là où on ne l'enseigne pas. Dans les pays où elle existe, d'ailleurs, elle porte sur différentes parties du corps : pieds, bouche, visage. Qu'on considère, finalement, qu'avant le péché, Adam et Ève ne rougissaient pas de leur nudité. Pourquoi donc éprouve-t-on de la

50. U.S. Commission on Obscenity and Pornography, 1970 ; E. I. DONNERSTEIN, D. LINZ et S. PENROD, 1987.
51. P. CACCIARI-THAON et J. JUDENNE, p. 963-969.

vergogne à exposer sa nudité ? Parce qu'on a violé le tabou social. Pourquoi alors le genre humain a-t-il commencé à couvrir sa nudité ? Sans doute, suggère Van Doelvelt, espérait-on dissimuler ses imperfections et se rendre plus attrayant[52].

Ces vues pleines de bon sens n'avaient pas encore convaincu les artistes du XVIIIe siècle qui se mirent en frais pour représenter nus, selon l'usage antique, les héros de leur époque. La sculpture du vieux Voltaire par Pigalle, celle du général Desaix de Veygoux par Dejoux, les crayonnages de Robespierre par David furent des échecs monumentaux. Peintres et sculpteurs n'avaient pas considéré que les nus de l'antiquité gréco-romaine ne représentent que la fleur de la jeunesse athlétique et que si les artistes d'aventure se voyaient contraints de sculpter nus des « personnages » de l'époque, ils leur prêtaient le corps de gymnastes bien faits[53]. Pigalle, Dejoux et David mésestimèrent la fonction embellissante du vêtement pour les corps par trop banals des immortels qu'ils s'efforçaient de glorifier.

Dévoilant ce qu'il couvre, dévêtant ce qu'il revêt, le vêtement convie l'imagination fabulatrice à mousser le désir par des évocations qui dépassent la médiocrité courante. Les artistes classiques le savaient si bien que, pour rendre plus « extatiques » les nus qu'ils peignaient ou sculptaient, ils inventèrent la technique de la « draperie mouillée » qui occulte légèrement pour mieux accentuer[54]. Le voile avantage la beauté nue ! Comme le souligne si bien P. Perrot, la disparition de certaines pièces du costume entraîne la dé-érotisation des parties du corps qu'elles couvraient. Mais elle donne souvent lieu à de nouveaux processus d'érotisation. Lorsque la main perdit son pouvoir séducteur avec la disparition du gant, le vernis à ongles triompha. Les teintures capillaires restituèrent aux cheveux l'érotisme que leur assurait le chapeau. La dépilation chercha à érotiser des jambes que la disparition de la robe longue avait rendues moins attrayantes[55]. Même phénomène pour la bottine féminine occultée par la longue robe vers la fin du XIXe siècle. En devenant un « dessous », comme le linge intime, elle érotisa le pied[56]. Lorsque les jupes raccourcirent, on s'ingénia à fabriquer des souliers qui conserveraient aux pieds leur charme. A. Leclerc a bellement dit, en réfléchissant sur la métamorphose cosmétique de son amie Claire et sur le « voile de femme », l'inéluctable médiation de la toilette dans la vie du désir d'intimité humaine[57].

52. S. VAN DOELVELT, p. 188, 185-186.
53. J.-C. BOLOGNE, p. 208-213.
54. K. CLARK, I, p. 126 et 283-284.
55. P. PERROT, p. 205-206.
56. J. LAURENT, p. 139.
57. A. LECLERC, p. 92-112.

Cette médiation, historiens de mœurs et psychosociologues l'ont abondamment démontrée. E. A. Westermarck fut l'un des premiers à observer que, chez tous les peuples connus, le vêtement souligne plutôt qu'il n'occulte les attributs corporels[58]. L. Langner a longuement traité de ce thème, démontrant que, totalement exposé, le corps humain a moins de virtualité érotique[59]. Cette vue est confirmée par les commentaires des personnes qui séjournent chez les nudistes, sur le caractère non érotique de la nudité désinvolte de ces gens ordinaires[60]. Au début des années 1930, J. C. Flügel a insisté sur l'importance, pour le succès de la mode vestimentaire, de varier et de doser l'étalage et la dissimulation des diverses parties du corps[61]. L'historien anglais de la mode, Sir James Laver, reprendra cette vue sous la désignation de *Theory of the Shifting Erogenous Zone*[62]. Dosage délicat s'il en fut ! La minijupe des années 1960 ne remporta pas le succès escompté parce qu'elle était trop exclusivement exhibition de chair. Ses réapparitions successives vers la fin des années 1970 et par la suite ont été accompagnées de stratagèmes pour déguiser la jambe : bottes hautes, bas roulés par-dessus les bottes, *kneewarmers, legwarmers*, collants et bas qui contrastent avec la jupe, et ainsi de suite[63]. Les dessous eux-mêmes n'échappent pas à cette loi. Une enquête a manifesté que les Québécoises préfèrent, sur les hommes, un boxer-short à un cache-sexe[64]. Une mode qui met en valeur telle partie du corps à l'exclusion des autres manque irrémédiablement son propos car la majorité de la clientèle recherche un costume qui avantage la personnalité tout entière[65].

La vérité pratique de l'embellissement du corps par le vêtir, les êtres humains l'ont saisie, contrairement à ce qu'estime F. Boucher[66], depuis aussi longtemps que les vestiges qu'ils ont laissés nous permettent de le savoir. C'est aussi par souci de beauté que les peuplades dites primitives enduisaient leur corps d'ocre et de pigments variés, que les jeunes Indiens jebaros de l'Amérique du Sud appliquaient du rouge à leurs joues, que les Tahitiennes découvertes par les Français au XVIIe siècle se teignaient les fesses en bleu[67]. Les tabliers des femmes sur les figurines de la fin de la période glacière (de 15 000 à 30 000 années passées) sont ronds, orne-

---

58. E. A. WESTERMARCK, p. 301 et s. Même remarque chez E. ELLIS, p. 60.
59. L. LANGNER, 1959.
60. F. DAVIS, p. 94-95.
61. J. C. FLÜGEL, 1982.
62. J. LAVER, 1969.
63. F. DAVIS, p. 96-97.
64. *Le Droit*, le 8 janvier 1992, p. 29.
65. E. D. LOWE et J. W. LOWE, 1985.
66. F. BOUCHER, p. 10. Voir, à l'appui de la vue contraire, S. KAISER, 1985, p. 28-30.
67. R. BROBY-JOHANSEN, p. 15 ; R. LAUBIN et G. LAUBIN, p. 117.

mentaux et portés, comme chez les Hottentotes sud-africaines, sur les fesses dont ils exagèrent, à des fins séductrices, la grosseur[68]. Autant chez les anciens Égyptiens que chez les Indiens de l'Amérique du Sud ou les Canaques de la Nouvelle-Calédonie, les hommes portent des pagnes ornés et inutilement allongés. Les Pygmées, dont la taille moyenne n'est que 1,20 m à 1,50 m, arborent, entre leurs jambes, des pagnes de quelque 40 cm de long[69].

À toutes les époques de notre histoire occidentale, nous assistons à des travaux d'embellissement corporel innovateurs, avec des tournants parfois spectaculaires qui provoquent les foudres conservatrices. Au milieu du XIVe siècle, la mode, nous l'avons signalé, débutait avec des modifications radicales du costume masculin. On troqua manteaux et tuniques larges et longues pour une tunique courte et étroite qui révélait la forme du corps. Les chausses qui enserraient les jambes laissaient voir ce que Chaucer (1340-1400) nommera, dans ses célèbres *Contes de Canterbury*, « les membres privés honteux » (« *the shameful privee membres*)[70] ». Le *Pleurant* de la tombe d'Edward III à l'abbaye de Westminster ou le jeune homme à la houppelande à plis fleuris du *Liber Cosmographiae* (1408) de John Foxton illustrent bien les dires d'un chroniqueur français : « les uns avoient robes si courtes qu'ils ne leur venoient que aux nasches [fesses], et quant ils se bassoient pour servir un seigneur, ils monstroient leurs braies et ce qui estoit dedens à ceux qui estoient derrière eux[71] ». On comprend, dans l'esprit du temps, que le chroniqueur ait attribué à ces mœurs osées la défaite de ses compatriotes à la bataille de Crécy (1346) ! Dans les années 1360, Urbain V interdit le port de robes si courtes. Comme il fallait s'y attendre (les censeurs n'apprendront-ils donc jamais ?), la tunique masculine n'en raccourcit que de plus belle jusqu'à la fin du siècle. Au siècle suivant, le vêtement féminin prendra à son tour un air séducteur. L'allure gothique flamboyant du costume au XVe siècle mettait en évidence la silhouette féminine, moulait le buste en dévoilant parfois les seins dans l'échancrure du décolleté, et soulignait la taille par une large ceinture munie d'une agrafe décorative[72].

Le renouveau artistique et littéraire de la Renaissance aboutit à l'idéalisation de la beauté du corps humain. Le XVIe siècle donna à l'art de

68. R. BROBY-JOHANSEN, p. 8. Voir aussi P. MATTHIESSEN, p. 20, pour les femmes kurelu.
69. R. BROBY-JOHANSEN, p. 8.
70. G. CHAUCER, p. 555-556. L'expression se retrouve dans le *Conte du Pasteur (Parson's Tale)*, le dernier de la précieuse chronique sociale de l'Angleterre du XIVe siècle que sont ces illustres contes.
71. *Grandes Chroniques de France*, 1837-1837, V., p. 462-463.
72. A. RIBEIRO, 1986, p. 45 ; 52.

plaire, magnifié par le costume, le soutien de matériaux luxueux, d'étoffes lourdes et riches, de broderies épaisses, de bijoux somptueux, de dentelles aériennes. « Nulle époque, même le Grand Siècle », commente F. Boucher, « n'aura jeté sur l'homme décor plus précieux pour atteindre la perfection de la beauté humaine[73] ». Les coupes du costume masculin atteignirent, durant les années 1580, un sommet d'érotisme dans l'histoire de la mode occidentale. Les jambes paraissaient démesurément longues, enserrées qu'elles étaient dans des chausses qui les faisaient paraître nues. Les pourpoints, exagérément rembourrés, finissaient juste au pubis, ce qui scandalisait particulièrement le puritain P. Stubbes dans *The Anatomie of Abuses*, summum de toutes les diatribes morales[74]. Montaigne lui-même s'en moquait un peu, qui demandait à-propos : « Que voulait dire cette ridicule pièce de la chaussure de nos pères [...] ? À quoi faire la montre que nous faisons à cette heure de nos pièces en forme sous nos grègues, et souvent, qui pis est, outre leur grandeur naturelle par fausseté et imposture[75] ».

Entre chausses et pourpoints, une braguette proéminente occupait la place centrale. Déjà les chausses de l'Ancien Régime, mieux que les pantalons républicains, révélaient leur contenu. Aussi, revenues d'émigration, les vieilles dames de l'ancienne cour déploraient-elles qu'« avec les pantalons on ne sait plus ce que pensent les hommes ! »[76]. Ces désirs mâles, c'est avec impertinence et « jactance » que la braguette saillante et ornée du XVIe siècle les exprimait. Elle marquait, nous l'avons dit, le haut point d'un attrait corporel qu'une pièce vestimentaire magnifiait glorieusement. Quoi qu'en pensent les esprits chagrins qui se scandalisent des « modes érotiques et païennes » de nos jeunes contemporains, plus jamais la mode masculine ne fera preuve d'autant de hardiesse que dans cette Europe très chrétienne du XVIe siècle. La cravate, que d'aucuns traitent de pénis-vicaire, pâlit à côté de la braguette ! La seule flambée érotique analogue dont l'industrie contemporaine peut se gausser, c'est d'habiller le pénis avec coquetterie pour des ébats sexuels. C'est, du moins, ce dont voudrait nous convaincre M. Foreman, directeur de *Condomania*, la première boutique britannique affectée exclusivement aux préservatifs[77]. Braguettes

---

73. F. BOUCHER, p. 219.
74. P. STUBBES, 1583. Cité par A. RIBEIRO, 1984, p. 60.
75. MONTAIGNE, l. III, chap. 5, a : 1950, p. 960-961. « Que voulait dire cette pièce ridicule des hauts-de chausse de nos pères [...] ? À quoi sert l'exposition que nous faisons maintenant de nos parties génitales sous nos culottes, et souvent, qui pis est, au-delà de leur grandeur naturelle, par fausseté et imposture ? » (MONTAIGNE, l. III, chap. 5, b : 1989, III, p. 74-75).
76. D. ROCHE, p. 41.
77. Cité par *The Toronto Star*, le 19 août, 1991, p. B1, un reportage de AFP.

proéminentes du XVIe siècle et condoms de parade du XXe siècle ne représentent qu'un aspect cocasse de la fonction érotique universelle de la gestuelle vestimentaire.

Depuis que, avec la fin révolutionnaire du XVIIIe siècle, les hommes ont temporairement laissé aux femmes les soins esthétiques du corps, la fonction attrayante du vêtement est devenue une affaire si exclusivement féminine et, plus récemment, adolescente, que les sciences sociales ne cherchent à en vérifier empiriquement le bien-fondé que chez ces dames et ces jeunes. Elles confirment, comme c'est si souvent le cas, les hypothèses que le sens commun peut se former : les femmes sexuellement inhibées s'habillent de façon à occulter tout ce qui pourrait suggérer qu'elles sont désirables[78] ; celles qui s'estiment et se veulent sexuellement désirables préfèrent les modes qui les rendent belles aux yeux des hommes et elles le font en connaissance de cause[79] ; les adolescents qui se pensent attrayants portent de plus beaux vêtements que les autres[80]. Ces personnes ont raison, comme le savait déjà l'avocat grec Hypéride qui misa sur la beauté pour disculper Phryné, l'illustre maîtresse de Praxitèle, de l'accusation d'impiété qui pesait sur elle. Par la beauté, une personne jouit d'un potentiel extraordinaire pour susciter chez autrui des réponses bienveillantes. Une recherche expérimentale impressionnante établit clairement ce fait[81].

Le bien-être

Établir la différenciation singulière, protéger et promouvoir la beauté sont vraisemblablement les aspects constitutifs les plus constants de la fonction individualisante du vêtement. Ils sont discernables depuis toujours et dans tous les états de culture, dans la gestuelle vestimentaire quotidienne de la grande majorité des individus. S'il n'a peut-être pas l'ampleur des premiers, un autre signifié est assez remarquable et répandu pour mériter qu'on l'examine. Par la gestuelle vestimentaire, l'individu différencié, protégé et attrayant cherche encore à être à l'aise dans son corps.

En s'habillant, l'être humain cherche à se procurer une sensation de bien-être, à se sentir à l'aise dans son corps. Aucune des finalités précédentes n'assure automatiquement ce bénéfice. Ni les tatouages individua-

---

78. U. PELES, p. 41-42.
79. E. M. EDMONDS et D. D. CAHOON, p. 171-173.
80. A. M. CREEKMORE, p. 203-215.
81. Je me permets de renvoyer à l'abondante bibliographie citée sur ce sujet par M. DOSTIE, p. 98-99, note 49. Il l'a lui-même empruntée à un manuscrit non édité de S. MARCHAND, intutilé « L'impact de la beauté physique au cours des expériences socialisantes », Québec, Université Laval, 1987, 20 p.

lisants des primitifs, ni les armures médiévales protectrices, ni les gaines baleinées et lacées de la beauté féminine victorienne ne font cause commune avec le confort. C'est au contraire pour échapper aux gênes corporelles qu'imposent souvent au corps les autres vêtirs d'appartenance et d'individualisation que certains types de vêtement offrent, en échange, leur commodité.

On peut supposer, bien sûr, que tout au cours de l'histoire des civilisations, des individus se sont singularisés par des habits qu'ils trouvaient plus confortables que d'autres, que la recherche de vêtements pour se protéger des intempéries était aussi motivée par le bien-être et que les costumes qui étaient choisis soit pour se singulariser soit pour plaire à autrui pouvaient correspondre à ceux dans lesquels on se sentait à l'aise. On peut aussi imaginer que les petites gens qui ne possédaient, ou peu s'en faut, que les vêtements qu'ils portaient sur eux-mêmes, les fabriquaient en pensant à leur confort. G. Vigarello mentionne que le linge de dessous existait déjà au Moyen Âge, mais que son statut était si peu important qu'on n'en possédait qu'un. Son seul intérêt consistait à être confortable pour la peau[82]. Intérêt, pourtant, qui redeviendra majeur lorsque, après la Révolution française, la fonction statutaire du vêtement s'amenuisera.

Cette remarque de Vigarello sur le linge plus confortable éclaire du reste une pratique vestimentaire qui semble fort répandue. Là où un espace « intérieur », j'allais dire « privé », se distinguait clairement d'un espace « extérieur », « public », les individus d'autres civilisations adoptaient un comportement ritualiste semblable au nôtre[83]. Arrivés « à la maison », ils troquaient un costume propre à impressionner autrui et à marquer leur statut contre une tenue moins expressive mais plus confortable. Suétone, qui loue l'empereur Auguste pour sa mise toujours correcte, distingue son vêtement d'intérieur de son costume de ville[84] et fustige Caligula et Néron parce qu'ils paraissent « en public » vêtus de costumes indignes d'eux[85]. Un Tertullien apportera son témoignage sur la coutume généralisée de se délester de l'inconfortable toge dès qu'on passe le seuil de la maison[86]. D'autres cieux, d'autres siècles font entendre le même écho. Dans la Chine du XVe siècle, pour ne citer que cet exemple, les mandarins s'habillaient, en public, de costumes de soie à broderies d'or. À la maison, ils se contentaient de simples habits de coton[87].

---

82. G. VIGARELLO, 1987, p. 57-67.
83. S. KAISER, 1985, p. 141.
84. SUÉTONE, p. 140 (LXXIII).
85. *Ibid.*, p. 277 (LII : Caligula) et p. 387 (LI : Néron).
86. TERTULLIEN, 1852, II. p. 168.
87. F. BRAUDEL, p. 233.

En ce qui a trait à la toilette publique, cependant, le confort ne semblait pas un signifié reconnu. Lorsque Érasme rédigea le premier guide d'étiquette européenne, le bien-être corporel ne figurait pas parmi les considérations qui devaient régler la conduite vestimentaire des garçons bien éduqués. Pourtant, Érasme n'était pas insensible au confort comme règle des « bonnes manières ». Ne traitait-il pas de niais les éducateurs qui s'offusquaient de ce que les garçons ne retinssent pas leurs vents en public, comme si la politesse exigeait d'eux qu'ils soient mal à leur aise et se rendent malades[88].

Dans l'histoire occidentale, il faut attendre la première moitié du XVIIIe siècle pour constater l'apparition d'une conscience nouvelle par rapport au bien-être comme critère vestimentaire. Le langage courant en témoignait déjà. Avec le retour en France des encombrantes crinolines entre 1720 et 1789, tout autre costume féminin porté en ville comme à la maison était appelé « négligé[89] ». C'est l'époque où l'on vit apparaître des robes en crépon, en linon, en toile de Jouy, qui, légères et vaporeuses, « obéissaient à la ligne » comme on le disait alors. Des chaussures sans talon permettaient également à la taille de retrouver sa forme naturelle. Cette mode volontairement confortable résultait de l'élan hygiéniste inspiré par les philosophies de la Nature. D'autres canons de beauté marquèrent bientôt, pourtant, un recul temporaire de cette première vague hygiéniste. Au début du XIXe siècle, le pied féminin sera contraint dans des chaussures aux talons hauts, et la taille, de nouveau cambrée, sera enserrée dans un corset[90]. La fascination victorienne pour la santé corporelle garante des valeurs intellectuelles et morales (*mens sana in corpore sano*) était telle, pourtant, que ses effets se feront sentir autant sur l'institution vestimentaire que sur l'institution scolaire anglaise[91].

L'idée du bien-être de la gestuelle vestimentaire réapparut pourtant sous un autre front, celui de la cosmétique. Finis les fards épais et les perruques poudrées. Le XIXe siècle leur substituera une cosmétique qui visait à conserver et à entretenir l'épiderme plutôt qu'à le masquer et à le brutaliser. Nourrir, soigner, raffermir un tissu organique plutôt que colorer une surface inerte relevait, comme le souligne P. Perrot, d'une esthétique (et d'une éthique) de l'authenticité et, faut-il ajouter, d'un souci hygiénique. Le masque de fard céda la place au bien-être facial de l'expression vraie[92].

Le fonctionnalisme vestimentaire sportif vint également mousser, vers la fin du XIXe siècle, la cause du confort féminin. Bravant l'opinion

88. ÉRASME, 1877, p. 19.
89. R. BROBY-JOHANSEN, p. 163-164.
90. P. PERROT, p. 101-105.
91. Voir, à ce propos, B. HALEY, 1978.
92. P. PERROT, p. 139-140.

publique, quelques dames du beau monde se mirent au canot, au golf, au tennis, et à ce qu'on nommait encore le vélocipède. Malgré les sempiternelles jérémiades des pères-la-pudeur, la mutation fut décisive et marquera jusqu'à nos jours le costume civil autant féminin que masculin. On s'habituera vite à une aisance des mouvements et des maintiens jusque-là inconnue. Le vêtement devait dorénavant accommoder des gestes et des démarches assouplis, allégés, émancipés. Les tailles se voulurent plus droites, plus fluides. L'abolition définitive du corset était amorcée[93].

Dès 1918, le psychologue G. Van Ness Dearborn commettait une monographie dans laquelle il explique comment le confort personnel sous-tend toute la psychologie du vêtement parce qu'il est essentiel à l'efficacité nécessaire pour réussir sa vie[94]. Quoi qu'il en soit de l'idéologie typiquement américaine qui préside aux commentaires de Dearborn, plus aucune maison de confection ne lancerait de nos jours une collection vraiment durable qui enfreindrait la norme du bien-être. Rares sont les clientes et les clients qui, dans le salon d'essayage d'un magasin, n'estiment pas une pièce de vêtement au degré de confort qu'elle leur procure. Si la pièce en question ne passe pas l'épreuve de ce critère « présupposé », elle a peu de chance d'être soumise à l'examen des autres critères. On se dira peut-être : « C'est triste que je ne me sente pas à l'aise dans ce pantalon, cette jupe, cette chemise... Ce vêtement est en plein mon genre ! Il m'avantage. Je le trouve discret. Mais il est trop contraignant, le tissu m'irrite la peau, ce collet me gêne... » Un vêtement qui n'est pas bon pour le corps ne nous convient plus.

---

93. *Ibid.*, p. 192-194 ; A. RIBEIRO, 1984, p. 143-145.
94. G. VAN NESS DEARBORN, p. 1-72.

CHAPITRE 5
Le vêtir de transformation

Le « costumement » transformateur

Les êtres humains recèlent des virtualités qui ne sont pas toutes actualisées. Aussi leur existence entière représente-t-elle un effort plus ou moins soutenu, avec ses hauts et ses bas, pour combler cet élusif manque à vivre. Ils cherchent à acquérir une « forme d'existence » supérieure à celle qui est leur et qu'ils estiment incomplète. Effort de « transformation » (formation au-delà), de passage d'une forme à une autre.

De nombreuses données sur les us et *costumes* des peuples ne se rapportent ni à la manifestation sociale réelle ou désirée, ni à l'expression de l'individualité acquise ou espérée, mais à l'exploration et à l'invention d'une autre personnalité individuelle ou collective. Par des pratiques d'habillement, on cherche à s'inventer autre que l'on apparaît à son entourage dans la vie ordinaire. Je propose d'appeler « costumement » cette fonction exploratrice et transformatrice du vêtir. Puisque, selon le *Petit Robert*, se costumer, c'est se « revêtir d'un costume, d'un déguisement », pourquoi, objectera-t-on, inventer un autre terme plutôt que d'employer celui qui existe déjà, à savoir le « déguisement » ? Pour la bonne raison que, dans l'usage courant, ce terme comporte une connotation de duperie. Le « travestissement » serait un autre mot possible si le sens de « prendre l'apparence de l'autre sexe » n'était pas devenu prédominant. « Se costumer » évoque une gestuelle plus neutre et plus large que ne le suggèrent ces expressions. On se costume « en grand apparat » pour exercer une fonction de pouvoir, « en coulisses » pour représenter sur scène un personnage historique ou fictif, « en Pierrot » pour jouer la comédie ou pour aller au bal masqué.

Au-delà du « moi objet »

Le vêtement de Pierrot, le *Pedrolino* de la comédie italienne de la Renaissance, est traditionnellement biparti, mi-noir et mi-blanc. Vêtement type de carnaval qui exprime les deux faces de la lune qu'incarne « mon ami Pierrot » : l'individu lui-même et son double à la fois[1]. Or le personnage que connaissent réflexivement autant les spectateurs que Pierrot lui-même est bel et bien son double. En se posant devant soi, en s'objectivant (*objicere* : projeter devant soi) pour se saisir et se dire, le sujet laisse nécessairement s'esquiver son incompréhensible subjectivité.

Le vêtir d'individualisation reflète, malgré toute l'ambiguïté que l'on sait, le moi objet. On habille celle ou celui qu'on s'imagine à tort connaître à fond. Parce qu'il implique une manipulation réflexe du sujet, le vêtir d'individualisation produit une expression qui reste toujours en deçà de la richesse, aussi inépuisable que le mystère de l'être, du je subjectif. Le « costumement », celui de Pierrot ou d'un autre, est un vêtir qui, justement, conteste la pleine représentativité du vêtir quotidien. Les apparences journalières sont, en effet, trompeuses. On en revêtira qui exprimeront d'autres « formes » d'un sujet toujours en gestation de lui-même.

De tous les « costumements » dans l'histoire occidentale, le travestissement sexuel est probablement le plus célèbre. Des deux disciples féminins de Platon connus, Lasthenia et Axiothea, cette dernière, rapporte l'historien Diogène Laërce, portait des costumes masculins[2]. Se travestir en l'autre sexe représente une façon d'exercer un rôle générique[3], d'exprimer un aspect non biologiquement marqué de sa personnalité. Pour Axiothea, le « costumement » masculin n'avait peut-être pas d'autre but que celui de faciliter son accès à une Académie exclusivement masculine. Pour faire profession de philosophe dans le milieu athénien du IVe siècle avant notre ère, Axiothea faisait preuve d'un *animus* vigoureux qu'exprimait son vêtir masculin. De ce cas de travestissement, aux origines de notre culture occidentale, aux travestissements sérieux, ludiques ou même commerciaux (comme dans le *show business* ou la prostitution) de la fin du XXe siècle, une lignée ininterrompue de personnes plus ou moins légendaires se sont costumées dans les atours du sexe opposé. Jouant la partie de l'organe défaillant, le vêtement seul prend charge d'une identité sexuelle que rien d'autre ne rend manifeste[4].

Les Occidentaux tiennent le travestissement sexuel pour suspect, une déformation plutôt qu'une trans-formation. D'autres cultures en jugent autrement. On trouve dans les coutumes vestimentaires des peuplades

1. E. LEMOINE-LUCCIONI, 1983, p. 67.
2. DIOGÈNE LAËRCE, 1841, p. 133.
3. D. H. FEINBLOOM, 1977.
4. E. LEMOINE-LUCCIONI, 1983, p. 26-27.

indigènes, notamment chez les Amérindiens[5] et chez les Inuits[6] (mais aussi en Asie et en Australie), la vêture féminine des *berdaches*, ces hommes aux mœurs et aux fonctions caractéristiques à la fois des hommes et des femmes. Plus éclairante et respectueuse que l'obsession anti-sodomite des colonisateurs, la culture indigène les considérait, idéologiquement et institutionnellement, comme des êtres supérieurs, un « tiers sexe » doué extraordinairement des vertus aussi bien féminines que masculines de l'humanité. On leur reconnaissait donc souvent des pouvoirs chamaniques. Pour manifester extérieurement ce qui n'est pas naturellement apparent, ces *berdaches* ou *winkta* se vêtaient d'un costume souvent hétéroclite, mi-masculin, mi-féminin. On ne les considérait ni du genre masculin ni du genre féminin, mais comme ayant acquis un troisième statut générique. Biologiquement, le *berdache* était mâle. Chez les Zuni (peuplade d'Indiens pueblos vivant à la frontière entre le Nouveau-Mexique et l'Arizona), un rite vestimentaire reconnaissait cet « état de nature ». Lorsqu'un *berdache*, appelé *lhamana*, mourait, en effet, on plaçait une culotte sur son cadavre. Mais dans l'« état de culture », des vêtements plus féminins que masculins proclamaient son statut générique particulier. Dès la puberté, le jeune garçon chez qui les parents détectaient de pareilles virtualités lui faisaient enfiler un premier élément du costume féminin, le *bihrmane* [?], large vêtement carré porté sur les épaules[7]. W. Rosco a retracé l'histoire fascinante de *We'wha*, l'homme le plus fort du village et le plus célèbre *lhamana* connu. Lorsque, pressés par la politique américaine d'assimilation, les *lhamana* qui succédèrent à *We'wha* commencèrent à délaisser la robe, leur rentrée dans l'ordinaire signa la perte de leur statut spécial et de l'institution sociale qui le mettait en valeur[8]. Puissance d'un « costumement » qui confère à une réalité sexuelle la visibilité nécessaire à sa survie.

Dans toutes les cultures connues, une autre catégorie de gens se soumet, à l'instar des travestis sexuels, à des procédés parfois laborieux de déguisement. Il s'agit des gens de théâtre, du mime sur la place publique à la vedette de cinéma. Travaux d'autant plus élaborés que l'acteur cherchera à se vieillir ou à se rajeunir, figurera dans des scènes d'un passé reconstitué ou d'un avenir imaginé, changera de peau, adoptera le port d'autres races, prendra la forme d'espèces animales ou d'êtres fantasmagoriques etc. Ces « costumements » permettent à l'auditoire d'accéder à

---

5. R. LAUBIN et G. LAUBIN, 1977, p. 365-367 ; W. L. WILLIAMS, 1988 ; W. ROSCO, 1991.
6. B. SALADIN D'AUGLURE, 1988, p. 19-50.
7. W. ROSCO, 1991, p. 144-146.
8. *Ibid.*, p. 200-201.

des scénarios et des mondes différents de ceux dans lesquels ils vivent. Plusieurs spectateurs et spectatrices s'identifient à ces « personnages », rêvant d'identités autres que celle qu'ils ont construite.

D'ailleurs, nous ne nous satisfaisons pas de ces explorations vestimentaires d'identité par personnes interposées. Nous les pratiquons constamment nous-mêmes. Dans les sociétés où les codes vestimentaires sont rigoureusement dictés, on institutionnalise même des événements collectifs pour permettre aux gens de jouer des différences. Le bal masqué, notamment, qui donne « une nouvelle chance aux individus, las de leur personnalité, une liberté nouvelle de choisir [...][9] ». Le romantisme aidant, les couples du XIXe siècle mimaient, pour une soirée, le sénateur et la vestale de Rome, le doge et la dogaresse de Venise, le berger et la bergère d'Arcadie, le sheik d'Arabie et sa concubine préférée, le « peau-rouge » empanaché de plumes et sa squaw[10]. Plus quotidiennes encore sont ces pratiques vestimentaires ésotériques (modes chinoises, indiennes, africaines, western, etc.), ou rétro et futuristes, par lesquelles nous nous inventons un personnage évoluant selon des modalités culturelles ou temporelles différentes des nôtres. Les idéologies courantes dicteront parfois les choix. À la cour de Napoléon, l'idéologie impériale favorisait les « costumements » à la gréco-romaine. Les femmes, notamment, y évoluaient vêtues de ce qui passait pour un chiton grec ou une *stola* romaine[11]. Dans l'Amérique des années 1960, la nostalgie du « bon vieux temps », de l'âge d'or d'une Amérique simple, honnête, pionnière, une Amérique qui n'aurait élu ni un Lyndon Johnson ni un Richard Nixon, qui n'aurait pas brûlé les enfants de son ennemi au napalm, cette nostalgie donc rendit populaire, chez les jeunes adultes, deux modes rétro : la « mode enfant », comme celle des années 1920, ou, au contraire, la mode « grand-mère » et « grand-père ». Les jeunes hommes arboraient des verres carrés ou à monture dorée, des chemises à plastron, sans collet, de longs foulards laineux, des gilets déboutonnés. Les jeunes femmes s'attifaient de longues robes taillées dans des cotonnades imprimées à l'ancienne. Elles adoptaient de minuscules verres ronds, sans monture, s'emmitouflaient dans des châles à franges, portaient chignon et trimbalaient leurs sous, leurs produits cosmétiques et leur marijuana dans des réticules perlés[12]. La mode actuelle fait encore écho à ces nostalgies rétro, dans des versions plus douces et permettant plus de confort[13].

---

9. E. LEMOINE-LUCCIONI, 1983, p. 46.
10. J.-T. MAERTENS, 1978-1979, IV, p. 73-74.
11. A. LURIE, 1981, p. 91-92.
12. A. LURIE, 1981, p. 81-82.
13. F. DAVIS, 1992, p. 130.

Un emprunt à une mode « étrangère » ne signifie pas automatiquement un vêtir de « costumement ». Il ne renverra souvent qu'à des influences politico-économiques venues d'ailleurs. Du XIe au XIIIe siècle, résultat des Croisades, les aristocrates guerriers d'Europe affichaient turbans sarrasins, souliers pointus turcs, tissus azur et lilas d'origine perse. Au milieu du XVIIe siècle, les royalistes anglais adoptaient la mode ample, pleine, chatoyante, riche et la chevelure abondante de la France catholique, tandis que les Puritains empruntaient des coupes conservatrices, dans des teintes de blanc, de gris et de noir, avec la chevelure courte de la Hollande protestante. À la fin du XIXe siècle, l'émergence du Japon sur la scène internationale vit l'essor en Europe de coupes et de tissus orientaux[14]. Ici comme ailleurs, la simple matérialité des gestuelles vestimentaires ne suffit pas à livrer leur signification. La connaissance de leurs composantes diachroniques prévient des mésinterprétations sémiologiques reflétant un système plutôt que la réalité.

Avant de laisser ce premier niveau de « costumement », mentionnons les faits et gestes d'un excentrique de la cour d'Henri IV et de Marie de Médicis ; ils serviront à illustrer la signification du phénomène chez les individus qui s'y adonnent. Le mémorialiste bien connu du Grand Siècle, Tallemant des Réaux, rapporte sur Monsieur des Yveteaux, nommé Vauquelin, précepteur du dauphin, le futur Louis XIII, les deux traits suivants. À son confesseur qui l'exhortait à demander pardon à Dieu d'avoir trop « aimé les Femmes et mesme les Garçons », le moribond répondit : « Les Femmes, cela est selon la nature, les Garçons c'est un ragoust. » Tallemant raconte aussi de Vauquelin que, « selon les visions qui luy prenoient, tantost il estoit vestu en satyre, tantost en berger, tantost en dieu, et obligeait sa nymphe à s'habiller comme luy. Il representoit quelquefois Apollon, qui court après Dafné, et quelquefois Pan et Syringue[15] ». Deux traits qui, rapprochés, illustrent bien, malgré leur nature excessive, la signification du « costumement » chez ce curieux personnage. Recherche effrénée, par des déguisements compulsifs, d'une identité qu'une conduite de promiscuité sexuelle ne réussit pas à structurer harmonieusement. L'excès en moins, le « costumement » n'exprime-t-il pas toujours un peu une recherche d'identité personnelle par-delà celle, par trop banale, que le « moi objectif » donne à voir dans sa version routinière ?

Au-delà du « social imposé »

Partout affleure, dans le « costumement » de transformation individuelle, une signification sociale. Comment en serait-il autrement ?

14. A. LURIE, 1981, p. 86-90.
15. TALLEMANT DES RÉAUX, Vol. I, p. 143 et 138.

Personne n'est à ce point indépendant de ses communautés d'appartenance que son renouvellement individuel n'ait partie liée avec les transformations sociales. Aussi le costumement prendra-t-il souvent l'allure d'une antimode. Celle-ci se distingue d'une non-mode qui est le fruit de l'indifférence à toute gestuelle vestimentaire, une inadaptation sociale du même type qu'une pratique langagière négligée[16]. L'antimode se différencie également de « costumements » collectifs qui cherchent à créer un « "paradis artificiel" des apparences ». P. Bollon, qui fait l'observation, cite l'exemple des néoromantiques anglais du début des années 1980. Qu'on pense encore aux dames de la cour vêtues en bergères dans la bergerie de Marie-Antoinette et vêtues à la gréco-romaine dans l'impériale demeure de Napoléon. Ces vêtirs prennent plutôt l'allure de fantasmes partagés qui relèvent de l'évasion futile dans l'imaginaire, non de la contestation sociale[17]. Le « costumement » de transformation, au contraire, est gestuelle contestataire. Il marque une rupture avec le vêtir respectable pour faire le procès des idéologies et des valeurs sociales reflétées par le vêtement imposé.

Les sociétés humaines ont parfois institutionnalisé une critique de ce type en y consacrant des personnages ou des confréries dont c'était le rôle de contester. Un cas type est celui de ces Zuni, notamment les Hopi de l'Arizona, dont l'imagination sociale atteint d'étonnants raffinements. Ils ont créé une caste sacerdotale de clowns cérémoniels dont la mission rituelle sacrée consiste à exposer symboliquement, par mode d'ironie verbale et gestuelle, les torts individuels ou collectifs qui affligent la communauté. Loin d'être des personnages secondaires, ces clowns constituent la caste sacerdotale la plus puissante. Ils jouent le rôle de médiateur et d'arbitre de la vie commune. Ils interrompent les danses sacrées par des actes de bouffonnerie qui n'épargnent rien ni personne, même pas les rites religieux eux-mêmes qui sont en train de se dérouler. Les rires qu'ils déclenchent servent à dédramatiser l'expérience angoissante des travers collectifs et à remettre les choses en perspective[18].

Pour exercer leurs fonctions avec efficacité, les clowns s'affublent de costumes excentriques et dérisoires. Détail vestimentaire significatif, également, ils ne portent pas de pagne sous leur jupe, contrairement à la cou-

---

16. F. DAVIS, 1992, p. 161-162.
17. P. BOLLON, 1990, p. 81-83. Cette deuxième section doit beaucoup à ce livre stimulant et imaginatif.
18. V. M. ROEDIGER, 1961, p. 36, 227-234. Voir surtout la superbe analyse de C. VECSEY, 1988, p. 53-63, dans un chapitre intitulé, « Hopi Ceremonial Clowns », écrit en collaboration avec C. A. LORENZ. Voir une autre manifestation du rôle sacré du clown dans les rites d'initiation pubertaire des filles chez les Apaches dans R. LAUBIN et G. LAUBIN, 1977, p. 127-128.

tume masculine hopi. Ainsi leur prête-t-on une innocence sexuelle de jeunes garçons[19]. Qui donc s'offusquerait de leurs moqueries « sans malice » ? Comme chez le vertueux Socrate, leur ironie est une maïeutique sociale. Cette institution Hopi n'est pas sans ressembler à une autre fort répandue dans l'Ancien monde d'Orient comme d'Occident, à savoir celle du « fou du roi ». Personnage souvent de petite taille, symbole de son « innocence », et habillé lui aussi en clown, il avait pour mission la très sérieuse tâche de dire au roi tout-puissant ses « quatre vérités ». Mime, clown, poète, il était le miroir déformant dans lequel le monarque pouvait contempler, et s'en instruire s'il était sage, le ridicule de certaines de ses attitudes, de ses mœurs, de ses décisions politiques. Ces clowns royaux ont souvent été les souffre-douleur de trop susceptibles majestés. Celles-ci ont, par contre, entendu de la part de leurs clowns gesticulants et railleurs ce que personne d'autre n'aurait osé leur dire[20]. Les pauvres clowns de nos cirques contemporains sont déchus de leur noble fonction sociale pour ne plus servir qu'à faire rire les enfants. À moins que, comme ceux de G. Rouault, ils nous fassent réfléchir, par leur ridicule costume et leur mine triste, sur les aspects tragicomiques de l'existence humaine.

Dans nos sociétés contemporaines où le gigantisme fait obstacle à l'efficacité sociale d'une poignée de clowns, fussent-ils les plus socratiquement ironiques, l'industrie vestimentaire elle-même semble avoir pris la relève. Elle fabrique des maillots et autres articles étalant intempestivement des logos Coca-Cola, Mickey Mouse et autres banalités qui caractérisent notre civilisation. Multipliées en exemplaires innombrables sur les corps de tous ces jeunes et moins jeunes qui les portent, ces représentations deviennent aussi un miroir grossissant qui réfléchit de surcroît l'insignifiance de nos valeurs et de nos préoccupations.

La haute couture elle-même s'en mêle, s'amusant « vestimentairement » à nos dépens. F. Davis décrit, avec preuves à l'appui, comment les grandes parades de mode de la haute couture n'ont plus grand-chose à voir avec la mode qui sera vendue[21]. Elles représenteraient même, pour les couturiers, une perte monétaire. Les revenus de ceux-ci viennent d'ailleurs, notamment de la diffusion de leurs logos. Pierre Cardin, par exemple, vendait le sien, en 1990, à plus de 800 produits de prêt-à-porter. Les défilés de mode sont essentiellement des séquences de rêves, de pures illusions, pour impressionner les manufacturiers qui détiennent des concessions pour produire du Pierre Cardin, du Bill Blass ou du Donna Karan. Après le grand théâtre où paradent les inimitables mannequins

19. V. M. ROEDIGER, 1961, p. 115.
20. H. COX, 1971.
21. F. DAVIS, 1992, p. 138-145.

internationaux, une présentation modeste, avec des modèles plus représentatifs du grand public se déroule exclusivement pour les acheteurs qui, carnets de commande en main, choisissent les articles qu'ils ou elles estiment vendables à un large public. Les journalistes qui assistent aux grandes premières et qui, immanquablement, terminent leurs reportages en se demandant qui portera les créations extravagantes qu'ils ou elles ont vu défiler ne saisissent pas le « genre littéraire » du « costumement ». Tout ce beau monde, trop beau pour que nous en prenions ombrage, se rit de nous en des déguisements qui étalent l'absurde de certains courants sociaux.

Le « costumement » apparaît encore plus clairement dans sa fonction contestataire lorsque, par son opposition aux idéologies et aux valeurs qui ont cours, il choque l'opinion publique. Sous le Directoire, un groupe de jeunes gens, les Muscadins (Incroyables et Merveilleuses) affichèrent leur désaffiliation des idées révolutionnaires par la parade vestimentaire. Leur accoutrement tarabiscoté est, dans l'histoire, l'exemple le plus systématique d'un « costumement » collectif d'« antithèse ». Il contredisait point par point et dans tous les détails la tenue née de la Révolution et démentait les valeurs que celle-ci proclamait. P. Bollon le qualifie de « “négatif photographique” du Sans-Culotte de base[22] ». Au pantalon, les Muscadins opposaient la culotte aristocratique ; au cou nu, la cravate ; à la carmagnole, la redingote anglaise ; aux cheveux taillés court, la longue chevelure poudrée. Ils bafouaient les valeurs symbolisées par la tenue républicaine. À l'égalité ils substituaient la distinction ; au naturel, l'artifice ; à la simplicité, l'affectation ; à l'utilité, l'impraticabilité ; à la frugalité, le gaspillage. Surchargé de tissu inutile et d'accessoires hétéroclites, leur costume était étriqué et encombrant. Il rendait impossibles toute posture et toute déambulation normale[23]. Contrairement aux agitateurs royalistes de la Terreur blanche, les jeunes gens qui se baladaient ainsi dans les rues n'avaient aucun pouvoir politique. Néanmoins, leur préférence affichée pour des us et *costumes* caricaturaux de l'Ancien Régime avait de quoi déclencher un grand rire collectif libérateur. Leur « costumement » suggérait que, comme la royaliste d'hier, la boursuflure jacobine d'aujourd'hui méritait d'être dégonflée à son tour.

Si la gestuelle vestimentaire est significative dans l'histoire des mentalités et des mœurs, l'étude du XXe siècle se doit de prêter attention aux antimodes collectives qui, depuis la Seconde Guerre mondiale, caractérisent l'époque. Ces antimodes varient autant dans leur forme que dans leur contenu. De l'étude de Bollon, il ressort que le *zoot suit*, qui fit son appa-

22. P. BOLLON, 1990, p. 46.
23. *Ibid.*, p. 44-48.

rition à New York en 1938 pour disparaître à la fin de la guerre, symbolisait le malaise de cette période. Les *zoot suiters*, avec leur pantalon ample, serré à la cheville, veston aux épaules rembourrées, opposaient une fin de non-recevoir à la morale bourgeoise officielle, morose et rabougrie. Ils professaient un hédonisme terre à terre, sans se soucier du désordre économique, social et politique[24]. Si les *zoot suiters* contestaient les institutions sociales par une désaffiliation pure et simple, les zazous français, durant cette même période, reprenaient la stratégie vestimentaire qui consiste à ridiculiser les travers de la société. Par leur élégance kitsch, ils ironisaient sur l'image que se donnait d'elle-même la société française du temps[25].

Depuis la dernière guerre mondiale, chaque décennie a été témoin d'une antimode contestataire de l'idéologie et des valeurs dominantes. Dans les années 1950 les *beatniks*, de la génération *beat* (« foutue »), s'habillaient comme des gueux et cultivaient la saleté, manifestant ainsi qu'ils avaient décroché de la nouvelle société aseptisée. Dans les années 1960, les *hippies* prirent la relève. Moins miséreux que les *beatniks*, leur « costumement » était plus festif et, avec une touche de nostalgie bucolique, visait à contester tous les aspects violents de la société de consommation : violence d'une existence structurée par le travail et la compétition acharnée ; violence d'une éthique sexuelle d'inhibition et de renonciation ; violence des pays riches envers le tiers-monde ; violence de la guerre du Vietnam... Dans les années 1970, le cynisme *punk* remplaçait la révolution chantante des *flower children* en qui la société n'avait voulu voir qu'une escapade sexuelle somme toute gentille et émoustillante. Les *punks*, paradoxalement successeurs d'un groupe de chanteurs au nom plus qu'érotique, les Sex Pistols[26], choisirent un « costumement » d'horreur pour forcer la société à découvrir en eux ses plus secrètes tendances : « Regardez le Mal que vous sécrétez ! » Ils seront les « psychanalystes » de la société ambivalente, la forçant à nommer la vérité « refoulée » qui lui dicte ses conduites suicidaires[27]. Ce « costumement » d'absurdité absolue a persisté plus longtemps qu'on ne l'aurait cru en se subdivisant en *skinheads, hard rockers, heavy metallists* et ainsi de suite.

À notre époque, ces mouvements foisonnent, qui, par des « costumements » plus curieux les uns que les autres, cherchent à engendrer l'appartenance à un mode d'être, lequel est censé offrir à ses membres une meilleure qualité de vie. Certaines de ces antimodes prennent une

24. *Ibid.*, p. 89.
25. *Ibid.*, p. 137-139.
26. *Ibid.*, p. 169.
27. *Ibid.*, p. 170-175.

ampleur internationale, prouvant ainsi qu'elles répondent à un malaise largement ressenti. D'autres ont souvent un intérêt immédiat plus limité, bien qu'elles puissent se rattacher à des tendances plus larges. C'est le cas de la guerre des apparences que se sont livrée deux factions de jeunes appartenant à la classe ouvrière de la ville de Clacton, une station balnéaire anglaise. Le tout ne dura que deux ans (1964-1965). Les *mods* (pour « modernes ») étaient les héritiers spirituels des dandys. Ils recherchaient une élégance pointilleuse, signalant par là leur volonté de sortir du ghetto « ouvrier ». Les *rockers*, eux, étaient les héritiers spirituels des *Teddy boys* dont le personnage *Fonzie* ou *The Fonz* de la série télévisée américaine *Happy Days* a largement popularisé le genre : le *greasy look*, avec blouson de cuir noir et jeans délavés. Ils cherchaient à créer un style « monde ouvrier », à souligner son originalité, à le mettre en valeur. Les escarmouches de Clacton, cependant, n'étaient que la manifestation locale d'une offensive généralisée pour faire disparaître, plus radicalement que n'avait réussi à le faire la Révolution française, les costumes de classe. Comme l'observe P. Bollon, l'influence réciproque des apparences de la classe moyenne sur la classe ouvrière et vice-versa au cours des années 1960 a aidé à épuiser le débat qu'avaient matérialisé les *mods* et les *rockers* de Clacton[28].

Le dénouement du conflit vestimentaire de Clacton illustre bien le résultat habituel des « costumements » collectifs socialement subversifs. Dans les régimes totalitaires, évidemment, l'antimode ne vit souvent que dans la clandestinité et ne représente alors que la fuite de certains groupes désaffectés dans les apparences. Qu'on pense à la popularité des jeans et des maillots illustrés dans une partie de la jeunesse de l'ancienne Union soviétique[29]. Dans les pays occidentaux, l'antimode est aujourd'hui récupérée par la mode. Évoquant les emprunts vestimentaires faits aux barbares par les grands de Rome et de Byzance au cours des IVe et Ve siècles, M. Toussaint-Samat suggère que cette récupération est « une sorte de conjuration plus ou moins consciente contre le péril inexorable d'absorption par les étrangers[30] ». Cette stratégie, chère au commerce américain, est clairement exprimée dans la phrase « *If you can't fight them, join them* » (Si vous ne pouvez les combattre, joignez-vous à eux). Le dicton « Les fous inventent la mode, les sages la suivent » pointe dans la même direction. Mais les « dissidents » contemporains sont nos filles et nos garçons, non des étrangers de « Barbarie » (quoi qu'on dise !). Ils vivent avec nous dans des méga-sociétés caractérisées par un pluralisme qui s'accom-

28. *Ibid.*, p. 107-115. Voir p. 114 pour la dernière affirmation.
29. F. DAVIS, 1992, p. 166.
30. M. TOUSSAINT-SAMAT, 1990, p. 56.

mode facilement de mœurs vestimentaires subversives. En de tels lieux, les affronts du « costumement » offensent moins qu'autrefois. Tolérants des « déviations sociales » jugées inoffensives, on s'en amuse plutôt que de s'en scandaliser. Assurée de ces réactions ludiques, l'industrie puise largement dans l'antimode, lui enlevant, par le fait même, sa valeur contestataire. Les « purs » s'en offusquent, mais, ce faisant, manifestent davantage leur propre crise d'identité que celle d'une société qui, adoptant des apparences subversives, montre une certaine volonté de dialogue.

Gardons-nous pourtant de trop de naïveté. En empruntant des éléments antimodes, la mode, bien sûr, exploite ceux-ci à des fins commerciales. Il n'est pas d'exemple plus fascinant, à ce propos, que celui du *blue jeans*. On en attribue l'invention au couturier Morris Levi Strauss à la fin du XIXe siècle. Fabriqué d'un coton robuste de teinte indigo supposément venu de Nîmes (*denim*), il aurait été adopté avec enthousiasme par des débardeurs de Gênes (*genes*, qui devint *jeans*), puis par divers groupes de travailleurs manuels, notamment les *cowboys* américains. Associé au travail physique, au plein air, au Far West, d'une part, et, d'autre part, bon marché, résistant, facile d'entretien, ce vêtement se prête admirablement à symboliser un populisme égalitaire. Déjà au cours de la décennie qui précéda la Seconde Guerre mondiale, des artistes américains l'avaient fait leur. Dans la vingtaine d'années qui suivirent, motards, gauchistes de tout poil, *beatniks* et *hippies* l'adoptèrent à leur tour. À la fin des années 1960, il est dans toutes les garde-robes. Intervient alors la manipulation commerciale. Puisqu'il a perdu la signification contestataire qu'il avait dans les années 1930 à 1960, les groupes en mal de contestation pousseront plus loin : ils porteront un jeans délavé, troué, décousu ou rafistolé avec des pièces disparates. Les fabricants s'empressent d'en produire de semblables et plus usés, même renchérissent, souvent en plus joli : ils ornent de clous, de pierreries de pacotille, de broderies, de franges. Dans les années 1970, le jeans subit une certaine érotisation par des ajustements suggestifs, des versions « féminines », de modèles raccourcis. Puisque la classe bien nantie recherche elle aussi la tenue jeans, les couturiers y apposent pour elle leur griffe, signalant ainsi la qualité de la pièce. Le *designer jeans*, qui se vend très cher, est né. Suit naturellement la création de toute une ligne jeans. En 1987, K. Lagerfeld offrait pour Chanel un habit de toile jeans en bleu et blanc à 960 $US, avec un bustier jeans à 360 $US, un chapeau jeans à 400 $US[31].

P. Bollon dénonce ce succès commercial des costumes contestataires qui signe leur déchéance. En s'institutionnalisant, écrit-il, ils « perdent, en même temps que leur âme, leur valeur de mode d'expression[32] ». Ce

31. F. DAVIS, 1992, p. 68-77.
32. P. BOLLON, 1990, p. 13.

jugement me semble manquer de nuances. Malgré toutes les transformations commerciales que l'on a mentionnées, le bon vieux jeans à bas prix et « sans nom » se vend partout. Encore de nos jours, un nombre considérable d'adolescents, d'étudiants des deux sexes ainsi que de jeunes couples n'ont pas les revenus nécessaires pour s'acheter autre chose ni le loisir pour donner à des vêtements plus délicats le soin qu'ils requièrent. Ils ne s'en vêtent pas avec l'intention expresse de contester le système[33]. Et cependant, cette invasion du jeans dans nos sociétés est elle-même une protestation contre le sort économique fait à une part considérable de notre jeunesse qui ne peut se payer le luxe de s'habiller autrement. De toutes les significations qu'on peut attribuer au jeans, c'est celle-là qui, au cours des années 1990, me semble prévaloir.

Au-delà de l'humain

Non satisfait de la version reçue de son moi objet et de la société telle qu'elle s'impose à lui, un sujet ou un groupe a le loisir de recourir à une gestuelle vestimentaire qui cherche à accentuer plutôt qu'à combler ce manque. Elle vise à attirer les regards sur un au-delà des formes perçues ou actualisées du sujet et de sa société et, dans les apparences, à préparer des transformations à venir. De toutes les fonctions du vêtir, F. Boucher identifie d'abord celle-ci. Il la distingue cependant d'une fonction religieuse[34]. Il me semble, au contraire, que le « costumement » qui investit un sujet du caractère sacré[35] relève de la même logique. Il signale également un au-delà de ce qui est perçu dans la vie quotidienne, des ressources qui dépassent l'ordre même de l'humain.

Les objets fabriqués par les hommes du passé contiennent si régulièrement des objets de culte que, dans le domaine de l'archéologie, *animal religiosum* convient mieux à l'*homo* qu'*animal rationale*. Plusieurs des amulettes, fétiches et autres objets cultuels représentent des êtres mythiques et sont fabriqués pour être portés. L'archéologie et l'ethnologie ont même mis au jour des témoignages impressionnants en faveur d'une origine sacrée du vêtement[36]. Le « costumement » religieux consiste souvent

33. Comme le prétend M.-A. DESCAMPS, 1984, p. 47-49.
34. F. BOUCHER, 1965, p. 10.
35. Voir, par exemple, le pouvoir scientifiquement inexpliqué que confèrent les masques, chez les Amérindiens : R. LAUBIN et G. LAUBIN, 1977, p. 112-116 ; chez les Inuits, J. BLODGETT, 1978, p. 179-201.
36. R. H. KEMPER, 1977, citée par A. LURIE, 1981, p. 29 ; L. BONFANTE, 1989, p. 544 : celle-ci parle de fonction apotropaïque (du grec *apotropè* : action de détourner, d'écarter [un malheur, un danger, etc.].

à s'identifier par des masques, des peintures corporelles ou autres éléments vestimentaires, à des êtres qui détiennent ou représentent des pouvoirs surnaturels. Qu'on pense aux panaches « emplumés » des Indiens des Amériques. Au-delà du folklore cinématographique ou touristique, l'origine du costume est vraisemblablement religieuse. Les plus anciennes représentations de chamans les montrent régulièrement munis d'ailes d'oiseau[37]. Le fait est déjà attesté chez la très ancienne peuplade des Indiens Klamath dans la région du Plateau aux confins de l'Oregon et de la Californie[38]. Chez les katchinas (chamans) Zuni, un système symbolique complexe attribue à différentes plumes des pouvoirs sacrés distincts : aux plumes des aras, le pouvoir de faire venir la pluie du sud ; à celles des canards, des pouvoirs aquatiques ; à celles des corbeaux, des pouvoirs maléfiques ou antimaléfiques ; à celles des aigles, le pouvoir de guérir, de charmer les serpents, et, surtout, de transmettre les prières des mortels aux Très Grands[39].

La recherche sur les masques de plumes d'oiseaux, particulièrement d'oiseaux migrateurs, montre l'universalité de ce symbolisme du lien entre le ciel et la terre, une continuité entre l'ici et l'ailleurs, entre la zone de l'humain et celle du divin[40]. Symbolisme tellement spontané que Thomas More, qui ne s'y connaissait assurément pas en chamanisme, revêtit ses prêtres, en Utopie, d'une robe faite dans un tissu d'ailes et de plumes d'oiseaux, de sorte que, lorsqu'ils faisaient leur entrée dans le sanctuaire, c'est « comme si Dieu apparaissait dans le temple[41] ». La dernière remarque correspond aussi à la fonction des plumes sacrées. En les revêtant, le chaman devient l'esprit qu'elles représentent. Son statut surnaturel interdit qu'on l'approche ou le touche pendant le rite sacré. Ce n'est qu'avec la dévêture rituelle qu'il revient dans le monde profane[42]. Le « costumement » sacré laisse apercevoir un au-delà de l'humain que rien, dans les apparences quotidiennes, ne permet de soupçonner. Il ne faut pas être trop malin pour voir un lien entre ces chamans et ces « créatures ailées » qui foisonnent dans presque toutes les religions historiques et dont la mission est de faire la navette entre terre et ciel, entre la sphère du divin et celle de l'humain.

---

37. Je remercie Achiel Peelman pour ses observations éclairantes sur ce sujet. Voir la version inuite canadienne des chamans (*angakoq*) qui volent et l'interprétation de J. BLODGETT, 1978, p. 89-109, 155-177.
38. C. LÉVI-STRAUSS, 1971, p. 16.
39. V. M. ROEDIGER, 1961, p. 70-78.
40. J.-T. MAERTENS, 1978-1979, III, p. 59-60.
41. THOMAS MORE, 1982, p. 202-203.
42. V. M. ROEDIGER, 1961, p. 32. Aussi p. 109-110 et 158-175.

Le symbolisme des plumes sacrées fait partie d'une plus vaste symbolique religieuse de l'animal secourable (*animal-helper*), très répandue chez les peuplades amérindiennes. Cette symbolique est basée sur une notion de forces spirituelles qui ont accès à deux mondes, le nôtre (*our land*) et l'autre (*the other land*)[43]. Le recours au « costumement » animal pour signifier des êtres sacralisés dépasse, dans certains cas, le symbolisme de l'animal voyageur entre deux dimensions de l'univers. Comme les mythologies sont peuplées d'êtres hybrides, moitié hommes et moitié animaux (qu'on pense aux centaures de la mythologie grecque), de même les rituels religieux d'une multitude de sociétés primitives comportent des « costumements » mi-humains, mi-animaux : d'une part, un masque ou une peau de loup, de renard, de tigre, de chien, de bœuf, de serpent, de crocodile, etc. ; d'autre part, un pagne, des pantalons, une jupe. Si ces représentations hybrides ont plusieurs explications possibles dans les différents codes culturels qui en possèdent la clé, elles se prêtent, en outrepassant l'ordre humain « ordinaire », à médiatiser un ordre supra-humain.

On retrouve une fonction analogue dans l'utilisation du masque chez les acteurs de la Grèce antique. Ils prêtaient bien leur voix, mais absolument pas leur face aux personnages mythiques qu'ils incarnaient. Pour ce faire, ils s'en remettaient religieusement aux masques. M. Renault, qui a si bien fait revivre la Grèce classique dans ses nombreux romans, fait dire à Anaxis, un acteur athénien, qu'il se sentirait comme un prostitué s'il jouait sans masque[44]. Plus que la fausse prétention de substituer son visage ordinaire à ceux, extraordinaires, des héros légendaires et des dieux, ce serait outrageux de mimer des sentiments et des émotions qui dépassent ceux qu'un simple acteur peut éprouver. Sens authentique du sacré qui dépasse tellement l'ordre de l'humain qu'on n'y accède qu'à travers symboles et médiations. Le cinéma, qui s'est si souvent essayé à « montrer » réalistement l'Ineffable Mystère, a par la force des choses toujours échoué. On n'a pas compris, alors que les anciens Grecs le savaient si bien, que seule la puissance poétique de la gestuelle comme du langage est apte à le suggérer.

Le vêtement sacré a pris bien d'autres formes dans l'histoire de l'humanité, et vraisemblablement dans sa préhistoire, que celui de déguisements animaux qui atteignent là où les êtres humains n'ont pas accès. L'attribution du signifié au signifiant est à ce point arbitraire que n'importe quelle pièce de vêtement peut servir à symboliser le sacré. Parmi les

43. C. LÉVI-STRAUSS, 1964, p. 82 ; J.-G. GOULET, 1988, p. 3-18. Pour les Inuits, voir J. BLODGETT, 1978, p. 47-59, 75-87.
44. M. RENAULT, 1980, p. 78.

nombreuses significations attribuées au fameux voile porté par les hommes touaregs, par exemple, on signale sa vertu apotropaïque, celle de protéger du mauvais œil[45]. Le costume des moines dans l'Europe chrétienne joua un rôle semblable. De vieilles chroniques racontent que des pécheurs s'y cachèrent pour échapper au démon. L'habit des Bénédictins fut le premier à jouir d'une telle réputation. Mais le scapulaire carmélite, bientôt miniaturisé en deux bouts d'étoffe bénis portés autour du cou, puis le scapulaire marial promu par les Cisterciens, assuraient encore les jeunes catholiques de ma génération d'une protection contre les assauts du démon au moment de la mort[46]. On pense à ces éventails de fantaisie que les Élisabéthaines tenaient devant leur visage pour qu'au théâtre on ne les vît point rougir ! Dans le christianisme comme dans le bouddhisme ou d'autres religions, les costumes religieux ont toujours exercé, de plus d'une façon, cette très ancienne fonction apotropaïque. Celle-ci caractérise encore le costume religieux de groupes tels les Juifs hassidim, les Amish ou les Mennonites qui y trouvent, en plus d'un sens de solidarité, une protection contre les contaminations séculières[47]. Mais ce sont là des phénomènes parasitaires qui relèvent beaucoup plus d'une politique des mœurs et de l'angoisse humaine que du sens authentique du sacré.

Dans l'héritage judéo-chrétien, l'exemple le plus patent de « costumement » sacré dont la fonction profonde est d'altérer la « personnalité naturelle » d'un sujet est la vêture religieuse[48]. Tous les rites de « prise d'habit » religieux s'accompagnent de la formule paulinienne sur l'« homme nouveau[49] » que le novice ou le néo-profès a « vêtu ». L'étude de P. Raffin sur *Les rituels orientaux de la profession monastique* démontre que, dans le monachisme ancien, et contrairement à l'adage populaire, « c'est véritablement l'habit qui fait le moine[50] ». L'habit est le signe d'une existence nouvelle, surnaturelle, embrassée par le moine. La vêture n'est pas accidentelle à la consécration monacale : elle en est la désignation, le geste liturgique, la manifestation essentielle[51].

Tous les « costumements » servent donc de « dispositifs fantasmatiques[52] » grâce auxquels d'autres versions possibles du sujet, de la société, voire de l'humanité elle-même, peuvent être explorées. Commes ces

45. H. ELLIS, 1942, p. 56.
46. J.-T. MAERTENS, 1978-1979, IV, p. 124.
47. F. DAVIS, 1992, p. 181.
48. On peut penser, au contraire, que la lente élaboration historique, dans le christianisme, de vêtements sacerdotaux chrétiens est une contamination étrangère à la signification du ministère chrétien : voir, par ex., J.-T. MAERTENS, 1978-1979, IV, p. 95-101.
49. Notamment Ep 2, 15, et 2 Co 5, 17.
50. P. RAFFIN, 1968, p. 154.
51. *Ibid.*, p. 144-159.
52. P. BOLLON, 1990, p. 106.

dernières s'éprouvent dans les apparences, à distance des réalités qu'elles symbolisent, elles créent l'espace voulu pour se reprendre, se corriger, se réajuster, s'affiner, voire changer de direction. Car comment s'engager dans un avenir individuel, social et eschatologique qu'on n'a pas auparavant pressenti, entrevu, apprivoisé par l'imaginaire ?

Plus que les fonctions de socialisation et d'individuation, la fonction de transformation révèle peut-être mieux l'enjeu le plus significatif du vêtir, à savoir la manifestation du mystère humain. Chez des êtres corporels, la recherche intérieure de qui ils sont, en leur individualité propre et en leur communauté, ne saurait se faire sans une gestuelle vestimentaire qui objectivise pour le sujet et pour autrui ce qu'on a cru voir et, du même coup, ce qu'on n'a pas su dire. Le vêtir de transformation proclame plus que tout autre ce non-dit qui cherche à se dire. Il ne représente pourtant qu'un aspect de l'effort continu, tout au cours de l'existence humaine, de nous raconter par la gestuelle jamais silencieuse de nos vêtirs et de nos dénuders successifs.

CHAPITRE 6
Pour interpréter la gestuelle vestimentaire

Aptitude, systèmes et gestes vestimentaires

L'aptitude à se vêtir en vue d'exprimer son appartenance à des communautés humaines, son originalité propre et son à-venir est commune à tous les membres de notre espèce. Ni l'ethnologie ni l'histoire ne connaissent d'exemple de groupements humains inaptes à s'exprimer par le costume ou la parure. Cette fonction est immédiatement liée à celle qu'ont des corps pétris d'esprit d'élaborer des mouvements qui transmettent des messages décodables par d'autres sujets dont les corps réagissent pareillement. Qu'il existe « un système de correspondances entre l'apparence visible et certains caractères "invisibles" de l'individu » n'est pas à proprement parler affaire de « croyance », comme le prétend M.-T. Duflos-Priot[1]. C'est un postulat scientifique, un principe indémontrable qui, étant donnée l'existence du langage oral, écrit et gestuel, paraît incontestable.

Dès que certains groupes se sont avisés d'exercer leur prérogative vestimentaire, ils durent établir des usages qui, répétés et transmis à la postérité, eurent gain de cause. Un système élémentaire naquit qui s'imposa à celles et ceux qui avaient avantage, pour leur survie collective, à saisir d'un coup d'œil l'identité d'autrui : ami ou ennemi, apparenté ou étranger, impubère ou nubile, chef ou subalterne, guerrier ou laboureur, profane ou sorcier. Le processus dut être semblable à l'établissement des codes vestimentaires militaires européens au cours de la première moitié du XVIIe siècle dans le but de reconnaître ses alliés et d'identifier la chaîne de commandement[2].

1. M.-T. DUFLOS-PRIOT, 1987, p. 246.
2. H. LEHR, cité par D. ROCHE, p. 213-214.

À mesure que les sociétés prirent de l'expansion, les systèmes vestimentaires se complexifièrent. Si ce développement élargit l'éventail des choix possibles, aucun usager cherchant à se faire comprendre n'a pourtant la liberté d'inventer un style d'habillement qui irait à l'encontre des systèmes vestimentaires reconnus. L'antimode elle-même n'a de sens qu'en référence à une mode. On ne communique pas avec autrui dans une langue inconnue. Toute mode a son lexique et sa syntaxe. On doit se plier à ses exigences élémentaires pour être compris. Le « haut-de-forme et la cravate blanche », remarque V. Steele, « vont avec le champagne et la Rolls Royce[3] ». Dans notre société, ces symboles sont connus et parlent par eux-mêmes. L'expérience contemporaine prouve que les couturiers n'arrivent pas à lancer une mode que la clientèle ne comprend pas ou ne prise pas. Ils échouèrent, malgré des frais publicitaires extravagants, à imposer la maxijupe en 1969, faute d'avoir recensé, comme les éditeurs de dictionnaires le font pour le langage, les usages populaires[4].

Pas tout à fait, pourtant. Un système de communication est une abstraction qui n'a d'existence que lorsqu'il est mis en œuvre. Si personne ne s'habille ou ne se pare, le code vestimentaire reste lettre morte. L'intervention seule du geste singulier occasionne les échanges d'informations par les vêtements. En même temps qu'il active le code social, le geste prête à l'habit une texture singulière que d'aucuns pourront imiter, mais jamais parfaitement reproduire. Le corps signifiant qui se vêt s'adonne à des gestes dont l'allure, les motivations et les circonstances sont uniques et que lui-même ne saurait réitérer tels quels. Par le geste vestimentaire comme par la parole, personne ne répète jamais exactement la même chose[5], ni personne, comme l'écrivait F. Paulhan, ne comprend tout à fait personne[6]. Si la gestuelle humaine est si radicalement différente des codes de signaux animaux[7], c'est qu'aucun d'eux n'est le lieu de la pensée[8]. Celle-ci est exercée par des êtres libres qui donnent sans cesse d'eux-mêmes et de leur monde des versions nouvelles à travers des actes intentionnels[9].

Les systèmes vestimentaires

Toute une évaluation morale d'une gestuelle vestimentaire s'ébauchera donc par un décodage du système vestimentaire. Opération délicate qui

3. V. STEELE, 1985, p. 46-47.
4. A. LURIE, 1981, p. 11-12.
5. S. I. HAYAKAWA, p. 54-56.
6. F. PAULHAN, 1929.
7. D. PREMACK, 1986 ; A. JACOB, p. 12, 124-126.
8. F. FRANÇOIS, p. 13-15.
9. H. ARENDT, 1958, p. 177.

doit prendre acte autant des conditionnements matériels qui ont permis à ses aspects signifiants de se constituer que des idéologies qui sous-tendent les signifiés. Examinons, à l'aide d'exemples appropriés, comment interviennent ces deux facteurs dans l'élaboration toujours en évolution des systèmes vestimentaires.

Conditions matérielles et signifiants

Trop évidentes, des conditions matérielles élémentaires comme le climat et l'habitat risquent d'être négligées au profit d'explications aussi arbitraires qu'elles sont « savantes[10] ». Les missionnaires d'antan admonestaient les « colonisés » des régions tropicales sur la lubricité de leur tenue vestimentaire et les exhortaient à imiter les mœurs vertueuses des gens du Nord. Les agences touristiques contemporaines invitent les Nordiques inhibés à aller apprendre des peuples du Sud la désinvolture vestimentaire. Les évaluations morales ou psychologiques sous-jacentes négligent le facteur pourtant obvie des impératifs climatiques. Les croquis qui illustrent, dans le manuel de H. E. Driver, la forme générale des costumes amérindiens, à partir des Inuits jusqu'aux Méso-Américains, manifestent visuellement la divergence des conditions climatiques à mesure qu'on passe du Grand Nord au Sud[11]. De la même façon, la vie rurale exige des étoffes plus résistantes que la vie urbaine et celle des nomades, une garde-robe moins garnie que celle des sédentaires. Les Indiens pueblos, qui étaient sédentaires, accumulaient davantage de vêtements que les autres Amérindiens[12]. Des oppositions comme « mal dégrossi »/« raffiné » ou « économe »/« prodigue » ne conviennent pas là où qualités et quantités textiles relèvent de nécessités purement matérielles. Les nécessités climatiques, du reste, ont été mères de l'invention technologique. Les Occidentaux « civilisés » n'ont réinventé que tout récemment ce que les Inuits faisaient depuis fort longtemps, à savoir l'isolation et la conservation de la chaleur en interposant une couche d'air hermétiquement close[13].

L'économie et la technologie sont deux facteurs matériels qui à leur tour affectent la structuration des signifiants vestimentaires. Il convient de les accoupler car, dans l'industrie textile, leur sort a partie liée. Qu'on pense aux filatures à vapeur qui « donnèrent le signal de la révolution industrielle du XVIIIe siècle et de la fortune de l'Angleterre[14] ». L'étude de

10. Voir, à ce propos, les avertissements de J. LAURENT, p. 25-33.
11. H. E. DRIVER, p. 136-153.
12. V. M. ROEDIGER, p. 12.
13. M. TOUSSAINT-SAMAT, p. 36-37.
14. *Ibid.*, p. 175.

D. Roche sur *La culture des apparences* le démontre, qui est essentiellement une histoire de la révolution économique et technologique de l'industrie vestimentaire française au cours des XVIIe et XVIIIe siècles. Cette révolution avait, bien sûr, des fondements philosophiques et sociopolitiques, notamment l'effritement des anciennes hiérarchies et classes. Elle n'aurait cependant pas eu l'ampleur qu'on lui connaît sans l'apparition de conditions techno-économiques nouvelles : développement inédit de la circulation monétaire et des échanges qui inaugura dans l'Europe de la dernière moitié du XVIIIe siècle une économie de consommation ; essor gigantesque de la production textile traditionnelle et introduction de nouveautés dans les toiles teintes, les cotons, les soies ; explosion des couleurs traditionnelles grâce à l'ingéniosité des maîtres teinturiers (l'écarlate prenait dix-sept nuances secondaires, de l'écarlate rouge à l'écarlate ardoisée, et le gris, onze variétés, du gris-blanc au gris de lin) ; nouvelles activités mercières des friperies qui déclenchaient une vaste circulation et redistribution des vêtements à travers la France et à l'étranger ; création du métier de modiste qui prenait en charge l'enjolivement des matières et favorisait l'essor des marchandises de mode[15]. La haute visibilité vestimentaire des nouveaux rapports sociaux était largement due à une matérialité techno-économique nouvelle. Ce cas n'est évidemment pas unique. Quelque trois cents ans plus tôt, les changements radicaux de la mode européenne avec son linge, ses chausses, ses pourpoints et ses manteaux mieux taillés et mieux moulés au corps humain étaient dus à l'essor économique, à l'invention des ciseaux et à la reproduction des boutons que les croisés rapportaient d'Orient[16]. La multiplication des vêtements de peaux chez les nombreuses peuplades amérindiennes des Plaines au cours du XVIIe siècle est redevable à l'acquisition du cheval qui accroissait considérablement l'efficacité de la chasse[17]. Des innovations techno-économiques seront encore un facteur déterminant dans l'accélération du tempo de la mode après la Seconde Guerre mondiale, notamment : rationalisation et capitalisation de l'industrie, ressources financières accrues des consommateurs, multiplication et rapidité des informations médiatiques[18].

D'autres facteurs matériels, apparemment sans rapport avec la gestuelle vestimentaire, l'affectent encore, parfois considérablement. De l'Antiquité à la fin du Moyen Âge, on se baignait assidûment, soit dans les cours d'eau, soit dans des bains publics ou privés. À partir du XIIe siècle, la plupart des maisons étaient pourvues d'une baignoire en bois. Au XIIIe siècle,

15. D. ROCHE, p. 49 ; 248 ; 270-271 ; 292-293 ; 313-345.
16. F. BRAUDEL, p. 238 ; R. BROBY-JOHANSEN, p. 122.
17. H. E. DRIVER, p. 10 et 136.
18. F. DAVIS, p. 107.

les Parisiens avaient le choix entre vingt-six installations de bains publics chauffés[19]. C'est au XVIe siècle que les choses se gâtèrent dans la capitale française : les baignoires disparurent des maisons, le linge, nous l'avons dit, remplaça l'eau pour les soins du corps. Sous Louis XVI, les boutiquières offraient une variété nouvelle de linges, « des camisoles de siamoises et d'indiennes, des chemises de toile fine et de cotonnades, des corsets légers de toile piquée, des manteaux de nuit, des peignoirs et des déshabillés à la Reine[20] ». La rareté de l'eau en milieu urbain transforma radicalement l'industrie vestimentaire et, surtout, les pratiques du vêtir et du dévêtir. Tout comme son abondance et son accessibilité par un système hydraulique avaient influencé, quelque 3600 ans passés, les vêtirs et les dénuders dans la mystérieuse culture de la Crète minoenne[21].

En scrutant l'histoire des mœurs vestimentaires, on pourrait relever encore bien d'autres conditionnements matériels qui ont joué dans le choix des signifiants vestimentaires. La « légèreté » du costume crétois au cours de la civilisation égéenne (de 2000 à 1300 av. J.-C.) fut incontestablement influencée par l'absence de guerre chez ce peuple insulaire protégé contre toute invasion ennemie[22]. Combien d'autres facteurs de ce genre n'expliquent-ils pas « tout matériellement » plusieurs mœurs vestimentaires ?

Idéologies et signifiés

Si des facteurs matériels tels que le climat, l'habitat, la techno-économie, la rareté de l'eau ou l'absence de guerre affectent les signifiants, les idéologies prédominantes exercent une influence non moins décisive sur les signifiés qu'une communauté d'usagers attribue aux gestes vestimentaires. Qu'on pense aux idées patriarcales qui ont présidé à l'organisation des rapports entre les sexes. L'une d'elle a trait au danger que la femme représenterait pour l'homme. Dans les sociétés primitives de la Mélanésie, le garçon devait être progressivement arraché à la nature, qui ne produit que du féminin, pour être « fait homme » par l'effort culturel du monde mâle. Le processus de « déféminisation » et de virilisation était marqué par des rites initiatiques qui inculquaient la solidarité mâle et les tabous concernant le commerce avec les femmes[23]. Dès leur tendre enfance, les

19. F. W. S. VAN THIENEN, p. 20 et 34.
20. D. ROCHE, p. 165.
21. L. WRIGHT, p. 4.
22 R. BROBY-JOHANSEN, p. 73-75.
23. G. H. HERDT, 1981 ; 1982 ; 1984. W. ROSCO, p. 131-135, décrit une idéologie et des rites similaires chez les Zuni.

jeunes Mélanésiens apprenaient l'idéologie sexuelle par le truchement d'une gestuelle vestimentaire. Chez les Bedamini du Grand Plateau papouan-néo-guinéen, par exemple, les garçons couraient nus jusque vers l'âge de cinq ou six ans, alors que les petites filles étaient attifées d'une courte jupe de fibres pour éviter les effets débilitants qu'aurait eue la vue de leur sexe sur les mâles[24]. Le discours moralisateur de la littérature patriarcale chrétienne, depuis *La toilette des femmes* de Tertullien[25] jusqu'aux « croisades pour la modestie » du XXe siècle[26], prêchait essentiellement la même consigne : « Cachez à ces pauvres hommes le spectacle débilitant de vos chairs féminines en couvrant le plus possible votre corps. » Qu'on se rassure, pourtant, en pensant que la fréquence du cri d'alarme lancé par les clercs de l'institution patriarcale montre que cette idéologie névrotique n'a pas eu, auprès du Peuple de Dieu, la réponse unanime qu'on aurait souhaitée.

Une autre constante de l'idéologie patriarcale a consisté à définir la femme à partir de la maternité. La douce moitié de l'homme serait essentiellement celle qui porte ses enfants. Les temps forts et les temps faibles de cette idéologie furent marqués par la mode. En témoigne au XVe siècle cette étonnante peinture de Jan Van Eyck *Arnolfini et sa femme* (1434). La jeune épouse est représentée en robe de maternité qui la fait paraître à un stade avancé de grossesse. Or l'œuvre est bien un portrait de noces, et l'histoire confirme que l'épouse n'était pas enceinte. Cette forme « enceinte » se retrouve souvent dans les œuvres d'art du XVe siècle : l'Ève nue du retable de l'*Adoration de l'Agneau mystique* dans la cathédrale Saint-Bavon de Gand (1426-1432) ; l'Ève dans *La Chute* de Pol de Limbourg (vers 1410) ; et, encore, une génération après Van Eyck, l'Ève dans *Adam et Ève* de Hugo Van der Goes et la *Vanitas* de Giovanni Bellini. K. Clark parle de « corps en forme de bulbe »[27]. Le *new look* du XVe siècle mettait de l'avant, si je puis m'exprimer ainsi, l'aspect désirable de la femme fertile. Sa forme est celui d'un S : la tête penchée vers le bas, les épaules vers l'arrière, le ventre projeté vers l'avant[28]. L'idéologie « maternité » sera encore présente dans les polémiques de la fin du XVIIIe siècle lorsque le mouvement hygiéniste dénoncera les lourds accoutrements féminins comme particulièrement funestes aux mères de famille[29]. Cette même idéologie tentera aussi d'influencer certains aspects du vêtement masculin. D. Roche cite un hygiéniste rousseauiste qui exhortait les mâles

24. A. SØRUM, p. 322.
25. TERTULLIEN, 1971.
26. Voir les vues représentatives de ce genre chez A. VUILERMET, 1920 et 1926.
27. K. CLARK, II, p. 157.
28. R. BROBY-JOHANSEN, p. 131-132.
29. P. PERROT, p. 103-104.

à se déculotter et à adopter le kilt écossais s'ils entendaient jouir, comme les boulangers de Paris travaillant nus devant leur fours, d'« organes de la génération » puissants[30].

Dans l'idéologie bourgeoise du XVIIIe siècle et surtout du XIXe, s'ajouta au devoir féminin de « plaire pour enfanter », celui de « plaire pour représenter[31] ». En habit sombre et sobre, l'homme, surtout celui de la Réforme, se voudra ascétique, travailleur, économe. « Sa » femme, pour sa part, assumera le rôle de vitrine, de devanture sociale de l'homme. Par son rôle décoratif et sa fonction d'enseigne statutaire, « elle proclame dans la fabrication des apparences outrées de la féminité son second rang dans l'ordre social et familial[32] ».

Les grands couturiers du XXe siècle, une Coco Chanel ou un Christian Dior, édifieront par le vêtement une nouvelle structure de la femme où ces rôles menaçants, maternels et subalternes céderont le pas à des rôles de partenaire attrayante, de collègue ou de camarade sûre d'elle-même. Cette caractéristique d'autonomie féminine, qui commença d'influencer la mode dès la fin du siècle dernier[33], n'est pas « une première ». L'influence majeure qui marquait la première évolution du costume en Europe occidentale au XIIe siècle avait été l'exaltation de l'« âme sœur » de la femme. Celle-ci sera définie idéalement dans l'amour courtois et reflétée dans l'élégance et le raffinement du costume[34].

Si les idéologies religieuses ont toujours influencé, sans doute, le vêtement, elles semblent rarement à l'origine de telle ou telle mode. Même le vêtement des anciens Hébreux, auquel E. Haulotte attribue un symbolisme religieux[35], m'apparaît relever autant d'une idéologie cosmologique selon laquelle le monde serait ordonné selon des catégories « pures », c'est-à-dire clairement définies. Toute confusion représenterait une pollution de l'ordre cosmique, une menace de chaos. Seraient « impures », par exemple, les anguilles et les crustacés parce que, contrairement à la catégorie « poisson », celles-là n'ont pas d'écailles alors que ceux-ci ne nagent point[36]. Ainsi des vêtements. Leurs contours doivent être clairement délimités par des cordons avec houppes[37], et on doit éviter, comme une impureté, tout « tissu hybride de laine et de lin[38] ». Les costumes

---

30. D. ROCHE, p. 443.
31. P. PERROT, p. 163.
32. D. ROCHE, p. 63. Voir aussi A. RIBEIRO, 1984, p. 119 ; P. PERROT, p. 105-106.
33. F. W. S. VAN THIENEN, p. 150-153.
34. *Ibid.*, p. 11.
35. E. HAULOTTE, particulièrement p. 17-20.
36. M. T. DOUGLAS, 1970.
37. *Dt* 22, 2.
38. *Dt* 22, 11. Voir aussi *Ex* 36, 8, et 2 Sam 1, 24.

religieux et les habits liturgiques chrétiens, quant à eux, ont été, à l'origine, ceux qu'offrait le milieu culturel ambiant[39].

Il serait plus exact de dire que la religion institutionnalisée, conservatrice des idéologies et des valeurs reliées aux mythes fondateurs, renforce de son propre poids les usages vestimentaires qui semblent maintenir les traditions d'attachement. Elle a donc un poids beaucoup plus déterminant là où la civilisation est, pour emprunter au vocabulaire bergsonien, « close[40] ». Qu'on pense aux sociétés arabes qui, jusqu'à tout récemment, se caractérisaient par un certain immobilisme culturel. On y a défendu le maintien du long costume drapé et du tchador des musulmanes à partir d'interprétations pieuses, mais exégétiquement non fondées dans le Coran[41]. Les vraies causes sont d'ordre socio-culturel. Au fur et à mesure que les pays arabes commencent à participer à la rationalité technologiquement inventive que la culture occidentale a héritée d'Athènes, le costume traditionnel disparaît dans la partie de la population qui adopte le rythme socio-économique de l'Ouest. Nonobstant l'accusation d'hérésie vestimentaire lancée par les mouvements fondamentalistes contre les « modernes », la doctrine islamique s'accommoderait d'une matérialité fort différente de celle que charrie la tradition culturelle. En chrétienté d'Occident, une expérience ecclésiale réfléchie manifeste pareillement que ni le clergé ensoutané ni le laïcat vêtu sombrement ne monopolisent nécessairement l'esprit évangélique. Comparée aux somptuosités flamboyantes des aristocraties catholiques et latines, l'austérité vestimentaire des réformés des XVIIIe et XIXe siècles manifestait davantage « les vertus conjointes du capital et du travail[42] » des bourgeois flamands, genevois, prussiens ou anglais que leur orthodoxie chrétienne. D'un côté comme de l'autre, évidemment, on polémiquera à partir de pseudo-fondements scripturaires.

Plus globalement que la seule idéologie sexuelle et plus profondément que la seule idéologie religieuse, l'*éthos* d'une civilisation (son « état d'âme » et son sens collectif des valeurs) forme une matrice dans laquelle se régénérera, d'une époque à l'autre, sa gestuelle vestimentaire commune. Parfois, surtout à longue distance, sa *Gestalt* se détache clairement. Un tour d'horizon des « siècles de la mode » en Occident en offre des illustrations convaincantes. Au XIIIe siècle, celui de la grande synthèse occidentale et d'un équilibre fait de plénitude et d'harmonie transcendantales, la forme gothique marqua autant le style des cathédrales que celui

39. J.-T. MAERTENS, IV, p. 95-96.
40. H.-L. BERGSON, 1932.
41. S. FERTILE-BISHOP et M. GILLIAM, p. 24-26.
42. D. ROCHE, p. 62.

des vêtements[43]. La robe ou la cotte était longue. On la portait sans ceinture pour ne pas briser la ligne verticale. Le milieu du siècle suivant sera caractérisé par ce qu'on peut qualifier, par anachronisme, de « culte de la personnalité ». Le vêtement révélera donc la forme du corps, et la ceinture, garnie de clochettes, assurait à l'homme élégant qu'il ne passait pas inaperçu[44]. Quel contraste spectaculaire avec le milieu du XIXe siècle où l'élégance masculine consistera à ne pas attirer sur soi les regards d'autrui !

Avec la consolidation des monarchies absolues au cours des XVIe et XVIIe siècles, l'époque moderne sera caracatérisée par la hiérarchisation de la société. Comme il fallait s'y attendre, la fonction socio-politique du costume occupera la première place. La noblesse, dont le rôle croissant sera de « paraître », ne s'habillera que pour signaler minutieusement son rang. Ainsi adoptera-t-elle d'emblée le corset, lorsqu'il fit son apparition à la fin du Grand Siècle, pour favoriser une posture altière et symboliser la rectitude et l'autodiscipline. Les souliers, qui par leur étroitesse atrophiaient les pieds, contribuaient eux-mêmes à définir l'allure de ces gens qui « n'avaient pas à marcher[45] ». Même phénomène dans l'aristocratie de l'ancienne société chinoise où les femmes bien pourvues étaient immobilisées par leurs pieds « en lotus doré » et où les hommes eux-mêmes marquaient leur indépendance par rapport au travail servile en cultivant des ongles excessivement longs et en les protégeant dans des étuis dorés[46]. Ces outils de l'apparence trouvaient moins bonne réception auprès des classes bourgeoises et populaires, plus préoccupées de produire que de paraître. De l'Occident au Japon, les classes dominantes ont d'ailleurs régulièrement signalé leur désœuvrement hautain par une mode vestimentaire qui gêne l'activité corporelle : manches démesurément longues, perruques énormes, traînes pesantes, épées cérémonielles. Aujourd'hui encore, les vêtements coûteux, plus délicats, ne sont pas ceux que l'on porte pour un travail manuel[47].

Romantique, le XVIIIe siècle vit fleurir ce que D. Roche nomme « l'artificialité du naturel[48] ». De l'amour de la Nature retrouvée naîtront les

---

43. Les études sur le vêtement signalent régulièrement des correspondances de formes et de couleurs entre le vêtement et la production artistique, notamment l'architecture, d'une période : par ex., J. LAURENT, p. 37-39 ; E. LEMOINE-LUCCIONI, p. 85 ; M. TOUSSAINT-SAMAT, p. 169-170 ; F. DAVIS, p. 129.
44. F. W. S. VAN THIENEN, p. 14 ; R. BROBY-JOHANSEN, p. 50 ; M. TOUSSAINT-SAMAT, p. 62.
45. D. ROCHE, p. 124-126.
46. R. BROBY-JOHANSEN, p. 93.
47. J.-T. MAERTENS, IV, p. 75-76 ; A. LURIE, 1981, p. 138-139.
48. D. ROCHE, p. 51.

robes blanches et simples. Même les élégantes affichaient dans leurs toilettes la simplicité paysanne[49]. L'idéologie romantique transforma également la cosmétique. D'agressive, elle se fit douce, nourrissante, sincère[50]. L'idéologie du XIXe siècle, qui tentait de sacrifier les valeurs sensuelles et affectives au travail et à l'épargne, produisit une respectabilité empesée et fade de l'enveloppe humaine. La gestuelle vestimentaire exprimait le deuil du corps[51] et annonçait du même coup les succès de la psychanalyse qui s'évertuera à ressusciter une libido désavouée. Rien ne ressemblera davantage au paysage architectural d'une ville anglaise industrielle que le costume angulaire et foncé communément adopté par ses habitants.

Au XXe siècle, nous assistons à l'internationalisation des pays du tiers-monde et à la progression du multiculturalisme dans les pays développés. Le nombre et la nature conflictuelle des idéologies qui distinguent notre époque des précédentes rendent difficile la sélection des plus significatives d'entre elles. À examiner notre gestuelle vestimentaire, on pourrait proposer, comme idéologie importante, sinon dominante, la démocratisation des mœurs. La rupture majeure de notre univers vestimentaire avec celui de l'Ancien Régime est sans contredit la confusion des rangs. En adoptant le pantalon populaire, les sans-culottes entrevoyaient-ils le caractère définitif de ce geste symbolique et la liberté croissante qu'auraient les Occidentaux du XXe siècle de porter les vêtements de leur choix ? Des sociologues comme T. Veblen et G. Simmel observaient, au début du siècle, que les pratiques gestuelles de l'élite finiraient par rejoindre les couches inférieures de la société (les économistes américains parlent de *trickle-down theory*)[52]. Depuis le début des années 1960, cette forme de rattrapage de la base par désir d'imitation n'a pratiquement plus cours[53]. La démocratisation a atteint un point tel que la mode est dorénavant influencée par « la rue » et par une variété de sous-cultures (jeunes, groupes ethniques, etc.). L'industrie épie davantage les goûts et pratiques vestimentaires des déclassés que de ceux qui se piquent d'avoir de la classe. Elle estime que ceux-là, mieux que ceux-ci, représentent l'esprit du temps (le *Zeitgeist*)[54] et, plus prosaïquement, le gros du marché. Notre gestuelle vestimentaire résulte, en fin de compte, de ce que H. Blumer qualifie de « sélection collective », non plus d'une structure rigide de

49. F. BOUCHER, p. 303.
50. P. PERROT, p. 139-140.
51. *Ibid.*, p. 105-106, 158-159.
52. T. VEBLEN, p. 65-77 ; G. SIMMEL, 1978.
53. H. BLUMER, p. 275-291.
54. G. B. SPROLES, p. 116-124 ; M.-A. DESCAMPS, 1984, p. 46-47 ; F. DAVIS, p. 12-15, 21-29, 131-132. Voir aussi les interviews avec des représentants de la haute couture dans C. CÉZAN, *passim*.

classe[55]. Les hiérarchies existantes sont plus complexes et fonctionnent dans leurs manifestations vestimentaires selon un modèle de stratification multi-hiérarchique. Des formes plus ou moins stéréotypées de toilette sont réinventées pour symboliser le « jeune-mâle-noir », le « blanc-riche-d'âge-moyen », la « femme-de-carrière-adulte » et ainsi de suite[56].

Aujourd'hui comme hier, l'*éthos* n'est pas marqué par une idéologie singulière. La gestuelle vestimentaire résulte d'influences plus diversifiées que la seule démocratisation. Qu'on pense aux idéologies concernant les corps masculin et féminin, corps qu'on n'a cessé de réinventer et d'érotiser différemment d'une époque à l'autre[57]. Et cela depuis toujours. Témoins, ces recours prolongés aux procédés divers qui ont produit le crâne allongé des Amérindiens kwakinti de Vancouver ou le crâne aplati des Pueblos de l'Arizona, la lèvre inférieure en forme de disque des Mursi d'Éthiopie méridionale ou des indiens Suya du Brésil, les pieds « en lotus doré » des femmes de la haute société chinoise[58]. Ces techniques relativement peu nombreuses se sont transformées progressivement en une panoplie d'appareils servant à modifier les parties du corps qui, selon l'idéologie en cours, sont ressenties comme gênantes ou inesthétiques. Ventre, fesses, poils, seins, sexe, face ou teint sont remodelés au moyen de soutiens-gorge, fixatifs, gaines, suspensoirs, prothèses, maquillages, bronzages et, plus radicalement encore, de chirurgies plastiques[59].

Le goût s'est perdu de la corpulence féminine qu'aimait la Renaissance. Selon les critères de beauté féminine du temps, « les Italiens la façonnent grosse et massive[60] ». On comparait les femmes bien en chair à des tonneaux de vin[61]. À la fin du XIXe siècle encore, la mode était à l'embonpoint. Matrones spectaculaires, larges, grandes, robustes, plantureuses, vêtues de tissus et de bijoux lourds, moulées par des gaines bourrées, des corsages assortis de manches bouffantes, des collets hauts, des jupes à traînes pesantes, des bottines à talons hauts, des coiffures relevées sur la tête, montées sur des coussinets et couvertes d'immenses chapeaux[62]. Beautés junoniennes qui, dans le contexte de leur temps, exerçaient un attrait sexuel certain sur les hommes[63]. Les ouvrages de médecine

---

55. H. BLUMER, p. 275-291.
56. Cette théorie est élaborée par V. JEFFRIES et H. E. RANSFORD, 1980.
57. P. PERROT, 1984 ; J.-C. BOLOGNE, 1986 ; M. DOSTIE, 1988.
58. S. KAISER, 1990, p. 32-41. Pour les Amérindiens, voir aussi H. E. DRIVER, p. 140 et 143 et V. M. ROEDIGER, p. 2.
59. O. BURGELIN, p. 25-43.
60. MONTAIGNE, l. II, chap. 12, a : 1950, p. 534 ; b : 1989, II, p. 147.
61. E. RODOCANACHI, p. 168, n. 3.
62. A. LURIE, 1981, p. 62-73.
63. V. STEELE, 1985, p. 101.

populaire regorgeaient de recettes de grossissement, et les cuisines étaient à haute teneur calorique. L'avènement de régimes amaigrissants a suscité, jusqu'à la Seconde Guerre mondiale, suspicions et résistances[64]. Depuis le début du siècle, cependant, des couturiers comme Paul Poiret imaginaient un autre physique féminin[65]. Le nouveau canon de la minceur n'était d'ailleurs pas inédit. Des millénaires avant notre ère, des conceptions à l'opposite de l'apparence corporelle coexistaient. En Mésopotamie, les femmes comme les hommes se vêtaient de tissus aux rayures horizontales, de couleurs criardes, et portaient des tiares carrées, pour créer un aspect de lourdeur. En Égypte pharaonique, au contraire, prévalaient les lignes verticales, les tissus de lin fin, les teintes claires. Les figurations font voir des tailles allongées et gracieuses, des mains étroites, des hanches maigres[66]. À la taille garçonne des femmes occidentales du XXe siècle on pourrait encore comparer le corps de la Chinoise ancienne, avec ses hanches minces, ses fesses et ses seins menus. Seule la tête, mise en évidence par d'amples arrangements de coiffure, ne correspondrait pas à la forme garçonne contemporaine[67].

En ce qui nous concerne, notre culture a poussé l'amaigrissement jusqu'au martyre. Aux États-Unis, une fille sur cent âgée entre 12 et 25 ans souffre d'*anorexia nervosa*. En Amérique du Nord, un critère aberrant de beauté corporelle cause des ravages endémiques dans la jeunesse féminine[68]. Comme résultat insolite de cette idéologie de la minceur, les grands magasins d'habillement féminin offrent une marchandise dont la pointure moyenne est beaucoup en deçà de la pointure moyenne réelle de la population féminine[69]. La mythologie de la ligne féminine est si puissante que les mannequins (qu'on pense aux très grands mannequins internationaux des années 1990) doivent, pour présenter les créations des grands couturiers, se soumettre à des diètes sévères, recourir à la cigarette pour tromper l'appétit et subir régulièrement des chirurgies plastiques[70]. Quant aux femmes ordinaires qui refusent de se laisser manipuler, elles doivent chercher dans des boutiques spéciales les pointures faussement tenues pour « exceptionnelles ». Des idéologies dissidentes sont pourtant à l'œuvre, surtout dans les puissants mouvements féministes américains. Ceux-ci n'ont pourtant pas le monopole du non-conformisme. Peut-être plus efficaces, parce que moins théoriques, sont les idéologies formées

64. M. BENSASSON, p. 176-184.
65. P. POIRET, particulièrement p. 62-63.
66. R. BROBY-JOHANSEN, p. 43 et 38.
67. R. BROBY-JOHANSEN, p. 97.
68. *U.S. News and World Report*, le 30 août 1982, p. 47-48.
69. Communication personnelle de Pierre Lecours.
70. *Time*, le 16 septembre 1991 (vol. 132, n° 11), p. 42-49.

« dans la rue ». Pensons au culte du sport dont l'influence sur les modes actuelles n'est plus à démontrer[71] et, dans son sillage, à la vogue récente du paraître musculaire de la femme. Au cours des années 1980, l'industrie a été à l'écoute et a créé un secteur spécialisé dans le *physical look*[72].

La gestuelle vestimentaire n'est donc jamais un épiphénomène culturel. Elle symbolise le *Zeitgeist* d'une société donnée et étale au grand jour les idéologies qui y ont cours. Les signifiants utilisés pour porter ces signifiés institutionnels sont influencés, pour une part, par les facteurs matériels. Ces influences qui s'exercent constamment sur les systèmes vestimentaires doivent être appréciées à leur juste valeur dans la tâche délicate d'évaluer moralement un acte du vêtir.

Les gestes vestimentaires

On aura beau connaître tous les grands signifiés universellement attribués au vêtement et savoir les bien interpréter dans un système vestimentaire particulier, en tenant compte des conditions matérielles des idéologies culturelles opérantes, on n'aura pas encore déchiffré ce qu'entendent exprimer, par leurs pratiques vestimentaires, Madame X ou Monsieur Y. En s'habillant d'une façon précise dans une situation concrète, les personnes assument un système vestimentaire commun pour exprimer une personnalité bien à elles.

De ce point de vue, « rien de moins uniforme », commente D. Roche, « que l'uniforme travaillé également par l'esprit de distinction et celui de conformité[73] ». Le réputé sociologue américain E. Goffman a étudié ces institutions qu'il qualifie de « totales », comme les prisons, les établissements militaires ou les internats scolaires. Il les définit comme des endroits où résident et travaillent un grand nombre d'individus dont la situation est identique et qui sont coupés du reste du monde durant une période de temps importante. Le costume uniforme y est imposé comme moyen privilégié pour amener les usagers à fonctionner comme groupe plutôt que comme individus. Or malgré cette manœuvre de « différenciation », constate Goffman, les individus trouvent toujours moyen d'ajouter une note personnelle[74]. Comparons encore la tenue vestimentaire de trois

---

71. M.-A. DESCAMPS, 1984, p. 109-122.
72. M. DOSTIE, p. 108, note 121.
73. D. ROCHE, p. 228-229.
74. E. GOFFMAN, p. 251-252.

acteurs clés de la Révolution française, trois promoteurs de l'abolition de l'ordre ancien. Robespierre, l'Incorruptible, était soucieux de sa tenue, notamment de son linge blanc et de sa perruque poudrée. D'un an son aîné, l'impétueux avocat-orateur Danton était épris de beaux vêtements comme il l'était de la bonne chair et des belles femmes. Bon politicien, il savait mêler dentelles et effets de manches aux négligences plébéiennes qui s'imposaient. Leur cadet de quelque quinze ans, le physicien Marat s'habillait comme il estimait convenir au rédacteur de l'*Ami du peuple* : mise toujours débraillée, cheveux gras, sans bas[75].

Aussi est-il d'ores et déjà acquis que le vêtir, étant une gestuelle à la fois d'appartenance et d'individualisation, de représentation et de transformation, cherche à établir un heureux équilibre entre le désir de conformité et le désir de singularité[76], entre l'affirmation du présent et la recherche d'un futur meilleur. Mais toute gestuelle vestimentaire concrète est différenciée par beaucoup plus que des signifiants différents – la perruque poudrée d'un Robespierre et les cheveux gras d'un Marat –, dénotant, dans une situation précise, des signifiés objectifs différents, par exemple, l'intégrité morale ou la passion populaire. Même avec une connaissance intégrale d'un système donné, l'interprète du geste vestimentaire de tel usager fait encore face à deux grandes difficultés qui l'invitent à la prudence.

La première consiste en ceci que, même dans un code vestimentaire particulier, les signifiés objectifs sont rarement simples. Si, chez les nomades touaregs du Sahara, le voile masculin de coton bleu symbolise, de temps immémorial, le statut social égalitaire, il a toujours également gardé un signifié sexuel[77] et, nous l'avons vu, un signifié religieux. Si, dans l'Europe du XVIIe siècle, le vêtement signale avant tout le rang, il connote aussi le statut générique, le désir de se mettre en valeur, de prendre soin de soi, de plaire[78]. Aussi n'est-il pas simple d'interpréter les signifiés, en soi objectifs, d'une gestuelle vestimentaire dans un ensemble culturel donné. L'accroissement de la cosmétique féminine depuis la Première Guerre mondiale est-elle signe d'un asservissement des femmes aux guerriers, comme on pourrait le penser ou, comme le soutient R. Broby-Johansen, manifestation du progrès de la libération féminine, une prise en charge du rôle actif dans la séduction[79] ? Le canon contemporain de minceur féminine signifie-t-il une nouvelle égalité des femmes, comme

75. D. ROCHE, p. 174.
76. Voir autant l'historien D. ROCHE, p. 51, 53 et 381, que le sociologue J. STOETZEL, dans C. CÉZAN, p. 27.
77. J. H. KEENAN, p. 3-13 ; R. BROBY-JOHANSEN, p. 60.
78. M. DESPLAND, p. 77.
79. R. BROBY-JOHANSEN, p. 212.

le pensent certains[80], ou est-il le résultat plus prosaïque de changements de pratiques alimentaires, comme l'estiment d'autres[81] ?

Dans nos sociétés multiculturelles, les signifiés possibles d'une gestuelle donnée sont tellement ambigus que, appelés à préciser les données concernant l'appartenance, les sujets d'une recherche empirique le font finalement à partir de leur propre cadre d'interprétation sociale[82]. Une adolescente porte des vêtements usagés et passés de mode. Cette gestuelle peut relever de problèmes psychologiques d'ordre personnel : état dépressif, dévalorisation de soi, etc. Peut-être sommes-nous en face de questions d'appartenance : « mésadaptation » sociale par rapport à sa cohorte ou difficultés financières des parents. Mais il est aussi possible, dans le contexte actuel, que le signifié soit positif : emballement soudain pour une mode rétro ou, plus noble, souci écologique, comme K. Hinton et J. B. Margerum l'ont détecté chez un nombre appréciable d'élèves du secondaire[83].

Le sociologue P. Bourdieu a dénoncé « l'illusion du communisme linguistique qui hante toute la théorie linguistique[84] ». En faisant appel à la « langue ordinaire », celle qui est en usage dans la vie quotidienne, les linguistes donnent parfois l'impression qu'ils utilisent un *corpus* dans lequel on trouverait la prétendue langue objective. Bourdieu montre que cela n'est vrai ni sur le plan du signifiant ni sur celui du signifié. La langue parlée prend toujours forme de « discours ». Elle est régie par un sous-code que seul un groupe plus ou moins restreint de personnes comprend bien. La symbolique vestimentaire ne fonctionne pas autrement. Aujourd'hui encore, un mâle britannique de la *upper class* doit recourir aux services d'un tailleur de Savile Row pour la confection d'un complet qui respecte toutes les règles connues dans ce milieu sélect. Des façons particulières de porter telle ou telle pièce transmettent des renseignements que seuls les initiés savent décoder. Ainsi, les anciens d'Eton porteront, déroulé, l'indispensable parapluie, contrairement à la pratique de leurs pairs des *public schools* moins réputés[85]. À une cérémonie formelle de collation de diplômes, seuls des universitaires avertis parviendront à déchiffrer, par les formes, les couleurs et les fourrures des toges et des épitoges, le doctorat réel et l'honorifique, la discipline d'un chacun, l'université où le grade a été obtenu et les fonctions administratives de certains personnages. Dans

80. M. DECLERCK et J. BOUDOUARD, p. 75-81.
81. M.-C. PHAN et J.-L. FLANDRIN, p. 56.
82. J. A. NOESJIRWAN et J. CRAWFORD, p. 155-163.
83. K. HINTON et J. B. MARGERUM, p. 397-402.
84. P. BOURDIEU, 1982, p. 24. Voir les p. 13-21.
85. A. LURIE, 1981, p. 130-131.

un certain milieu scolaire, la pratique vestimentaire courante pourrait très clairement permettre d'identifier deux groupes de jeunes : celui qui est engagé dans la lutte pour sauver l'environnement et celui qui ne l'est pas. À cause de circonstances données, les gens du milieu n'interpréteraient peut-être pas autrement la gestuelle des vêtements « passés » des uns et celle du vêtement *in* des autres. Les gens du dehors, eux, seraient bien mal venus de se prononcer trop vite sur la signification de ce double comportement. Même ceux d'une école secondaire de la même ville[86].

L'interprétation d'une gestuelle vestimentaire et de son évolution se doit d'éviter l'erreur fort répandue dans une certaine philosophie morale scolastique, qui en était venue à penser les « circonstances » séparément de l'« objet », au point que les premières n'affecteraient le second qu'accidentellement. L'examen du vêtir, comme des autres activités humaines, contredit cette vue. Les contextes, généraux comme particuliers, contribuent à la structuration du signifié objectif lui-même. La plage comme la salle de gala définissent la signification et donc la convenance d'une « petite tenue » dans un cas et d'une « grande tenue » dans l'autre. Pourtant, des circonstances particulières modifieront complètement ces objets moraux. La présence d'un blessé sur la plage conférera à la tenue de ville d'un médecin appelé sur les lieux une parfaite légitimité, tout comme la tenue informelle d'un messager à une soirée de gala ne sera pas jugée incongrue. La rigidité statutaire s'étant considérablement relâchée dans notre société, les circonstances entrent, pour une très large part, dans la constitution de l'objet[87]. Des circonstances différentes modifieront radicalement le signifié d'un costume. Lorsque, en 1910, T. Mann écrivait *La Mort à Venise*, le fameux « costume marin » pouvait signifier, dans les corps de cadets de la marine allemande ou anglaise, la camaraderie fruste de garçons. Chez Tadzio, le jeune protagoniste du roman, « le costume marin anglais », écrit-il, lui donne « un air gâté, exquis ». Dans le film de L. Visconti (1971), la première apparition dans le grand salon de l'hôtel de ce garçon, vêtu d'un costume marin blanc, projette une image de beauté tendrement soignée et raffinée qui se passe de toute explication.

Il existe une deuxième difficulté plus insurmontable encore : aux signifiés objectifs reçus dans une communauté donnée, chaque acteur ajoute un geste qu'il investit d'un ou de plusieurs sens personnels. Non seulement les signifiés objectifs possibles s'offrent-ils à ses choix, mais ils se prêtent en outre à des utilisations à contre-sens : en signe de protestation, comme ces jeunes qui s'habillent du drapeau national ou de versions dérisoires de l'uniforme militaire ; par arrogance, comme ces invités de la haute société

86. F. DAVIS, p. 108.
87. *Ibid.*, p. 108.

qui assistent à une fête foraine en habit négligé ; par bravade de star, comme l'actrice américaine Cher qui se présente à toutes les manifestations publiques dans des tenues si légères qu'on ne les tolérerait chez personne d'autre qu'elle[88]. Le monde dans lequel entre chaque sujet en naissant n'est pas à ce point prédéterminé par la gestuelle vestimentaire (et par le langage) que rien d'original ne pût encore s'y exprimer. Là même où il utilise le code vestimentaire le plus commun, chaque individu en informe finalement les signifiés de son mystère personnel indicible et leur fait rendre des nuances dont lui seul a le secret. Aussi la tenue masculine d'un homme peut-elle signaler un je ne sais quoi de féminin qu'une tenue identique portée par un autre ne communiquerait pas. La même tenue « officielle » a quelque chose de moins raide chez l'un que chez l'autre. La même robe est tellement plus attrayante sur cette femme que sur cette autre. Dans une société où le vêtement serait soumis aux lois somptuaires les plus rigides et aux codes d'interprétation les plus univoques, le geste vestimentaire singulier serait néanmoins toujours investi d'un facteur personnel qui lui donnerait un sens original par-delà les signifiés objectifs dont il serait porteur.

Les efforts, comme celui d'une Mimi Pond qui décrit la valence érotique de chaque forme de soulier (à talons aiguilles = une sexualité vicieuse ; découvrant les doigts de pied = un désir d'exhiber sa lingerie intime ; etc.)[89], pour établir un code détaillé qui fonctionnerait indépendamment des circonstances et des usages qui en sont faits par un usager donné, manquent de réalisme. Que faire quand Marie porte des souliers oxfords (qui indiqueraient le sérieux non sexuel) avec un jeans et une chemise à moitié déboutonnée ? Comme dans le discours oral ou écrit, la gestuelle vestimentaire est une phrase dont aucun mot n'est interprétable hors contexte. Le soulier oxford peut ne représenter qu'un bon soulier solide pour faire des courses sans trop fatiguer le pied. Le sérieux et le sexuel n'ont rien à y voir.

Ces constatations, qui sont primordiales si l'on veut éviter l'arbitraire de jugements moraux préfabriqués, n'annulent pas l'obligation d'apprendre le système vestimentaire des groupes dans lesquels nous évoluons. Les sens personnels que nous voulons exprimer passent irrémédiablement par un code connu de tous. Il faut savoir, par exemple, que certaines pièces de la toilette transmettent, dans tel système culturel, des messages stéréotypés instantanés. Chez une Américaine, les verres dénoteraient l'intelligence, l'invention, la fiabilité, l'honnêteté, le

88. A. LURIE, 1976, p. 520-521.
89. M. POND, citée par F. DAVIS, p. 92.

conventionnalisme[90] ; le rouge à lèvres, la frivolité, la volubilité, l'anxiété, l'érotisme[91]. Chez un Américain, la barbe signalerait la masculinité, l'élégance, la maturité, l'ouverture d'esprit[92] ; la cravate, elle, l'intelligence, l'ambition, le sérieux, le conservatisme et de l'étroitesse[93]. Ces signaux fonctionnent de façon tellement automatique que leurs récepteurs sont généralement inconscients de leur influence sur les interprétations qu'ils donnent spontanément d'une gestuelle vestimentaire reçue[94]. Une personne qui ignore tout du système risque donc fort d'être mal comprise si elle cherche à s'exprimer à l'encontre des conventions qui ont cours.

Parce que les matières sur lesquelles les signifiants des divers codes vestimentaires s'édifient sont plus variées que celle des signifiants linguistiques et que le code vestimentaire n'est pas indépendant d'un code corporel auquel il prête des ressources supplémentaires, la gestuelle vestimentaire offre, me semble-t-il, un moyen d'expression distinct de la langue. Il est donc sage d'éviter de réduire le vêtir au parler. Une réduction procéderait d'un effort rationaliste qui, déjà à l'œuvre dans la linguistique, valorise l'esprit au détriment du corps. L'effort de tout codifier, de façon claire et précise, minimise l'apport du matériel dans ses virtualités humaines. On se plaît à souligner, en linguistique, l'arbitraire du rattachement des signifiés aux signifiants et l'absence d'*indices* en ceux-ci. Quoi qu'il en soit du bien-fondé de ces vues en linguistique, la sémiologie vestimentaire doit prendre ses distances par rapport à elles.

Dans leur richesse et leur diversité, les matières du signifiant donnent au geste du vêtir une polysémie qui le rend apte à prendre en charge, mieux que la parole ou l'écrit, l'expression de nuances, d'ambivalences, d'émotions, voire d'états d'esprit littéralement indicibles. Autant au niveau de l'individu que de la société, la gestuelle vestimentaire se prête à exprimer, à communiquer et à faire advenir des réalités trop prégnantes d'idées reçues et non reçues, d'états d'âme avoués et non avoués ou encore inavouables, de valeurs acquises ou anticipées, pour qu'elles puissent être exhaustivement nommées par la parole ou l'écrit. Alors que le parler s'efforce d'abstraire les aspects complexes de la réalité pour que, les nommant avec justesse, nous puissions les maîtriser, le vêtir, par la complexité et l'indétermination de sa trop riche matière, préserve l'ambiguïté constitutive d'une existence dont l'expérience subjective dépasse toujours ce que nous saurions en raconter.

---

90. W. MANZ et H. E. LUECK, p. 704 ; P. N. HAMID, 1968, p. 904-906 et 1972, p. 279-289 ; R. L. TERRY et D. L. KROGER, p. 562.
91. P. N. HAMID, 1968, p. 904-906.
92. S. M. PANCER et J. R. MEINDL, p. 1328-1330.
93. D. W. REES *et al.*, p. 1-8.
94. N. HAMID, 1972, p. 279-289.

DEUXIÈME PARTIE

DU DÉNUDER

CHAPITRE 7
L'humaine nudité

Une gestuelle secondaire

L'Écossais germanophile T. Carlyle reprochait aux penseurs de tenir que l'homme est un *animal vêtu*, alors qu'il « est par nature un *animal nu* et que, seulement dans certaines circonstances à dessein et de propos délibéré, il se déguise sous des vêtements[1] ». La nature, reconnaissons-le, ne produit que du « cru », et toute transformation de cette matière première en vue de fins humaines est œuvre de culture. Si l'enfant naît nu, il n'entre dans le réseau des relations humaines signifiantes que vêtu. Ainsi en fut-il du genre humain. En 1989, un reportage paru dans *Newsweek* annonçait que l'*Homo neandertalensis* n'était pas, malgré son type différent d'hominidé, la brute qu'on s'était plu à décrire depuis sa découverte en 1856. D'abord, son pharynx était assez évolué pour qu'il puisse moduler les sons nécessaires à la parole. Ensuite, il fabriquait des peintures rouges, jaunes et noires pour en décorer son corps et ses vêtements. L'*Homo sapiens* a vraisemblablement cohabité longtemps, y mêlant ses gènes, avec ce type moins évolué[2], mais capable d'entrer en dialogue avec lui par la parole et par le geste vestimentaire : *animal loquens et vestitus*. Loin de représenter le « déguisement » exceptionnel que suggère Carlyle, l'habillement est la gestuelle corporelle habituelle de toute espèce, voire même de l'homme du Neandertal, depuis aussi longtemps qu'on en retrouve la trace[3].

Par sa pratique systématique d'une anthropologie structurale des peuplades indiennes des Amériques, C. Lévi-Strauss a montré que le cru et le cuit représentent un système logique et rigoureux d'opposition entre ce

---

1. T. CARLYLE, p. 25. Cité par M.-A. DESCAMPS, 1972, p. 64.
2. *Newsweek*, 16 octobre 1989, p. 70-71.
3. F. BOUCHER, p. 16-31 et la bibliographie qu'il cite.

qui précède l'état de culture et ce qui en procède. Comme le rappellent encore sémantiquement l'expression française « chausser des bottes à cru » (sans bas) et l'expression anglaise « to sleep raw » (dormir sans chemise), la nudité fait partie, en un premier temps, de la classe du cru. Les êtres humains sont redevables des parures et des ornements, comme ils le sont du feu de cuisson, au héros culturel mythique. Les vêtements sont « des médiateurs culturels, qui, d'individu biologique, transforment l'homme en personnage[4] ». Ainsi, le nu comme le cru représentaient-ils à leurs yeux une humanité non enculturée, asociale, inapte à vivre avec autrui[5]. On peut même s'étonner que Lévi-Strauss ait intitulé un de ses ouvrages *L'homme nu* puisque la créature évoquée par ce titre manquerait justement d'humanité. L'auteur y écrit lui-même que « dans les cas très rares où il n'y a pas de vêtement du tout [...], il s'agit de tribus dégénérescentes; il n'y a pas d'érection chez le mâle[6] ». Dans le temps historique, aucune société humaine n'existe sans un vêtement quelconque. Pour les sociétés dites primitives elles-mêmes, la nudité signalait l'absence de civilisation. Les occidentaux colonisateurs et évangélisateurs qui associaient le concept de « vêtu » avec celui de « civilisé » auraient été fort étonnés d'apprendre que, sur ce sujet, ceux qu'ils traitaient de « sauvages » pensaient comme eux. Pourquoi ne l'ont-ils pas compris ? Parce qu'ils avaient de la nudité, comme de la civilisation[7], une idée trop étroite pour en accueillir d'autres.

M.-A. Descamps polémique trop en faveur de la pratique du nudisme pour instaurer une critique judicieuse de ces conceptions occidentales populaires mal dégrossies[8]. Pour n'entretenir qu'une conception utilitaire du vêtir (essentiellement sa fonction protectrice), il conteste que l'être humain ait « besoin d'un bout d'étoffe pour se prouver qu'il est un homme[9] ». Il se méprend profondément. En l'absence d'expression et de communication de lui-même et de son monde à autrui – autant par le bout d'étoffe que par le bout de phrase ou le bout d'écriture – une créature reste en deçà de l'humanité. N'en déplaise à une certaine école nudiste, l'homme, « en portant un habit », se différencie effectivement des animaux. Comme en témoignent tous les mythes d'origine, le vêtir est une gestuelle fondamentale d'humanité. Contrairement à ce qu'affirmait

4. C. LÉVI-STRAUSS, 1964, p. 66. Voir aussi p. 341-342.
5. La correspondance entre le cru et le nu a été largement confirmée dans C. LÉVI-STRAUSS, 1971 : voir, notamment, p. 44, 304-308, 323, 347-348, 351, 454.
6. C. LÉVI-STRAUSS, 1971, p. 30.
7. N. ELIAS, notamment, p. 53-73.
8. M.-A. DESCAMPS, 1972, p. 43 et p. 64-66; 1987, p. 18-21. Je choisis cet auteur parce qu'il présente une meilleure approche de la nudité et du nudisme.
9. *Ibid.*, 1972, p. 218.

Carlyle, c'est « seulement dans certaines circonstances à dessein et de propos délibéré » que l'*animal vêtu* se dénude. Gestuelle secondaire par rapport au vêtir d'enculturation. Le dénuder n'est pas, comme le prétend Descamps[10], un « déshabiller », geste qui relève de la symbolique vestimentaire, encore moins une simple « absence de vêtement ». Succédant au vêtir, il est gestuelle délibérée et sensée.

Une définition opérationnelle de la nudité ?

Avant d'explorer ces « circonstances » et « desseins » qui poussent l'homme et la femme à se dénuder, il s'impose, les méprises des colonisateurs le démontrent, d'examiner ce que « être nu » représente.

M.-A. Descamps suggérait, en 1972, que, pour définir une notion comme celle de « nudité », il vaut mieux « trancher arbitrairement ». Suit donc une définition « opérationnelle » : « est nue une personne dont les organes sexuels ne sont pas masqués aux regards par un objet adéquat et vêtue celle qui cache au moins ces parties du corps[11] ». « Un simple fil autour de la taille [...] est un ornement et pas encore un vêtement [...][12] ». La difficulté majeure des définitions arbitraires, c'est qu'elles le sont. Si une jeune fille de notre monde occidental s'exhibait sur la place publique avec un fil autour de la taille comme seul atour, elle serait en effet considérée nue. Non point, pourtant, chez les Nubiennes de la République du Soudan et chez beaucoup d'autres peuplades pour lesquelles le port d'un fil autour de la taille fait toute la différence entre une jeune fille vêtue et une jeune fille nue[13]. Il n'est probablement pas de culture primitive où la ceinture, si ténue soit-elle, n'habille une fille tout entière et indique que son corps est un domaine dorénavant forclos[14]. Trop loin de chez nous? Vingt ans après l'exemple « évident » fourni par Descamps, des milliers de jeunes Européennes se promènent sur les plages en monokini du genre string et passent encore pour vêtues, avec une tenue qui n'est guère plus « étoffée » que le « simple fil autour de la taille ». Une définition « opérationnelle » ? Que signifient au juste « organes sexuels » et « masquer par un objet adéquat » ?

Si l'on cherche à définir la nudité par la mise au jour d'« organes sexuels », on se voit dans l'obligation de préciser quels organes on convient de nommer « sexuels » et d'expliquer pourquoi on retient les uns plutôt que

10. M.-A. DESCAMPS, 1987, p. 18-20.
11. M.-A. DESCAMPS, 1972, p. 23-28. Il garde la même définition dans son ouvrage de 1987, p. 17-18.
12. M.-A. DESCAMPS, 1972, p. 24.
13. M. FORTES, p. 175-176.
14. J.-T. MAERTENS, IV, p. 12-23.

d'autres. Au XIXe siècle et au début du XXe, alors que l'aventure anthropologique livrait faits et documents culturels innombrables, les ethnologues prenaient conscience de la relativité extraordinaire des « parties du corps », notamment féminin, que chaque groupe culturel identifiait comme trop intimes pour les dévoiler en public : le visage chez les Musulmanes ; les seins chez les Laotiennes, les Loangolaises en Afrique, les Techuantepecoises au Mexique ; les pieds chez les Chinoises ; les mains chez les Indonésiennes de Sumatra ; le nombril chez les Polynésiennes de Samoa ; les lèvres chez les Inuit du nord de l'Alaska ; les fesses chez certaines peuplades africaines ou arabes ; les cuisses chez les femmes kurelu de la Nouvelle-Guinée, et la liste pourrait s'allonger[15]. Complètement nues, les femmes mehinaku de l'Amazonie se comportent de façon à dissimuler, même pendant le coït, les lèvres intérieures et le vagin[16]. La partie du corps investie sexuellement peut d'ailleurs échapper complètement à l'observateur étranger, fût-ce le perspicace missionnaire-explorateur D. Livingstone. Ce voyageur rapporte que la nudité partielle des fesses de ses guides makololo fut l'objet, au Zaïre, des sarcasmes des filles balonda. Or, dans cette peuplade, la nudité de la femme n'était masquée que de teinture rouge et de colliers, celle de l'homme, que d'une étroite bande de peau de chacal ou de chat sauvage, retenue autour des reins et retombant lâchement par devant et par derrière. Les guides de Livingstone, quant à eux, étaient revêtus d'une pièce de peau animale attachée à leur ceinture et passée entre leurs cuisses[17].

« Masquer par un objet adéquat » n'est pas moins illusoire comme concept opérationnel que celui d'« organes sexuels ». P. Mantegazza observait déjà que les autochtones mâles des Hermitages Islands couvraient leur sexe d'un pagne rudimentaire fait de bandelettes d'écorce qui, en fait, ne cachait rien du tout[18]. Est-ce tellement différent de la braguette du XVIe siècle ? Pagnes et braguettes cachaient-ils adéquatement le membre viril « à la vue » d'autrui ? Attiraient-ils sur lui le regard comme le font tout aussi ostensiblement les étuis péniens des Kurelu de la Nouvelle-Guinée[19] ou des Bororo du centre du Brésil[20] ? J.-T. Maertens parle de « pagne substitut[21] ». Qu'en est-il du deux-pièces de 1935 et du

---

15. Voir, par exemple, J. LANGDON-DAVIES, p. 46; P. MANTEGAZZA, p. 24-25; P. MATTHIESSEN, p. 35.
16. T. GREGOR, p. 102-103.
17. D. LIVINGSTONE, 1910, p. 240 et 264.
18. P. MANTEGAZZA, p. 26.
19. Voir les photos dans P. MATTHIESSEN, hors-textes entre les p. 206 et 207. Le *horim* est décrit, p. 25-26.
20. Voir la photo dans C. LÉVI-STRAUSS, 1962, p. 70.
21. J.-T. MAERTENS, IV, p. 23-30.

bikini de 1950 chez les femmes, ou du slip de 1950 et du string de 1970 chez les hommes ? Des tissus qui moulent et des couleurs qui soulignent ? On a sans doute voulu se moquer du monde en nommant « cache-sexe » un article qui le moule, l'accentue, le met de l'avant. Tous ces objets masquent-ils adéquatement ?

Lorsque Charmide, l'adolescent aussi beau de corps que d'esprit, vint s'asseoir sur un banc de la palestre entre Critias et Socrate, celui-ci, déjà troublé par la proximité du bel enfant, eut « un coup d'œil sur l'intérieur de son vêtement » et, comme il le dit, prit feu[22]. Même habillé, un garçon grec de cette époque, dont les moindres mouvements laisseraient voir son sexe et son derrière, passerait pour nu à nos yeux. Que penser, du reste, des jupons et des robes longues qui, sur les peintures, paraissent masquer tellement plus adéquatement les organes sexuels de ces dames, mais que celles-ci, jusqu'à la fin du XVIIIe siècle, portaient sans culotte ? Ce qui donnait lieu à bien des « accidents » qu'appréciait particulièrement, dit-on, Louis XIV[23]. Le XIXe siècle aurait jugé « nues », selon la définition de Descamps, autant ces femmes du XXe siècle qui exhibent leurs jambes que la jeune femme de la peinture galante qui fit en 1766 la réputation de Fragonard, *Les hasards heureux de l'escarpolette*. Juchée sur une balançoire en mouvement, elle écarte les jambes pour garder l'équilibre. Allongé à ses pieds, le visage levé vers elle, un jeune homme voit, et le sourire entendu de la femme en dit long sur ce qu'elle sait qu'il voit.

Parce que certaines pièces du vêtement serviront, depuis la fin du XVIIIe siècle, à enfermer les organes jugés « sexuels », cette dénotation se déportera sur la lingerie « intime » elle-même. Loin de constituer des « objets adéquats » pour masquer ce que nous ne saurions voir, les sous-vêtements devront à leur tour être cachés aux regards pour lesquels ils exhibent cela même qu'ils enveloppent. Le « linge de corps », inventé, depuis la fin du XVe siècle, sous l'effet de conceptions hygiéniques nouvelles[24], en vint progressivement à faire partie de la problématique du dénuder autant que du vêtir. Il commencera à faire figure de seconde peau sensuelle et à acquérir une valeur érotique[25]. Le sous-vêtement devint un objet tellement inadéquat pour masquer les organes sexuels, qu'on en restreindra la vue à l'espace privé de la plus stricte intimité. Dans l'Angleterre victorienne, on n'osera même plus les nommer : ils deviendront les *unmentionables*, les innommables. Lorsque j'étais jeune et qu'on faisait encore sécher le linge

22. PLATON, *Charmide* 155d, I, p. 256.
23. J. LAURENT, p. 105.
24. G. VIGARELLO, 1985, p. 15-102.
25. R. BROBY-JOHANSEN, p. 118; D. ROCHE, p. 150-152, 163-175; J. LAURENT, *passim*.

sur une corde à l'extérieur, certaines pièces « de corps » étaient soustraites à la curiosité des voisins. Sur une plage publique, on rougirait, aujourd'hui encore, de se présenter dans des « sous-vêtements » qui, pourtant, matériellement, cachent beaucoup plus les « organes sexuels » que les vêtements socialement acceptables que sont devenus le bikini, le monokini ou le string. Que signifie, même dans notre société, ne pas masquer aux regards par un objet adéquat ?

En plus d'être non opérationnelle, cette définition « arbitraire » de la nudité se fonde sur une représentation de la sexualité humaine réduite à l'un ou l'autre organe corporel. Dans l'histoire occidentale de la nudité et du vêtement, la représentation partielle de la sexualité n'apparaîtra au grand jour qu'avec la Réforme et la Contre-Réforme. Avant le XVIe siècle, le voilement ou le dévoilement du corps faisait partie d'un système de mode. La nudité qu'on pouvait montrer se définissait beaucoup moins à partir d'un organe jugé sexuel qu'à partir d'une conception globale de la forme corporelle humaine. Aussi la nudité exhibée faisait-elle partie d'une toilette fonctionnant comme un système concret de représentations. On pourrait lui appliquer la définition que R. Barthes dit caractériser celle des journaux de mode contemporains : « La nudité [...] n'est rien d'autre, en Mode, que le signe de l'habillé (*le bras nu entre l'épaule et le gant fait habillé*)[26] ». Ainsi, la dénudation des jambes masculines et de la naissance des seins chez la femme au cours de la deuxième moitié du XVe siècle[27] faisait-elle partie d'un style vestimentaire au même titre que l'espace qu'organisent les ogives d'une voûte faisait partie intégrante de l'architecture gothique. La définition de la « nudité habillée » des journaux de mode s'applique, moyennant quelques retouches, ici aussi. Il serait tout aussi juste de dire que « l'espace n'est rien d'autre, en architecture, que le signe du construit ». La nudité, comme l'espace, acquiert une signification humaine à l'intérieur d'un système conventionnel d'interprétation. Elle n'est pas plus déterminée « en soi » par la mise au jour d'un organe sexuel que l'espace ne le serait par un seul élément architectural, une fenêtre, un arc, un toit. Si l'homme de rang se couvre la tête dans l'aire publique au XIVe siècle[28], ce n'est certainement pas parce que la tête « nue » y était considérée comme « organe érotique ». Si c'eût été le cas, on ne se serait pas découvert respectueusement en la présence de personnages éminents ou lorsqu'on entrait dans un lieu sacré.

L'investissement conscient de tel ou tel organe d'une connotation sexuelle odieuse au regard commença, dans le monde occidental, avec la

26. R. BARTHES, 1967, p. 263, note 1.
27. F. W. S. VAN THIENEN, p. 28 et 33.
28. R. BROBY-JOHANSEN, p. 126.

Réforme et la Contre-Réforme. En 1559, Paul IV manda Daniele Ricciarelli, mieux connu sous le nom de Daniele da Volterra, pour « caleçonner » les « parties honteuses » des nus du *Jugement dernier* dans la Chapelle Sixtine. Ce qui valut au pauvre peintre, malgré sa réticence reconnue à barbouiller l'œuvre de Michel-Ange, le sobriquet de *Braghettone*[29]. Tenant compte du « *one* » péjoratif italien, on traduira par le Caleçonneux. En sa vingt-cinquième et dernière session, quatre ans plus tard, le Concile de Trente ordonna « que tout ce qui est jugé obscène soit évité[30] ». Pie V en fit une application sévère et, n'eût été l'intervention de l'Académie Saint-Luc, la puissante guilde des peintres romains, Clément VII aurait, à l'aurore du XVIIe siècle, fait recouvrir toute la fresque[31]. C'est le début d'une dépersonnalisation morbide de la sexualité. Comme le souligne pertinemment J.-C. Bologne, on a réussi, avec les feuilles de vigne et de figuier, à faire du sexe « un organe "à part", qui résume en lui tous les bas instincts du corps, qui ne peut être ni montré ni manié[32] ». Autant les mœurs que l'art en furent affectées.

Paradoxalement, cette réduction angoissée de la sexualité à des organes précis provoqua une érotisation obsessionnelle de toute nudité. Si, comme l'a bien montré K. Clark, le nu antique autant que médiéval a toujours représenté une « idée » de la beauté corporelle plutôt qu'une copie conforme[33], comme, du reste, le « paysage » par rapport au pays, le réductionnisme du domaine sexuel menaça toute représentation du nu, en art profane aussi bien que religieux. Le Caravage qui, selon la coutume immémoriale, peignait ses nus d'après de vrais modèles, fut pris à partie[34]. Sous Louis XIII, que d'aucuns surnomment « le Chaste », on procédera à la destruction d'un nombre considérable de nus jugés trop « réalistes ». Le corps humain ne sera plus acceptable que délesté de cette chair trop marquée par l'érotisme de l'organe qu'on accable de toute la charge explosive[35].

Le XIXe siècle, on le sait, poussera cette conception jusqu'à l'absurde[36]. C'est chose bien connue que la casuistique des manuels de théologie morale. On distinguera dans le corps les parties honnêtes (le visage et les mains), les parties déshonnêtes (les organes jugés sexuels) et les parties

29. A. LE CAM, p. 55.
30. H. DENZINGER et A. SCHÖNMETZER, n° 1825 (p. 420) : « *omnis denique lascivia vitetur* ».
31. F. BOTTOMLEY, p. 153.
32. J.-C. BOLOGNE, p. 208.
33. K. CLARK : c'est le sujet de tout l'ouvrage.
34. J.-C. BOLOGNE, p. 203-205.
35. *Ibid.*, p. 208-213.
36. *Ibid.*, p. 213-127.

moins honnêtes (le reste du corps). Rien de plus « normal » quand on focalise la sexualité sur quelques organes.

N'ayant pas « génitalisé » à ce point la sexualité ni, donc, cherché à occulter les « organes sexuels », comme on le fera à partir du XVIe siècle, nos ancêtres de l'Antiquité et du Moyen Âge se sentaient simplement nus sous leurs vêtements[37]. Sans doute, cette expérience de la sensualité corporelle exerçait-elle sur eux un effet assainissant, qui fera malheureusement défaut à la clientèle « encaleçonnée » et corsetée de Sigmund Freud.

En somme, la définition « opérationnelle » de la nudité à partir du facteur génital ne sert évidemment pas la cause des promoteurs du nudisme. Elle est d'ailleurs construite, au départ, sur les mêmes conceptions étriquées de la sexualité qu'ils prétendent corriger. Aussi est-ce dans une tout autre direction que celle du voilement ou du dévoilement des organes génitaux qu'il faut chercher à comprendre l'enjeu de la gestuelle humaine de dénudation.

Pilosité et humanisation

Les attitudes et les pratiques qu'ont développées les êtres humains envers leur pilosité m'apparaissent plus indicatrices qu'aucune autre de leur rapport à la nudité. Fascinante histoire dont je n'ai pas à retracer toutes les péripéties. Qu'il suffise, pour notre propos, d'en dégager quelques points saillants.

Dans une conception qui place toute la problématique du vêtement et de la nudité dans une perspective d'occultation ou de dévoilement des « parties sexuelles » du corps, le poil sera vu comme un vêtement *sub specie naturae* apte à cacher la nudité. Une des définitions de l'adjectif « nu » rapportée par le *Petit Robert* est : « dépourvu de cheveux, de poils. Crâne nu. Visage nu. V. Glabre ». Ce concept revient en zoologie : « Qui n'est pas recouvert de poils, de plumes ou d'écailles. Mollusques nus : dépourvus de coquille ». L'absence de poils est ici synonyme de nudité. Dans cette ligne de pensée, la représentation « artistique » s'est parfois servi de la chevelure pour voiler la nudité féminine : quelques classiques, comme *La Madeleine en prière* d'un disciple de Neri di Bicci (probablement Romualdo de Candeli) ou, encore plus renommé, *La naissance de Vénus* de Botticelli. N'oublions pas la célèbre Lady Godiva qui, en l'an de grâce 1043, sous le règne d'Édouard le Confesseur, traversa la ville de Coventry entièrement nue pour convaincre le comte, son époux, d'alléger les impôts

37. C. SAINT-LAURENT, p. 15, 31, 37, etc. ; J. LAURENT, 1979, p. 60.

de son peuple. Elle est généralement représentée assise sur un cheval blanc, l'avant du corps ingénieusement recouvert de sa longue chevelure. La peinture et la sculpture classiques d'après la Renaissance ne recourent guère à ce procédé. Une vision bien différente de la pilosité et de la nudité les inspire.

Dans un autre ordre d'idées, contrairement aux définitions rapportées plus haut, les expressions familières « se mettre à poil » (se déshabiller) et « être à poil » (être nu) attirent l'attention sur une expérience beaucoup plus universelle de la pilosité comme une nudité « de nature », nudité primordiale, crue. Exhiber sa pilosité, c'est se montrer à l'état sauvage. Dans les rares mythes amérindiens où les cheveux servent à vêtir le héros mythique dénudé de ses vêtements, C. Lévi-Strauss fait observer que « la longue chevelure, vêture naturelle, s'oppose [...] aux habits manufacturés comme le cru s'oppose au cuit [...][38] ». Dans les rites de passage traditionnels, les gestes épilatoires (la première coupe de cheveux, l'acte de raser la tête, etc.) font partie des rites de séparation au même titre que le geste d'habiller pour la première fois. Ils séparent l'enfant du monde antérieur de la non-différenciation, pour le faire entrer (rite d'agrégation) dans le monde nouveau des hommes et des femmes de son peuple[39]. Des cheveux longs et ébouriffés, au contraire, symbolisent l'absence d'ordre humain ou le désordre. C'est le cas dans la tradition hindoue. Aussi bien dans la vie quotidienne que dans l'iconographie, une tête échevelée indique soit un état célibataire soit un état d'impureté (menstruation, deuil), autant de menaces à l'ordre de l'existence[40]. Ces importantes constatations sont passées beaucoup trop inaperçues. La pilosité, c'est la « forêt vierge » qu'aucune ingérence humaine n'a ordonnée. Les romantiques français qui promurent, vers 1830, une mode (et une idéologie) antiraison et antibourgeoise, portaient une chevelure surabondante, en « broussaille », en « tempête » ou « léonine », « qui se plaît à imiter la nature dans sa “sauvage beauté” ». Les mâles qui le pouvaient arboraient une barbe fournie (qu'ils soignaient à grandes frictions de graisse d'ours ou de chameau[41] !).

Si les reconstitutions vestimentaires effectuées par ces romantiques n'étaient généralement pas informées par un sens historique bien juste, leur hirsutisme, par contre, constituait une gestuelle sauvage authentique. Les aïeux du Moyen Âge que les romantiques prétendaient imiter[42]

38. C. LÉVI-STRAUSS, 1971, p. 347-348.
39. A. VAN GENNEP, p. 77, 102, 238-240.
40. F. APFFEL MARGLIN, p. 54.
41. P. BOLLON, p. 64-65.
42. *Ibid.*, p. 57-64.

étaient, quant à eux, beaucoup trop « civilisés » pour laisser le poil envahir leur visage et leurs têtes. Non seulement taillaient-ils et soignaient-ils leur chevelure et leur barbe, mais ils maintenaient un contrôle calculé sur la masse pileuse qu'un homme civilisé peut étaler. Ainsi commence-t-on à entendre au XIVe siècle des objections contre cette barbe qui donne aux hommes apparence canine ou féline[43]. Si « les proverbes disent ce que le peuple pense », comme le prétend un dicton suédois, ils attestent que l'association poil-animalité affleure toujours à la conscience populaire. Pour le populo américain, « si la barbe était signe d'intelligence, la chèvre serait Socrate ». « Si on jugeait les gens à la barbe, le bouc pourrait prêcher », dit-on au Danemark[44]. Toujours est-il qu'au XVe siècle et au début du XVIe siècle français, sous Charles VIII et Louis XII, alors que les cheveux allongèrent, la barbe disparut. Au siècle suivant, sous François Ier et Charles Quint, les cheveux raccourcirent alors que fleurissaient barbes et moustaches. Mais au XVIIe siècle, on réduisit ces dernières, tout en portant, sous Louis XIII, la chevelure plus longue. Autre retournement avec Louis XIV : vogue du visage glabre et des cheveux longs (en fait, triomphe des perruques démesurément parées[45]). Cette oscillation perpétuelle dans le contrôle de la pilosité de la face et du chef remonte à la préhistoire et se poursuit jusqu'à nos jours. Elle m'apparaît avoir un sens tout à fait analogue à celui que G. Vigarello attribue au lavage des mains et du visage au Moyen Âge, au linge qui nettoie ainsi qu'aux parfums et poudres qui camouflent la malpropreté au XVIIe siècle. L'enjeu n'est pas d'hygiène. C'est une question de civilité, de culture des apparences[46] : on *paraîtrait* inculte ou barbare avec une peau couverte de saleté et malodorante, ou bien mangée de poil. Il faut qu'apparaisse aux yeux d'autrui l'intervention humaine.

On pourrait alléguer plusieurs autres faits culturels montrant que l'intervention humaine sur le poil visible est signe d'un arrachement à l'état de nature. Qu'on pense aux modes de la perruque décorative, cheveux postiches qui symbolisent une distanciation encore plus marquée des produits de culture par rapport à ceux de nature. Cette coutume remonte aux anciennes civilisations égyptienne et sumérienne du quatrième millénaire[47]. Distanciation plus significative encore entre la « nature » de ce monde et la « surnature » symbolisée : la tonsure dans le monachisme ancien[48]. À l'« enculturation » de la nature par les œuvres de la raison humaine s'ajoute ici l'« inculturation » par les œuvres de la foi.

---

43. R. BROBY-JOHANSEN, p. 126.
44. *Dictionnaire de proverbes et dictons*, p. v, 350 #8 et 360 #38.
45. F. BRAUDEL, p. 249. Aussi A. FRANKLIN, 1887, p. 48-58.
46. G. VIGARELLO, 1987, p. 54-57, 90-102.
47. A. FRANKLIN, 1887, p. 59-74; R. BROBY-JOHANSEN, p. 39-41.
48. P. RAFFIN, p. 144-159.

Ces aperçus trop brefs sur la corrélation qui existe entre le contrôle (volume, longueur, taille, soins) de la pilosité faciale et capillaire, et la conscience d'un état de culture prennent des proportions nouvelles chez les peuples où le vêtement expose davantage le corps à la vue publique que ce n'a été le cas, par exemple, dans notre passé européen[49]. De toute part, on apprend que, dans les populations moins vêtues, les pratiques dépilatoires sont beaucoup plus élaborées que celles de nos ancêtres. Les Amérindiens du sud-est des États-Unis, autant les hommes que les femmes, s'épilaient le corps avec des pinces faites de coquilles de palourde[50]. Ceux de l'Amazonie auraient fait de même, toison pubienne comprise[51]. Citons un exemple pris chez les Indiens bororos du centre du Brésil. Lors des rites d'initiation, les garçons devaient effectuer un trajet de plusieurs centaines de kilomètres sous la conduite d'anciens. Ils revenaient méconnaissables de leur périple : amaigris, sales et hirsutes. Pour les arracher à cet état sauvage et les réintroduire dans la vie du clan, leur mère les lavait, les épilait et les coiffait. Une seconde gestuelle, le revêtement de l'étui pénien, les faisait ensuite passer de la société des femmes, à laquelles ils avaient appartenu avant l'initiation, à celle des hommes[52]. Chez les femmes caduveo et tupari, une épilation suivie de tatouage ou de scarification dénote une sorte de troc : poil contre peinture, nature contre culture. Avant ces inscriptions d'un discours humain sur le corps, celui-ci est stupide[53].

On relève des pratiques semblables dans les civilisations très anciennes. L'épilation était courante, nous assure-t-on[54], dans l'Égypte pharaonique où la finesse des lins soulignait, plutôt qu'elle n'occultait, la nudité, comme les draperies transparentes (la « draperie mouillée » des connaisseurs) de l'art classique. Exemple d'autant plus significatif que dans la civilisation contemporaine de la Mésopotamie, l'abondance des vêtements et des joyaux, leurs teintes criardes et l'arôme capiteux des parfums s'accordaient bien, chez les femmes et chez les hommes, avec un physique lourd, carré, poilu[55]. L'épilation ne s'impose pas là où la gestuelle vestimentaire signale suffisamment la mainmise de l'humanité sur la matière corporelle en friche.

Notre propre histoire n'est pas sans exemple de pratiques épilatoires du corps lorsqu'on l'expose aux regards d'autrui. La représentation artistique

49. Je remercie René Jaouen qui, le premier, a attiré mon attention sur ce phénomène.
50. H. E. DRIVER, p. 142.
51. M.-A. DESCAMPS, 1972, p. 84.
52. C. LÉVI-STRAUSS, 1964, p. 51-52.
53. J.-T. MAERTENS, I, p. 61-62 et 33.
54. R. BROBY-JOHANSEN, p. 38.
55. *Ibid.*, 1968, p. 43.

occidentale du nu, aussi bien masculin que féminin, en donne déjà un éloquent témoignage. Si, chez les Grecs notamment, l'épilation pouvait aussi refléter un idéal de jeunesse (d'adultes imberbes, avec un menu pénis dans une boucle de poil)[56], sa pratique est beaucoup trop répandue pour la restreindre à ce seul cas. Lors de l'introduction des bains turcs en Europe au Moyen Âge, les barbiers s'y installèrent pour offrir, entre autres services[57], l'épilation complète aux femmes autant qu'aux hommes. Si, au XVIe siècle, le peuple déserta les bains publics et du coup abandonna l'épilation, les deux pratiques liées (fréquentation des bains et épilation) garderont cependant, jusqu'à la fin du XVIIIe siècle, la faveur d'un certain nombre de fidèles usagers[58].

Des nouveautés apparues dans notre culture montrent la persistance dans le subconscient humain d'une correspondance entre épilation et humanisation du corps. Lorsque au milieu des années 1940 les bas de nylon transparent firent leur apparition, les femmes s'épilèrent systématiquement les jambes. Le poil axillaire connut le même sort lorsque la mode découvrit les aisselles. En exposant plus de surface poilue, les maillots de bain obligent aujourd'hui les hommes comme les femmes à épiler, pour la rendre socialement acceptable, la partie découverte du pubis. Dans les boîtes spécialisées, danseuses et danseurs nus se livrent à de méticuleux travaux dépilatoires. Au contraire, la caractérisation des personnages ratés, dégénérés ou déprimés, au théâtre et au cinéma, se fait généralement au moyen de barbes longues de plusieurs semaines et de tignasses négligées. Ici la pilosité marque le déshumanisé plutôt que le non-encore-humanisé comme la putréfaction marque, dans les mythes tupi-guarani étudiés par C. Lévi-Strauss, la transformation « sauvage » du cru[59].

Quant au choix d'une esthétique nue plutôt que vêtue, cela tient à tout un contexte géo-politico-social dans lequel rigueur ou douceur climatiques, guerre ou paix, patriarcat ou régime d'égalité jouent une large part. La civilisation de la soie n'appréciait pas la pilosité masculine[60]. Dans la civilisation guerrière de l'Empire romain, au contraire, la rumeur que Jules César se livrait à des pratiques dépilatoires faisait « sourciller » – c'est le cas de le dire – les partisans du poil : « Trop minutieux dans le soin de sa personne », rapporte Suétone, « il ne se bornait pas à se faire tondre et raser de près, mais allait jusqu'à se faire épiler, ce que certains lui reprochèrent[61]... » On dit – et la sculpture le confirme – qu'un des plus grands

56. K. J. DOVER, p. 126, 134-135 et 144; B. SERGENT, p. 204.
57. G. VIGARELLO, 1987, p. 37-46.
58. A. FRANKLIN, 1887, p. 9-12; F. BOTTOMLEY, p. 209.
59. C. LÉVI-STRAUSS, 1964, p. 152.
60. R. BROBY-JOHANSEN, p. 97.
61. SUÉTONE, p. 40 (XLV : Jules César).

guerriers de l'histoire, Alexandre le Grand, ne prisait pas le *look* pileux. Peut-être était-il motivé par des considérations tactiques, puisqu'« on ne peut prendre un homme rasé aux cheveux ». Alexandre, cependant, était aussi le plus civilisé et le plus civilisateur des Macédoniens. Dès sa jeunesse, il aurait lancé une mode imberbe à l'encontre des traditions tribales représentées par son père Philippe[62]. Malgré l'abondance des dictons populaires cherchant à prémunir contre des apparences viriles trompeuses – « la barbe ne fait pas l'homme[63] », comme « l'habit ne fait pas le moine » –, l'abondance de poil n'en demeure pas moins un symbole puissant de virilité agressive incontrôlée[64]. Son absence, au contraire, marque l'« adoucissement » ou la « modération » des mœurs.

Le costume d'Adam

Sous l'éclairage de l'histoire de la pilosité, l'enjeu fondamental de la nudité ne concerne pas le dévoilement des organes génitaux. Avant même d'être « sexuelle », la question soulevée par la nudité concerne l'humanisation d'un corps qui, pétri d'esprit, cherche à transcender l'état de nature organique. C'est aussi le point de vue qu'expose Hegel[65]. Le philosophe dit toute son admiration pour les artistes grecs qui ont exprimé « l'humain dans ce qu'il a d'immédiat, le corporel comme un attribut humain, pénétré de spiritualité ». Ils ont su apprécier plus que tout autre « la forme humaine comme la plus libre et la plus belle ». Si un aussi grand nombre de leurs statues sont nues, c'est qu'elles représentent directement la beauté humaine. Le vêtement ne doit être considéré comme un avantage que là où il « nous soustrait à la vue directe de ce qui, en tant que sensible, est dépourvu de signification[66] ». Hegel dit en philosophe ce que les traditions orales amérindiennes étudiées par Lévi-Strauss transmettent dans les mythes : avant l'enculturation par l'entremise de l'esprit (des esprits), il n'existe que du « sensible », une « nature biologique crue ». En tant que « spirituel », le corps a cependant d'autres façons de manifester son huma-

---

62. M. RENAULT, 1970, p. 210, 247, 252-253, 258.
63. *Dictionnaire de proverbes et dictons*, p. 60 #637 (francophone), p. 384 #23 (russe), p. 418 #37 (persan), p. 427 #7 (kurde), p. 457 #7 (géorgien), p. 532 #2 (juif).
64. Il n'est pas sans intérêt de noter que plusieurs proverbes attribuent également une force extraordinaire à « un cheveu de femme » : voir *Dictionnaire de proverbes et dictons*, p. 322 #26 (catalan), p. 363 #4 (suisse-allemand), p. 365 #76 (néerlandais), p. 486 #64 (japonais). Reconnaissance implicite d'un pouvoir féminin que les hommes feindront d'ignorer à leurs propres dépens ?
65. M.-A. DESCAMPS, 1972, p. 63, ne saisit manifestement pas la pensée de Hegel. Le commentaire de R. BARTHES, 1967, p. 261, sur le même texte exigerait aussi des nuances.
66. G. W. F. HEGEL, III, p. 154-156.

nité que de se soustraire à la vue d'autrui par le vêtement. Toute intervention sur le corps qui prend l'allure d'un code joue le même rôle. Paradoxalement, l'épilation partielle ou totale du corps est « culture des apparences » autant que la plus élaborée des modes vestimentaires.

Aussi la thèse bien connue de K. Clark, sur la création artistique de nus qui ne montreraient jamais la nudité telle qu'elle existe dans un prétendu « état de nature », m'apparaît partiellement contestable à cause de ce qu'elle laisse entendre sur le statut purement biologique de la « nudité réelle[67] », celle des êtres historiques que nous sommes. Convenons que le corps peint ou sculpté est une reconstruction imaginée... comme, d'ailleurs, le corps « vêtu ». Aussi, dans la réalité, le sage Zénon était-il partisan du nudisme pour que chacun puisse prendre des décisions informées concernant le choix de son partenaire sexuel[68]. La satire ne cessa, pour les mêmes raisons, d'exploiter ce thème. Horace conseillait de se payer une courtisane qui laissait voir son corps sous sa robe de Cos, plutôt que « de chasser aux matrones dont on ne peut voir que le visage[69] ». L'ineffable Tallemant des Réaux rapporte, dans la même veine, qu'Antoine de Roquelaure, fait maréchal de France par Louis XIII, « disoit qu'il n'avoit jamais baisé de religieuses, parce qu'il les avoit tousjours fait deshabiller auparavant[70] ». Remarque qui exprime peut-être plus de circonspection que de désobligeance envers ces dames ! Reconnaissons avec Clark, encore, que tous les nus classiques correspondent à une forme idéale de l'époque. Chez un artiste comme Michel-Ange, les figures masculines « athlétiques » représentent à ce point une recherche pure de formes anatomiques que peu d'entre elles survivraient à leur projection dans l'existence. Imagine-t-on la « monstruosité » du Christ du *Jugement dernier* déambulant parmi nous ?

Par contre, les corps réels, qui existent en réalité, n'ont jamais eu, de mémoire d'homme ou de femme, la forme « naturelle » que Clark et tous ceux qui le citent leur prêtent trop allègrement. Si le nu masculin de la sculpture grecque antique a forme de temple, « la charpente plate du torse étant portée par les colonnes des jambes », c'est parce que les corps masculins de l'époque (au moins ceux des modèles utilisés par les sculpteurs) ressemblaient davantage, physiquement et vestimentairement, à des temples grecs que ceux que l'on voit déambuler aujourd'hui dans les rues d'Athènes. Les mannequins féminins embauchés aujourd'hui par l'industrie vestimentaire et cosmétique flamande diffèrent, bien sûr, et de l'*Ève*

67. K. CLARK, 1987.
68. M. L. COLISH, I, p. 38.
69. HORACE, I, 2, p. 11-12.
70. G. TALLEMENT DES RÉAUX, I, p. 17.

« ogivale » de l'atelier de Memling et des *Trois grâces* de Rubens ou de la *Bethsabée* de Rembrandt[71]. Mais ils diffèrent aussi des modèles vivants qui ont inspiré ces peintres. Les femmes délicates et minces du XVe siècle ne sont pas plus une création imaginaire d'un Botticelli que les sensuelles et grasses du XVIe siècle n'en seraient une d'un Raphaël ou d'un Titien[72]. Dans la réalité historique, les corps féminins ne sont pas une « donnée de nature » immuable que les artistes auraient manipulée arbitrairement. La nudité des modèles employés pour la peinture, la sculpture ou la photographie de mode et des acteurs de cinéma, se démarque déjà de la nature en friche. Ces corps féminins ou masculins sont eux-mêmes, avant leur transformation artistique, des œuvres de culture. La nudité réelle, autant que celle du « nu artistique », est une « représentation », la création esthétique d'un être auquel la pensée et la liberté assurent une certaine maîtrise sur sa forme corporelle elle-même. « Le statut du corps, remarque Jean Baudrillard, est un fait de culture[73] ».

Aussi, là où l'esprit est suffisamment délié pour porter sur la coutume un regard critique, il pourra apparaître que le revêtement de la nudité n'est pas l'unique, ni toujours le meilleur moyen d'assurer l'enculturation du corps. Quel meilleur exemple de ce regard critique que celui des Grecs de la période classique. Les historiens du Ve siècle avant notre ère soulignèrent comment la nudité grecque en vint à distinguer les Grecs « civilisés » des peuples « barbares ». Hérodote se sentait obligé de faire remarquer à ses lecteurs grecs, pour lesquels la nudité allait de soi, que « chez les Lydiens, comme aussi les autres Barbares en général, être vu nu est, même pour un homme, chose qui induit en grande honte[74] ». Thucydide décrira un processus de simplification graduelle qui conduisit les Lacédémoniens vers un meilleur conditionnement physique et une démocratisation des relations humaines : le passage se fit de vêtements élaborés et ornés à un vêtement simple pour aboutir à la nudité sportive. Celle-ci se pratiquait en Grèce depuis 720 avant notre ère[75]. « On pourrait invoquer encore beaucoup d'exemples, conclura Thucydide, montrant que les Grecs d'autrefois vivaient comme les Barbares d'aujourd'hui », entendons ceux qui, par manque de culture, se scandalisent encore de la nudité humaine[76]. Dans les ouvrages attribués à Homère, en effet, la nudité ne « distingue pas ». Les jeunes hommes grecs de la préhistoire portent le *perizona*, sorte de

---

71. K. CLARK, II, p. 466; 44; 223; 185.
72. P. PERROT, p. 199.
73. J. BAUDRILLARD, p. 200.
74. HÉRODOTE, I, 1954, p. 36. G. W. F. HEGEL, III, p. 153, entend mal la mise au point contenue dans cette remarque. Elle a pour but d'expliquer un trait qui, précisément, distingue les peuples « barbares » des Grecs « civilisés ».
75. V. L. BULLOUGH, p. 99-100.
76. THUCYDIDE, I, p. 6-7.

culotte courte. C'est au VIIe siècle av. J.-C. que commencent à apparaître, dans la statuaire grecque, de jeunes kouros nus[77].

Dans *La République*, Platon voulait que les femmes aussi pratiquent la nudité au gymnase. D'aucuns se gausseront sans doute, observe Platon, de ces nouvelles mœurs féminines. Ils ne feront que répéter ce qui se passa autrefois lorsque, se différenciant des Barbares, les hommes grecs, d'abord en Crète puis à Lacédémone, inaugurèrent la nudité au gymnase[78]. Trois siècles plus tard, Plutarque attribuera à Lycurgue une ordonnance concernant la santé des filles. Comme les garçons, elles devaient s'exercer et danser nues « pour leur ôter toute délicatesse et toute tendreur efféminée[79] ». La traduction de certains dictionnaires classiques du terme *gymnos* par « portant un chiton » ne reflète que la pruderie de leurs auteurs. Autant pour ces sportives de Sparte que pour les hommes, *gymnos* désigne la nudité totale[80]. À l'exception de Sparte, cependant, la nudité devint, au Ve siècle avant notre ère, un « costume » qui distinguait autant les hommes des femmes que les Grecs des Barbares. Car les femmes n'avaient plus accès au gymnase, l'institution centrale de la vie grecque aristocratique. Elles ne revêtaient donc pas le « costume » gymnique[81].

Évidemment, cette reconnaissance grecque du « nu civilisé » n'excluait pas de leur regard critique le discernement de formes « grossières » ou « incultes » de nudité. Dans ses *Caractères*, dont s'est inspiré La Bruyère, le péripatéticien Théophraste d'Érèse remarquait que les Athéniens assimilaient certains gestes découvrant la nudité à un manque de « savoir-vivre », une vulgarité comparable à celle de sentir le *kepkéon* (bouillon qui laissait une odeur pareille à celle de l'oignon ou de l'ail). Est rustre celui qui, « en s'asseyant, relève son manteau jusqu'aux genoux, découvrant sa nudité[82] ».

Aujourd'hui, des études statistiques démontrent que la reprise de la pratique du « gymnisme » dans un cadre d'exercice physique et de plein air a trouvé la majorité de ses premiers adeptes dans une population européenne et américaine hautement scolarisée[83]. C'est elle qui pouvait le mieux porter un regard critique sur le fondement d'une coutume qui, au XIXe siècle, en était arrivée à identifier, sans critique aucune, vêtement

77. L. BONFANTE, p. 547-549.
78. PLATON, *République* V, 452 c-d (I, p. 1022-1023).
79. PLUTARQUE, I, p. 103.
80. L. BONFANTE, p. 547.
81. *Ibid.*, p. 554-555.
82. THÉOPHRASTE D'ÉRÈSE, 1952.
83. W. E. HARTMAN, M. FITHIAN et D. JOHNSON, p. 87-88, 93-94, 398; M.-A. DESCAMPS, 1972, p. 198-203; 1987, p. 120 et 138.

européen et civilisation, nudité et sauvagerie. S'ils veulent bien présenter leur cause, cependant, les promoteurs du « gymnisme » doivent exercer un discernement aussi raffiné que celui des Grecs. Il leur faut abandonner, notamment, les pseudo-mythes de la nudité et de la sauvagerie nécessairement « crues[84] ». Ces conceptions n'ont aucune base ethnologique et, qui plus est, elles s'avèrent méprisantes envers les vieilles et innombrables civilisations de la nudité humanisée. L'identification d'une idée toute matérielle de nudité avec la vérité et du vêtement avec l'hypocrisie dans une certaine apologétique nudiste participe également de ces pseudo-mythes[85].

Qu'on la qualifie « d'Adam » ou « de gloire », comme l'ont fait certains Pères de l'Église auxquels nous reviendrons, la nudité humanisée est toujours « costume », une gestuelle humaine dont l'interprétation n'est connue qu'à travers la « coutume » culturelle. Que la nudité soit révélée à la conscience par une « voix innocente », comme celle du jeune enfant dans le conte d'Andersen[86], ou par sa « propre science », comme dans le mythe d'Adam et Ève, la réaction de honte qu'elle pourra susciter ne naît pas, comme semble l'impliquer J.-C. Bologne, de la nudité comme telle[87]. Mouvement de crainte, elle ne saurait naître que d'une nudité perçue comme « corrompue », pour reprendre le vocabulaire de Lévi-Strauss. Aussi faut-il étudier l'expérience historique du dénuder humain pour tâcher d'en discerner les formes enculturées, celles qui furent perçues comme faisant partie d'un patrimoine, et ses formes déculturées, celles qui semblaient menacer d'extinction un héritage ethnique.

84. Sur ce point, la critique de J. LAURENT, p. 186, est pertinente. Il a cependant tort d'attribuer aux plages du XXe siècle l'invention du « nu conscient » (p. 188). Les Grecs l'avaient clairement inventé au Ve siècle avant notre ère.
85. Par ex., M.-A. DESCAMPS, 1972, p. 115, 233-235.
86. H. C. ANDERSEN, p. 77-81.
87. J.-C. BOLOGNE, p. 15

CHAPITRE 8
Le dénuder enculturé

Le casse-tête des classements

Indépendamment de toute intention, le vêtir est gestuelle d'enculturation. En se parant, l'être humain manifeste à la fois les modalités de son appartenance à une collectivité et les traits par lesquels il se singularise. Sa gestuelle vestimentaire offre donc à qui sait les décoder des signifiés d'appartenance et d'individualisation.

Le dénuder, pour sa part, n'apparaît pas spontanément comme gestuelle enculturée. Dans sa matérialité, il semblerait même réinscrire le sujet humain dans un état primitif d'avant la culture. Serait-il, comme d'aucuns l'estiment, un retour « à la nature », au « cru » ? Retour chimérique, puisque entre l'état de nudité et l'acte de se mettre à nu, le fait et la conscience du vêtir sont intervenus. Dans toutes les sociétés connues, la nudité n'est plus jamais vécue comme fait brut, insignifiant, inconscient. Elle prend nécessairement forme de gestuelle. S'il existe bien, dans des contextes définis, par exemple, au bain, au lit, au gymnase, des expériences de nudité banalisée par son acceptation sociale, il est impensable que, s'étant dévêtu, on soit « inconscient d'être nu ». Du moins, ne l'est-on pas plus que d'être vêtu.

Comparativement au vêtir, par contre, le dénuder n'appartient pas toujours à la catégorie du « cuit », du geste « enculturé » dont les signifiés, s'ils peuvent être manipulés à mauvais escient, ne dénotent pas un défaut d'humanisation. Ainsi, s'habiller richement, légèrement ou érotiquement. Agir libre, le vêtir crée l'ordre humain ou, dans des conditions intérieures ou extérieures à l'agent, vicie la relation à autrui. Comparé au vêtement qui dénote la culture, ordre du signifiant, la nudité dénote, « en soi », la nature, ordre de l'a-signifiant. Le dénuder, pour sa part, s'élabore dans des contextes qui, à tort ou à raison, signalent aux membres d'une communauté donnée un statut culturel : soit de geste enculturé, propre à humaniser celles et ceux qui le posent, soit de geste déculturé, dénaturé, impropre à produire de l'humain. Dans ce chapitre, nous examinerons les agirs de dénudation qui, dans des contextes donnés, ont forme enculturée. Quelles significations, nous demanderons-nous, l'expérience humaine de la nudité enculturée manifeste-t-elle ?

Dès que nous cherchons à répondre à cette question, nous constatons que les données de l'expérience de nudité se prêtent à trois choix possibles de thématisation. Un premier, qu'on retrouve fréquemment dans l'apologétique nudiste, consiste à dresser un inventaire des « valeurs » du nudisme : pratique curative, libératrice, simplificatrice, « réhabilitative », réconciliatrice, etc.[1] S'il produit d'abondants matériaux utiles pour la construction d'une réflexion charpentée, ce choix méthodologique souffre du défaut de toute division purement descriptive : intelligence du phénomène considéré réduite au minimum. Les recensements exhaustifs ont la mauvaise fortune d'épuiser autant le thème que le lecteur, à qui est abandonnée la tâche herméneutique. À l'autre extrême, un deuxième choix, prisé particulièrement par les esprits philosophiques, consiste à court-circuiter l'analyse descriptive du dénuder enculturé pour n'en manifester que l'ultime signification. On risque alors de synthétiser ce qui a été insuffisamment analysé, d'interpréter la réalité avant qu'elle n'ait été adéquatement appréhendée. Péché mignon des philosophes contre la première opération de l'esprit, la simple appréhension. Reste la *via media*. Entre l'énumération exhaustive et l'interprétation globale de l'expérience du dénuder enculturé, il y a place pour un agencement de ses formes apparentées qui soit apte à manifester les significations les plus éclairantes.

Le casse-tête des classements propres à organiser la recherche qui suit n'est pas résolu par la distinction entre un dénuder enculturé (chap. 8) et un dénuder déculturé (chap. 9), et par le regroupement ordonné des signifiés que l'un et l'autre dégagent. À la pratique, il est apparu que les données colligées se prêtaient à deux systèmes tripartites de regroupement. L'un diviserait les thèmes à partir des aspects formels de l'expérience de la nudité. Dans le cas de la nudité enculturée, on obtient bien-être, simplicité et partage. L'autre s'organiserait à partir de trois ordres ontologiques distincts dans l'expérience de ces divers aspects, à savoir physique, psychologique et spirituel. Cette deuxième division m'est apparue moins éclairante parce qu'elle manifeste la seule répercussion d'une valeur vécue sur les divers registres de la réalité humaine. Du reste, les sujets distinguent généralement mal ces clivages de l'expérience du dénuder. La distinction des ordres ontologiques sera traitée, en conséquence, à l'inté-

1. M.-A. DESCAMPS, 1972, p. 245-284; 1987, p. 53-73.

rieur de la division la plus éclairante pour notre propos d'ensemble, celle des aspects formels du dénuder dans l'expérience humaine.

Dernière remarque méthodologique : K. Clark, dans l'étude qui fait le plus autorité sur le nu artistique, pose d'emblée la distinction devenue classique entre le « nu » (*nudity*) et la « nudité » (*nakedness*)[2]. Le nu est la représentation d'un corps dont l'artiste a enlevé, avec les protubérances, les verrues, etc., la subjectivité historique. Le nu serait un corps remodelé. L'incidence de cette thèse que nous examinerons par la suite m'apparaît négligeable pour la recherche des signifiés de la nudité humaine. Les signifiés sont œuvre de culture. En ce sens, toute « nudité » humaine prend forme de « nu », puisqu'elle n'acquiert de sens que dans le regard interprétatif, donc re-modeleur, de l'observateur, de l'observatrice. L'artiste n'est qu'un spectateur au regard particulièrement pénétrant et capable de représenter ce que ses contemporains entrevoient.

Le bien-être

Pour désigner cet éventail des signifiés enculturés du dénuder, qui s'étend de la santé corporelle à la beauté d'un corps parfaitement accompli, j'emploie la catégorie « bien-être ». Elle désignera donc autant « béatitude » que « sensation agréable ». C'est ce large signifié que traduit, dans divers contextes donnés, matériel, psychologique ou spirituel, l'expérience de la nudité humaine.

Depuis les théoriciens de la « gymnité » dans la Grèce du Ve siècle av. J.-C. jusqu'à ceux que nous entendons de nos jours, on n'a cessé de vanter les vertus bienfaitrices, voire curatives, d'une pratique systématique de la nudité. Par contre, on allègue la perte d'immunité corporelle humaine causée par tout vêtir initial d'une peuplade « nue ». Protégé artificiellement des climats extrêmes, le corps humain a perdu la capacité de se défendre par lui-même autant du froid que de la chaleur. Exposés à des conditions climatiques rigoureuses, les humains déshabillés ne « se portent » plus « bien ». Ils font de leur corporalité dénudée une expérience douloureuse.

Sans employer le vocabulaire scientifique de l'« immunité », Plutarque louait les réformes de Lycurgue, le législateur mythique de Sparte, celui qui aurait promu la nudité sportive des femmes. Celle-ci contribua, dit Plutarque, à leur bien-être physique général : leur corps s'endurcit, perdant sa délicatesse et sa « tendreur efféminée », comme nous l'avons déjà

2. K. CLARK, I, p. 19.

souligné. Elles devinrent « plus robustes et mieux disposes » ; les fruits de leurs entrailles germèrent mieux en elles, alors qu'elles-mêmes les portèrent et les enfantèrent plus vigoureusement et plus facilement qu'avant leurs ébats nus[3]. Vingt siècles plus tard, l'enquête de M. Weinberg auprès de colonies nudistes manifeste qu'il existe encore un consensus certain de leurs membres sur l'article de foi nudiste selon lequel la « gymnité » contribue au bien-être physique[4]. G. Lecordier, qui combattit le nudisme naissant dans la France des années 1930, rencontra le même argument chez ses adversaires[5]. S'appuyant sur des données médicales vieillies, surtout en ces temps où la déchirure de la couche d'ozone nécessiterait des mises au point, M.-A. Descamps détaille encore les effets curatifs du naturisme[6]. Une nouvelle « sensibilité écologique[7] » ne peut que consolider la thèse selon laquelle le contact direct de la peau humaine avec les éléments primordiaux – l'air, la terre, l'eau et le feu (solaire) – revitalise un corps qui a trop perdu contact avec sa matrice originelle et respire mal[8].

Depuis les Jeux d'Olympie, institués selon la légende par Hercule et dans les faits en 776 av. J.-C., l'association de la pratique du sport et de ses rituels de vestiaire, avec une nudité totale ou partielle, témoigne aussi de la connotation de « santé » rattachée à la pratique nue. Plus prudes que les Grecs, les Romains n'en appréciaient pas moins la nudité vigoureuse des figures artistiques et des athlètes du cirque[9]. De ce point de vue, notre société occidentale ressemble encore à celle de Rome sous l'Empire. Aucun symbole n'évoque mieux la santé éclatante que celui de la nudité en sueurs des vestiaires sportifs. C'est pourquoi ces endroits constituent un lieu de prédilection pour les reportages photographiques ou télévisés des athlètes. À la santé s'ajoute ici une connotation de puissance physique. La nudité ancienne du « sport de la guerre » en fournissait un exemple exceptionnel. Polybe, historien grec romanisant, racontait comment la seule vue des grands Gaulois nus, parés de leur torque doré, terrifiait les anciens Romains[10]. Qu'on pense, dans notre propre galerie des sports, aux plus nus de nos athlètes, celles et ceux qui s'adonnent au culturisme, aux exercices spectaculaires de musculation.

Au-delà de cette santé toute physique, le dénuder enculturé favoriserait également la santé psychologique : *mens sana in corpore sano*. Les

---

3. PLUTARQUE, I, p. 103-104.
4. M. S. WEINBERG, 1987, p. 215-225.
5. G. LECORDIER, p. 59 ; voir aussi H. MICHAUD, p. 55-60.
6. M.-A. DESCAMPS, 1972, p. 245-248 ; 1987, p. 53-56.
7. M.-A. DESCAMPS, 1987, en fait état p. 6 et 155.
8. Voir, pour les jeunes enfants, A. GOODSON, p. 69-97.
9. M. R. MILES, p. 26 ; L. BONFANTE, p. 562.
10. Voir les textes cités par L. BONFANTE, p. 562-563.

nudistes interviewés par Weinberg montrent, sur ce point, un accord ferme : vivre nu, en groupe, sous le soleil, contribue au bien-être psychique et libère d'une honte malsaine du corps humain[11]. Ce deuxième niveau de bien-être est détaillé par Descamps en une série de thèmes connexes : la pratique du nudisme réhabilite la dignité du corps, réconcilie les « parties » prétendues honnêtes et déshonnêtes du corps, délivre de l'obsession du cache tout de notre civilisation, apaise et rééduque les sens et la sexualité, unifie la personnalité, rend l'homme (et la femme, je présume) présent à lui-même[12]. Bref, une pratique sociale de la nudité favoriserait l'appropriation harmonieuse de son propre corps. On peut penser que c'est aussi cette santé psychologique que recherche, avec le bien-être physique, cette foule toujours grossissante de vacanciers pratiquant la nudité sans visée idéologique, les week-ends et les congés[13].

Ces positions théoriques peuvent-elles se justifier ? Si la preuve n'en est pas encore solidement établie, reste que la recherche empirique contemporaine tend à les confirmer. Alors que la prohibition sévère de la nudité dans la famille semblerait liée à des dysfonctions sexuelles chez beaucoup de patients[14], des attitudes libérales envers la nudité dans le cadre familial durant l'enfance seraient liées, au contraire, à des facteurs positifs de fonctionnement et d'ajustement à l'âge adulte[15]. Dès l'adolescence, ces pratiques de nudité familiale produiraient des personnes plus à l'aise dans leur sexualité[16]. Les recherches de M. Story tendent également à démontrer que les pratiques de nudisme social favorisent des images de soi plus positives autant chez les jeunes enfants[17] que chez les adultes[18], et qu'elles ont une corrélation significative avec la maîtrise sexuelle[19]. Sur les bases de telles observations, des psychothérapies nudistes se mettent en place[20].

Étroitement liée à ces images de santé corporelle et sexopsychologique, on trouve encore, dans l'histoire des peuples, l'idée d'une nudité énergique, forte, supérieure, héroïque, voire divine, d'une nudité qui exprime, en somme, des modalités de la réalisation optimale du bien-être. Aux

11. M. S. WEINBERG, 1987, p. 215-225.
12. M.-A. DESCAMPS, 1972, p. 255-256 ; 256 ; 270-277 ; 268-270, 277-279 ; 256-257 ; 259-261.
13. Sur cette tendance actuelle, voir M.-A. DESCAMPS, 1987, p. 144-146.
14. R. G. FARMER, p. 148-149 ; A. GOODSON, p. 115-151.
15. R. J. LEWIS et L. H. JANDA, p. 349-362. G. DEVEREUX aurait constaté la même corrélation chez les Mojaves de l'Arizona et de la Californie entre la pratique du nudisme chez les enfants et la diminution de l'incidence de la sévérité des désordres psychologiques.
16. S. I. SHELLEY, p. 350-367.
17. M. D. STORY, 1979, p. 49-56.
18. M. D. STORY, 1984, p. 99-112.
19. M. D. STORY, 1987, p. 197-211.
20. M.-A. DESCAMPS, 1989, p. 180-183 ; A. GOODSON, 1991.

époques où les degrés de « supériorité » et d'« infériorité » socio-politiques s'exprimaient plus ostensiblement que dans les démocraties contemporaines, l'étiquette occidentale prévoyait que la nudité des supérieurs devant les inférieurs était honorable, alors que l'inverse était tout simplement impensable. Il convenait que le plus éminent des personnages reçût ses courtisans, *a fortiori* ses subalternes et ses domestiques, dans sa baignoire ou sur sa chaise percée, voire qu'il se lève et s'essuie en leur présence. On connaît les réactions d'étonnement du valet de chambre de la marquise du Châtelet, un certain Longchamp, lorsque, encore au milieu du XVIIIe siècle, la jeune femme se baigna nue devant lui[21]. La nudité des Grands aux XVIe et XVIIe siècles servait à manifester l'extrême distance qui les séparait d'autrui[22].

Le même signifié est à l'œuvre quand la nudité sert à montrer la supériorité du sexe dominant. On peut penser que chez plusieurs peuplades d'Afrique, d'Amérique, de Nouvelle-Guinée ou d'ailleurs, la nudité des seuls hommes ou des seuls enfants mâles connote l'idée de leur suprématie[23]. Celle-ci est encore exprimée, avec des connotations magiques, dans l'art commun de type phallique : figures mi-humaines, mi-animales, satyres, faunes, sont représentés nus avec un phallus exagérément gros[24]. Ce signifié est encore présent dans la nudité fasciste pratiquée et représentée en art au cours des années 1930, nudité « pure et vertueuse », mâle, héroïque[25]. Cinq cents ans plus tôt, dans cette même Italie, Fra Angelico et Fra Filippo Lippi donnaient une version chrétienne de ce même thème dans l'*Adoration des mages* où de petits nus mâles s'exercent à l'athlétisme spirituel. À son tour, Michel-Ange reprendra le thème dans le célèbre *Tondo Doni* où, derrière le groupe serré de la Sainte Famille, des éphèbes, nus comme l'enfant Jésus, ou en acte de dénudation, s'apprêtent vraisemblablement à s'adonner à l'athlétisme ascétique[26]. Ne pourrait-on aussi voir, dans son *David*, une version sécularisée du thème? Contrairement au *David* trop gracile et par là ambigu de Donatello, celui de Michel-Ange représente, par excellence, le modèle accompli de la maturité virile (la *virtus* mâle). E. Erikson savait ce qu'il faisait lorsqu'il en autorisa (ou suggéra?) la reproduction sur la page couverture de

---

21. S.-J. LONGCHAMP et J.-L. MAGNIÈRE, 1826. Le texte de Longchamp et Magnière est cité dans A. FRANKLIN, 1887, II, p. 121. Voir les commentaires de J.-L. FLANDRIN, p. 92, et de G. VIGARELLO, 1987, p. 105-106.
22. R.-H. GUERRAND, p. 38-39; J.-C. BOLOGNE, p. 160-164; 182, 312-316; J. J. COURTINE et G. VIGARELLO, p. 81.
23. P. MANTEGAZZA, p. 25-27; H. E. DRIVER, p. 138-139; W. L. WILLIAMS, p. 89.
24. L. BONFANTE, p. 549-550.
25. J.-C. BOLOGNE, p. 331-332.
26. A. HAYUM, p. 209-251.

Identity : Youth and Crisis, l'ouvrage le plus influent de notre temps sur la psychologie de l'établissement d'une identité mâle réussie[27].

Dans de plus anciennes civilisations influencées par le culte de la déesse, notamment la Grande Déesse mère, la dénudation complète ou partielle (c'est-à-dire celle de la poitrine) des femmes, servait à marquer la supériorité de leur sexe sur l'autre dont la poitrine est si pauvrement dotée par la divinité. C'était le cas en Inde avant que la Grande Déesse eût donné naissance à Brahmâ et à son culte ou, encore, de cette déesse nue accroupie, dont le nom est inconnu, mais qui a alimenté la religion populaire indienne du Ier au VIIe siècle[28]. Cette nudité féminine à l'indienne, dans son symbolisme de supériorité sexuelle, connote aussi le pouvoir de la femme de maintenir et de sustenter les valeurs vitales[29]. On retrouve le même phénomène dans la vieille civilisation égéenne, notamment dans la Crète du deuxième millénaire avant notre ère jusqu'aux invasions grecques vers ~1300. Les statuettes de cette époque représentent toujours les femmes nues, au moins de poitrine[30]. Si Erikson représente la virilité réussie au sortir de l'adolescence par la nudité du *David* de Michel-Ange, l'*Assia* de Charles Despiau pourrait avantageusement illustrer la « gynéité[31] » accomplie des jeunes femmes.

Dans le culte de la nudité autant masculine que féminine, on voit aussi poindre l'idée, clairement exprimée dans l'art, de la qualité divine d'une nudité héroïque ou triomphale. Dans l'art occidental, Hercule est l'image même de l'« énergie dénudée[32] ». La même connotation se retrouve dans des représentations complètement ou partiellement nues d'Aphrodite et de Vénus, comme d'Ashtart (en Phénicie) ou d'Ishtar (à Babylone). Le service cultuel de ces puissantes déesses imposait d'ailleurs souvent la nudité de ses prêtresses[33]. Chez les « déesses sécularisées » qui les ont remplacées dans notre monde, la nudité livre un message curieusement semblable. Dans une recherche sur la perception que femmes et hommes ont de la personnalité de modèles nus des deux sexes, les répondantes ont estimé que les femmes représentées nues reflétaient l'énergie et la puissance[34].

Les modalités du bien-être recensées plus haut culminent dans l'idée, maintes fois traitée en peinture et en sculpture, d'un « nu extatique ».

---

27. E. H. ERIKSON, 1968.
28. J. N. TIWARI, p. 182-219.
29. F. APFFEL MARGLIN, p. 49-53.
30. R. BROBY-JOHANSEN, p. 75.
31. Dans les langues qui ont évolué dans une société patriarcale, il n'existe pas de mot qui soit à la féminité ce que « virilité » est à la masculinité, d'où ce « gynéité ».
32. K. CLARK, II, p. 327.
33. S. B. POMEROY, p. 32-33 ; L. BONFANTE, p. 545 et 548.
34. J. J. FOSTER, p. 941-942.

Cette expression, empruntée à K. Clark, désigne ces nus qui célèbrent par leur forme et leur mouvement la beauté exaltante et « numineuse » de la nudité humaine[35]. Dans la pensée occidentale, les Grecs en ont célébré l'idéal dans la représentation du jeune kouros nu qui était *kaloskagathos*, « beau et bon », autant d'esprit que de corps. Lorsque, dans un dialogue de Platon, Charmide entre dans la palestre, entouré de tous ses admirateurs, jeunes et vieux, Socrate s'informe, avant de le choisir pour discuter de sagesse morale avec lui, si la *morphé* de son esprit est aussi belle que la forme de son corps[36]. À l'époque moderne, ce thème s'exprime souvent dans les rondes de danse. Selon Clark, les fresques d'Antonio del Pollaiolo à Florence, au XVe siècle, annoncent en ce domaine le genre extatique[37]. *La Danse* de Carpeaux à l'Opéra de Paris, (1869) et *La Danse* de Matisse (1909) en sont deux des interprétations les plus célèbres[38]. Là encore la nudité triomphante sert l'ordre du sacré, comme dans le *Christ ressuscité* de Michel-Ange, dont Clark estime qu'il « constitue probablement le plus beau nu extatique de toute l'histoire de l'art[39] ».

Un premier signifié de la nudité enculturée est incontestablement le bien-être. A. Gide pensait-il à ce signifié lorsqu'il écrivait : « Tout être est capable de nudité; toute émotion, de plénitude[40] » ? Physique, le bien-être se traduit par une santé vigoureuse, vibrante, triomphante. Psychologique, il est appropriation harmonieuse du corps et de la sexualité, ajustement fonctionnel à son environnement humain. Spirituel, il est fortitude héroïque ou vertueuse, grandeur et beauté, célébration de l'existence incorporée, reflet de la béatitude divine. Dans le mythe judéo-chrétien des origines, c'est l'humanité (homme et femme) à l'état de nature (c'est-à-dire en toute nudité) créée à l'image de Dieu[41], réalisation ultime du « sixième jour », que le Créateur, contemplant l'ensemble de son œuvre, estime « très bonne[42] ».

La simplicité

Hormis les périodes d'obsession sexuelle collective, par exemple celle du XIXe siècle et du début du XXe dans la civilisation occidentale, un

35. K. CLARK, II, p. 85-138. Sur la numinosité de la nudité grecque, voir A. F. STEWART, p. 60.
36. PLATON, *Charmide*, 154 d-e (I, p. 254-255).
37. K. CLARK, II, p. 110-111.
38. *Ibid.*, p. 129-132.
39. *Ibid.*, p. 136.
40. A. GIDE, p. 157.
41. Gn 1, 27.
42. Gn 1, 31.

ensemble de contextes de la vie quotidienne fonde en quelque sorte une aire de nudité. On pourrait qualifier cette nudité de « coutumière[43] ». Ainsi, du XIIe au XVIe siècle, femmes et hommes se dénudaient encore, comme les anciens Romains[44], pour le bain en commun. Même nudité spontanée pour les bains mixtes dans des étuves publiques dont les croisés avaient découvert les bienfaits dans les « thermes romains » d'Orient[45]. On se déshabillait même à la maison. Puis, pères, mères et enfants des deux sexes et de tous âges se rendaient, nus, par les ruelles, à la maison des bains[46]. Si la peur de contracter la peste par les pores dilatés de la peau fit disparaître bains et étuves publics au XVIIe siècle[47], pourtant ni cette peur ni les ordonnances européennes du XVIe siècle sur le port de vêtements de dessous n'empêchèrent les Francfortais de se baigner nus, en pleine ville, dans le Main, les Parisiens dans la Seine, les Liégeois dans la Meuse ou les Cordouans dans le Guadalquivir. Avec l'apparition du caleçon de bain au XVIIIe siècle, la coutume commença à se perdre[48]. On peut affirmer, avec les nuances qui s'imposent, que les bains en nudité sur les plages publiques ont persisté dans toute l'Europe jusqu'au début du XIXe siècle[49]. Au XVIIIe, quand on en appréciera les vertus thérapeutiques plutôt que simplement hygiéniques ou festives[50], les cures thermales, aux sources d'eau douce ou de mer, seront également l'occasion de nudités mixtes[51]. Autre occasion encore, qui remonterait au VIIIe siècle, celle du bain chaud offert à ses invités et auquel les hôtes assistaient[52].

Entre les XIe et XIIIe siècles, la chemise de nuit disparut. Elle s'était graduellement imposée dans la Rome impériale par souci de porter du linge frais. Sous la République, en effet, les Romains conservaient, en se couchant, leur chemise du jour[53]. Toujours est-il que, pendant tout le Moyen Âge, les Européens, hommes et femmes, se dénudaient pour dormir, souvent à plusieurs dans un même lit[54].

Le fait de mœurs est si flagrant que le très strict exégète A. Pézard, citant Dante (*Divine Comédie :* Enfer, XXIII, 37-42, et XXXIII, 141) ainsi que Joinville (*Vie de Saint-Louis*, CXXVIII, § 646), peut affirmer avec

---

43. M.-A. DESCAMPS, 1987, p. 75.
44. M. R. MILES, p. 26-28.
45. A. FRANKLIN, 1887, p. 9-12, 16-22; F. BOTTOMLEY, p. 209; J.-C. BOLOGNE, p. 30-40; M. DESPLAND, p. 72-73.
46. N. ELIAS, p. 233-234.
47. G. VIGARELLO, 1987, p. 30-32.
48. A. FRANKLIN, 1887, p. 121; J.-C. BOLOGNE, p. 34-38.
49. M.-A. DESCAMPS, 1972, p. 125-126; N. ELIAS, p. 234.
50. F. BOTTOMLEY, p. 123.
51. J.-C. BOLOGNE, p. 40-43.
52. *Ibid.*, p. 28-29.
53. J. LAURENT, p. 68.
54. M.-A. DESCAMPS, 1972, p. 222; J.-C. BOLOGNE, p. 110-114.

insistance : « l'usage de dormir vêtu est une invention moderne[55] ». Même les moines, d'après la Règle de Cluny au XIIe siècle, étaient autorisés à dormir nus[56]. Si la chemise de nuit fut réintroduite dans l'aristocratie et la bourgeoisie du XVIe siècle, elle ne commencera à se généraliser qu'au XVIIIe et n'entrera dans les mœurs qu'au XIXe. En Italie, par contre, on continua à coucher nu[57].

Avant le XVIe siècle, les lieux d'aisance, dont couvents et résidences cossues étaient pourvus, fournissaient encore des occasions journalières de « montrer ses fesses ». Maîtres et maîtresses des novices avec leurs sujets, parents avec leurs enfants ou hôtes avec leurs visiteurs et visiteuses, se soulageaient en commun. Lorsque, dans les grands centres urbains, maisons et palais ne ménagèrent plus d'espace pour les commodités, on urina et on déféqua sans façon contre les murs, dans les escaliers, dans les jardins, dans les ruelles[58]. Il faut attendre le XIXe siècle pour assister au « grand resserrement » décrit avec autant d'humour que de rigueur scientifique par R.-H. Guerrand[59]. L'exercice de ces fonctions naturelles devint alors tellement privé et aseptisé que, parmi les horreurs inimaginables décrites par les rescapés des camps de concentration nazis, figure celle que J. Michel, un témoin de Buchenwald, de Dora, puis de Bergen-Belsen, qualifie de « supplice de la merde[60] ». Ces mœurs de soulagement en commun dans des lieux nauséabonds étaient pourtant, le contexte de violence en moins, celles de nos aïeux d'avant le XVIe siècle.

Ce tableau des nudités coutumières ne serait pas complet si nous n'y ajoutions celle, fréquente et universellement répandue, des enfants[61]. En Occident, l'enfant est né comme entité morale distincte au cours des XVIIe et XVIIIe siècles, « à travers la Réforme, la Contre-Réforme [et] les prêches de Rousseau[62] ». Si l'acquisition d'un statut autant sexuel que légal au cours du XIXe siècle contribua à le protéger des abus dont il était si régulièrement l'objet, le *Zeitgeist* obsessionnel contribua à empoisonner des attitudes qu'une préoccupation trop exclusivement juridique s'efforçait de réglementer.

Après l'éclipse presque totale des nudités coutumières au siècle du « renoncement à la chair », elles réapparaissent progressivement. On recommence, dans notre société, à dormir nu. Contrairement à nos ancêtres,

---

55. DANTE, p. 1024 et 1104.
56. N. ELIAS, p. 232.
57. J.-C. BOLOGNE, p. 114-128.
58. R.-H. GUERRAND, p. 13-71 ; J.-C. BOLOGNE, p. 153-166.
59. R.-H. GUERRAND, p. 73-142.
60. J. MICHEL, p. 66 et *passim*.
61. P. ARIÈS, 1962, 1975, *passim* ; J.-C. BOLOGNE, p. 177 et 296.
62. J. LAURENT, p. 120.

cependant, la nudité au lit est pratiquée davantage dans les milieux plus éduqués. A. Kinsey estimait, il y a déjà cinquante ans, que 41,4 p. 100 des Américains ayant treize années ou plus de scolarité dormaient nus. Le taux descend à 34,9 p. 100 pour les mâles ayant une scolarité de secondaire et à 15,9 p. 100 chez ceux dont la scolarité s'arrête au primaire. Le taux le plus élevé, 52,2 p. 100, se trouve chez les hommes appartenant au niveau supérieur d'instruction et au groupe d'âge de 26 à 45 ans[63]. Ce pourcentage a sûrement grimpé considérablement depuis un demi-siècle. S'il est avéré qu'en France, seulement 20 p. 100 des Français dorment nus, on atteindrait un chiffre de 50 p. cent chez les jeunes et les jeunes couples[64]. De plus en plus, on se dénude dans les saunas, les douches communes, les piscines, les lacs et rivières, on se soulage dans des latrines décloisonnées et on laisse les petits enfants gambader nus. Si des pionniers du nudisme social faisaient entendre leur voix en Allemagne, en Autriche et aux États-Unis au cours du XIXe siècle, c'est au XXe que la pratique sociale du nudisme est organisée institutionnellement[65]. Tout récemment, elle commence à déborder les cadres « concentrationnaires[66] » de ses origines pour se manifester bien au-delà de ce que les législations occidentales ont prévu. On peut s'attendre à nombre d'aménagements juridiques nouveaux pour répondre aux nudités coutumières qui reprennent leur place.

Comme le remarquait Plutarque à propos de la pratique gymnique féminine à Sparte, cela « portait en soi une accoutumance à la simplicité[67] ». Quant aux vues diverses qu'entretenait simultanément la chrétienté médiévale sur la nudité, J.-C. Bologne qualifie d'« innocente » celle, coutumière, dont nous venons de décrire les formes[68]. Cette interprétation élémentaire, j'allais écrire « physique », leur est communément attribuée. Ce dénuder utilitaire, lié aux soins journaliers du corps, est « de soi » naïf, candide, innocent (sans nuisance), ingénu, non compliqué. M.-A. Descamps a raison d'écrire qu'il « n'y a pas de gymnité lorsque l'innocence n'est pas retrouvée[69] ».

Parce que la nudité dont on fait l'expérience dans les fonctions élémentaires de la vie quotidienne du corps (se laver, se soulager, se reposer, se récréer) comporte une signification de simplicité, d'ordinaire, de

63. A. KINSEY, W. B. POMEROY et C. E. MARTIN, p. 477 et 484.
64. M.-A. DESCAMPS, 1987, p. 21.
65. W. E. HARTMAN, M. FITHIAN et D. JOHNSON, p. 15-41 ; J.-C. BOLOGNE, p. 48 et 340-342; M.-A. DESCAMPS, 1987, p. 111-136.
66. M.-A. DESCAMPS, 1987, p. 24-25.
67. PLUTARQUE, XXVI, 19 (I, p. 104).
68. J.-C. BOLOGNE, p. 305-306.
69. M.-A. DESCAMPS, 1987, p. 155.

naturel, de non paré, de non affecté, elle se prête à symboliser tout un ensemble d'attitudes psychologiques, morales et spirituelles connexes : humilité ou pauvreté d'esprit, pureté ou innocence, détachement ou abandon, vérité ou authenticité. Selon la systématisation choisie, ces attitudes pourraient faire l'objet de distinctions diverses. Les grands traités autant de caractérologie[70] que d'éthique[71] et de spiritualité[72] leur consacrent des centaines de pages. Quelles qu'en soient les mille et une nuances, néanmoins, ces attitudes, et les conduites qu'elles nourrissent, communient toutes dans ce trait de « simplicité », de non-duplicité.

Si l'on fait abstraction ici de la pensée proprement théologique (sur laquelle on reviendra dans un chapitre ultérieur), ce signifié de la nudité est très clairement manifesté dans les cultures. En ce qui a trait au Moyen Âge occidental, F. Bottomley affirme qu'en dehors du contexte de la nudité liée aux soins du corps, la nudité apparaissait davantage comme un signe de pauvreté que de lubricité. Aussi les figures nues dans l'art du Moyen Âge marquaient-elles plus souvent qu'autrement « l'humilité et l'innocence[73] ». Ainsi cette iconographie qui, à travers toute la chrétienté médiévale, symbolisait paradoxalement l'innocence d'Adam et d'Ève en exhibant leurs organes génitaux et leur culpabilité en les couvrant de feuilles[74]. Le même procédé est utilisé par le jeune Titien en dehors de cette thématisation chrétienne. Dans *L'Amour sacré, l'Amour profane*, c'est la femme vêtue qui représente le second, la femme nue le premier[75]. Des quatre grands sens symboliques de la nudité dans la pensée médiévale : *naturalis, temporalis, virtualis* et *criminalis*, les trois premiers représentent différents aspects de la catégorie plus large de simplicité. La nudité naturelle évoque l'humilité propre à la condition de créature. La temporelle exprime le dénuement qu'on peut choisir comme ascèse, style de vie frugale, etc. La virtuelle indique une innocence intérieure, une absence de fausseté[76].

Cette psychologisation et cette moralisation de la nudité se retrouvent aujourd'hui partout et sous toutes les formes dans la littérature nudiste. M.-A. Descamps parle de dépouillement, de simplicité, de vérité, de sincérité, de franchise et d'innocence[77]. Ce phénomène contemporain me semble original car il allie ce qui, dans l'ancienne société, semble avoir été

---

70. Par exemple, R. LE SENNE, 1949; E. MOUNIER, 1947.
71. Par exemple, THOMAS D'AQUIN 1984-1985; V. JANKÉLÉVITCH, 1968-1972.
72. Par exemple, *Dictionnaire de spiritualité ascétique et mystique*.
73. F. BOTTOMLEY, p. 123 et 208-209, note 23.
74. J.-C. BOLOGNE, p. 129.
75. H. WETHEY, p. 175-179.
76. F. BOTTOMLEY, p. 219, note 31.
77. M.-A. DESCAMPS, 1972, p. 29 et 250-251; 254; 29 et 257-259; 264; 264-265; 265-266.

expérimenté sur deux plans séparés : une nudité coutumière, de type utilitaire d'une part, et une nudité représentée, de type moral et spirituel d'autre part. La coutumière, si elle était de fait sans arrière-pensée et sans duplicité, donc simple et innocente, n'était vraisemblablement pas recherchée pour ses valeurs psychiques, morales et spirituelles. Ces signifiés étaient attribués à des nudités plus glorieuses – chez les saints et les saintes, les héros et les héroïnes, les dieux et les déesses. Ce phénomène se retrouve dans d'autres traditions anciennes. Alexandre le Grand aurait eu connaissance, durant sa campagne indienne, de sectes religieuses d'hommes nus qui avaient une grande réputation d'ascèse. Dans la tradition hindoue, en effet, la nudité mâle connote généralement l'ascèse des sages[78]. Alexandre aurait cherché auprès d'eux la sagesse[79]. Dans *La Cité de Dieu*, Augustin mentionne également ces *Gymnosophistae* indiens, tout en commentant pieusement qu'ils couvraient tout de même leur sexe, puisque la pudeur est « naturelle[80] ». Ces représentations élitistes ayant perdu leur pouvoir de séduction dans l'expérience démocratique, nous sommes plus portés à reconnaître aux nudités coutumières leurs valeurs humanisantes.

Bref, la nudité est valorisée culturellement, parce qu'elle représente la simplicité. Simplicité presque physique, à un premier niveau, dans l'ingénuité des nudités coutumières. Le caractère non affecté de la nudité en fait un symbole tout désigné de réalités psycho-morales telles que la pureté, le détachement, l'authenticité. Dans ses réalisations les plus sublimes, elle signifie la transparence spirituelle des sages.

L'intimité

L'idée d'intimité servira à nouer en faisceau un dernier ensemble de significations connexes du dénuder. Regroupement majeur, car ce ne saurait être ultimement dans le corps-monade, mais bien dans le corps-relation à autrui, dans le rapport des présences réciproques, que réside l'enjeu de la nudité. Même lorsque l'expression prédomine dans le langage, elle reste une fonction d'une communication adressée à autrui. La variété des significations attribuées par différentes sociétés, voire différentes personnes, autant à « intimité » qu'à « nudité », ne facilite pas la tâche de saisir les rapports qui existent entre l'une et l'autre. L'examen des données permet pourtant, par delà les innombrables nuances qui s'imposeraient, de saisir le lien que les unit.

---

78. F. APFFEL MARGLIN, p. 49.
79. A. SAVILL, 1990, p. 224-225.
80. AUGUSTIN, 35, l. XIV, c. 17, p. 430-431.

Insigne des statuts publics d'un chacun, le vêtement perd une large part de sa raison d'être lorsque l'individu quitte le groupe pour rentrer chez lui. Même les signifiés vestimentaires d'individualisation deviendront banals là où les différences n'ont plus à être affichées devant des partenaires qui les reconnaissent; là où l'environnement autant physique qu'humain n'exigera qu'une protection minimale; là où l'attrait mutuel se passera de stimulants artificiels; là où le bien-être s'accommodera mieux de nudité que de vêtement. Les témoignages abondent. Devant les membres de la *domus*, le dénuder partiel ou total était pratique courante. Dans l'intimité de leur maison, les hommes grecs quittaient souvent leurs vêtements, comme pour le sport. Sans se dénuder, les Romains n'endossaient qu'une courte tunique qui ne cachait pas grand-chose[81]. Chez les Inuits autant canadiens que russes ou groenlandais, hommes et femmes ne portaient au foyer qu'une culotte[82].

On pourrait faire valoir que la distinction entre une sphère sociale du vêtu et une sphère domestique de la nudité est anachronique ici, puisqu'elle présuppose une frontière entre le « privé » et le « public », qu'on n'érigea à ce propos que durant la Renaissance. Que l'acte de se dévêtir ait été relégué dans le cadre du privé où seuls les intimes sont les témoins bienveillants de la nudité de l'un des leurs serait un événement récent. Ces vues, souvent exprimées[83], doivent être nuancées. D'une part, autant notre propre histoire « ancienne et médiévale » que celle d'autres civilisations fournissent des témoignages selon lesquels l'« intimité » favorise la gestuelle de nudité, peu importe la manière dont on conçoit et exprime les choses. D'autre part, certaines façons de comprendre la constitution d'un domaine « privé », distinct d'un domaine « public », faussent les réalités humaines. Le sens d'une gradation dans l'étalage des gestes intimes a toujours existé. On ne trouvera pas beaucoup de coutumes historiques, par exemple, qui autoriseraient le coït conjugal sur la place publique. Le sens des « privautés » n'est donc pas une acquisition de la Renaissance. Lorsque, par contre, le mouvement d'urbanisation du début de l'époque moderne occidentale eut graduellement transformé les villes en de vastes agglomérations anonymes, une aire « privée » toujours plus restreinte s'est constituée pour la manifestation d'un nombre toujours croissant de « privautés ». Ainsi en vint-on à juger, non sans résistance de la part du petit peuple, que l'expression de l'intimité par la nudité ne convenait plus dans l'aire « publique ». Le temps n'était plus où hameaux et villages constituaient le cadre de l'existence quotidienne de la majorité des gens et

81. R. BROBY-JOHANSEN, p. 50.
82. *Ibid.*, p. 100.
83. J. SOLÉ, 1984; M. DESPLAND, p. 78-79.

offraient à celle-ci un contexte de « famille étendue » qui favorisait l'intimité nécessaire à une nudité de partage communautaire. Ce cadre reste encore celui de plusieurs peuplades. La majorité des Occidentaux « anonymisés » par l'urbanisation interprètent mal, d'ailleurs, les gestes de nudité de ces peuplades, comme l'a montré la grande opération missionnaire et colonisatrice d'habillage des autochtones, de par le monde non occidental. L'intimité, autant celle offerte par les communautés « folkloriques », pour emprunter la terminologie de D. Riesman[84], que celle du privé familial dans notre propre société, constitue un facteur qui assure à la nudité la bienveillance requise pour son exercice humain.

La nudité, en retour, promeut le partage intime. Plutarque n'omettait pas d'en faire cas en alignant les arguments en faveur de la pratique sportive nue par les jeunes filles. Cette coutume, écrivait-il, « était une amorce qui attirait les jeunes hommes à se marier [...], non point par contrainte de raison géométrique, comme dit Platon, mais par attraits d'amour[85] ». En effet, le langage sexuel par lequel on communique son « moi familier » à autrui, selon la belle expression de R. Haughton[86], tire avantage d'une nudité qui exprime la présence en immédiateté des partenaires. « Ceux qui s'aiment », dit un proverbe mongo d'Afrique, « ne se cachent pas leur nudité[87] ». En pleine Contre-Réforme, on entend le même son de cloche de la part de nul autre que le jésuite T. Sánchez, dont les commentaires sur *Tametsi*, le document du concile de Trente sur la réforme du mariage, feront autorité jusqu'au XXe siècle. À contre-courant de toute une tradition, il est d'avis qu'il convient, étant donné la nature du mariage, que des époux prennent plaisir à se regarder nus[88].

Si la recherche empirique ne livre pas grand-chose sur ce point, ce que j'ai trouvé tend à confirmer la part de la nudité dans les dires d'intimité. Les quelques expériences tentées pour vérifier l'hypothèse d'une corrélation entre la nudité et la facilité de se confier intimement à autrui ont été positives[89]. Un argument *a contrario* peut aussi être tiré des études sur les rêves de « nudité embarrassante ». Ils manifesteraient soit la difficulté de révéler des détails intimes à propos de soi-même[90], soit la tentative d'attirer vers soi l'attention et l'amour d'autrui[91].

---

84. D. RIESMAN, 1965.
85. PLUTARQUE, XXVI, (I, p. 104).
86. R. HAUGHTON, p. 32.
87. *Dictionnaire de proverbes et dictons*, p. 570 #333. Autre preuve, soit dit en passant, que les peuples que nous estimons « nus » se condidèrent eux-mêmes vêtus.
88. T. SANCHEZ, III, p. 302 : « *ob solam voluptatem in ipsis captandam* ».
89. S. A. SUSSMAN, p. 1146-1148.
90. L. J. SAUL, p. 552-558.
91. W. A. MYERS, p. 117-130.

Le discours nudiste contemporain éprouve beaucoup de réticence à nommer clairement ce signifié du dénuder et son impact sur la vie sexuelle. On croirait qu'il s'emploie au contraire à détacher la nudité de la sexualité. Dans son enquête auprès de colonies nudistes américaines, M. Weinberg enregistre un net consensus sur l'absence d'un lien entre la nudité et la sexualité[92]. Si ce lien n'existe pas, on se demande pourquoi on consent tant d'efforts, dans ces colonies, à élaborer un code déontologique rendant l'adhésion des célibataires si difficile et interdisant les regards fixés sur une partie du corps, les conversations à caractère sexuel et la photographie. Si on manque d'études sérieuses, comme l'observe le sociologue T. Hill, pour répondre à la question : « Pourquoi les *teenagers* quittent-ils le naturisme ?[93] », on peut formuler l'hypothèse que l'intensité des manifestations génitales de l'attrait sexuel à cet âge pose aux adolescents et aux adolescentes un problème de maîtrise de soi face à la nudité d'autrui[94].

Ce même refus de lier sexualité à nudité est perceptible chez Descamps, surtout dans son premier et plus célèbre ouvrage. D'une nudité positive du naturalisme, il distingue des nudités négatives (infamante, humiliante, coercitive...) et une nudité sexuellement excitante. L'examen plus attentif de son ouvrage permet, il est vrai, de nuancer cette entrée en matière antisexuelle. Par « nudité triomphante et excitante », il entend celle « qui s'impose alors qu'on ne la veut point », celle qu'on qualifie d'obscène, celle que recherche l'exhibitionniste. Je veux bien. Mais faudrait-il conclure de ce que « le nu n'est [donc] excitant que sous le vêtement », que nos jansénistes et victoriens d'ancêtres avaient raison de faire l'amour vêtus de la tête aux pieds ? Nos contemporains nus, au contraire, font-ils l'amour dans un état de non-excitation sexuelle ? Mêmes ambiguïtés en ce qui concerne les valeurs du nudisme. D'une part celui-ci servirait à « contrôler » et à « apaiser » la sexualité, d'autre part il aurait une valeur hédonistique et encouragerait un contact cutané bienfaisant entre parents et enfants[95].

À lire ces pages, on se demande si Descamps et beaucoup d'autres nudistes avec lui saisissent bien ce que signifient les valeurs de libération de l'« univers morbide de la faute », de réhabilitation de la dignité du corps dans toutes ses « parties » ou encore de pacification sociale qu'ils attribuent à la pratique sociale du nudisme[96] ? Dans *Vivre nu*, en 1987,

92. M. S. WEINBERG, 1987, p. 342-351.
93, T. L. HILL, p. 10-11. Voir aussi l'enquête de *La Vie au Soleil* de juillet 1984 dans 23 centres de vacances français : seulement 4 p. 100 ont de 15 à 20 ans. Citée par M. A. DESCAMPS, 1987, p. 139.
94. M.-A. DESCAMPS, 1987, p. 162, propose aussi cette interprétation.
95. M.-A. DESCAMPS, 1972, p. 268-270; 277-279; 248-250; 281-282.
96. *Ibid.,* successivement p. 251-253, 255-256, 283.

Descamps corrige la vue par trop fragmentaire de la sexualité reflétée dans son premier ouvrage[97]. Il y parle d'une acception plus large de la sexualité, qu'il ne fixe plus sur les seuls organes de reproduction, mais qu'il étend au corps tout entier. Malgré cette conception élargie de l'objet sexuel, la sexualité n'est pas libérante. Descamps doit faire appel à des notions de sublimation de soi pour apprivoiser l'animal humain. Au lieu de perpétuer une compréhension patriarcale, fondamentalement appauvrie et appauvrissante, de la sexualité humaine comme irréductible « désir libidinal », n'est-ce pas cette compréhension même qu'il faudrait mettre en cause ? On justifierait beaucoup plus radicalement le nudisme en repensant la sexualité comme une fonction humaine d'un dire intime de soi à soi-même et à autrui qu'en niant (ou en minimisant) l'indéniable, à savoir la nature sexuelle de la présence nue des êtres humains les uns aux autres.

La littérature utopique rêve d'une condition psychosociale dans laquelle la nudité exprimerait une sexualité-langage-d'intimité plutôt que l'agression sexuelle de personnes qui ne savent se traiter en êtres égaux et solidaires les uns des autres. Le projet utopique pose la condition *sine qua non* d'un dénuder qui exprimerait une sexualité de partage tendre et affectueux plutôt qu'une sexualité de voracité mâle. Cette condition, c'est l'égalité démocratique des partenaires. Notons, au passage, que les Grecs étaient très conscients du fait que la nudité sportive masquait les différences sociales et égalisait ainsi les chances d'un chacun[98]. Il est instructif de constater que le genre utopique fleurit particulièrement en Europe au XVIe siècle. Qu'on pense au peintre flamand Jérôme Bosch, notamment dans son *Jugement dernier* où la pensée millénariste est illustrée. Ou encore à Thomas More qui, dans son *Utopie*, prône, comme le faisait autrefois le stoïcien Zénon[99], une séance égalitaire d'examen « à l'état de nudité complète » de la jeune fille et du jeune homme avant le mariage[100]. Or le XVIe siècle est témoin, nous l'avons vu, du durcissement de la distinction entre le domaine du public et le privé. Des auteurs féministes ont montré comment cette distinction s'est faite au détriment des femmes, qui connurent alors une perte considérable de statut légal[101]. Le résultat sur les représentations artistiques du nu féminin fut immédiat : une recrudescence spectaculaire du nu féminin associé à l'idée de vice, de sexualité séductrice, de mort, dont le célèbre disciple de Dürer, Hans Baldung, est le meilleur représentant[102].

97. M.-A. DESCAMPS, 1987, notamment p. 11-13 et 175-179.
98. L. BONFANTE, p. 557.
99. Cité par J. A. BRUNDAGE, p. 20.
100. THOMAS MORE, p. 170-171.
101. N. Z. DAVIS, p. 94; J. KELLY-GADOL, p. 137-164; M. WIESNER, p. 3-8.
102. M. R. MILES, p. 127-139.

La pensée utopique d'une égalité humaine dont la nudité est à la fois l'occasion et le symbole n'est pas cantonnée au XVIe siècle européen. M. Eliade la mentionne comme trait caractéristique des mouvements millénaristes océaniens et en décrit une manifestation récente dans l'île d'Espirito Santo, l'une des Nouvelles-Hébrides[103]. Elle est encore au cœur de la ferveur contemporaine pour la gestuelle de dénudation. Pensons au *Happening* le plus significatif de notre temps, celui de Woodstock en 1969 où 400 000 jeunes célébrèrent, par le dénuder et l'extase musicale, le Nouvel Âge de la solidarité sororale et fraternelle. Pensons au nudo-naturisme animé par l'idéal de rapports harmonieux envers la flore, la faune, son propre corps, l'étranger, l'ami, l'autre sexe, l'enfant, la société, l'humanité[104]. La conclusion de *Vivre nu* montre le caractère utopique classique du nudo-naturisme : « Ce mouvement naturiste prépare la construction du Nouveau Monde et l'instauration des valeurs du Troisième Millénaire[105] ». On pense lire Joachim de Flore décrivant les trois âges successifs de l'histoire humaine. La version Descamps pose d'abord le *totémisme* où l'humanité s'est vêtue pour échapper au monde animal. Suivit le *fétichisme* où l'humanité a succombé à l'idolâtrie du vêtement, cause de tous les maux de la civilisation occidentale : guerre, robotisation désaxée, narcissisme, perte d'identité, mensonge, lâcheté. Arrive enfin le *nudisme*, dernier stade de l'accession de l'humanité à la conscience authentique d'elle-même. L'ouvrage se termine par cette prophétie : « Le nudisme *est le miroir par lequel l'humanité accède à la Vérité de sa Présence*[106] ».

L'idéal d'une convivialité humaine faite d'égalité et d'intimité partagée est porté non seulement par le symbole d'une nudité utopique, mais également par celui d'une nudité contestataire. Les deux formes s'apparentent tellement, du reste, que le nudisme fut et est encore souvent perçu par les gens « bien rangés » comme une folie dangereuse qui menace d'ébranler les assises mêmes de la société vertueuse, travailleuse et hiérarchisée. La Contre-Réforme réussit, pour un temps dans certaines contrées, à bannir la nudité autant des pratiques coutumières que des représentations artistiques, grâce au concours de riches marchands qui voyaient dans le dénuder un obstacle à l'éthique du travail[107] et, moins consciemment sans doute, une menace à l'inscription vestimentaire de la « distinction ». L'apparition des premiers « Clubs nudistes » au XIXe siècle provoque,

---

103. M. ELIADE, 1962, p. 155-159.
104. M.-A. DESCAMPS, 1987, p. 26-29.
105. *Ibid.*, p. 222.
106. *Ibid.*, p. 223-226. C'est l'auteur du livre qui souligne.
107. P. T. HOFFMAN, p. 92-95.

pareillement, des « Ligues de vertu » soutenues par la même alliance entre l'Église et la bourgeoisie régnante[108]. La prédominance de la classe bourgeoise active dans les mouvements nudistes traditionnels indique cependant que c'est peut-être moins l'éthique du travail que la façon superficielle de communiquer dans la société industrielle que contestait la gestuelle de dénudation.

Il existe encore une forme de gestuelle de dénudation qui se veut consciemment contestataire de l'ordre social marqué par les hiérarchies vestimentaires. Ce dénuder se manifeste historiquement autant par des rites collectifs, ceux par exemple des saturnales romaines antiques ou des fêtes médiévales des saints Innocents, que par des gestes individuels, comme celui que nous avons rappelé de Lady Godiva. Notre XXe siècle a réédité ces dénuders d'avant-garde anarchiques et anti-conformistes dans les cercles des hippies ou encore des artistes[109]. Au milieu des années 1970, la dénudation provocante s'est manifestée aussi individuellement par le phénomène du *streaking*. Au cours d'une très solennelle collation de diplômes, à l'Université d'Ottawa, vers la fin des années 1970, un étudiant nu traversa de cour en jardin la scène du grand théâtre du Centre National des Arts où siégeait, en grand apparat, le Sénat universitaire. Au sourire amusé des sénateurs, dont quelques vénérables ecclésiastiques, on saisit qu'aucun d'eux ne fut particulièrement ému par ce geste contestataire. Du reste, la multiplication de pareils incidents attira suffisamment l'attention pour que des sociologues s'interrogent sur la structure sociale du phénomène[110], et des psychologues, sur la personnalité des *streakers*[111]. On constata, notamment, que ces derniers ne présentaient pas de traits déviants, qu'ils dénotaient même un niveau sensiblement plus élevé de maîtrise externe et d'autonomie personnelle que les autres membres de leur cohorte étudiante. Même si elle fut de courte durée et relativement bénigne, cette forme de dénudation provocante montre qu'on perçoit encore le lien entre la nudité et la contestation de rapports humains jugés excessivement hiérarchisés.

Un dernier grand signifié du dénuder est donc la communication de l'intimité, autant dans l'aire communale des sociétés rurales que dans l'aire privée des sociétés urbaines. Facilitant le partage intime, le dénuder offre éventuellement à une sexualité conçue comme langage de relation un

108. J.-C. BOLOGNE, p. 79.
109. *Ibid.*, p. 150-152; 326-332.
110. R. D. McFADDEN, p. 35 et 41; W. A. ANDERSON, p. 221-240; B. E. AGUIRRE *et al.*, p. 569-584.
111. S. STONER et M. WATMAN, p. 14-16; M. D. GRIMES *et al.*, p. 1226; R. V. HECKEL, p. 145-148.

moyen privilégié d'expression de soi à autrui. L'effort nudo-naturiste pour occulter ce fait tient davantage à une notion appauvrie de la gestuelle sexuelle qu'à des évidences. Là où le discours nudo-naturiste a raison, c'est dans la perception que des conditions de reconnaissance réelle de l'égale dignité des personnes doivent exister pour que le dénuder fonctionne comme langage d'intimité valorisante. En ceci, il rejoint l'objet du discours utopique et des rites autant collectifs qu'individuels de dénudation, à savoir la contestation d'un ordre hiérarchique vestimentaire qui fait obstacle à une convivialité égalitaire, à l'établissement d'un régime de gratuité amoureuse.

En résumé, dans l'expérience culturelle des peuples, et notamment dans la tradition occidentale, le dénuder paraît investi de trois faisceaux de significations enculturées. Le geste de se montrer nu peut soit correspondre à un besoin impérieux de bien-être, soit encore manifester tout uniquement la simplicité de gens en paix avec eux-mêmes et les autres, soit enfin un partage d'intimité avec des proches. Qui veut alors instaurer une gestuelle de nudité fera donc l'expérience de l'une ou de l'autre desdites significations, voire des trois ensemble, dans son être physique, psychologique et spirituel.

CHAPITRE 9
Le dénuder déculturé

Une parabole

En abordant le problème de la dégradation culturelle liée à la nudité, nous nous arrêterons un peu longuement à une œuvre qui a connu un immense succès depuis sa parution en 1954. Il s'agit du roman de William Golding (prix Nobel en 1983), *Lord of the Flies*[1]. Cette parabole du rapport de l'individu à la société explore en effet avec minutie et profondeur la symbolique de la déculturation d'un dénuder humain. L'action se passe au temps de la Seconde Guerre mondiale. Un avion transportant des préadolescents anglais s'écrase sur une île déserte du Pacifique, tuant l'équipage ainsi que tous les passagers adultes et laissant donc une bande d'enfants à leur propre sort. Une entente commence par s'établir entre les deux garçons les plus influents parmi les rescapés, Ralph, le « chef » sympathique, et Jack, son rival batailleur. Elle sera vite compromise par la nature irrationnelle et indisciplinée de Jack. Progressivement gagnés par l'imaginaire dionysiaque de celui-ci, les enfants chavirent dans l'anarchie violente, à l'image du monde des « grands » qui les rescaperont à la fin du roman, avant de retourner eux-mêmes à leur guerre. Le symbole le plus évocateur de la déculturation progressive du groupe est la gestuelle de dénudation dont Golding détaille les péripéties en quelque vingt-cinq séquences de ce court roman.

Dès la deuxième phrase, le thème est amorcé. L'auteur présente le héros, Ralph, robuste blondin de douze ans, la chemise grise collée au corps, les cheveux plaqués sur le front et traînant un tricot dans sa main.

---

1. Le tirage de 1959 que j'utilise est le 77e. En page 4 de couverture, on annonce plus de 5 830 000 exemplaires imprimés. En outre, on en a fait au moins deux adaptations cinématographiques.

Interpellé par une voix, Ralph s'arrête et remonte ses bas, « geste machinal qui donna pour un moment à la jungle un air de campagne anglaise[2] ». Parvenu à un lagon, Ralph, tel un gymnaste de la Grèce antique, se dévêt. L'auteur insiste, décrivant, un paragraphe durant, chaque geste du dévêtir et de ses suites. Il marque donc un signifiant dont il indique, dès le paragraphe suivant, le signifié. Cette belle nudité préadolescente de Ralph proclame sa santé, sa vitalité physique, sa musculature, son innocence, sa bonté, sa convivialité, sa joie de vivre[3]. Dans ce tableau idyllique de l'île paradisiaque, après le rassemblement d'une première bande, l'entrée en scène d'un nouveau groupe (des garçons faisant partie d'un chœur de chant) crée un certain émoi. La cape noire qui signale leur distinction intimide les autres garçons, presque nus. L'ordre donné aux choristes par Jack Merridew, leur chef de file, d'enlever leurs fringues détend finalement l'atmosphère[4]. Dans la brève période d'harmonie sociale qui suit le regroupement des rescapés, les garçons cohabitent dans une nudité qu'ils ne couvrent que pour se protéger des intempéries[5]. Ces quelques annotations sur une gestuelle utopique de dénudation évoquent les trois grands signifiés de la nudité enculturée que nous avons examinés au chapitre précédent : bien-être, simplicité, partage amical d'intimité.

Au chapitre 3, les exigences de la survie rappellent aux garçons que leur île n'est pas exactement l'Éden qu'ils souhaiteraient. Deux signes précurseurs laissent présager les conflits à venir. Jack s'adonne à la chasse aux cochons sauvages avec une opiniâtreté qui tient de l'obsession. Aussi son dénuder devient-il inquiétant : ses cheveux sont « considérablement plus longs qu'à leur arrivée », « son dos nu est une masse de taches noires et de brulûres de soleil qui pèlent ». Les haillons qui lui tiennent lieu de culotte et la ceinture où il glisse son couteau ne servent qu'à rendre sa nudité plus sinistre[6]. L'autre source de malaise provient du petit Simon qui, l'air hagard, s'enfonce dans la forêt. « Sa tignasse noire et épaisse était longue et balayait un front bas et large. Il portait les restes d'une culotte et avait les pieds nus comme Jack. Déjà sombre de peau, la brûlure du soleil donnait à Simon un bronzage profond qui luisait de sueur[7]. » Cette nudité anomale le désigne déjà symboliquement pour jouer le rôle du bouc émissaire, celui de la Bête, et mourir de mort violente quand, de nuit, éclatera la frénésie collective chez les garçons terrifiés[8].

2. *Ibid.*, p. 6 (toutes les citations sont de ma traduction).
3. *Ibid.*, p. 8.
4. *Ibid.*, p. 16-17 et 20.
5. *Ibid.*, p. 28.
6. *Ibid.*, p. 43.
7. *Ibid.*, p. 50.
8. *Ibid.*, p. 141.

Lorsque, au chapitre 4, éclate au grand jour le conflit qui oppose Jack et ses chasseurs, d'une part, à Ralph et ses démocrates, d'autre part, le dénuder prend, dans les deux clans opposés, une allure de désordre. Il va de pair, en y contribuant, avec le processus rapide de déculturation qui s'ensuit. Nu, Jack se peint la face en blanc, noir et rouge. Libéré, par ce « masque », de toute retenue, le jeune « démon nu » épouvante les autres par ses cris et ses danses effrénées[9]. La nudité barbouillée de la bande de Jack offre aux autres garçons le spectacle de la solidarité guerrière[10]. Lorsque l'agression est à son comble, les chasseurs-guerriers nus de Jack se sont, comme lui, couvert la face et le corps de couleurs pour se cacher à eux-mêmes leur dégénérescence morale[11]. Peinturlurée et enlaidie, la nudité de Jack accentue de plus en plus le caractère despotique et immodéré de son pouvoir[12]. Elle marquera en fin de compte la transformation des chasseurs-guerriers en « sauvages[13] ». Avant le dénouement du drame, ils se seront transmués en une horde de tueurs indifférenciés et méconnaissables, dans l'anonymat d'une nudité surmontée de visages contrefaits[14].

Dans le parti de Ralph, promoteur de la survie, gardien des tout-petits et du signal-appel de fumée, la nudité change aussi imperceptiblement de signification. Seul Piggy, le « théoricien » de la civilisation anglaise, arbore encore une semi-nudité à laquelle ses cheveux courts et surtout ses verres contribuent à sauvegarder une apparence enculturée[15]. Chez ses compagnons, la nudité dégénère peu à peu. Devant les ratages dans l'entretien du feu, par défaut de zèle des vigiles, l'un d'eux, Maurice, laisse tomber sa culotte en haillons « comme une épave[16] ». Ce dernier acte de dénudation symbolise l'échec de l'organisation sociale. Dans son effort désespéré pour raviver le signal et attirer l'attention d'un bateau qui s'éloigne à l'horizon, Ralph s'ensanglante le corps au contact de plantes rugueuses. Jack sait lire les signes. Dans cette « nudité meurtrie », de Ralph il perçoit les premières traces de la perte de contrôle de celui qu'il a pris pour adversaire principal[17]. À mesure que décline le parti de la raison et de l'ordre, Ralph et les siens font l'expérience d'une nudité sale, infectieuse, hirsute, dégradante[18]. Lorsque les quatre derniers garçons à

---

9. *Ibid.*, p. 58.
10. *Ibid.*, p. 62.
11. *Ibid.*, p. 129-130.
12. *Ibid.*, p. 137.
13. *Ibid.*, p. 147-148.
14. *Ibid.*, p. 162, 164, 169.
15. *Ibid.*, p. 59.
16. *Ibid.*, p. 60.
17. *Ibid.*, p. 61 et 64.
18. *Ibid.*, p. 70-71, 101-102.

avoir encore échappé à la sauvagerie violente des autres se demandent comment provoquer chez ceux-ci un sursaut de raison et une prise de conscience du chaos destructeur qu'ils ont créé, Ralph pense que s'ils réussissaient à se présenter à eux lavés et peignés, peut-être les séditieux se rappelleraient-ils qu'ils ne sont pas, après tout, des sauvages abrutis[19].

La symbolique de dénudation, chez Golding, recueille en l'espace d'une parabole les éléments essentiels d'une nudité humanisée qui se déshumanise, qui pourrit de la corruption même d'une nature humaine s'abandonnant à ses instincts destructeurs. Au bien-être initial succèdent brûlures, écorchures, saleté et faiblesse ; à l'innocence paradisiaque, la cruauté des agresseurs et l'humiliation des agressés ; à la convivialité amicale, l'écrasement sadique d'autrui. Le dénuder exhibe tout aussi spontanément la misère que la grandeur humaines. En limitant toujours leur discours à la considération des agirs désordonnés, objets de leurs interdits, les moralistes que leur attrait pour les avilissements charnels rend suspects ont trop lourdement insisté sur les formes déculturées et déculturantes de la nudité pour que nous nous y appesantissions. Il nous suffit de constater, comme la parabole de Golding l'illustre si bien, que les signifiés déculturés du dénuder ne signifient que l'échec, dans une nature humaine qui faillit à sa tâche « développementale ».

Le mal-être

Kenneth Clark a nommé « pathos » le nu artistique qui exprime la douleur, la souffrance, la défaite. « Le corps admirable, qui semblait solide et serein, est vaincu par la douleur. L'homme puissant dont la force surmontait tous les obstacles est vaincu par le destin[20] ». Abandonnés des dieux et des déesses, des êtres promis à la beauté humaine sombrent dans la déchéance corporelle. L'art grec ancien comprend des œuvres fameuses où la nudité exprime ce scandaleux pathos : au ve siècle av. J.-C., les *Niobides*, groupe sculpté des enfants de Niobé, tués par Apollon et Artémis pour venger Léto, leur divine mère offensée par les vantardises de cette terrienne par trop féconde ; trois siècles plus tard, *Laocoon*, sculpture d'un prêtre sacrilège et de ses deux jeunes fils (encore une vengeance d'Apollon) étouffés par les deux énormes serpents, Porcé et Chariboca.

Dans le même ordre, selon la vieille traduction de la Vulgate, Job, assis « sur son fumier » et affligé d'« un ulcère malin, depuis la plante des pieds

19. *Ibid.*, p. 157-159.
20. K. CLARK, II, p. 9. Voir tout le chapitre VI, p. 9-84.

jusqu'au sommet de la tête[21] », est une version juive, puis chrétienne, du dénuement du juste abandonné par la divinité. Sa nudité pathétique[22] inspirera l'iconographie chrétienne : des tympans des cathédrales médiévales (le portail nord de Chartres, le tympan de Reims) au *Retable de Furnes* de Bernard Van Orley au début du XVIe siècle; de la miniature de Jean Foucquet dans le *Livre d'Étienne Chevalier* du XVe siècle aux aquarelles de William Blake, à la fin du XVIIIe. Dans l'iconographie chrétienne, Job préfigure le Christ aux outrages dont aucun moment de la dénudation souffrante n'échappera aux artistes : innombrables Passions, Flagellations, Couronnements d'épines, Chemins de Croix, Crucifixions, Lamentations sur Jésus mort, Descentes de Croix, Pietà, Mises au tombeau. Les artistes (et les autres...) n'en finissent plus de détailler les nudités tourmentées des ascètes et martyrs, témoins de la faillite pathétique d'une corporalité abandonnée à ses seules ressources.

Ce thème d'une mise à nu qui expose la misère et la détérioration du corps miné par la mort s'étend bien au-delà des représentations héroïques comme celles que nous venons d'évoquer. Il exprime une expérience universelle de la vulnérabilité et de la mortalité de la chair humaine. Aussi suscita-t-il une symbolique de nudité précaire, angoissante, inquiétante. À côté des nus énergiques, extatiques et triomphants de la peinture classique, on retrouve, chez un Hans Baldung, par exemple, ces nus, pour la plupart féminins, tourmentés par des figures macabres à la nudité hideuse.

Les dévêtirs initiatiques, avec ou sans ségrégation des néophytes en état de nudité, comportent souvent des références de formes diverses à la mortalité. Chez les Pangwe africains, les novices doivent mourir au monde indifférencié de leur enfance avant de ressusciter sous une forme adulte différenciée. Les instructeurs les conduisent « vers la mort », dans une cabane de la jungle où, pendant un mois, ils vivront complètement nus, dans une solitude absolue[23].

Au Zaïre, les néophytes étaient soumis à un régime semblable pendant une période de ségrégation qui pouvait durer de trois mois à trois ans. À l'intérieur de la *vela*, représentation de l'autre monde, leur nudité collective évoquait également la mort[24]. Même rituel chez les Yaundé du Cameroun méridional et chez des populations du golfe de Guinée, en Océanie, les Purra, les Egbo, les Oro, les Mumo-Jumbo et d'autres encore[25]. Là où la nudité initiatique ne contient pas de symbolisme

21. *Job* 2, 7-8.
22. *Job* 1, 20-21.
23. M. ELIADE, 1976, p. 81.
24. *Ibid.*, p. 160-161.
25. A. VAN GENNEP, p. 115-117, 155.

funéraire aussi clairement établi, elle se prête souvent à un rite de « mortification », gestuelle d'un petit « faire mourir ». On en trouve un exemple dans l'initiation des jeunes Hopi de six à dix ans dans le groupe des Kachinas. Les garçons sont complètement déshabillés et les filles sont dévêtues de leur châle avant de recevoir cinq ou six coups de fouet[26]. La flagellation, un rite de séparation par rapport au monde matériel, est un élément important dans maintes cérémonies d'initiation en Amérique, en Nouvelle-Guinée, au Liberia, au Zaïre[27].

Même signifié de mortalité humaine dans les rites d'initiation chrétienne qui, avant les stylisations successives qui en ont graduellement gommé le symbolisme, comportaient une « dévêture » de mort-au-monde, suivie d'une vêture de vie-nouvelle-en-Christ. En ce qui a trait au baptême, nul texte néotestamentaire n'expose plus explicitement la dialectique mort-vie que le chapitre 6 de l'*Épître aux Romains*. La dénudation et l'immersion des néophytes symbolisaient rituellement l'enseignement paulinien sur la mort dans le Christ et l'accueil, en Lui, d'une vie nouvelle[28]. L'iconographie s'est surtout plu à représenter la dénudation baptismale dans la forme la plus « spectaculaire », celle des martyrs baptisés « de sang ». L'ère de l'épopée sanglante du christianisme étant révolue, des femmes et des hommes voulurent en imiter l'esprit dans les ritualisations pénitentielles du monachisme. Les anciens rituels de « prise d'habit » ménageaient une place, ici encore, à la dénudation. Dépouillés de leurs anciens vêtements et conduits au narthex, les candidats attendaient, nus, dans la posture du pénitent[29]. Si des anachorètes vécurent nus, comme la légende le rapporte d'un certain nombre d'entre eux, la majorité des moines inscrivirent, non dans la chair dénudée, mais dans un vêtement rugueux, tenant lieu de chair mortifiée, un même propos pénitentiel[30].

À l'instar de la nudité bien-être, la nudité mal-être signifie des réalités humaines qui dépassent l'ordre physique. Le nu a surtout servi à symboliser dans l'ordre psychomoral la déchéance d'un corps divorcé des aspirations spirituelles de la personne humaine. La sexualité débridée en devint le signe le plus immédiatement perceptible. Cette symbolique s'est à ce point imposée, notamment dans la tradition occidentale dont l'accès précoce à la rationalité marqua si profondément le processus d'intégration humaine, que le désordre sexuel deviendra paradigmatique de la déchéance humaine.

---

26. V. M. ROEDIGER, p. 215.
27. A. VAN GENNEP, p. 249.
28. E. PETERSON, p. 14-18.
29. P. RAFFIN, p. 37 et 158.
30. L. REGNAULT, p. 65-67.

Au soir de l'ère préchrétienne, Cicéron – qui se mêlait facilement de tout sans jamais rien approfondir – opinait que se montrer nu en public engendre la débauche. Si la continence reste encore possible dans l'état de nudité, écrivait-il, cela ne peut être qu'en réprimant son désir ; il ne se posait pas (l'Occident n'avait pas encore eu son Freud !) la question de l'inhibition du désir provoqué par l'interdit vestimentaire. D'où à son avis, la naissance des « liaisons illégitimes » dans les gymnases grecs[31]. À l'aube de l'ère chrétienne, le naturaliste Pline l'Ancien suggérait une origine semblable « de tous les vices », dans cette institution du gymnase grec où l'on enduisait d'huile les corps nus[32].

Avec le deuxième millénaire, ce signifié de la nudité comme absence de vertu, notamment par lubricité, est acquis. F. Bottomley range la *nuditas criminalis*, définie en ces termes, parmi les quatre grands sens symboliques de la nudité dans la pensée médiévale[33]. Monuments, sculptures et peintures foisonnent de nus masculins et féminins dont la déchéance et son châtiment sont montrés sous forme de serpents, de scorpions et de griffons en train de dévorer les organes sexuels[34]. La Réforme souhaitait que le nu artistique représentât la déchéance plutôt qu'une beauté humaine devenue suspecte[35]. Lorsqu'au XIXe siècle la pudibonderie dans la vie quotidienne aura atteint un paroxysme dans l'histoire de l'inhibition sexuelle de l'humanité – on en était arrivé à couvrir de housses « pieds » et « bras » du mobilier, et même à vêtir des animaux domestiques ! –, on inventera pour s'apaiser la théorie selon laquelle l'éloignement dans le temps ou l'espace fournirait l'écart requis pour prévenir toute réaction érotique au spectacle de la nudité dite artistique[36]. La tradition de la *nuditas criminalis* n'en perdura pas moins. À preuve ce paroxysme d'abjection dans les prostituées nues peintes par Georges Rouault au cours des années 1903-1904, notamment la *Prostituée* de la collection Bakwin de New York[37]. La réintroduction d'un dénuder social dans les camps nudistes au début du XXe siècle ne pouvait que soulever, face à un tel héritage, la question de la nudité « sexuellement déchue ». C'est contre ce signifié, nous l'avons vu au chapitre précédent, que les champions de la cause se sont battus. Si leur plaidoyer est souvent accueilli avec faveur de nos jours, le climat de liberté sexuelle aidant, il reste que l'absence du groupe adolescent des camps

31. CICÉRON, p. 356.
32. PLINE l'Ancien, p. 26.
33. F. BOTTOMLEY, p. 219, note 31. Voir aussi J. A. BRUNDAGE, p. 302, pour les XIIe et XIIIe siècles.
34. J. CLEUGH, p. 21. Cité par F. BOTTOMLEY, p. 204, note 1.
35. J.-C. BOLOGNE, p. 199.
36. *Ibid.*, p. 213-127.
37. K. CLARK, II, p. 193.

nudistes témoigne vraisemblablement de la charge érotique insécurisante du dénuder, pour qui n'a pas encore suffisamment réalisé l'intégration sexuelle.

Le mal-être, comme c'était le cas pour le bien-être, atteint aussi l'ordre de la destinée spirituelle ultime. Pour en signifier l'accomplissement dans le premier cas, l'échec dans le second. Dans la tradition assyro-babylonienne, l'*Épopée de Gilgamesh* relate la descente aux enfers de la déesse Inanna ou Ishtar. Habituellement représentée nue et de face, pour signifier sa puissance et sa fécondité, elle est ici progressivement dépouillée de ses parures : joyaux, ornements, pagne décoratif. Le symbole de la nudité est renversé dans cette mise à nu intégrale. Il signifie le dépouillement de sa grandeur, l'abandon de sa puissance[38]. Parmi les innombrables opinions théologiques qui ont trait dans la tradition chrétienne à la descente du Christ aux enfers, l'une d'elles, qu'on qualifie de luthérienne mais qui a été soutenue par un théologien catholique comme H. Urs von Balthasar[39], va dans le même sens que la descente d'Inanna. Jésus ne s'en serait pas tenu, dans le dépouillement célébré par l'hymne de l'*Épître aux Philippiens* (2, 6-11), à l'incarnation dans un corps mortel, ni même à l'acte de mourir sur la croix, mais il aurait encore assumé l'état de mort entre le Vendredi Saint et la Nuit de Pâques. La « mise à nu du Schéol[40] », ce dépouillement ultime de toute puissance et de toute initiative propre, solidarise Jésus avec les pécheurs dans la condition même de séparés d'avec Dieu, de non-sauvés qui ont besoin de l'être[41]. Au plan de la symbolique liturgique, notons que le rituel pour le Jeudi Saint prévoit la dénudation de l'autel, symbole par excellence du Corps du Christ, pour signifier cet ultime dépouillement. La justesse théologique de cette interprétation de la descente aux enfers, autant de Jésus que d'Ishtar, importe peu pour notre propos. Tout l'intérêt de ces « mythologies » réside dans le fait que des humains ont donné à des nudités divines le sens d'un summum de dénuement.

Si des nudités célestes peuvent signifier, dans certains contextes précis, l'inverse de l'idéal de grandeur représenté par d'autres nudités divines, *a fortiori* des nudités humaines. Dans l'ancienne société juive, on enterrait tout nu un Israélite dont les transgressions de l'Alliance étaient telles qu'elles l'excluaient de la Communauté. Nu, le mécréant retourne au chaos de l'insignifiance. « La privation de vêtement dans la sépulture,

38. L. BONFANTE, p. 546.
39. H. URS VON BALTHASAR, 1970, p. 3-12 ; 1973, p. 8-9. Je remercie Achiel Peelman de m'avoir indiqué cette interprétation.
40. *Ibid.*, 1970, p. 9.
41. *Ibid.*, p. 7.

écrit E. Haulotte, est le signe de la désagrégation spirituelle[42] ». Hors du tissu emblématique, la non-identité sera maintenue dans l'au-delà de la mort. C'est pour empêcher cette dépersonnalisation ultime que, au Moyen Âge, des « confréries de la bonne mort » veillaient à revêtir les cadavres des pauvres et des pestiférés[43]. « Catéchètes » de l'enseignement religieux populaire, les artistes chrétiens ont pareillement utilisé la nudité pour exprimer ce signifié d'un refus de l'idéal et d'une déchéance spirituelle. Une première illustration du thème est constituée des très nombreuses images des protoparents expulsés du paradis terrestre : nudité inconfortable et malheureuse qui cherche à se dérober aux regards de qui les accusera d'avoir gâché leur sublime vocation. La seconde est faite de cette multitude des « Jugements derniers » où l'exécrable nudité des damnés contraste avec la tunique de gloire des élus[44].

À l'inverse du bien-être, le dénuder déculturé signifie le mal-être. Dans sa signification première, il est la déchéance corporelle telle qu'on l'éprouve dans la douleur, la souffrance, la défaite. S'y ajoutent, sur le plan psychologique, l'expérience d'une déchirure interne de son être, l'angoisse provoquée par la vulnérabilité et la désagrégation humaines, l'inquiétude suscitée par une sensualité désaxée et désaxante. Spirituellement, enfin, le signifié déculturé de la nudité est la faillite de l'idéal humain, l'échec de l'accomplissement d'une corporalité imprégnée des visées nobles de la personne.

L'humiliation

Parmi les nudités coutumières que pratiquait le peuple de différentes cultures, dans des périodes plus ou moins prolongées, toutes n'avaient pas une signification de simplicité. Même quand c'était le cas, certains regards plus méfiants, à cause de l'accoutumance, y détectaient une duplicité d'intention. Nourris de stoïcisme et de néoplatonisme, les Pères de l'Église, par exemple, multipliaient les alarmes, notamment à l'adresse des femmes et en particulier, des vierges, contre les bains mixtes. Quand on ne les prohibait pas catégoriquement, on servait des mises en garde. Dans ces établissements, il se trouvait des occasions de vanité pour les femmes et de luxure pour les hommes[45]. Nous avons déjà relevé certaines causes de la disparition des étuves et des bains publics au XVe siècle. Il convient de trouver ici un autre facteur de destruction, dans le regard assombri que

42. E. HAULOTTE, p. 13, note 1.
43. J.-T. MAERTENS, IV, p. 122-123.
44. J.-C. BOLOGNE, p. 140-141.
45. Déjà au IIIe siècle, CYPRIEN, p. 50-51.

l'on portait sur cette nudité coutumière du Moyen Âge. « Les médecins, en temps de peste, dénoncent [...] ces établissements où se côtoient des corps nus », parce qu'ils estiment que l'eau chaude ouvre les pores de la peau et facilite l'infection[46]. Objet d'une suspicion nouvelle, la nudité collective des bains aura de plus en plus mauvaise réputation : turbulence, violence, corruption[47]. D'innocente qu'elle était, la nudité des bains devient fautive.

Bien après l'abandon des bains nus en commun, Jean-Jacques Rousseau évoquera même, dans l'*Émile*, « cette excessive propreté du corps qui souille l'âme ». S. Freud, quant à lui, rapportera le dicton du médecin légiste Brouardel de Paris : « Les genoux sales sont le signe d'une fille honnête. » Philippe Perrot, rapportant ce double témoignage, souligne le paradoxe de la crasse, louable, innocente, transparente et de la propreté, turpide, coupable, opaque[48]. Soupçon semblable à celui des Pères de l'Église : la nudité que visite trop régulièrement l'eau, la main qui la savonne, les yeux qui l'admirent, a troqué son honnête simplicité pour la duplicité de la vanité féminine et du désir mâle. Des dénuders coutumiers, surtout quand s'effrite la coutume qui les autorisait, prêtent parfois à une critique de leur signifié enculturé de simplicité. Spontanéité, naïveté, innocence ou bien, sous ces apparences d'honnêteté, calcul, affectation, coquetterie ?

D'autres formes de nudité coutumière, par contre, ne sont vécues que sous le signe de la déculturation. Toutes celles qui, d'une façon ou d'une autre, humilient en nous la nature humaine. La plus commune et la plus indéracinable d'entre elles naît de la pauvreté. « Coutume » socio-économique détestable s'il en est dont aucune société n'a encore réussi à se défaire. Elle ne s'étale guère aux regards, tant elle est humiliante pour ses victimes, surtout dans les pays riches qui en font, pour justifier leur inaction, une tare personnelle. Jamais les pauvres qu'humilie leur nudité ne pratiquent un « nudisme social » qui n'a de sens que chez des personnes libres de se dévêtir. La vertu gymnique, comme toutes les autres, présuppose un espace de liberté.

Parente de cette nudité des indigents, celle des castes auxquelles une société l'impose. La nudité qui servait de noble costume aux habitués du gymnase en côtoyait une autre, la nudité servile du « personnel de soutien » qui assurait le bon fonctionnement matériel de la palestre[49]. Dans d'innombrables civilisations humaines, la « main d'œuvre » était la main

46. G. VIGARELLO, 1987, p. 15-17.
47. *Ibid.*, p. 37-46.
48. P. PERROT, p. 28-29.
49. L. BONFANTE, p. 555-556.

d'esclaves et de serfs œuvrant nus ou peu s'en faut. Nudité-costume d'une caste humiliée. Si cette forme, comme la précédente, a moins de visibilité dans nos démocraties qui abhorent l'idée de castes, l'industrie touristique internationale a aménagé, dans les pays pauvres du Sud, des enclaves d'abondance où la nudité festive des baigneurs et des baigneuses est vécue dans un confort total grâce aux sueurs des nudités indigènes exploitées.

Plus atrocement humiliante encore, la nudité coutumière des peuples vaincus. Dans le Proche-Orient antique, nous dit-on, l'ennemi tué était régulièrement dépouillé de son armure et de ses vêtements et abandonné nu sur le champ de bataille. Pour les prisonniers, on les faisait parader nus dans les célébrations de la victoire du roi[50]. Ces mœurs, avec d'infinies variantes dans l'application du code, se retrouvent tout au cours de la préhistoire et de l'histoire humaines. Pensons aux images insoutenables de milliers de corps nus, morts ou mourants, révélées lors de la libération des camps de concentration nazis. Ces documents, photographies, films, ne sont hélas ! qu'une indiscrétion, au sujet d'un « secret de famille » partagé par les geôliers et les geôlières des prisonniers politiques et militaires, dans toutes les parties du monde.

Au lendemain de la Libération, la nudité humiliée servit à assouvir la vengeance des opprimés d'hier. Que de Françaises, ayant aimé un Allemand sous l'Occupation, ont dû errer nues toute la journée dans les villes et villages pour expier leur « collaboration[51] » ! Coutume infamante d'une nudité humiliée qui a elle-même de vénérables précédents historiques. Dans l'histoire « très chrétienne » de l'Occident du dernier millénaire, la nudité punitive des ennemis sera appliquée *intra muros* aux citoyennes et citoyens dans certains cas de délits, notamment de délits sexuels. Ces nudités humiliantes punitives pourront prendre, selon le degré de gravité des crimes, des formes plus ou moins mitigées[52]. L'histoire de l'Inquisition fourmille de ces déshabillages punitifs dont les formes dégradantes s'inventèrent à partir des obsessions sexuelles des inquisiteurs ecclésiastiques et des tortionnaires à gages qui exécutèrent leurs odieuses sentences.

Ces nudités coutumières déculturées se prêteront également à signifier des réalités psychomorales. Quelques exemples suffiront à en illustrer les formes. J.-C. Bologne a bien montré comment la nudité punitive a reçu une version religieuse pénitentielle dans les processions nues ou à demi nues qui se pratiquaient encore dans l'Europe du début du XVIIIe siècle, particulièrement dans les confréries de flagellants[53]. On choisit une forme

50. *Ibid.*, p. 546.
51. M.-A. DESCAMPS, 1972, p. 30.
52. J.-C. BOLOGNE, p. 130-135.
53. *Ibid.*, p. 142-150.

accablante de la nudité pour faire acte d'humiliation publique et racheter par là sa faute.

Nous retrouvons un autre cas, bien différent, dans l'expérience nudiste contemporaine. Les promoteurs et les praticiens de la nudité gymnique sont d'accord, nous l'avons vu, pour voir en elle une école de simplicité. Observons que les personnes scolarisées de la classe moyenne qui pratiquent la « gymnité », surtout de 30 à 50 ans, sont typiquement actives, affairées, voire surchargées de travail. Elles apprécient donc plus que toute autre les occasions de dételer et de « se laisser vivre », libérées des contraintes sociales habituelles. Ces conditions étant absentes, l'intérêt du climat de « simplicité naturelle » risque de faire défaut. La nudité pourra même devenir symbole de simplisme et d'ennui plutôt que de simplicité et de transparence. D'après l'enquête menée par les auteurs de *Nudist Society* auprès de 581 membres des clubs nudistes qui avaient interrompu leur activité entre février 1965 et janvier 1966, le troisième facteur de défection était le manque d'intérêt : on s'ennuyait chez les nudistes[54]. Le dénuder veut dire insignifiance pour ceux et celles que ne contente pas la relaxation en compagnie de quelques amis et qui sont avides de stimulations sociales plus caractérisées et plus variées. L'absence notable du groupe adolescent dans les camps nudistes tient peut-être davantage à ce facteur qu'à la gêne éprouvée devant des manques occasionnels de contrôle sexuel. À l'âge des interactions sociales multiples et intenses, le style de vie nudiste manque d'attrait. Même la richesse et la variété des activités sportives de tel ou tel camp ne sauraient compenser pour la perte des interactions sociales stimulantes du monde vêtu. La nudité peut être ennuyeuse pour un esprit en quête de stimulation.

La belle simplicité signifiée par la nudité a ses contrefaçons. Physiquement, elle représente, autant qu'une saine innocence coutumière, la corruption dégradante, l'indigence et le dénuement des pauvres, l'humiliation des esclaves et des ennemis. Au plan psychomoral, elle dénote aussi bien la misère morale et la honte pénitentielle que la non-duplicité. Spirituellement, enfin, elle peut signifier l'oisiveté et le vide intérieur autant que la transparence et la lucidité.

La désunion

Dans son étude classique sur les attitudes envers le corps dans la chrétienté occidentale, F. Bottomley suggère que, sous l'empire romain, la réaction des communautés chrétiennes à la nudité venait peut-être moins

54. W. E. HARTMAN, M. FITHIAN et D. JOHNSON, p. 207.

d'attitudes négatives concernant la sexualité que d'une contestation de la nudité démunie et humiliée. La revendication du droit de tous au vêtement serait un plaidoyer pour l'égalité dans l'honneur et la dignité[55]. Cette lecture de la nudité humiliée et humiliante nous introduit à un troisième grand signifié déculturé. Apte à favoriser le partage d'intimité, la nudité se prête cependant à symboliser la désunion ou des unions inappropriées et déshumanisantes. Car la nudité qui, d'elle-même, minimise les dissimilitudes sociales et favorise les rapprochements pourra être monopolisée par des groupes d'intérêt en vue d'exagérer, au contraire, les dissimilitudes sociales. Les cas recensés plus haut de nudités humiliantes en fournissent un exemple patent. Les gens vêtus et qui se dévêtent librement évitent de socialiser avec ceux qu'on a déshabillés contre leur gré. La nudité des riches ne se frotte pas à celle des pauvres, ni celle des maîtres à celle des esclaves, encore moins celle des geôliers à celle des prisonniers. S'il arrivait à ceux-là de porter intérêt à la nudité de ceux-ci, les liens qui en résulteraient seraient, à l'exception près, de mésalliance ou d'exploitation.

Outre ces cas de nudités sciemment humiliantes, d'autres servent à inscrire, à l'instar du vêtement, une distinction de statut qui sépare plutôt qu'elle n'unit. Ainsi combien de peuplades ne recourent-elles pas à la nudité pour distinguer un sexe de l'autre ? En Afrique comme en Océanie ou dans les Amériques, on trouve des peuples où les hommes vivent à peu près nus à côté de femmes habillées[56]. B. Trigger, dans sa volumineuse histoire du peuple huron, fournit un exemple de nudité qui distinguait doublement. Chez des peuplades voisines, les Outaouais et les Neutres, les hommes adoptaient la nudité totale pendant les mois de chaleur. Ils se distinguaient ainsi des femmes, mais aussi du peuple wendat (huron) chez qui hommes et femmes portaient toujours le pagne et qui se scandalisaient de la nudité estivale de leurs voisins[57]. Cette très ancienne fonction de la nudité ne fut-elle pas aussi restaurée à Athènes et en d'autres cités grecques ? Les fameux vases de terre cuite, qui nous ont si abondamment renseignés sur les mœurs grecques, documentent et cette distinction « générique » et la hiérarchie des rôles sexuels représentés par le nu masculin et le vêtu féminin : le nu splendide de l'homme y domine, selon la règle, le vêtu de la femme. Dénuder de supériorité, auquel répond la condition de servilité féminine. À partir de la Renaissance, apparaît le phénomène inverse du rapport antérieur nu-vêtue. De *Vénus, l'amour et la musique* de Titien au *Déjeuner sur l'herbe* de Manet, des femmes nues se laissent divertir par des hommes vêtus. Le renversement des nouveaux

55. F. BOTTOMLEY, p. 25-26.
56. P. MANTEGAZZA en citait déjà plusieurs exemples, p. 25-27.
57. B. TRIGGER, p. 19.

signifiants nue-vêtu, surtout dans l'étonnant tableau de Manet, qui fit scandale à l'époque, n'entraîne pas de renversement parallèle des signifiés. Dans cette société patriarcale, ces nudités féminines ne marquent aucunement un pouvoir comparable à celui de la nudité mâle grecque. Elles symbolisent plutôt le statut de mineures dont on ne voit tout simplement pas l'indifférenciation.

Plus radicalement que les divisions à l'intérieur du groupe, la nudité peut symboliser l'agression qui menace de le détruire. N'est-ce pas le message inverse des glorieuses nudités guerrières évoquées au chapitre précédent? Prometteuses de victoire pour les soldats, ces nudités présagent en même temps la destruction des populations vaincues. Ce signifié menaçant de la nudité pour la vie du groupe est encore déchiffrable dans des contextes moins brutaux. Chez les Nuer, les hommes n'éprouvent aucun scrupule à exhiber à longueur de journée leurs organes génitaux. Excepté lorsqu'ils demandent une femme en mariage. Ils sont alors rigoureusement tenus de revêtir le pagne en présence de la parenté de la femme, et cela, jusqu'à la naissance du premier enfant. La progéniture assurée, ils ne sont plus considérés comme un danger pour la stabilité du lignage de l'épouse. L'organe mâle étranger qui revendiquait des droits exercés par le père et les frères perd, avec l'apparition de l'enfant, sa signification agressive et peut de nouveau s'exhiber en toute impunité. Des pratiques similaires sont signalées chez d'autres peuplades, notamment chez les Swazi[58].

Sous des gestuelles moins élaborées, car le discours a remplacé le geste et le surmoi a partout étendu sa censure, les fréquentations différemment ritualisées des jeunes d'aujourd'hui recèlent, chez les adultes, des fantasmes de nudité assez semblables. Si la nudité des jeunes mâles ou femelles qui rôdent aux alentours ne s'étale pas librement, les familles, telles des nichées traquées, la flairent jusque sous les vêtements qui la couvrent. Mères et pères, sœurs et frères, ainsi que tous leurs substituts (de l'école, du service social, de la clinique, de l'église...), succédanés modernes du clan familial, considèrent comme agressive la nudité fantasmée de ces intrus enclins à détruire son ordre. À quoi sert-il de se mettre sur la défensive et de trop prétendre que, chez soi, de tels fantasmes angoissants n'ont pas cours? Qu'on scrute, par-delà la « raison qu'on s'est faite », les émotions qu'éveillent les premières incursions de ces « étrangers » dans l'intimité familiale.

Si certaines nudités ont un potentiel déculturant parce qu'elles dissocient trop les personnes là où plus d'égalité et d'union seraient souhai-

58. T. O. BEIDELMAN, p. 113-131.

tables, d'autres nudités pèchent par excès contraire : elles unissent indûment là où il faudrait distinguer et séparer. Ce faisant, elles sont également désolidarisantes en minant les différenciations qui sont présupposées aux unions humanisantes à l'intérieur de tout projet exogamique. D'après Mircea Eliade, le rite nudité-vêture de plusieurs initiations pubertaires symbolisait l'asexualité du néophyte suivie de l'établissement de sa différenciation « générique[59] ». La nudité asexuelle ne conviendrait plus à l'âge où s'annoncent des tâches sexuelles nouvelles comme la génitalisation de la sensualité et l'orientation non parentale du choix objectal. Cicéron rapporte que « les fils depuis l'âge de la puberté ne se baignent pas avec leurs pères, ni les gendres avec leurs beaux-pères[60] ». Autre exemple de nudités qui signifiait un partage d'intimité que Cicéron qualifie, dans sa compréhension aculturelle des mœurs, de contraire à l'enseignement de la nature[61]. Durant la longue période du ve siècle à la fin du Moyen Âge occidental et même au-delà, durant laquelle les époux devaient se considérer l'un l'autre comme progéniteurs plutôt que comme amants, leur nudité au lit était jugée par les moralistes chrétiens comme unissante à l'excès[62].

En se gaussant des robes de soie transparente dont s'affublait constamment l'empereur Héliogabale, Juvénal affirme, dans sa deuxième satire, qu'« il serait moins déshonorant de plaider tout nu[63] ». Cette remarque attire l'attention sur la sociabilité de la nature humaine qui conduit nécessairement à l'établissement de rôles institutionnels distincts, marqués par le vêtement[64]. Là où ces rôles s'exercent, la nudité d'indifférenciation devient inadéquate, de la même façon que la nudité de différenciation coercitive l'est là où le jeu des rôles sociaux aboutit à l'établissement d'oppressions injustes. Le dénuder devient alors une gestuelle profondément déculturée.

Bien loin de signifier le partage enrichissant de l'intimité, certains dénuders dénotent plutôt, en littérature et dans l'iconographie, des formes physiques, psychologiques et spirituelles de désunion ou d'union déshumanisante. Ils marquent physiquement la supériorité des uns et l'infériorité des autres. Ce premier niveau introduit celui d'une nudité symbolisant des formes diverses de rapports hiérarchiques qui font obstacle à la réciprocité des échanges. Finalement, l'idéal spirituel d'une nudité célébrant

---

59. M. ELIADE, 1976, p. 69-70.
60. CICÉRON, p. 539.
61. VALÈRE MAXIME, I, p. 151-153, prête à cette coutume « des anciens Romains » un caractère sacral.
62. T. N. TENTLER, p. 188-189, 205 ; J. A. BRUNDAGE, p. 161, 424-425 et 508.
63. JUVÉNAL, I, p. 193.
64. C. W. MILLS, p. 167-170.

la convivialité d'une humanité réconciliée dans l'amour est mis en échec dans une nudité qui obnubile la différenciation nécessaire à toute union enrichissante.

Si le dénuder, dans l'expérience humaine, s'est investi de trois faisceaux de significations enculturées, le bien-être, la simplicité et le partage d'intimité, il est aussi sujet à détérioration, comme la parabole de Golding l'illustre génialement. Le geste de se dire nu pourra exprimer le mal-être plutôt que le bien-être, l'humiliation plutôt que la simplicité d'êtres intégrés et transparents, la désunion de personnes faussement différenciées ou trop indifférenciées. L'expérience d'une nudité déculturée et déculturante se vit, comme dans le cas de sa version enculturée, à des registres différents de l'être humain, du physique au spirituel.

Le fait matériel d'être nu est un phénomène neutre qui en lui-même ne signifie strictement rien. Le dénuder, lui, est un geste humain dont le potentiel enculturant ou déculturant, autant pour les individus que pour leur société, n'est détectable que dans le réseau des échanges humains dont il fait partie. Gestuelle souvent délicate à évaluer, car son interprétation juste dépend autant des signifiés culturels dont elle est porteuse que des sens subjectifs dont la chargent destinateurs ou destinatrices, d'une part, et destinataires, d'autre part. Aussi faut-il proposer une éthique qui, si elle ne suffit jamais à juger des dénuders concrets et particuliers, offre un cadre apte à guider les discernements sociaux et individuels.

CHAPITRE 10
Les discours sur la pudeur

Les spécialistes du dénuder s'abstiennent rarement de discourir sur les réactions internes ou externes, les sentiments ou les jugements moraux que provoquent ce geste et la condition nue qu'il inaugure. Qu'elles soient ethnographiques ou historiques, sémiologiques ou philologiques, psychologiques ou sociologiques, philosophiques ou théologiques, les études de la gestuelle nue se livrent couramment à des considérations d'ordre éthique. Un spécialiste de l'éthique, qui exerce son métier à la remorque d'autres disciplines, serait mal venu de déplorer ces intrusions dans son domaine. Du point de vue éthique, ces considérations, malgré l'intérêt qu'elles représentent pour situer correctement la réflexion éthique, n'en demeurent pas moins limitées. Au lieu de m'adonner à une interminable présentation critique des approches existantes, j'utiliserai ce que j'en connais pour préciser des notions, recueillir l'héritage qui nous a été légué et déterminer le cours à suivre pour reconstruire un discours plus adéquat.

Pudeur et modestie : personne et personnage

Les mots employés dans la littérature pour désigner l'attitude morale en matière de nudité sont aussi nombreux que ceux qui sont recensés dans un dictionnaire de synonymes : pudeur, honnêteté, décence, modestie, pudicité, honte, vergogne, réserve, retenue, discrétion, décorum, chasteté et j'en passe. La langue anglaise a retenu le mot *modesty*, qu'elle emploie pour qualifier indifféremment les conduites relatives au vêtir et au dénuder. Au début de son étude, *The Evolution of Modesty*, H. Ellis note l'équivoque du terme. « En français, écrit-il, il est possible d'éviter cette confusion, *modestie* se distingue bien de *pudeur*. » Il précise que son étude portera sur cette dernière[1]. Si l'usage français n'est pas aussi clairement établi qu'Ellis le prétend, c'est en effet la traduction du latin *pudor* que les langues romanes semblent préférer dans ce qui a trait au dénuder.

Pour le français, cette préférence remonterait au XVIe siècle[2]. C'est encore ce mot qu'on retrouve le plus couramment dans la littérature. Même au début du XXe siècle, alors que les bruyantes « croisades pour la modestie » mettaient en relief le couple « modestie-immodestie », les moralistes reconnaissaient au couple « pudeur-impudeur » sa distinction. Le dominicain A. Vuilermet fustigeait les chrétiennes qui se présentaient à l'église « affublées de toilettes extravagantes ou immodestes quand elles ne sont pas impudiques[3] ». Outrage à la pudeur, l'impudicité connote ici l'idée d'une exhibition scandaleuse de chair. Parce que ce mot n'avait pas cours dans le français d'avant le XVIe siècle, cela ne signifie pas que la réalité qu'il désigne était inexistante. On coïtait et on se masturbait avant le XIXe siècle, qui a fabriqué les mots « sexualité » et « masturbation ». Ces signifiants, il est vrai, couvraient au siècle dernier des signifiés qui n'étaient pas exactement ceux des siècles précédents. Par contre, la présence des mots « sexualité », « masturbation » ou « pudeur » dans les discours n'indique pas un consensus quant à leur signification. Toujours est-il que « modestie » s'applique avec plus de précision aux gestes du vêtir, « pudeur », à ceux du dénuder.

L'évolution sémantique indique une prise de conscience de l'enjeu de la gestuelle de dénudation comme distinct de la gestuelle de vêture. L'usage de parler de « pudeur » dans la façon de s'habiller[4] n'a, dans notre utilisation du vocabulaire, aucun sens. Suggérer, comme le font M. Weinberg[5] ou M.-A. Descamps[6], que la nudité peut être aussi pudique que le vêtu et que toutes les formes de pudeur des gens vêtus se retrouvent dans un camp nudiste, à mon avis, c'est confondre des problèmes d'ordre différent. Non seulement, comme avait cherché à l'établir H. Ellis[7], la pudeur est-elle, à son origine, indépendante du vêtement, mais elle répond à une fonction sémiologique différente. M.-A. Descamps lui-même nous met sur la bonne piste en nous prévenant contre l'identification de qui nous *sommes* avec les vêtement que nous *avons*. Nous risquerions de devenir des mannequins, des personnages, des « masques » emblématiques de rôles, plutôt que les

1. H. ELLIS, p. 7, note 1 (ma traduction).
2. J.-C. BOLOGNE, p. 16; J. J. COURTINE et G. VIGARELLO, p. 79.
3. A. VUILERMET, 1926, p. 58.
4. Voir, par exemple, E. HOCEDEZ, p. 396-399, qui représente, sur ce point, la position des moralistes catholiques de la première moitié du siècle.
5. M. S. WEINBERG, 1965, p. 311-313.
6. M.-A. DESCAMPS, 1972, p. 189-190.
7. H. ELLIS, p. 6 et 58.

sujets qui les endossent[8]. Les grands signifiés que nous avons relevés dans un ensemble culturel indiquent, au vrai, que le dénuder nous ramène à notre origine. Qui sommes-nous lorsque tombe le voile des apparences ? De toutes les fonctions linguistiques qu'exerce la communication gestuelle aussi bien que l'orale ou l'écrite, celle qu'on nomme affective, émotive ou expressive[9] prédomine dans le dénuder. Cette fonction attire l'attention sur la destinatrice, le destinateur, qui en communiquant avec autrui parle toujours d'elle-même, de lui-même. Je préfère le terme « expressive ». Il dit mieux le statut ontologique de la personne qui, en communiquant, livre qui elle est, plutôt que son état émotionnel.

Puisque les fonctions linguistiques ne s'exercent pas indépendamment les unes des autres, je ne conteste pas que, en s'habillant de telle ou telle façon, les personnes « s'expriment ». Je reconnais même que, sous une fonction linguistique apparente (par exemple, référentielle : « Ce savon est le meilleur ») se camoufle souvent une autre fonction prédominante (par exemple, conative : « Achetez ce savon »). Ainsi du vêtir. Gestuelle à prédominance référentielle, il transmet au destinataire des messages « à propos de » : de mes compétences, de mes savoirs, de mes ressources économiques, de mes goûts... Ce qui ne l'empêche pas de me dire par-delà mon personnage, en un second temps, en sous-entendant, en laissant entrevoir. Au sujet d'anciens codes égyptiens de nudité, Jacques Laurent écrit : « Si l'esclave avait seul le droit de vivre nu, c'est qu'il ne représentait rien d'autre que lui-même[10] ». Formule contestable puisque la nudité de l'esclave n'était pas un droit mais une imposition. Elle a le mérite toutefois de mettre en relief le facteur sémiologique particulier du geste de dénudation, à savoir soi-même. Non plus le personnage, mais la personne.

Pudeur et décence : personne et société

Lorsque, citant *Des devoirs* de Cicéron, Érasme expose ce qu'accomplit la pudeur, il avertit qu'« il y a peu à en dire » : affaire « de plaire à ceux avec lesquels nous vivons ». La pudeur, en ce sens, chercherait à éviter ce qui choque les yeux et les oreilles d'autrui. Tâche plus lourde si nous estimons, avec Érasme, que partout des yeux et des oreilles nous épient. Aussi conseillait-il aux garçons de se dénuder avec une réserve décente (*decente verecundia*), « quand même il n'y aurait aucun témoin », puisqu'« il n'y a pas d'endroit où ne soient les anges[11] ». Pas moyen

8. M.-A. DESCAMPS, 1972, p. 23.
9. R. JAKOBSON, p. 354.
10. J. LAURENT, p. 39.
11. ÉRASME, I, 1877, p. 35. Même conseil, p. 113, pour la nudité qu'on expose « aux yeux des autres » au coucher et au lever.

d'échapper aux voyeurs ! Les créatures célestes, commes celles de la terre, ne sauraient voir certaines choses sans qu'en soit ébranlée l'aisance sans histoire que les codes d'étiquette visent à protéger. Personne ne souhaite perdre la face en public. Citoyennes et citoyens s'engagent donc tacitement à prévenir les inconvenances par l'observation de civilités reconnues. Lorsque le dénuder marque une familiarité indue, ou encore une quelconque vulgarité, il offense la bienséance, le savoir-vivre, le décorum. Cicéron, que ne préoccupaient pas les anges, attribuait à la décence le discernement des moyens à prendre pour ménager autrui : ne pas étaler sa nudité, ni en acte, ni en parole. « Ces choses que l'on fait, sans honte, pourvu qu'on les fasse discrètement, c'est une obscénité d'en parler[12] ». Il annonçait, bien avant l'heure, le sentiment victorien de décence qui faisait dire à Benjamin Disraëli : « *A gentleman is one who knows when to tell the truth and when not to.* »

Si on l'entend comme la vertu qui règle l'ensemble des attitudes et des comportements en cette matière, la pudeur s'aidera de la décence pour ordonner l'exercice social de la nudité. En employant le mot « pudeur », qui me semble, en français d'aujourd'hui, le mieux fait pour désigner une disposition stable à agir de façon humanisante, en toute occasion, dans le domaine autant public que privé de la nudité, je réserve le mot « décence » (du latin *decere*, convenir) à l'adaptation du propos de la pudeur à la grammaire sociale qui définit, par mode de coutumes, d'adages, de traités de civilité ou de lois, les gestes acceptables en bonne compagnie.

Différente de l'approche sémiologique qui consiste à décoder les unités signifiantes d'un système particulier de dénudation (par exemple, celui des Grecs du ve siècle av. J.-C., celui des nudités domestiques du Moyen Âge, celui des nudistes du début du XXe siècle), l'approche éthique cherche à évaluer les conditions morales requises pour que la personne qui se dénude le fasse de façon à s'exprimer humainement. Parmi ces conditions, certaines sont personnelles, d'autres sociales, réglant les rapports des individus et de la société. Ces conditions morales sont nécessaires à la « décence » des dénuders. Personnelles ou sociales, nous les examinerons, les unes et les autres, dans les deux prochains chapitres.

La pudeur-honte

À la « pudeur » on associe la « honte », parfois même on l'y assimile. Un prédicateur québécois de la modestie chrétienne au début du XXe siècle, F. Saint-Jacques, tempêtait contre les « nudités inexcusables » qui

---

12. CICÉRON, *De Officiis*, I, 25 (127), p. 539.

s'exhibent dans les « soi-disant grandes tenues », « ces honteuses et impudentes transparences qui permettent au premier venu de se renseigner exactement sur la qualité ou l'absence des vêtements de dessous de tant de malheureuses[13] ». Au manque de réserve, à la gestuelle osée, s'ajoute la honte de montrer ce qui doit être caché. En terrain séculier, H. Ellis définissait la pudeur comme « une crainte quasi instinctuelle qui pousse à la dissimulation et qui se ramène habituellement à des ruses sexuelles ». Plus loin, il en parlait comme d'une « timidité du corps[14] ». « Sorte de délicatesse biologique, dira à son tour V. Jankélévitch, partout répandue autour de la vie[15] ».

En français, le mot « pudeur » a remplacé au XVIe siècle les anciens termes « honte », « vergogne ». C'est ce qu'assure J.-C. Bologne[16]. Et de préciser que la pudeur est une sorte de « honte anticipée », la honte laissant voir le trouble ressenti pour avoir enfreint le code moral, personnel ou social, qui régit les comportements de nudité[17]. « Tout au bas », écrit R. Le Senne, la pudeur « n'est que la honte, le *Schamgefühl*, le mépris de soi à cause de certaines déterminations du moi, un complexe d'infériorité en rapport avec quelque vice[18] ». La pudeur serait donc un mouvement qui participe de l'anxiété provoquée par toute menace contre l'image qu'on a de soi, particulièrement l'image corporelle. Jankélévitch propose de distinguer la « honte » de la « pudeur » comme on distingue l'émotion d'une simple tendance ; le mouvement profond de l'âme, d'une disposition habituelle ; la peur, causée par une menace précise, d'une angoisse vague et diffuse[19]. Suggestion intéressante, mais qui garde à la pudeur sa fonction de retrait craintif.

Quel est l'objet de ce mouvement de honte qui se développe graduellement, chez les êtres humains, en une disposition habituelle de pudeur ? De l'Antiquité à nos jours, on a souvent répondu que c'est l'exercice public des « fonctions vitales ». Pour ne pas nuire à la belle apparence humaine, opinait Cicéron, la nature cache ou recouvre ces « parties qu'elle a données au corps pour des nécessités vitales, mais dont l'aspect aurait été laid et repoussant[20] ». Voilà nommées les « parties *animales* » dont l'exhibition rabaisse la dignité *humaine* : les organes des « nécessités vitales ». Ellis précisait davantage : il s'agirait d'un retrait protecteur contre l'agression

13. F. SAINT-JACQUES, p. 5.
14. H. ELLIS, p. 1 et 36.
15. V. JANKÉLÉVITCH, III, p. 1470.
16. J.-C. BOLOGNE, p. 16.
17. *Ibid.*, p. 16 et 21. Voir aussi M. DESPLAND, p. 19.
18. R. LE SENNE, p. 541.
19. V. JANKÉLÉVITCH, III, p. 1470.
20. CICÉRON, p. 538.

sexuelle des mâles rivaux provoquée par la vue de l'accouplement et, plausiblement, contre les réactions de dégoût d'autrui à la vue de l'anus dans l'expulsion des matières fécales[21]. Protection encore bien matérielle contre des menaces à la dignité, inhérentes aux « fonctions vitales ».

À l'usage, l'objet de la honte s'élargit considérablement. Bologne, qui a examiné cette évolution sémantique, observe que la honte en vint à désigner aussi une « pudeur des sentiments ». Elle signifie bientôt une conscience pénible de faiblesse[22]. Mieux que tout autre, Jankélévitch a traité de ce passage d'une pudeur « empirique », celle que provoque la nudité du corps, à une pudeur « métempirique » devant « l'inavouable nudité de l'être nu[23] », devant ce que le romancier tchèque, M. Kundera, a nommé *l'insoutenable légèreté de l'être*. Si fondé qu'il soit dans l'expérience morale, ce passage d'un niveau à l'autre présentait des dangers de déviation de la pensée. En humanisant la notion jusqu'à en faire un mouvement de défense intérieure, on risquait de spiritualiser la crainte honteuse tout en gardant à la menace son caractère purement animal. Dualisme anthropologique qu'on ne saura éviter.

Écoutons Hegel : « le sentiment de pudeur qui pousse l'homme à se couvrir de vêtement » est inspiré « par l'excitation contre quelque chose qui ne doit pas exister ». Or, ajoutait-il, s'il est une chose incompatible avec la haute destination de l'*esprit humain*, c'est bien tout ce qui, dans le corps humain, est préposé à des *fonctions animales*. La pudeur les cache pour ne pas distraire l'attention des réalités intérieures qui caractérisent l'humanité[24]. À la fin du XIXe siècle, V. Solov'ev poussait ces vues à l'extrême. Devant l'acte de reproduction, devant sa propre nudité même, « l'homme le plus sauvage et le moins développé éprouve une certaine *honte*, c'est-à-dire [les] reconnaît comme *mauvais* ». Dans et par le sens de la pudeur, « il considère la vie matérielle comme tout autre que lui-même, comme lui étant étrangère ». Il a honte de son animalité, de cette partie de lui-même qui n'est aucunement expression de la vie de l'esprit, notamment dans son union charnelle à autrui[25]. Malgré tous les raffinements proposés par Solov'ev, sa pudeur demeure une honte d'*avoir* une vie corporelle, quand la qualité de créature humaine *est* une vie spirituelle[26]. Étrange notion d'un instinct biologique qui alerterait la créature corporelle contre son être-biologique !

---

21. H. ELLIS, 1942, p. 42; 47.
22. J.-C. BOLOGNE, p. 10-12.
23. V. JANKÉLÉVITCH, III, p. 1471-1477.
24. G. W. F. HEGEL, III, p. 153.
25. V. S. SOLOV'EV, 1939, p. 29; 32; 47-48; 55-56.
26. C'est également la lecture que V. JANKÉLÉVITCH, III, p. 1474, donne des textes de Solov'ev.

Dans une forme poétique ramassée, le *Prophète* de K. Gibran dénonce la faille de cette conception d'une pudeur d'« ange » qu'effraie le spectacle de son « animalité » :

> N'oubliez pas que la pudeur n'est qu'un bouclier contre l'œil impur. Et quand l'impur disparaît, que devient la pudeur sinon une entrave et une souillure de l'esprit[27] ?

Bien sûr ! L'impureté de la honte est-elle dans le corps vu ou dans l'œil voyeur ? De sorte qu'à une époque où l'anthropologie, aussi bien philosophique que théologique, restitue au corps son unité dans son statut humain, la pudeur-bouclier ne fonctionne plus que dans le contexte de ce que R. Le Senne qualifie de « brutalité externe[28] ». C'est à la violence nazie que D. Bonhoeffer pensait lorsqu'il assignait à la pudeur la préservation de « la liberté du corps humain face à toute forme de violation[29] ». En dehors de contextes violents, cette pudeur qui n'est qu'« instinct antisensuel » ou « souillure de l'esprit » n'aurait plus sa raison d'être. H. Ellis avait vu juste lorsqu'il prédisait que l'éducation la ferait disparaître[30].

La nudité honteuse des moralistes d'inspiration victorienne

Une éducation de plus en plus répandue a effectivement créé, nous l'avons vu, une attitude plus critique qui a donné lieu au mouvement nudiste de la fin du XIXe siècle. Plus soucieux de prescrire que de comprendre, les moralistes occidentaux ont utilisé, sans les raffinements qu'elle pouvait trouver chez des esprits philosophiques comme un Hegel ou un Solov'ev, une notion de honte matérialisée et attachée à des objets précis pour s'opposer au nudisme naissant. Un examen sommaire de la réaction des moralistes catholiques, à titre d'exemple, illustre bien la déraison avec laquelle on a jugé le renouveau de la gestuelle de dénudation dans la culture occidentale et les dangers d'une notion de pudeur-honte qui ne sait pas aimer le corps nu qu'elle prétend défendre contre les menaces extérieures.

À de rares exceptions près[31], ces moralistes s'opposaient à la nudité, au nu artistique, au dénuder de la *Nacktkultur*. Ceux de la première moitié du

27. K. GIBRAN, p. 4. Cité par M.-A. DESCAMPS, 1987, p. 4.
28. R. LE SENNE, p. 541.
29. D. BONHOEFFER, p. 147-148.
30. H. ELLIS, p. 80-84.
31. Par exemple, H. NORTHCOTE, qui soutient que l'expérience de nudité durant l'enfance est positive (p. 53-56) et que la contemplation du nu artistique n'a pas toujours les effets lubriques que l'on déplore (p. 274-279). Méthodologiquement, observons qu'il est un des seuls à faire preuve de connaissances poussées en anthropologie, en psychologie et en esthétique.

XXe siècle les qualifiaient tout simplement d'immoraux[32]. Il faudra attendre la deuxième moitié du siècle pour que des moralistes[33] cessent de juger obscène la nudité, celle surtout des représentations artistiques, et commencent à proposer certains critères moraux de discernement plus perspicace[34].

Dans la forme, leurs propos sont symptomatiques d'un discours qui tourne à vide. D'abord, ils ont une allure apologétique : selon eux, les nudistes seraient dans l'erreur pour avoir attaqué la hiérarchie catholique et accusé l'Église de mépriser la chair[35]. Ensuite, ils ignorent les données historiques les plus élémentaires : les nus artistiques de l'Antiquité appartiendraient à la période du déclin de l'art, et l'Église aurait toujours désapprouvé la représentation du nu[36]; l'art moderne viserait à salir l'esprit[37]; la nudité s'opposerait à la culture en général[38]; le naturalisme serait la cause profonde de la révolte contre les conventions sociales[39]. Les textes sont aussi marqués de « nudophobie », envers de ce qu'on taxait de « nudomanie[40] » : les « races » qui pratiquent le dénuder social seraient inférieures[41] ; on ne s'étonnera pas de l'immoralité bien connue des artistes, « du fait qu'ils peignent le nu[42] », le mouvement nudiste serait morbide, amoral ou immoral[43]. Ces dires n'accordent aucune attention réelle aux arguments nudistes pourtant plus convaincants, parfois, que les réfutations sommaires qu'on leur oppose[44]. La candeur du syllogisme de J.-B. Vittrant illustre bien l'inanité de la croisade antinudiste : la pudeur est la gardienne naturelle de la chasteté; or le nudisme détruit la pudeur; donc le nudisme détruit la chasteté[45].

---

32. G. DESJARDINS, p. 6; J. A. McHUGH et C. J. CALLAN, II, p. 572, n° 2469c.
33. On note encore des exceptions comme J. A. McHUGH et C. J. CALLAN, I, p. 588-589, n° 2456-2457.
34, B. HÄRING, II, p. 491; R. A. McCORMICK, p. 37; G. V. LOBO, p. 310 et 417.
35. E. HOCEDEZ, p. 411; L. RULAND, p. 304; F. TILLMANN, p. 202.
36. A. PREUSS, p. 48-49. H. LECLERCQ, col. 1783-1784, affirme, au contraire (et avec autorité), qu'on ne trouve aucune condamnation du nu artistique dans les conciles anciens et chez les Pères de l'Église.
37. C. KUCHAREK, p. 172.
38. J. STEIZENBERGER, p. 259.
39. E. HOCEDEZ, p. 405.
40. E. JORDAN, p. 249.
41. Voir surtout le texte inadmissible de E. JANSSENS, p. 5, sur l'infantilisme mental des Noirs d'Afrique centrale parce qu'ils ont, encore enfants, été exposés à la nudité de leurs parents. Voir aussi L. RULAND, p. 258.
42. E. HOCEDEZ, p. 401. Ce qui est « bien connu », au contraire, c'est le fait que les modèles sont plus exposés aux libertés que se permettent certains artistes lorsqu'ils ou elles sont vêtus que nus : H. ELLIS, p. 61.
43. G. DESJARDINS, p. 6; J. STEIZENBERGER, p. 259; F. TILLMANN, p. 203.
44. G. LECORDIER, p. 58-65; L. RULAND, p. 306; E. F. HEALY, p. 203; B. HÄRING, III, p. 233.
45. J.-B. VITTRANT, p. 555.

Reconnaissons, avant d'examiner le fondement de l'argumentation antinudiste, que toute une apologie nudiste mériterait la même sévérité critique que ses opposants. Elle prenait souvent, chez ses promoteurs, une allure de messianisme naïf : « Dénudons-nous et l'humanité sera sauvée ! » E. Jordan, « professeur à la Sorbonne », relevait assez justement les sophismes d'une telle apologie simpliste[46]. Les reparties nudistes souffrent en somme des mêmes outrances que les arguments adverses selon quoi la matérialité du vêtir garantirait l'agir moral plus sûrement que la matérialité du dénuder.

On peut certes comprendre les rappels au réalisme des moralistes. Mais malheureusement leur opposition au nudisme faisait corps avec la compréhension étroite et puritaine d'une sexualité dont l'unique raison d'être serait la reproduction de l'espèce. Tout mouvement sensuel qui ne tend pas directement à cette fin serait donc péché[47]. Et si elle n'est pas répréhensible en soi, la nudité aurait néanmoins une charge d'excitabilité telle[48], après le péché originel[49], que sa seule vue provoquerait, chez un « homme » normal, la perte de contrôle rationnel sur sa sensualité[50].

Les moralistes de la première moitié du siècle ont transmis, on le constate, une notion courante de pudeur-honte qui, fondamentalement, est un instinct que déclenche le moindre mouvement sensuel[51]. Les moralistes récents ont réagi. Ils en parlent plutôt comme d'une fonction protectrice de l'intimité[52]. J.-M. Aubert veut détacher la pudeur du contexte théologique de péché originel et du contexte moral d'excitabilité sexuelle auxquels elle était liée chez ses prédécesseurs. La pudeur ne fait que protéger, assure Aubert, « l'intimité de la personne et sa valeur individuelle à propos de la sphère du sexuel qui est le symbole et le signe de cette intimité ». Elle devient garante du mystère de la personne. Discours fort amélioré, comparé à ceux que nous venons d'examiner... jusqu'à ce qu'on entende la remarque de l'auteur sur le nudisme qui « révèle dans notre société une certaine disparition du mystère de chaque personne[53] ». Du coup, la pensée concrète trahit un dualisme anthropologique insurmontable. Malgré les belles formules qu'on a lues, la pudeur n'a vraiment pas pour objet (comme le voulait Jankélévitch) « l'être » nu, mais bien le

---

46. E. JORDAN, p. 247-259.
47. E. JANSSENS, p. 14.
48. *Ibid.*, p. 14; L. RULAND, p. 303-304; G. DESJARDINS, p. 6.
49. E. HOCEDEZ, p. 402; G. DESJARDINS, p. 6; F. TILLMANN, p. 202-203.
50. E. HOCEDEZ, p. 402; E. JANSSENS, p. 14-15; G. DESJARDINS, p. 6; E. F. HEALY, p. 203-204; H. DAVIS, 1958, p. 227-228; F. TILLMANN, p. 202-203; C. KUCHAREK, p. 171.
51. Voir, par exemple, E. JANSSENS, p. 6-7.
52. C. H. PESCHKE, p. 386-391.
53. J.-M. AUBERT, p. 366-368.

« corps » nu, auquel s'attacherait irrémédiablement une indignité connaturelle. Ce dualisme s'avère incapable d'une gestuelle qui sauvegarde et promeut la dignité de la personne. On a beau proclamer l'humanité du corps, celui-ci n'atteint jamais, dans le courant dualiste, à celle de l'esprit. Dans sa nudité, le corps appartiendrait au mystère d'iniquité. Sinon, pourquoi le mystère de gloire ne pourrait-il s'exprimer en nudité? Dans son opposition au nudisme, Aubert remet tout en cause. Ces médiévaux, nos ancêtres, et tous ces autres peuples aux dénudations coutumières si fréquentes, ces Grecs nus au gymnase (approuvés par Socrate, Platon, Aristote), ces sages Indiens dénudés publiquement, n'auraient pas eu le sens du mystère personnel? Ils auraient été sans pudeur?

La pudeur : réserve et dévoilement

La synecdoque morale qui, dans une large part de la littérature contemporaine, a résorbé le tout (la pudeur) dans sa partie (la honte) n'a pas été bénéfique, comme on peut s'en rendre compte aisément. Une aptitude ou une vertu morale ne consisterait plus alors, avant tout, à « faire le bien », mais à « éviter le mal ». Contre quoi M. Scheler réagit, sans tirer pourtant les conséquences qu'il faudrait, quand il reconnaît que la pudeur « n'a point originairement [...] quelque réalité de valeur négative[54] ». Même vue chez Le Senne : à son sommet, la pudeur devient « la possession d'un secret de la valeur avec laquelle on fait solitude. [...] La pudeur est morale parce qu'elle est tournée vers le bien[55] ». Autant dans le stoïcisme d'un Cicéron que dans l'idéalisme philosophique d'un Hegel ou le mysticisme d'un Solov'ev, on minimise tellement les virtualités de la chair qu'on ne sait ménager à son égard rien d'autre que des attitudes négatives.

Au Moyen Âge, lorsque le divorce entre la chair et l'esprit n'était pas encore consommé, comme cela devait se faire à l'époque cartésienne, le sentiment moral de honte n'avait pas échappé à l'analyse éthique. Il n'avait cependant pas encore absorbé l'ensemble des grands sentiments qui nourrissent la disposition morale permanente (qu'on nommait « vertu ») en matière de nudité. J'en prendrai à témoin Thomas d'Aquin, le penseur le plus éminent de cette ère chrétienne, et dont l'« autorité », plutôt que la pensée historique, hélas ! fut reconnue en éthique chrétienne, notamment dans le catholicisme romain. Observons d'abord qu'il connaissait bien la « crainte honteuse[56] ». Empruntée à la patristique

54. M. SCHELER, p. 37.
55. R. LE SENNE, p. 541.
56. A. GUINDON, 1969, p. 589-623.

grecque (Némésius d'Émèse, Jean Damascène) et secondairement à Aristote, la « vergogne » (*verecundia*, et, en synonymie, *erubescentia*, la rougeur, *confusio*, la confusion, et *pudor*, la pudeur) nommera ce mouvement de crainte de l'ignominie, de s'avilir à ses propres yeux autant qu'aux yeux d'autrui, qui anime toute personne consciente de sa dignité. Comme tous les grands sentiments moraux, par contre, la honte se prête à des déformations. Pensons au « respect humain », cette crainte du ridicule motivée par les railleries d'autrui, non par la vérité des choses. Même sans déformation, le sentiment de honte, comme la continence, n'est pas encore vertu, mais signe d'une disposition bonne mais mal affermie. Pourquoi? Parce qu'elle est signe de faiblesse chez le sujet qui en fait l'expérience. Les faibles, en particulier les jeunes, comme l'avait observé Aristote[57], sont plus exposés à la honte, particulièrement celle qui est provoquée par l'ironie malveillante. La crainte honteuse décroît à mesure que s'affermit le courage. De toutes les turpitudes qui font rougir, celles qui sont liées à la sexualité, surtout à la génitalité, constituent, d'après Thomas, le domaine de prédilection de la honte[58]. Il avançait deux raisons. La première est empruntée à Augustin : l'insubordination des organes génitaux au contrôle du libre arbitre. Ce serait là, après le péché originel, l'indice d'un manque d'intégration entre l'ordre charnel et l'ordre spirituel[59]. Aussi les jeunes gens, dont l'intégration est encore à faire, sont-ils plus exposés à rougir, Augustin l'avait déjà observé, lorsqu'ils sont nus. La deuxième raison mise de l'avant par Thomas manifeste les préoccupations spiritualistes de la tradition occidentale, celles que plus tard on promouvra au détriment du corps : est plus honteux ce qui participe moins de l'esprit et relève partiellement d'un comportement commun à tout le règne animal. Si les péchés de l'esprit sont plus graves, pensait Thomas, ceux de la chair sont plus honteux, manifestant davantage la faiblesse de la créature. Thomas, donc, connaissait la honte et en a fourni une analyse qui en vaut bien d'autres.

La tradition éthique ultérieure ignore, toutefois, que la « crainte honteuse » n'est qu'un des deux grands sentiments moraux (qualifiés par les médiévaux de « parties intégrantes » de la vertu, à savoir les sentiments nécessaires à sa pratique) qui conditionnent l'exercice réussi de la

57. *Éthique à Nicomaque*, IV, 15 (1128b 15-20), p. 211.
58. A. GUINDON, 1969, p. 603-619.
59. AUGUSTIN, BA, 35, *La Cité de Dieu*, XIV, 17, p. 426-427. H. ELLIS, p. 6, n. 1, se trompe en attribuant à Augustin la vue selon laquelle l'objet de la honte serait l'érection, un phénomène qui n'aurait pas existé avant la Chute. La pensée d'Augustin est autre : c'est l'érection *involontaire* qui n'aurait pas existé. Dans *Contra Julianum*, IV, 13 (*PL* 44, col. 768), il admet même explicitement la possibilité qu'Adam eût été sexuellement actif au Paradis.

temperantia, cette vertu axiale qui préside à l'ensemble du domaine sensuel. L'autre est l'*honestas*, sentiment qui fait aimer la beauté d'une sexualité qui a produit tous ses fruits d'humanisation[60]. Cette « honnêteté » (cette qualité noble, ce sens esthétique de la dignité humaine[61]) est même prioritaire, parce que la crainte du mal qu'abhorre la honte naît de l'amour de cette beauté dont l'honnêteté se réjouit[62]. R. Le Senne est peut-être celui de nos contemporains dont les réflexions sur la pudeur, encore que trop parcimonieuses, se rapprochent le plus de cette *honestas*, quand il note qu'elle est « artistique par la délicatesse qualitative presqu'inexprimable des modes de notre dignité qu'elle veut protéger[63] ». La sensibilité esthétique dont parle Le Senne ne provient pas d'une source indépendante de la moralité. Seul un regard bienveillant sur le corps nu dicte des gestes qualitativement délicats, pleins de tact, bellement faits. Cette honnêteté présuppose que le corps n'est pas objet de mépris ni même de suspicion, et qu'on estime autant, en soi-même, les traits de l'animal que ceux de l'ange. L'*honestas* n'est pas vertueuse parce que la noblesse de l'esprit humain l'exige afin de promouvoir sa dignité. Elle est le fruit d'une « noblesse oblige » des *corps nus que nous sommes.*

Si l'on utilise le mot *honestas* pour désigner l'ensemble de la réponse vertueuse au dénuder, on prive la pudeur de son dynamisme moral fondateur en la réduisant à une réaction protectrice de crainte. Celle-ci ne s'exerce même pas en l'absence d'un désir de dévoilement humanisé et humanisant. À ce propos, Thomas d'Aquin a transformé en apophtegme le verset 3 du chapitre 3 de *Jérémie* : « Tu t'es fait un front de prostituée qui ne sait plus rougir[64] ». Devant une nudité dont on n'apprécie pas la beauté humaine, de quoi aurait-on honte ? La honte ne concerne qu'un dénuder déculturant. Un dénuder enculturant soulève au contraire le sentiment moral d'« honnêteté », le sens esthétique de la beauté du corps humain et le désir de la manifester à autrui.

---

60. THOMAS D'AQUIN, II^{a}-II^{ae}, q. 143, a. unique, in c.
61. THOMAS D'AQUIN, II^{a}-II^{ae}, q. 145, surtout a. 2. Voir aussi C. CHERESO, 1960.
62. THOMAS D'AQUIN, II^{a}-II^{ae}, q. 145, a. 3, in c.
63. R. LE SENNE, p. 541.
64. THOMAS D'AQUIN, II^{a}-II^{ae}, q. 144, a. 4, obj. 1.

CHAPITRE 11
Une éthique personnelle du dénuder

La pudeur n'exercera avec succès sa fonction dans le dévoilement et l'accueil humanisants, d'une part, et sa fonction de protection du mystère personnel contre les ingérences d'autrui, d'autre part, qu'en s'élaborant à l'intérieur de normes morales précises. Où les trouver ? Je suggère qu'elles opèrent déjà dans l'expérience du dénuder, produisant des fruits d'enculturation humaine là où elles sont respectées, des effets de déculturation là où elles sont ignorées ou méprisées. Notre tâche consiste à les dégager des signifiés déjà recensés, de montrer leur sens et de les formuler par mode de critères moraux.

Un dénuder intégrant

Un premier binôme signifié universellement par la nudité est celui du bien-être/mal-être. La nudité représente soit l'accomplissement d'une corporalité saine, énergique et belle, imprégnée des visées nobles de la personne, soit au contraire la faillite de cet idéal humain. Ce succès ou cet insuccès du dénuder à produire du beau humain relève, dans l'ordre moral, de sa qualité intégrante ou désintégrante. Possède cette qualité le geste d'autodévoilement qui favorise et exprime l'interpénétration et l'harmonisation des aspects corporels et spirituels de qui nous sommes.

Une tradition moralisatrice omniprésente, produit d'une expérience angoissante de désirs inavoués, considère qu'un individu, en déposant son vêtement, plutôt que de se dévoiler lui-même, expose des « parties » de lui-même... celles, notamment, qui symbolisent ce qui est estimé inavouable et dégradant. Fabriquant, de cette manière, des « parties honteuses », cette tradition, sans le vouloir, bien sûr, a involontairement créé l'objet de la pornographie, à savoir ces « parties » du corps humain qu'on expose publiquement au détriment du « tout ». L'industrie pornographique s'ingénie à vendre le message que la vue de ces « parties défendues » procurera au voyeur une extase sensuelle sans précédent[1]. La pudeur spiritualiste se nourrit donc à la même source que l'impudeur corporaliste, les « parties honteuses » du corps humain, mais avec un propos de continence plutôt que de jouissance. On raconte que l'austère Pie V, un des papes post-tridentins adversaires des nudités de la chapelle Sixtine, refusa la sonde qui aurait pu le soulager des calculs rénaux et prévenir la rétention d'urine qui allait l'emporter peu après. Cet acte d'« ascétisme » et de « pudeur », versé à son dossier de béatification au siècle suivant, illustre bien ce qu'on doit objectivement taxer de déviation du sens de la pudeur[2]. Au visage, miroir de rationalité, on substituerait, en se dénudant, d'autres parties qui représenteraient alors l'humanité défigurée. La précellence du visage peut en effet être occultée dans certains dénuders d'un corps, par exemple lors d'un examen médical, ou dans un dessein d'exploitation mercantile, ou simplement pour fins d'études d'anatomie. Sauf cas particuliers de ce genre, toutefois, le dénuder concerne aussi le visage dont la nudité propre est susceptible de se montrer autant dans un état de déchéance impudique que dans sa mystérieuse grandeur[3].

Dans un roman qui fit scandale lorsqu'il parut en 1952, Carlo Coccioli décrit le dénuder de Zeid, un Algérien de treize ans qui faisait les trottoirs à Paris :

> Il portait un épais tricot de laine de l'Atlas. En l'ôtant, il restait un moment la tête cachée. [...] Pendant un court instant, le gosse restait ainsi nu, la tête dissimulée : mais ensuite, lorsqu'il se montrait, son visage n'était que sourire. [...] Dans son rire, il redevenait un ange-enfant, un de ceux pour lesquels (en dépit de tout) fut créé le Royaume des cieux[4].

Même en plein commerce sexuel, cette petite putain de Zeid offrait, par son visage souriant (pour bien peu de temps encore, hélas !), la nudité d'une humanité encore « innocente ». Désintégrée, bien sûr ! une gestuelle nue qui, dépouillée de la vérité sans voile d'un visage humain, n'étalerait plus que des instincts trafiqués ou bien bassement inassouvis.

Même en affectant un visage candide, l'être nu peut encore dénoter des attitudes désintégrantes. C'est le cas des « images cochonnes » (*dirty pictures*) que deux héros prépubaires, dans un roman de J. Irving, découvrent entre les matelas et les sommiers du dortoir de leur collège. La façon de ces femmes exhibées « était menaçante – pour une bonne part, parce que [...] leurs expressions troublées et sérieuses jugeaient sévèrement leur propre

1. R. J. STOLLER, p. 96-98.
2. L. PASTOR, t. 18, p. 320 et 323.
3. E. LÉVINAS, p. 44-49.
4. C. COCCIOLI, p. 234.

nudité[5] ». Si notre corps est *vécu* comme méprisable, le dévoiler, fût-ce à nos yeux mêmes, n'a pas valeur de geste intégrant. Tout en protestant du contraire, une longue tradition dualiste voit dans le corps une entité séparée de l'esprit et avilie. Son dévoilement ne peut qu'amoindrir les créatures spirituelles que nous sommes. Malgré les préjugés, une telle vue n'est pas l'apanage du judéo-christianisme. Comme beaucoup de ses contemporains influencés par le Portique, le poète romain du IIe siècle av. J.-C. Quintus Ennius voyait déjà dans la « gymnité » grecque un signe de décadence. Opinion démentie par l'expérience spartiate, emblème à la fois du nudisme le plus systématiquement pratiqué et des mœurs les plus rigoureuses de la Grèce[6], et par l'expérience de nombreuses peuplades pour lesquelles la nudité n'a rien à voir avec le laxisme moral[7].

Un fort courant de la pensée éthique chrétienne a emboîté le pas à cette morale ennemie du corps. L'abbé Kiselstein parlait pour la très grande majorité des moralistes de la première moitié du XXe siècle lorsqu'il déclarait qu'une des raisons majeures de s'habiller est la sauvegarde de sa dignité[8]. Indigne, le corps doit être voilé pour que resplendisse l'esprit. Ingénus héritiers de Descartes pour qui le « je suis » est un esprit détaché du corps : « je ne suis donc, précisément parlant, qu'une chose qui pense, c'est-à-dire un esprit, un entendement ou une raison[9]... » Or le « je nu » qui, dans le « je suis », a l'évidence de son exister, n'abandonne-t-il pas son corps au prix d'être un autre que soi-même ? Le je-sujet existerait-il autrement qu'en la donnée immédiate de son corps ? Dans l'immédiateté de l'expérience, le je qui doute, donc qui existe, est un corps, un corps pensant[10]. En occulter la nudité à cause de son « indignité » constitue une défiguration radicale de notre humanité.

Lorsque, avec la fin du Moyen Âge, la coutume se perdit des dénuders publics, la pudeur, qui était auparavant liée à l'ensemble des approches sensorielles du corps, modération tactile, auditive, olfactive, gustative et visuelle, fut tout entière investie dans la vue[11]. À cette première dé-érotisation d'une nudité qui ne s'offrait maintenant qu'à la vue puisque, dans la vie quotidienne, on ne se côtoyait plus en état de nudité s'est ajoutée celle de la représentation de la nudité. Le nu artistique se substituait à la nudité

---

5. J. IRVING, p. 145.
6. K. CLARK, I, p. 49.
7. E. A. WESTERMARCK, II, p. 301 et s.
8. G. KISELSTEIN, p. 285. Malgré des passages éclairants sur la pudeur, ce dualisme affleure constamment dans le texte pourtant plus ouvert de M. F. SCHELER, p. 12-13, 23, 49, etc.
9. DESCARTES, Méditation seconde, p. 277.
10. P. RICŒUR, p. 15-22.
11. J.-C. BOLOGNE, p. 49.

réelle comme seul objet licite du regard. Encore familiers des dénuders coutumiers, des Kyôtois furent scandalisés, au contraire, à la vue d'un nu féminin européen montré à l'Exposition du Jubilé victorien à la fin du XIXe siècle[12]. « Abstraction », en Occident, d'une nudité qui ne s'expose plus dans une chair particulière, réelle, saine, sensuelle, rougeaude, suante, pour tout dire, humaine. Ni même à ses propres yeux. Dans des couvents, à partir du XIXe siècle jusqu'au milieu du XXe, on ne se lavait plus que vêtu, souvent dans l'obscurité, pour ne pas s'exposer à la vue de son propre corps. On m'a raconté que, dans les années 1960 encore, au Québec, le directeur d'un collège classique pour garçons aurait fait peindre, si l'entrepreneur ne l'en avait dissuadé, les pièces chromées des urinoirs, pour que les garçons ne soient pas exposés à la vue de leurs organes sexuels. Ces cas d'espèce ridicules sont symptomatiques d'un supposé idéal moral qui vous dépossède de votre propre image corporelle. Dévoyé ou aberrant – parfois l'un et l'autre, comme dans la pornographie qui naquit en Occident quand la Réforme (et la Contre-Réforme) s'opposa au nu artistique lui-même[13] –, le dénuder n'a pas valeur d'authenticité. Il trouvera un sens en dévoilant un corps qui ne soit ni fantôme éthéré ni chair opaque. Est donc intégrée, ou en voie de le devenir, la nudité d'une *personne* qui habite son corps. Parce que cette personne est alors présente corporellement à elle-même, son dénuder est expression de son être.

Du point de vue de l'intégration, en son fondement ontologique, la pudeur est une disposition qui règle l'autodévoilement comme l'acte d'une personne humaine. Autant à ses propres yeux qu'à ceux d'autrui. Plus la pudeur est aisance, spontanéité et délectation, plus elle est authentiquement vertueuse et signe d'intégration acquise[14]. De l'esprit, elle tient sa mesure et sa direction ; du corps, son élan et sa grâce. En ses meilleures réussites, elle suscite l'émerveillement et l'admiration, prélude à l'état ultime de dévoilement, celui de la contemplation sapientiale et de la béatitude amoureuse[15].

En son mouvement de honte, la pudeur retient le sujet de s'exposer comme esprit désincarné ou corps défiguré. Elle rougit de savoir le corps exhibé comme objet de répulsion et de ridicule ou de convoitise et de curiosité malsaine. Un élève d'Ingres, A. Duval, rapporta qu'un modèle féminin posait nu paisiblement à l'École des Beaux-Arts. Soudain, la jeune femme lança un cri et courut se couvrir de ses vêtements. Elle avait surpris un ouvrier qui, par une lucarne, la regardait avec curiosité[16]. Importun « sans

12. H. ELLIS, p. 21-22.
13. J.-C. BOLOGNE, p. 212.
14. THOMAS D'AQUIN, *De virtutibus in communi*, dans *Questiones Disputatae*, q. un., c.1, in c. (1965), p. 709.
15. M. SCHELER, p. 46-47; A. GUINDON, 1976, p. 89-97.
16. H. ELLIS, p. 75.

âme », qu'une pudeur intégrée repousse spontanément. Rien n'illustre mieux que cette anecdote le point que j'avance ici. La perversion du voyeur lui vient de ce qu'il refuse le corps signifiant, en ne quêtant pas dans le visage d'autrui la clé d'une identité réelle. Par la pudeur, on craint également de voir ses sentiments, ses talents ou ses œuvres profanés, substituant au sujet incorporé qui existe un personnage fictif de théâtre. Telle est la déviation qui signa la perte de la morale de l'honneur qu'on s'efforçait encore de maintenir au début du XXe siècle[17]. Ce « sentiment de l'honneur » traduisait, en d'autres temps, ce que nous convenons aujourd'hui de nommer le « sens de sa propre dignité ». La pudeur est la forme d'un tel sentiment quand il pénètre dans le domaine de la gestuelle de dénudation[18]. La déformation qui a contribué à sa perte résultait du déplacement de son objet primaire, à savoir l'excellence de la personne en tant que telle, vers des objets secondaires : le rang social, la richesse, la compétence. Madame de Sévigné (et peut-être Saint-Simon) a immortalisé un personnage, tragique dans son ordre, qui incarne ce sentiment dévié de l'honneur. On connaît l'aventure de Vatel, maître d'hôtel du prince de Condé : constatant que le rôti avait manqué à deux tables, dans un dîner offert en l'honneur de Louis XIV, et que les fruits de mer commandés pour le lendemain n'arrivaient pas, il se suicida pour sauver son honneur[19]. Sens du travail bien fait qui contraste exagérément avec l'indifférence qui règne dans certaines professions ! Sentiment désaxé néanmoins par la priorité accordée à une fonction sur la personne.

On peut reconnaître à la pudeur son effet d'aura[20]. Par la norme intégrante qui la règle, elle n'expose le corps nu que dans le rayonnement de sa dignité humaine. Rarement à cru. Jamais en putrescence. Les gestes de pudeur désignent toujours le sujet comme celui qui est son corps, et son corps comme celui qu'avive son esprit.

Un dénuder authentique

L'examen des lectures diverses de la nudité humaine a montré que la simplicité et l'humiliation qui la pervertit forment un deuxième faisceau de signifiés. Pour qu'elle puisse exprimer l'une et non l'autre, la gestuelle de

---

17. L. JEUDON, 1911; E. TERRAILLON, 1912; A. GAY, 1913. Les moralistes de cette période assimilent couramment la pudeur au « sentiment de l'honneur », par ex., E. JORDAN, p. 252.
18. M. SCHELER, p. 38, note que la pudeur « coïncide en partie avec le sentiment de l'honneur personnel ».
19. Madame de SÉVIGNÉ, deux lettres à Madame de Grignan, les 24 et 26 avril 1671, p. 101-103.
20. M. SCHELER, p. 43.

dénudation doit traduire une authenticité voulue. Est authentique, au sens récent, ce qui « exprime une vérité profonde de l'individu et non des habitudes superficielles ». Pour notre usage, il suffit de remplacer l'article « une » par « la » dans cette définition du *Petit Robert*. Par anticipation, Thomas d'Aquin a défini sobrement en général cette « vérité profonde », que la gestuelle de nudité a pour but d'exprimer : « ce selon quoi quelqu'un vit avec droiture en lui-même[21] ».

En homme du Moyen Âge qu'il était, Thomas pensait que cette *veritas vitae* ne posait pas un problème qui requît un traitement particulier. Sa formation serait l'effet de la vie morale en son ensemble. Bien sûr ! Mais la modernité a fait goûter à l'humain des développements qui rendent cette tâche plus ardue qu'on ne l'estimait au XIIIe siècle. Elle a vu l'émergence d'une conscience de soi comme individu plus pointilleuse. Les quelque 60 « portraits de l'artiste par lui-même » de Rembrandt au XVIIe siècle, comme *Les Confessions* de Rousseau au XVIIIe, attestent le fait d'une scrutation inouïe des plis et replis du sujet[22]. Est ensuite apparue au XIXe siècle une véritable conscience historique, étiquetée « crise moderniste » par ceux qui n'y accédaient pas encore. À la perception essentialiste de la réalité humaine s'est substituée une vue qui ménage une place beaucoup plus décisive à l'historicité des sujets[23].

« Qui je suis » n'est plus conçu comme une donnée de départ que j'aurais la charge de conserver et de parfaire, par l'exercice de vertus intellectuelles et morales. Si l'enfant, à sa naissance, coïncide avec lui-même, il ne vit pas « avec droiture en lui-même ». Toute matérielle, cette coïncidence est le simple manque de conscience personnelle, innocence opaque d'un « être de nature » qui n'a pas la liberté d'être autrement. Aussi ses agirs sont-ils prévisibles comme les biogrammes ou autres lois de nature. Le fait qu'il soit habituellement nu, dans les sociétés dites primitives, exprime exactement ce signifié : il occupe encore le « lieu d'un non-dit culturel, une sorte d'état "naturel" dont il ne sort vraiment qu'en recevant le vêtement[24]... » Le sujet individuel naît lorsque l'enfant, ayant accompli avec succès un ensemble de tâches individuelles et sociales, est prêt à saisir qu'il n'*est* pas ses perceptions, mais qu'il les *a*, qu'il peut conséquemment les contrôler. En posant devant lui, en objectivant ce qu'il perçoit n'être pas lui, il crée le monde des objets et s'affirme comme sujet face à cette altérité. L'histoire des structurations corrélatives du sujet et de l'objet ainsi que celle de leurs rapports mutuels forment la trame « développementale » de toute une vie[25].

---

21. THOMAS D'AQUIN, II^a-II^{ae}, q.109, a. 3, ad 3.
22. L. TRILLING, p. 24-25.
23. V. JANKÉLÉVITCH, II, p. 503.
24. J.-T. MAERTENS, IV, p. 84.
25. A. GUINDON, 1989, où j'ai exposé mes vues sur le développement humain et sur ses implications éthiques et chrétiennes.

Parmi ces objets qu'il pose devant lui se dessine toujours plus distinctement sa propre image, celle que renvoie le miroir. Nous la nommerons « moi-objet ». Entité réflexe, donc seconde et construite par rapport au je-sujet qui se perçoit, au contraire, dans l'immédiateté de son exister et de son agir. Cette construction d'un « double », habillable au gré des fantaisies, signale la chute hors de l'innocence originelle. Cohabitant avec cette Ombre (*dixit* Jung) de lui-même, le « je » perd sa virginité. La conscience scindée, en offrant la possibilité du double jeu, soulève, on le constate, un problème moral beaucoup plus aigu que ne l'estimaient les médiévaux.

L'expression authentique de soi-même consistera à renoncer au pouvoir manipulateur de l'Ombre et à déplisser cette conscience ridée qui sert à occulter les exigences de vérité du je-sujet. Tâche de toute une vie que celle d'acquérir une innocence seconde qui remplace l'épaisseur inconsciente de la première par une lucidité qui ne tolère rien d'inexprimé. La fonction expressive de la communication (autant langagière que gestuelle) trouve en cette transparence du sujet son enjeu moral. En s'exprimant, le sujet cherche ultimement à accueillir sa « vérité de vie », à redevenir unifié en lui-même par-delà l'opacité de l'innocence première. Autoconscience diaphane, acquise au prix d'aveux coûteux, souvent honteux, de soi-même[26]. Translucidité dont la simplicité de présence est le gage. À la façon de Nathanaël, à propos de qui Jésus constate : « Voici un véritable Israélite en qui il n'est point d'artifice[27]. »

Renonciation à l'artifice, le dénuder est gestuelle expressive d'un je-sujet qui consent à enlever le pli vestimentaire qui l'occulte dans l'Ombre. L'éthique, contrairement à l'apologie nudiste, pose cependant la question qui doit être posée : « Suffit-il, demande-t-elle, d'un dévêtir pour que resplendisse la lumière du je-sujet ? »

Pour que la présence authentique soit réalisable, le je-sujet doit nommer, pour lui-même d'abord, ce que l'Ombre se plaît à obscurcir. Car ce double, qui savoure une vie de facilité, cherche à survivre. Tout effort de conversion du je-sujet menace son existence. Comme tous les sycophantes, l'Ombre a tout intérêt à cacher à son maître la vérité à propos de ses faiblesses et de ses forces réelles. Si cet imposteur parvenait à déjouer les efforts du je-sujet pour savoir qui il est, en le convainquant de sa légitimité déjà acquise, il réussirait à affubler le je-sujet d'une fausse « bonne conscience ». Conscience statique et médiocre, satisfaite et pontifiante, encrassée et embourgeoisée dans la facilité d'évidences qui n'en sont pas[28]. Une telle conviction

26. V. JANKÉLÉVITCH, III, p. 1469.
27. *Jn* 1, 47.
28. V. JANKÉLÉVITCH, II, p. 486. Voir aussi la « mauvaise foi » chez J.-P. SARTRE, p. 85-111.

marquerait la fin de cet inlassable effort d'ajustement du je-sujet à sa *veritas vitae*, et le renoncement à croître jusqu'à sa pleine stature humaine[29]. Cet autoaveuglement du je-sujet, cette justification de l'injustifiable, ce mensonge à soi-même, par refus de voir et de nommer tout ce que la conscience offre à pondérer, constitue, selon Kant, la faute des fautes, le mal radical et inextirpable qui rend toute conversion pratiquement impossible[30].

« Mais si tout orgueil était mort en nous », lit-on à la fin du *Journal d'un curé de campagne*, « la grâce des grâces serait de s'aimer humblement soi-même, comme n'importe lequel des membres souffrants de Jésus-Christ[31] ». Pour qu'il s'exerce dans l'authenticité, le dénuder présuppose la prise de conscience réaliste des faiblesses qu'il faut avoir le courage de nommer. Sans cette conscience de soi, se dénuder, en des circonstances qui mettent dangereusement à l'épreuve sa vulnérabilité, est téméraire. À l'inverse, est pudibonderie toute honte de la nudité, qui « cache ce qu'on est incapable d'assumer et dont on a peur[32] ». Le déballage du refoulé n'attend souvent que ce geste corporel de dévoilement pour se produire et, comme l'avait conjecturé A. Maslow[33], libérer autant les esprits que les corps. Ces virtualités thérapeutiques extraordinaires du dénuder sont abondamment documentées dans l'ouvrage de A. Goodson, *Therapy, Nudity and Joy*[34]. Comme l'a constaté le père de la psychothérapie de nudité aux États-Unis, le psychologue P. Bindrim, le succès de celle-ci est redevable au fait que l'image de soi est inséparable de l'image corporelle. La capacité de s'accepter authentiquement est conditionnée par celle d'accepter son corps[35]. À l'âge de l'établissement d'une identité de jeune adulte, le monde imaginaire du nu peut déjà constituer un premier jalon thérapeutique. Le rôle des fantasmes sexuels dans la structuration de l'identité à l'adolescence est bien connu[36]. P. Machotka a étudié, plus précisément, la « fonction projective » du nu artistique sur des étudiants et étudiantes du niveau collégial. Il a découvert que le nu artistique présente à cet âge un ensemble étonnamment étendu de valeurs, peu d'entre elles ayant trait, comme on pourrait être enclin à le supposer, à l'exercice génital de la sexualité. Confrontés à ce type de nudité, les sujets ont en effet exprimé des préférences (majoritairement pour les nus de leur propre sexe) qui connotent des enjeux tels que la diffé-

---

29. V. JANKÉLÉVITCH, II, p. 503-514.
30. O. REBOUL, 1971, p. 97-105.
31. G. BERNANOS, p. 1258.
32. J. BASTAIRE, p. 80-81.
33. A. H. MASLOW, p. 160.
34. A. GOODSON, 1991.
35. P. BINDRIM, 1968, p. 180-181, 187; 1969, p. 28.
36. A. GUINDON, 1976, p. 223-249.

renciation sexuelle, le choix objectal, la crise d'identité, la dépression, le deuil d'une amitié, l'idéalisation des parents et ainsi de suite[37].

M.-A. Descamps dépeint avec réalisme cet être étrange qu'il nomme, bien à propos, le « puritain paillard », ce laissé-pour-compte du dénuder authentique. Vous l'entendez s'opposer avec verve et indignation au nudisme, alors qu'il se permet régulièrement des jouissances de nudité déshumanisante[38]. « C'est péché, mais il faut bien s'amuser un peu ! » Son dogmatisme antinudiste lui sert de rachat. Ce pitoyable apôtre de la morale bourgeoise trouverait vraisemblablement, dans un contexte de nudité thérapeutique, un « moyen » de rompre le cycle infernal de « répression, exutoire, expiation » où il s'est enfermé. Traitement-choc pour débusquer les manigances de son moi-objet. La solution serait de découvrir que ses prétentions vestimentaires sont une gestuelle mensongère encore plus désastreuse, humainement, que les honteux déshabillages auxquels il se prête pour désamorcer son refoulement. L'expiation de ses méfaits n'est qu'un pieux leurre. Seule la conversion à une gestuelle authentique de nudité le réconcilierait avec soi-même.

Les thérapies de nudité font la preuve également que le dénuder facilite la reconnaissance des forces originales du je-sujet. La prise de conscience et l'assertion de la beauté qui nous caractérise sont aussi essentielles à l'authenticité que celles de nos manques. L'absence d'une telle affirmation de soi condamnerait tout projet moral à n'être plus qu'une caricature. Les vertus autant intellectuelles que morales, en effet, n'ont de sens qu'en fonction des valeurs positives auxquelles un je-sujet aspire. Pourquoi devenir courageux, si rien en nous ne mérite d'être acquis au prix d'efforts considérables ? Que sert d'être modéré, si l'esprit ou le corps sont des poids morts qu'il est bien assez d'endurer ? À quoi bon être justes, si nous sommes inférieurs à autrui ? Bel exemple de ce dernier point que l'androgénisme, parfois misogyne, responsable du discours, aujourd'hui intolérable, sur la pudeur « plus corporelle » chez les femmes et « plus spirituelle » chez les hommes, les femmes n'ayant de raison d'être, dans l'institution patriarcale, qu'en fonction de la maternité[39]. Tant que les femmes n'eurent pas reconnu, pour ensuite l'affirmer, leur « condition humaine » qui vaut bien celle des hommes, la pudeur-honte a joué catégoriquement : elles auraient eu tout à

---

37. P. MACHOTKA, p. 79-129.
38. M.-A. DESCAMPS, 1987, p. 25-26.
39. Ce genre de considérations est partout présent dans les analyses de la pudeur, même chez les analystes les plus subtils : un H. ELLIS, p. 1 et *passim*, ou un M. SCHELER, p. 19-20 et *passim*. Voir la réaction, déjà en 1898, d'une femme comme Céline RENOOZ, citée par H. ELLIS, p. 85-87. Chez les moralistes ecclésiastiques, la sentence se fait dogmatique. E. HOCEDEZ, p. 396-398, explique que les femmes donnent dans l'impudeur parce qu'elles sont légères, frivoles, inconsidérées, vaniteuses, coquettes. Il conclut : « L'homme veut s'imposer, la femme veut plaire, c'est sa nature. »

cacher, rien à montrer. En revanche, en général, l'estime qu'on porte à sa propre qualité d'être empêchera souvent d'étaler sa façon corporelle, autant que ses vertus ou ses talents, dans des contextes où tout cela serait flétri. Entouré de béotiens, on évite, par honte, d'afficher son savoir. En compagnie de gens grossiers, on n'exhibe pas, par honte, son corps nu. Le dénuder, les signifiés déculturés l'ont manifesté, peut signaler la dépersonnalisation. En ce sens, M. Scheler assigne à la pudeur, sous son aspect de honte, « la préservation du moi individuel » et la dit proche de la fierté. Les personnes réservées sont parfois d'une pudeur exquise. On pressent chez elles une beauté particulière, issue d'un long apprentissage[40]. Difficile grandeur, cependant, que singent mille attitudes et comportements de pruderie.

Authentique, la pudeur est un sens de l'identité véridique chez un sujet qui cherche à s'exprimer. Sens de la droiture qui n'hésite pas à dénuder son être devant celles et ceux qui sont prêts à l'accepter pour qui il est. Sens de la réserve qui sait choisir les « temps opportuns ».

Un dénuder bienveillant

Un dénuder qui, par sa qualité d'intégration, dévoilerait des corps pleinement humanisés et qui, par sa garantie d'authenticité, nous donnerait à voir tels que nous sommes contribuerait à structurer des personnes équilibrées et autonomes. Celles-ci pourraient néanmoins se satisfaire de leur beauté et de leur vérité, sans rien apporter, en somme, à l'enrichissement d'autrui. Sinon comme objet de contemplation et de désir. Les nus classiques que K. Clark range parmi les « Apollons » et les « Vénus[41] », affichent parfois cette autosuffisance qui, d'autrui, ne sollicite que l'admiration. Qu'on pense, pour les femmes à la *Vénus de Cnide* de Praxitèle, à la *Vénus* de Milo, à la *Naissance de Vénus* de Botticelli, à la *Vénus Anadyomène* de Titien, sans omettre ces beautés « au miroir », la *Femme à sa toilette* de Bellini ou la *Vénus Anadyomène* d'Ingres ; et pour les hommes, au *Doryphore* et au *Discophore* de Polyclète, à l'*Hermès* de Praxitèle, aux *David* de Donatello et de Michel-Ange, à l'*Apollon* et au *Bacchus* de Sansovino. Même le couple nu de l'étude pour *L'Âge d'or* d'Ingres ne s'offre-t-il autre chose, l'un à l'autre, qu'une pure beauté à contempler ? À tous ces nus et aux gestuelles de nudité qui leur ressemblent manque un propos de bienveillance qui offre à autrui, et attend de lui, un partage mutuellement valorisant.

---

40. M. SCHELER, p. 35 et 49 ; 66-67.
41. K. CLARK, I, p. 57-268.

Des types d'amour et de désir fonctionnels, la bienveillance se singularise par son propos holiste. Est fonctionnel l'attrait qui s'ébauche à partir d'une qualité d'autrui susceptible de satisfaire un besoin que j'éprouve. Chez l'autre, j'aime ce qui sert à mes fins. Nous exerçons quotidiennement cet amour fonctionnel dans les interactions où s'échangent et s'achètent services, informations, soins, commodités, plaisirs. Comblés, nous proclamons que nous aimons notre dentiste, notre garagiste, tel professeur ou telle artiste. Tout cela est parfaitement légitime et la plus grande part de nos relations humaines s'arrête là. Les transactions de type fonctionnel permettent de déterminer ce que les personnes ont à offrir, non pas qui elles sont. L'amour qui les caractérise est de l'ordre de l'avoir.

Né au cours des longues soirées monosexuelles du *Far West* américain, le strip-tease est le prototype du dénuder qui ne donne à voir que les « contours » d'avantages sexuels susceptibles d'aiguiser l'appétit des voyeurs. La virtuosité de l'exécutante consiste à retarder, voire à refuser une nudité qui livrerait trop d'elle-même[42]. Participent à cette même logique de dosage (même si on les accuse parfois d'être « sans retenue ») les nudités commerciales, les nudités agréables des « parties de plaisir » ou des complaisances sexuelles, les nudités associées à l'examen médical, à l'athlétisme, à la relaxation, à un traitement hygiénique. Justifiés ou non, bons ou mauvais, beaux ou laids, de bon ou de mauvais goût, ces dénuders sont de l'ordre de l'amour fonctionnel. Dans ces gestuelles, les personnes ne se confient pas les unes aux autres.

La bienveillance n'exclut pas l'utilité ou le plaisir. Au contraire, elle contribue à les maximiser. L'une et l'autre lui adviennent toutefois « par surcroît, de même qu'aux hommes dans la force de l'âge vient s'ajouter la fleur de la jeunesse[43] ». À autrui, la « bien-veillance » veut son bien particulier. L'aimant désire partager avec l'aimé la beauté de l'être même de ce dernier. S'il aime particulièrement chez l'autre son beau visage ou sa belle forme, son bel esprit ou ses belles manières, il n'aime ces avantages que dans le mouvement qui le porte vers la personne même d'autrui.

Là où le dénuder dépasse le seuil du plaisir ou de l'utilité, là où il se veut expression d'une personne à une autre, la seule bienveillance assure la qualité morale de son exercice. Sans cette disposition, qui pose l'autre être comme fin à lui-même, le dénuder met en présence des individus qui traitent leur humanité en objet d'exploitation, de domination ou d'agression, en possession dont il serait permis d'user et d'abuser chacun selon son bon plaisir. H. Ellis cite de Jean-Marie Guyau cette observation perspicace :

---

42. J.-T. MAERTENS, IV, p. 44.
43. ARISTOTE, l. X, c. 4 (1174 b 33), p. 496.

« la pudeur a civilisé l'amour[44] ». En cherchant à livrer le sujet dans sa beauté de personne et, par conséquent, en le refusant à qui le convoitait comme objet, la pudeur a graduellement contribué à retarder la satisfaction du désir instinctuel, ménageant une aire dans laquelle pouvait naître l'amour de bienveillance[45]. Cela, la pudeur l'a accompli, comme Ellis le retient de Guyau, dans l'histoire des peuples. Elle le refait dans l'histoire personnelle de chaque être humain qui, par une réserve tenant à l'origine davantage de la honte que de l'honnêteté, se laisse graduellement instruire par l'excellence inestimable de chaque personne.

Aussi l'apologie nudiste, selon laquelle la pudeur, en poussant les personnes à s'habiller, se contredirait elle-même parce qu'elle aiguiserait leur désir[46], manque-t-elle de pertinence. Admettons que le désir se nourrit, parfois jusqu'à l'exacerbation, de la non-possession de son objet. Mais la possession de celui-ci, par le dévoilement du corps désiré, pourra se révéler décevante. Dans ce livre des désirs que sont *Les Nourritures terrestres*, A. Gide confesse : « chaque désir m'a plus enrichi que la possession toujours fausse de l'objet même de mon désir[47] ». Aussi la question n'est-elle pas de savoir lequel, du nu ou du vêtu, allume davantage le désir. Le vrai débat éthique porte sur la qualité du désir suscité. De quoi est-il l'appétence ? S'il se nourrit, comme le désir de Gide, de biens de « consommation terrestre », leur « possession » ne satisfera jamais la soif de communion qui nous tenaille. Celle-ci n'est comblée qu'en présence de personnes aimées pour elles-mêmes. C'est à cette condition que la révélation de leur intimité toute nue ne sera ni « possession toujours fausse » ni assouvissement pâteux de désirs périphériques. La gestuelle de nudité peut devenir, dans la bienveillance, présence mutuellement enrichissante et émerveillement devant une altérité à jamais irréductible aux proportions infimes des fantasmes individuels. Si l'aveu de Gide est véridique, il est d'une tristesse inouïe, celle d'une vie dans laquelle le néant glacial des fantasmes a écarté la chaleureuse réalité des relations intimes. Absence d'une pudeur qui, à travers une économie délicate de réserve et de révélation personnelle, s'éduque à partager avec autrui le mystère d'une ineffable Nudité qui nourrit sans jamais rassasier.

Bienveillant, le dénuder acquiert un potentiel libérateur extraordinaire. Chaque personne y dit à l'autre : « Devant moi, tu n'as pas à prétendre, à jouer des rôles, à cacher tes faiblesses et à ne faire miroiter à mes yeux que

---

44. H. ELLIS, p. 5. Il n'indique pas où se lit cette phrase dans l'œuvre volumineuse du sociologue-moraliste.
45. M. SCHELER, p. 68.
46. M.-A. DESCAMPS, 1972, p. 230-233.
47. A. GIDE, p. 155.

tes charmes. Tu n'as rien à me prouver. Me voici sans arme devant toi comme tu l'es devant moi. Nous pouvons finalement nous "laisser aller" à être qui nous sommes, puisque c'est cela même que chacun de nous aime ». Les thérapies de nudité prouvent que, même dans des contextes non « amoureux », là où des gens, hier encore étrangers, ont assez de générosité pour entretenir envers autrui un propos de bienveillance, ce message du dénuder collectif est clairement perçu par les participants des deux sexes. Son pouvoir libérateur s'est avéré considérable. Des personnes profondément aliénées d'elles-mêmes par un refoulé destructeur ont réussi, supportées par la chaleur de l'invitation gestuelle, à retrouver leur réalité communionnelle, leur capacité de jouissance *en* présence et *de* la présence d'autrui.

Julia Kristeva est sur la bonne voie, à mon avis, quand elle signale de quel coût énorme se paie l'acquisition, par le langage, le vêtement et autres codes symboliques, de la maîtrise de sa propre identité. L'autonomie personnelle se structure au détriment du contact avec cette réalité archaïque, préobjectale, présémiotique qu'est la « jouissance » de l'entité maternelle, jouissance sexuelle, spirituelle, physique, conceptuelle tout à la fois[48]. Nécessaire arrachement, bien sûr, pour l'établissement de relations humaines différenciées. Coupure dangereuse, par contre, qui entraîne chez certains une incapacité permanente de jouir de la présence bénéfique d'autrui. On comprend mieux comment, dans un contexte de bienveillance réciproque, l'acte de se dévêtir, d'abandonner momentanément la symbolisation de la différence, peut rétablir le contact avec l'identification fondatrice de notre existence à la mère archaïque et autoriser la jouissance d'une communion confiante à autrui. Les observations souvent faites sur l'harmonie joyeuse, qui caractérise les jeux d'enfants dans les camps nudistes, confirment, avec d'autres études sur la corrélation, constatée par des anthropologues, entre le facteur de nudité enfantine et la non-violence[49], la valeur réconciliatrice de la gestuelle nue. La pudeur représente une intériorisation réussie de l'interdit de l'inceste, lorsqu'elle sait autant jouir de la beauté d'autrui que fuir les dénuders qui la flétrissent.

Critères subjectifs des dénuders humanisants

Se dénuder n'est jamais un geste purement subjectif. Toute gestuelle humaine est, en même temps que la manifestation des intentions de

48. J. KRISTEVA, p. 12-21. Je remercie Christine Jamieson d'avoir attiré mon attention sur l'importance des travaux de Kristeva pour mon sujet.
49. A. GOODSON, p. 307 et 72. Voir aussi plusieurs des témoignages cités dans son chapitre 13, p. 311-344.

communiquer d'un sujet, un système social qui permet à autrui de comprendre. De cette grammaire sociale et des critères objectifs qu'elle impose aux usagers nous traiterons au chapitre suivant. Avant même qu'elle ne se plie aux règles des signifiants sociaux, par contre, la gestuelle de nudité ne sera morale qu'à la condition de se conformer à trois critères qui énoncent par mode de directives personnelles les grands sens moraux que nous venons de dégager.

Premièrement, ne sont morales que les conduites (entendez les attitudes et les comportements) de nudité qui expriment l'intégration des personnes impliquées. Sont immorales les conduites qui expriment la crainte spiritualiste de la chair ou le refus corporaliste de sa dimension signifiante. Les éducateurs, des parents aux représentants de l'ordre, des enseignantes aux travailleuses sociales, qui inculquent délibérément aux enfants une image négative de la nudité causent un aussi grand tort à leur humanité que celles et ceux qui les exposent à des scènes dégradantes de dénudation. La pudibonderie comme l'impudeur sont, de ce premier point de vue, des conduites de dépersonnalisation d'êtres humains dont la dignité propre consiste à exister spirituellement dans la chair.

Deuxièmement, ne sont morales que les conduites qui expriment l'identité authentique des personnes impliquées. Sont immorales les conduites qui expriment la répudiation autant de l'excellence humaine que de la vulnérabilité. Qu'elles soient dépréciatives, comme dans les nudités humiliantes imposées aux pauvres, aux prisonniers, aux personnes victimes d'agression sexuelle, ou bien surenchéries comme les déshabillés arrogants des touristes qui « colonialisent » les gens simples, ces gestuelles sont de l'insincérité envers soi-même et de l'hypocrisie envers autrui, une duplicité moralement désastreuse.

Troisièmement, ne sont morales que les conduites qui expriment la bienveillance réciproque des personnes impliquées. Sont immorales les conduites qui expriment la réduction des personnes, autant soi-même qu'autrui, au statut de moyen. S'il est légitime d'offrir et de demander à autrui toute une gamme de plaisirs et de services véritables, il ne l'est jamais, ce faisant, de le traiter en objet. Les dénuders qui utilisent autrui à l'encontre de son vrai bien sont, au sens strict, des perversions qui dénaturent la communion humaine.

Si l'on s'en tient au point de vue personnel de ce chapitre, le dénuder, dans sa matérialité, n'est ni bon ni mauvais. Montrer ou voir un corps nu est un fait moralement neutre. Alors est-ce l'intention des acteurs en scène qui est décisive ? On pourrait le dire, mais non sans quelques précisions. Car l'intentionnalité d'intégration, d'authenticité et de bienveillance ne saurait être une « performance commandée ». Des dispositions morales aussi exigeantes sont le résultat d'une longue pratique « développementale ». Sinon, ce ne seront jamais que comédies.

Les personnes dont la stature morale et religieuse ne tient encore qu'à des renforcements extérieurs intériorisés (voix parentales, voix claniques, voix institutionnelles) sont particulièrement exposées à se laisser piéger par des invitations, souvent « pieusardes » ou « copinardes », à des rituels de nudité. Dans l'histoire des mouvements religieux sectaires, par exemple, de tels rituels abondent. Ils sont très apparentés aux pratiques d'envoûtement les plus archaïques. La pensée magique pose que l'impression de soi-même laissée sur le sable ou la terre sert, entre de mauvaises mains, aux maléfices[50]. La coutume grecque, rapportée par Aristophane dans *Les Nuées*, qui imposait aux garçons d'aplanir le sable à la palestre, après la gymnastique, pour ne pas laisser une empreinte de leur nudité[51], visait à prévenir, non pas la convoitise de prétendants, mais le danger d'un envoûtement magique[52]. Ces croyances, encore très vivantes dans le vaudou et ailleurs, ritualisent l'expérience séculaire du pouvoir d'esclavage que représente, chez tout gourou déviant, la mise à nu d'autrui. L'histoire du christianisme, comme celle des autres religions, en fournit plus d'exemples qu'on ne saurait en rapporter. Le dernier dont j'ai personnellement eu connaissance est celui d'un prêtre québécois, tambour-major du mouvement charismatique, qui, ses années triomphales étant révolues, s'est implanté avec une trentaine de disciples, dans un diocèse ontarien. Les quelque vingt-cinq femmes du groupe furent littéralement réduites à l'état d'esclaves, grâce à un stratagème de mise à nu, corps et âmes, de chacune d'entre elles devant le seul père spirituel. Des religieuses d'un ordre reconnu réussirent ensuite à rescaper ces pauvres femmes. Cet ordre a déjà dépensé des fortunes (sans compter les services et les soins de tout un bataillon de religieuses) en traitements psychologiques qui, dans certains cas, restent toujours inefficaces. Dénuders suicidaires, sous le couvert d'un processus d'intégration, d'authenticité et de bienveillance, à la commande d'un obsédé de pouvoir.

Susceptible d'expression personnelle soit enrichissante soit appauvrissante, la gestuelle de nudité, comme tous les autres agirs moraux, n'offre pas de recettes infaillibles. Le tonus moral des personnes qui s'y adonnent joue un rôle déterminant. Il n'est cependant pas le seul facteur de succès. Une grammaire sociale charge également ce langage gestuel d'interprétations que les usagers peuvent, souvent à bon droit, contester. Personne ne saurait pourtant les ignorer puisqu'elles président à la compréhension collective de nos dénuders. C'est le sujet du prochain chapitre.

50. J. G. FRAZER, I, p. 207-214. Il cite également des sources grecques dans ce sens.
51. ARISTOPHANE, I, p. 193.
52. P. ROUSSEL, p. 185-186; W. DEONNA, p. 179.

CHAPITRE 12
Une éthique sociale du dénuder

Le dénuder n'est pas, de sa nature, solipsiste. S'il est exercé par un individu qui y apporte ses intentions de signifier avec ses qualités et ses défauts, il est organisé en système communicateur utilisable par l'ensemble des membres d'une société donnée. La gestuelle nue ou vêtue, alors, comme la langue, le système d'éducation, le code criminel ou le système de taxation, fait partie des institutions dont la société se pourvoit pour le bien commun de ses membres. L'individu qui fait usage du code social de dénudation doit rendre compte de ses mœurs à la collectivité. En gérant les signifiants de dénudation pour le bien de tous, inversement, la société doit répondre du bien-fondé de ses options et de leur mise en œuvre. La seule force de son autorité est insuffisante pour assurer tout le monde que ses lois et règlements contribuent à établir les meilleures conditions possibles d'épanouissement des individus et des groupes. Les considérations éthiques sur la gestuelle nue ne seraient pas complètes sans un examen des responsabilités respectives des membres envers la collectivité et de la collectivité envers ses membres, en matière de nudité.

Responsabilité individuelle

De l'habilité à répondre

Les dénuders, même privés, s'inscrivent dans un contexte donné. Au retour du travail ou après une soirée, on se dénude pour se relaxer, pour souffler, pour être à l'aise. On se dénude pour prendre le bain avec son enfant, pour se coucher avec son conjoint, pour jouir de la nature et du beau temps avec ses amis, pour se doucher avec ses coéquipières de volley-ball, pour se faire masser, examiner ou traiter médicalement... Des contextes se présentent qui exigent un texte de nudité, ou s'en accommodent. Tel comportement, par contre, paraîtra hors de propos, dissonant même, en d'autres circonstances. Est responsable la personne qui, par une sorte de connaturalité avec son milieu, a la capacité d'élaborer une réponse bien adaptée, juste. Le geste de dénudation responsable est donc un texte qui, loin de faire violence au contexte, s'insère avantageusement dans sa trame, y ajoute de la couleur, de la clarté, de la chaleur, de la vie ou toute autre qualité qui l'enrichit.

La responsabilité est en défaut là où, par pusillanimité, crainte, insensibilité, idéologie irrationnelle, sensualité en friche, pudibonderie – que sais-je encore ? –, on omet de poser le geste de dénudation qu'un contexte requiert. Toutes ces pseudo-saintes personnes qui refusent les soins nécessaires à leur santé, parfois à leur survie, par honte de se montrer nues manquent à la responsabilité vis-à-vis de leur corps. La faute par abstention peut encore se trouver dans le refus d'une psychothérapie de nudité, quand cela, de toute évidence, s'impose. La responsabilité d'un chacun s'étend aussi à son entourage. Plus les liens personnels sont étroits, plus grandit la part de responsabilité. Des parents embarrassés de se trouver eux-mêmes nus envoient à leurs enfants des messages négatifs. Leur tort s'aggravera s'ils ne font rien de ce qui est en leur pouvoir pour corriger un tel déséquilibre. Comme la plupart des cas particuliers de ce qui convient ou pas ne se jugent qu'en situation, une considération éthique générale ne saurait les régler. Le refus de se baigner nu avec des amis est-il, dans tel ou tel cas, l'occasion manquée d'une affirmation de soi courageuse, d'un « moment de vérité », d'une convivialité dépouillée d'artifice ? Seule la personne concernée est en mesure d'en juger.

On peut aussi se demander si le choix de pratiquer l'expérience du nu à travers l'iconographie (des représentations édifiantes à la pire obscénité), plutôt que dans le vivre réel, n'est pas clairement le signe d'une évasion des tâches sexuelles adultes. Sans compter qu'une industrie avilissante (y compris celle des images soi-disant pieuses, véritables affronts au Créateur dans sa créature) s'entretient à même nos refoulements. Dans l'histoire de la nudité occidentale, nous l'avons dit, l'abandon des pratiques domestiques de nudité fut automatiquement compensée par la multiplication des nudités représentées. Lorsque les premiers Jésuites à évangéliser la Chine y distribuèrent des images pieuses exhibant la nudité de martyrs des deux sexes, montrant des Vierges nourricières, au sein nu, des figures en pied de Jésus enfant, mourant ou ressuscitant, les Chinois, qui pratiquaient plusieurs formes de nudité coutumière, se scandalisèrent de ces représentations[1]. La nudité sans apprêt des rythmes quotidiens n'a pas

1. R. BROBY-JOHANSEN, p. 97.

besoin de tels subterfuges. La complaisance dans les formes corporelles « stylisées » devient trop affectée en regard des dénuders réalistes.

Contrairement à ce que l'on tient régulièrement pour acquis, les fautes d'« omission » ont souvent une répercussion beaucoup plus grave dans la vie morale que les fautes de « commission » (les actes commis). Un acte inapproprié de nudité (par exemple, en vue de séduire un partenaire illégitime ou risquant de scandaliser un petit) peut n'être pas représentatif de notre conduite habituelle et n'engager que superficiellement notre liberté fondamentale. En fait, le dynamisme de notre existence morale pourra être affecté beaucoup plus négativement par l'omission de gestes qui nous mettraient trop en question, qui risqueraient de faire éclater les horizons trop étroits de notre conscience, qui pourraient exiger une conversion du cœur et de l'esprit[2].

Si l'omission d'une gestuelle nue, pourtant indiquée, dénote un manque de responsabilité, sa « commission » est, dans des contextes qui la contre-indiquent, irresponsable. Vice par excès, disaient les anciens moralistes. C'est précisément à cela que pensaient les experts du début du siècle, lorsqu'ils prévenaient leurs auditeurs contre le scandale, moins au sens appauvri de « ce qui choque » que de ce qui est de nature à faire trébucher autrui[3]. Conseil judicieux, si l'on admet que le dénuder irresponsable consiste moins dans le fait que dans une façon inconvenante de se dénuder. Pourquoi ? Parce que la communication de soi à autrui ne réside pas dans le contenu référentiel de l'énoncé gestuel, mais dans la manière expressive, émotionnelle, affective, dont le locuteur pose son geste. Ici encore, comme dans l'ensemble de l'éthique sexuelle, les recettes trop claires, trop nettes, se montrent fallacieuses. Malhonnête, certainement, serait une façon de se dénuder qui annoncerait un niveau de partage de nous-mêmes inapproprié. Le dénuder collectif d'un groupe d'amis ou d'une famille lors d'une baignade manifeste l'intention de partager le plaisir d'un geste posé en commun. À moins de circonstances spéciales, un tel partage est licite; souvent même il pourra s'avérer moralement enrichissant. La « façon » d'afficher sa nudité, des poses aguichantes attirant des regards indiscrets prolongés, enfin une certaine gestuelle de présence nue à quelqu'un d'autre, tout cela peut révéler chez un membre du groupe un degré de partage de soi beaucoup plus poussé que celui qui est admis, un partage de privauté par exemple qui ne sied pas entre un père et une fille, entre une femme et un garçonnet, et ainsi de suite.

Dans un livre collectif sur l'agression sexuelle des enfants, on présente une liste de pratiques sexuelles qu'on interprète comme agressives. La

2. A. GUINDON, 1991, p. 197-230, notamment p. 216 et s.
3. Par exemple, E. JANSSENS, p. 16-17.

première catégorie se rapporte aux dénuders : « L'adulte parade nu dans la maison devant l'ensemble ou une partie des membres de la famille[4] ». Formulation maladroite qui prête à des interprétations irrecevables si on y lisait, par exemple, la réprobation de tout nudisme familial comme d'une agression des enfants par les parents. La clé d'une interprétation juste est dans le verbe « parader ». Il décrit l'une des « façons inconvenantes » de se dénuder devant ses familiers. Lieu par excellence de l'intimité partagée, la famille s'est prêtée dans le passé et se prête encore à la pratique des nudités coutumières, qui peuvent s'y exercer dans le respect des libertés de personnes qui se chérissent. Y introduire un élément d'exhibitionnisme, l'imposition abusive de désirs incontrôlés, détruit le bien constitutif de l'institution familiale.

Défectueuse aussi une façon qui, sans propos délibéré d'exhibitionnisme, s'impose néanmoins de façon embarrassante, choquante, mal accordée au contexte de la vie quotidienne. Le cas peut se poser, notamment, lors d'une décision parentale de pratiquer un nudisme familial[5]. Des parents pudibonds qui, un jour, sont convertis à l'idée du nudisme familial ou social, seront généralement mal inspirés de passer de la cachotterie à l'« ouverture », surtout devant des enfants prépubères ou pubères. Une bonne façon de dévoiler la nudité se prépare dans une discussion franche, au moyen d'informations adéquates, de considérations sur le sens des restrictions qu'impose la société. On commencera aussi préférablement dans un contexte de plage et de baignade où les enfants seront mêlés à d'autres enfants nus de leur âge. Il ne faut pourtant pas exagérer les difficultés qui, si on y met un peu de bon sens, sont généralement moindres, de l'avis général, qu'on ne l'avait redouté. Le premier pas franchi, quelques heures suffiront pour que la nudité soit devenue « costume » approprié dans des circonstances données. Les enfants le comprennent spontanément, comme ils savent, sans que personne ne leur explique, que le maillot de bain, qui convient à la plage ou en vacances, n'est pas admis en classe. Après quelque temps de présence nue à Jonathan, son ami d'adolescence, Robby, observe, dans un roman de M. Cunningham : « Notre nudité s'était vite désamorcée (*clicked over*); elle avait perdu son incongruité. Nos peaux étaient devenues une sorte de vêtement[6] ». La nudité ne constituerait d'ailleurs pas, pour la majorité des familles occidentales contemporaines, le « costume approprié » dans l'ensemble des interactions de leurs membres. Ce qu'on peut légitimement souhaiter, c'est de reconstituer, comme en d'autres temps et en d'autres cultures, des contextes précis dans

4. S. M. SGROI, L. C. BLICK et F. S. PORTER, p. 26.
5. M.-A. DESCAMPS, 1987, p. 22-23; A. GOODSON, p. 311-344.
6. M. CUNNINGHAM, p. 158 (ma traduction).

lesquels la nudité pourra être vécue en toute liberté, avec aisance, simplicité et joie. Gestuelle de détente familière accompagnant les rites journaliers du coucher et du lever, les soins et la culture du corps, la relaxation ou encore les vacances.

D'une chose, fonction ou situation qui convient parfaitement à quelqu'un, on dit qu'elle lui va comme un gant. Est responsable le dénuder qui gante bien. Le lieu et le temps s'y prêtent. Les personnes présentes, considérant l'âge, le sexe, l'humeur, l'éducation, la sensibilité sociale, sont mutuellement accueillantes. La nudité peut leur aller mieux que le plus finement taillé des costumes. On sent qu'ici, à ce moment, dans ce groupe, c'est en nudité qu'on est plus intégralement, véridiquement et gratuitement vrais les uns aux autres. Si l'éthique peut suggérer quelques directives, elle ne saurait se substituer, en situation, au bon sens et à ce sentiment moral de pudeur pertinente, grâce à quoi les personnes savent, avec spontanéité, assurance et plaisir, que ce partage de leur nudité franche est non seulement honnête et noble, mais que les coutumes du groupe se prêteront à cette interprétation.

Du contexte interprétatif

Telle peuplade des îles de la Mélanésie, du désert du Kalahari ou de la forêt tropicale de l'Amazonie trouvera que la nudité gante bien, dans des contextes beaucoup plus nombreux que n'en découvrent les habitants de Tokyo, New York ou Paris, même pendant les mois de grande chaleur où la nudité serait la tenue la plus confortable. Par contre, Japonais, Américains ou Français estimeront que, dans un contexte de camp nudiste, la nudité sied à tous, alors que des peuplades plus accoutumées qu'eux à la nudité se scandaliseraient de la voir pratiquée de façon indistincte. Selon les différentes cultures, on l'interdira ici aux femmes mariées, ailleurs aux filles nubiles; ici aux jeunes fiancés, là à tous les garçons d'âge à se marier; ou bien encore à tous les pubères, garçons ou filles, en présence de certains membres de la parenté. Les différences culturelles n'échappent pas à la majorité des peuplades plus habituées que nous à la nudité. Ces gens, en effet, se couvrent davantage, en présence des Occidentaux, qu'ils ne le font entre eux[7]. Indice, soit dit en passant, d'une compréhension raffinée de la portée sémiotique des pratiques de vêture et de dénudation. Les mœurs vestimentaires des touristes occidentaux, au contraire, montrent jusqu'à quel point l'abstraction de leurs systèmes de communication les a rendus insensibles au langage du corps. Si les gestes de nudité

7. R. MOHR, p. 144-145.

« disent » ceux qui les posent, ils ne le font qu'à partir d'une interprétation culturelle préétablie qui en conditionne l'usage.

Pensons à cette autre forme d'expression de soi qu'est la parole. Le langage qu'une personne utilise est déjà pourvu d'une signification usuelle avant qu'on ne se l'approprie. Qui en fait usage, bien sûr, y met du sien. Par exemple, lorsque Pierre dit à Marie, sa compagne « Je t'aime », il utilise une formule rebattue qui prend ici un sens unique, étant donnée l'originalité de Pierre (« je »), de Marie (« te ») et de leur amour (« aime »). Personne d'autre n'a aimé et n'aimera Marie comme Pierre en ce moment précis. Et Pierre n'a aimé ni n'aimera personne d'autre du même amour qu'il a pour Marie. Par ailleurs, si Pierre, pour communiquer à Marie le caractère de son amour, lui dit : « Je te marche » ou « Aime te je », Marie ne comprendra pas. Le lexique et la syntaxe imposent leur loi. Du moins, au cours de la période pendant laquelle les usagers s'entendent sur le sens des mots et la façon dont ceux-ci fonctionnent dans la phrase. Montaigne faisait bon ménage, dit-on, avec Françoise de la Chassaigne, son épouse légitime. Or il ne lui a vraisemblablement jamais dit : « Je t'aime ». Peut-être, seulement : « Madame, nous vous aimons ». Et dans ce verbe « aimer », s'il l'a employé, Montaigne n'entendait pas exprimer, et Françoise le comprenait ainsi, un sentiment identique à celui de nos contemporains Pierre et Marie. Au temps de la Renaissance, les époux ne partageaient pas l'amour romantique d'un couple du XXe siècle. Le mot « amour », sur leurs lèvres, signifiait culturellement un sentiment plus tendre que sensuel.

En Occident, l'expérience de l'amour conjugal, de la féminité et de la masculinité, de la vie privée, etc. n'a cessé d'évoluer, entraînant une adaptation du langage toujours remise à jour. Les dictionnaires modernes, qui enregistrent les modifications de sens dont témoigne l'usage commun, sont constamment réédités. L'usage rapporté par les dictionnaires établit le standard objectif qui s'offre aux usagers, c'est-à-dire le répertoire des significations. Cette « objectivité » n'a pourtant pas l'immuabilité qu'avait espérée le cardinal de Richelieu en fondant l'Académie française et en la chargeant de fixer définitivement le « bon usage », dans un « Dictionnaire de la langue française ». Ce sont les collectivités francophones qui, en parlant la langue, pour désigner ce que manifeste leur expérience du monde, établissent l'objectivité, toujours temporaire, du code linguistique qui fera loi en France ou en Suisse romande, en Wallonie ou au Québec, ou en tout autre lieu de la francophonie où la langue française évoluera à sa façon particulière.

Moins purement conventionnel que la parole, le signe gestuel, en épousant les mouvements du corps, est plus susceptible de significations universelles que le signe oral. Nous avons observé qu'il se dégage, de la gestuelle de nudité à travers l'histoire humaine, certaines constantes dans les expressions signifiées : bien-être ou mal-être, simplicité ou humiliation, intimité ou désunion. Que de nuances, toutefois, dans la façon dont la gestuelle d'un peuple et d'une époque symbolisera ces façons ! C'est à tort qu'on en appellerait au caractère naturel des « techniques du corps » pour démontrer l'universalité des signifiants gestuels. Dans un article célèbre de 1936, Marcel Mauss montrait que « les façons dont les hommes, société par société, d'une façon traditionnelle, savent se servir de leur corps » sont transmises socialement et varient considérablement d'un groupe à l'autre[8]. Les variations dans la façon de signifier de la gestuelle de nudité, et la bonté de fait ou la malice de tel geste dépendent, par-delà l'intention subjective de chaque usager, des interprétations culturelles de chaque communauté.

Le développement incessant de notre commune compréhension de l'expérience humaine explique les changements, d'autant plus inexorables qu'ils sont souvent imperceptibles, dont la gestuelle de nudité est affectée. Dans la culture occidentale, on pourra penser, avec d'autres, que « l'épuisement de la "révolution sexuelle" [...] rend petit à petit à la chair une part de son innocence primitive[9] ». Malgré les excès et les inévitables réactions, la majorité des Occidentaux n'ont plus, de la chair, l'expérience sexuellement angoissée, fréquente au début du siècle. Par contre, un autre facteur négatif uniformise subrepticement nos attitudes. Quelle image de la nudité, en effet, nous transmettent les documents de la télévision, si on les compare à des productions fictives ? J'ai cette impression (qu'il faudrait vérifier) que le litige de la nudité se rapporte, comme au Moyen Âge[10], à la pauvreté, à la maladie, à la famine, à la violence guerrière ou criminelle, davantage qu'à la lubricité. Si ce « réalisme » contribue positivement à la démythification des nudités hollywoodiennes, aseptisées et indûment érotisées, il porte aussi sa charge inquiétante d'immoralité. La qualité de notre gestuelle collective de nudité n'est-elle pas plus menacée par la violence que par la séduction ? Beaucoup plus obscènes m'apparaissent les nudités expressives de l'avilissement humain qui résultent de l'injustice que celles qui se veulent seulement séductrices[11]. N'est-ce pas au même titre, du reste, qu'est ordurière la pornographie ? Lorsqu'elle abuse de notre humanité dans ces femmes, ces hommes et ces enfants exploités par des richards « bien vêtus », la pornographie devient, paradoxalement, anti-érotique pour qui sait la décoder[12]. D'où nos réactions

8. M. MAUSS, p. 363-386.
9. J.-C. BOLOGNE, p. 332.
10. F. BOTTOMLEY, p. 123.
11. Les remarques de G. V. LOBO, p. 310 et 417, me semblent aller dans le même sens.
12. J. A. T. ROBINSON, p. 77-78.

pour et contre à la gestuelle de nudité. Si le corps nu a perdu de son excitant sexuel, il évoque plus que jamais une humanité falsifiée.

L'expérience collective croissante du multiculturalisme, en Occident, fournit incontestablement un autre facteur qui influence l'interprétation sociale du dénuder. Malgré les réactions d'une droite sempiternellement anxieuse, mesquine et raciste, cette expérience relativise ou même neutralise, dans la population, les anciens concepts de « civilisation » et de « civilité ». Ces termes même servaient, écrit N. Elias, « à exprimer le sentiment de supériorité de la couche européenne dominante par rapport aux autres couches jugées par elle plus simples ou plus primitives, à caractériser le comportement spécifique par lequel elle entendait se distinguer des hommes plus frustes et plus primitifs[13] ». De tels facteurs et d'autres encore (pensons aux progrès de la promotion des droits de la femme) modifient nos interprétations culturelles de la nudité et des gestuelles qui s'y rapportent. Ces grandes interprétations culturelles, ainsi que des interprétations de classes ou de groupes plus restreints, influencent les gestes de dénudation jusqu'aux plus intimes. Si dans une classe ouvrière donnée, coucher nu est considéré comme une dégénérescence de bourgeois parasites, le jeune ouvrier qui se couche nu aura conscience d'enfreindre un code et, à moins de se trouver du goût pour la contestation, évitera d'en faire parade. Dans les dénuders publics ou de groupe, les interprétations culturelles jouent encore plus fortement, puisque leur méconnaissance provoque des appréciations erronées, des soupçons de perversité et, dans certains cas, des poursuites devant les tribunaux.

Ce que R. Barthes disait du bras nu, qui fait habillé entre l'épaule et le gant, s'applique au corps nu tout entier[14] : il fait habillé, ou déshabillé, dans un espace délimité par des cadres qui le désignent comme costume approprié ou, au contraire, comme impair social. Même les redoutables croisés de la moralité publique qui, sous la consigne de l'autoritaire Pie XI, s'appesantissaient sur les « impudeurs féminines » au cours des années 1920, pressentaient, dans les rares occasions où ils s'avisaient de regarder plus loin que la « civilisation » européenne, qu'il y a nudité et nudité... Ainsi, G. Kiselstein qui, après avoir condamné l'exhibition des organes génitaux et des seins, ajoutait : « Les peuples non civilisés sont plus hardis que nous, mais leur audace est peut-être moins dangereuse que le demi-mystère dans lequel on enveloppe ailleurs "la femme"[15] ». Confession insolite – ou lapsus freudien ! – de la part d'un moraliste qui

13. N. ELIAS, p. 58.
14. R. BARTHES, 1967, p. 263.
15. G. KISELSTEIN, p. 293. Voir aussi E. HOCEDEZ, p. 399-400; plus récemment C. H. PESCHKE, p. 386-389.

endosse la condamnation *katolikè* (universelle) de la nudité ! L'inhabilité des Occidentaux à manier l'expression nue d'eux-mêmes et, tout autant, l'érotisme exacerbé de leurs modes vestimentaires seraient le produit de la pusillanimité, du vice donc contraire à la vertu de courage. Ainsi, même dans son apologie anti-nudité, Kiselstein porte-t-il témoignage à un signifié véritablement universel du dénuder, l'humaine fortitude. Toujours est-il que le bon chanoine reconnaissait que le vêtement peut faire plus déshabillé que le nu, dans des contextes culturels différents, ceux, notamment, où l'audace caractérise encore l'humanité des peuples.

Comment se présente l'interprétation culturelle de tel ou tel geste de nudité ? Elle ne relève pas d'une décision venant des usagers. Elle se transmet par les canaux sociaux usuels. Formellement, en ses énoncés les plus généraux, par des lois explicites et souvent, en Amérique du Nord surtout, par des décisions juridiques qui précisent, au fil des poursuites judiciaires, les interprétations à retenir. Beaucoup plus largement, toutefois, ce sont les contextes qui portent la signification et l'évaluation culturelles. Ils fournissent à la nudité son cadre d'interprétation comme, au bras nu barthésien, l'épaule et le gant. Dans le cabinet de consultation médicale, l'infirmier invite le patient à se dévêtir et le prie de bien vouloir attendre le spécialiste. Laissé seul, le patient procède à un déshabillage qui pourrait être vécu, devant autrui, comme un dévoilement d'intimité. Assis nu sur la table d'examen, au contraire, le patient occupe symboliquement un territoire personnel qui le rend maître de lui-même[16]. De part et d'autre, nulle explication ne s'impose. La nudité du patient indique uniquement la nature médicale de l'interaction. Seule la volonté expresse du patient ou du docteur modifierait cette interprétation par des gestes qui annonceraient d'autres signifiés : fierté d'exhiber une musculature extraordinaire, humiliation d'une nudité exposée à contre-cœur, intérêt érotique...

Ainsi des contextes sociaux plus ou moins nombreux fournissent l'interprétation autant psychologique que morale d'un dénuder. Le lieu commande souvent une médiation de base : le vestiaire d'un gymnase, la plage, la caserne militaire, le bordel, la cabine d'essayage, la salle de spectacle, l'institut de beauté, le studio de massage, le camp de nudistes, la chambre à coucher, la salle de bain, le camp de concentration, le hamman, la salle de chirurgie, la station thermale, le baptistère, le *sweatlodge*, la maison initiatique, le *gay bath*, etc. D'autres éléments contribueront souvent à préciser l'interprétation et, parfois, les limites du permis et du défendu : l'âge, le sexe, le temps, le nombre de participants, et ainsi de suite. Dans un contexte de sauna public, on n'interprétera qu'en termes de

16. S. KAISER, 1985, p. 142.

bien-être physique la nudité du monsieur qui prend un bain de vapeur en lisant son journal, en termes de partage amical celui qui cherche à engager la conversation avec tous ceux qui entrent, en termes de séduction celui qui reluque le beau physique ruisselant de quelques jeunes amateurs. La nudité trop grêle d'un jeune garçon ou d'une jeune fille nous semblerait plus ambiguë, sur la table du masseur, que celle de l'adulte. La nudité d'un couple dans sa chambre sera vue différemment selon les heures du jour. La nudité de deux personnes seules sur une plage se distinguerait des nudités peuplant une plage de nudistes. Les interprétations multiples échappent, pour une large part, à l'intention des acteurs nus. Une nouvelle venue qui se déshabille en territoire nudiste en pensant que tout le monde l'examine de la tête aux pieds n'a pas encore saisi que son dénuder est culturellement tel qu'il n'expose pas son « corps » à l'examen critique d'autrui. Un jeune religieux dont le supérieur doit être contacté, comme on me l'a raconté, pour le convaincre de se déshabiller afin de permettre l'acte médical indiqué ne comprend pas que son geste est culturellement tel qu'il ne livre pas son corps à la « séduction mondaine » (interprétation pieuse, souvent, d'interdits parentaux intériorisés qui continuent de générer l'angoisse). Fallacieux problèmes moraux, pour ces personnes qui, faute d'avoir appris la gestuelle de leur culture, voient le mal partout.

La gestuelle nue contestataire

Des personnes dont la pudeur est raisonnablement bien établie pourront juger que certains codes sociaux réglant les dénuders accusent un retard regrettable. Petit travers des codes qui reprennent souvent des jugements du passé, parfois dépassés. L'expérience contemporaine de nudité de ces gens-là a eu des conséquences plus enrichissantes qu'on n'eût pu l'imaginer aux temps de la codification. Le sens de la responsabilité, celui-là même qui les rend si habiles à répondre avec justesse (décence) aux exigences d'intégration, d'authenticité, de bienveillance et de présence à autrui, ne les oblige-t-il pas alors à promouvoir, contre des us et coutumes surannés, une gestuelle contestataire ?

Il est relativement aisé de circonscrire et de proscrire des actes, lorsque l'évidence accumulée convainc l'ensemble des femmes et des hommes de bonne volonté qu'ils sont nuisibles. Il s'avère beaucoup plus délicat de déterminer la forme exacte des gestes qui contribuent à nous enrichir les uns les autres et à les prescrire en conséquence. On y réussit tant bien que mal dans certains domaines quantifiables : telle contribution fiscale aux dépenses publiques, tel temps de service militaire, telles conditions contractuelles à remplir... Mais alors que nous estimons avoir une obligation morale de secourir les accidentés, de donner aux pauvres, d'aimer notre conjoint, d'affirmer nos droits ou d'accueillir avec bienveillance les amis de nos enfants, comment déterminer les actes précis qui concrétiseront ces obligations morales ? Seul est net l'impératif de les faire passer en pratique : qui n'a jamais posé d'actes d'amour envers ses parents ne s'est manifestement pas acquitté de l'obligation d'aimer les siens. Est-il nécessaire d'ajouter que le devoir catégorique de poser des actes positifs, comme ceux d'aimer effectivement les personnes de son sang, ne préjuge pas des circonstances qui sont de nature à les minimiser, parfois à les éteindre. Ainsi, on ne saurait poser des actes efficaces d'amour envers des parents qui s'y soustrairaient. Gratuit, l'amour ne se commande tout simplement pas. Dieu même n'y réussirait pas.

Pour qui considérerait certains codes vestimentaires comme étroits, périmés, attentatoires à la justice ou à la liberté, peu respectueux de la dignité humaine, la liberté d'agir ou, dans certaines circonstances, l'obligation morale de travailler à les renverser ne saurait faire de doute. Obligation que chaque sujet est seul en mesure de jauger. Nous avons tous nombre d'obligations de ce genre : sauver les forêts tropicales et les espèces vivantes en voie de disparition ; combattre le racisme, l'homophobie, la misogynie, le patriarcalisme et toute autre forme d'idéologie et de conduite qui menace la dignité des personnes ; secourir les pauvres, les femmes et les enfants violentés, les personnes frappées du sida, les réfugiés ; combattre la pollution des eaux, de l'air, des forêts, des villes ; contribuer à enrayer les causes de la violence urbaine, de la toxicomanie, de la délinquence juvénile... La liste est interminable. Comment tout cela se traduira-t-il dans la vie de chacun ? Selon nos priorités éthiques, nos goûts, nos compétences, nos moyens d'action, les expériences qui nous ont marqués, notre éducation, notre santé, nos responsabilités familiales et professionnelles, nous nous engageons plus particulièrement dans telle ou telle cause pour améliorer la qualité du tissu social. Quant au reste, qui nous concerne aussi, il faut souvent nous contenter d'un soutien moral, d'un vote en faveur du candidat qui semble le mieux disposé à promouvoir la bonne cause, d'une contribution de nos deniers, de notre signature au bas d'une pétition, d'un article au journal, d'un service gratuit, d'une présence à une manifestation...

En de telles circonstances, l'engagement dans la lutte contre la pudibonderie furibonde dépendra naturellement et librement des dispositions d'un chacun[17]. À tout prendre, il n'y a pas lieu de s'étonner, moins encore

---

17. À l'encontre des prescriptions de L. RULAND, p. 305-306, qui avait décidé *ex cathedra* pour tout le monde que « nous avons des tâches culturelles plus importantes que la promotion du nudisme », Dieu sait qu'une société nudiste eût fait moins de tort à son environnement que l'ordre que Ruland avait voulu promouvoir.

de s'effaroucher, si quelques féministes militantes jugent inéquitables l'interdiction de se dénuder la poitrine en public, alors que ce geste est permis aux hommes, et décident de combattre pertinemment ce vestige de patriarcalisme. Sans doute auraient-elles ressenti comme une lâcheté leur non-participation à une manifestation publique, organisée par un groupe militant, du geste contestataire « poitrine nue ». Le 19 juillet 1992, une première semblable eut lieu au Canada. Dans la capitale, elle prit des proportions inattendues, puisque environ 6 000 personnes se présentèrent sur la colline du Parlement, où quelques jeunes femmes bien décidées dénudèrent leur poitrine. Interviewés là-dessus, de nombreux mâles eurent le culot d'avouer leur intérêt pitoyablement voyeuriste, et plusieurs femmes se dirent outragées par un tel cynisme masculin[18]. On en convient. Mais si elles avaient toutes eu l'audace de participer à cette gestuelle contestataire, ces hommes, dont la mère, la sœur, la compagne, l'amie, la fille ou la collègue de travail auraient été du groupe, se seraient comportés bien différemment. Ce sont les gestes courageux, non la colère, qui font évoluer les mœurs vers plus de rationalité.

Responsabilité sociale

La gestuelle de nudité contestataire liait déjà la responsabilité individuelle à la responsabilité sociale. Ne serait-ce que par l'élection de nos représentants, nous décidons tous de l'orientation, de la qualité et de l'application des codes qui régissent nos conduites sociales. Depuis les quelques parents qui décident de laisser leurs enfants jouer nus sur la plage municipale, jusqu'aux élus d'un conseil de ville qui, constatant l'évolution des mœurs, décident de réserver une partie de la plage aux baigneurs nus, comment se présente la responsabilité sociale par rapport aux codes de nudité ? L'enseignement moral traditionnel a souvent eu tort de ne pas distinguer clairement les dénuders enculturés des dénuders déculturés, auxquels il s'opposait. Malgré cette lacune, considérable il est vrai, son message sur la décence comme sauvegarde de l'ordre humain et l'indécence comme sa corruption reste valide. Qui veut se prononcer sur les normes sociales de la gestuelle de nudité se voit donc confronté à la question carrément pratique : comment arriver, dans nos sociétés, à établir un ordre authentiquement humain ?

---

18. *The Ottawa Citizen*, le 20 juillet 1992. *The Globe and Mail*, le 20 juillet 1992.

Lucidité des débats

La théorie veut qu'en régime démocratique la volonté de la majorité fasse loi. On pourrait même faire valoir que, dans nos sociétés pluralistes, cette « volonté de la majorité » est, à tout prendre, la meilleure garantie de « sagesse pratique » dans les directives communes. Reste le problème considérable de dégager l'expression véridique de la volonté populaire. Les manipulations insidieuses de puissants groupes d'intérêt travaillent constamment à la gauchir et à confondre leur cause propre avec la cause commune. Aussi un devoir de vigilance s'impose-t-il. En bonne démocratie, on ne laisse pas se répandre les discours sur les valeurs de société sans les soumettre à un examen sérieux; on s'assure que le débat public ne dévie pas des vrais enjeux; on ne laisse pas des lieux communs circuler sous des dehors de vérité dogmatique, ni des on-dit passer pour des preuves. Il ne suffit pas en somme d'affirmer, comme le faisait E. Hocedez au début du siècle, que le rôle social de la pudeur « consiste à préserver la moralité publique[19] ». La moralité publique est une vérité pratique qui est à *faire* – toujours à *refaire* – par une collectivité soucieuse de la qualité humaine de son fonctionnement. Ses membres se doivent à eux-mêmes de faire en sorte que la « volonté de la majorité » soit informée à la lumière de débats publics vraiment lumineux.

En matière de nudité, ceux qui s'opposent à une libéralisation de la censure sociale ne cessent de dénoncer la lubricité. Personne ne doutera que le côté sexuel de la gestuelle nue fait partie des aspects qui méritent considération. Mais l'examen de certains discours d'opposition à tout changement découvre leur duplicité à peine voilée. Il faut nous méfier des discours trop vertueux. L'histoire devrait suffire à nous inculquer ce scepticisme salutaire. Il n'est que de lire tel plaidoyer moralisateur pour saisir l'écart entre les belles raisons mises de l'avant et les motifs réels qui les appuient. Ce n'est pas au XXe siècle qu'on jouera la surprise en constatant que les « motifs réels » sont trop souvent davantage économiques. Rien ne ressemble plus aux tartuferies d'aujourd'hui que celles d'hier. En voici deux exemples bien propres à nous édifier. Sous Richelieu, les commerçants français alléguèrent la frivolité, l'impudeur et la vanité pour faire interdire le port de dentelles, quand il s'agissait au vrai de boycotter les compétiteurs flamands[20]. Directement anti-nudiste, l'exposé (qui mériterait d'être fameux) fait par un explorateur anglais, un certain Stanley, devant la Chambre de commerce de Manchester, en 1897. On dirait un long prêche, au cours duquel le prédicant s'apitoie d'abord sur la honteuse

19. E. HOCEDEZ, p. 400.
20. J.-T. MAERTENS, IV, p. 71.

nudité des Congolais, pour ensuite rappeler l'obligation chrétienne de « vêtir ceux qui sont nus ». Puis vient la péroraison-surprise qui dévoile (c'est le cas de le dire) la vraie nature de ce zèle évangélique et soulève, de ce fait, les applaudissements enthousiastes des pieux auditeurs : « Si seulement nous parvenions à couvrir les indigènes le jour du Seigneur, cette innovation dans les mœurs africaines représenterait un nouveau marché de 320 millions de mètres de cotonnades anglaises[21] ».

L'industrie textile est sans aucun doute une pièce maîtresse de l'économie mondiale, et l'on doit raisonnablement en tenir compte jusque dans un débat public sur la nudité. Si donc un intérêt économique quelconque est en cause, qu'on le démontre ouvertement, mais qu'on n'aille pas invoquer la religion ou la morale pour des fins strictement mercantiles, non plus que pour brimer des libertés tout bonnement naturelles. Du reste, la tolérance sereine de la nudité, fût-elle un phénomène universellement reconnu, n'aurait, bien sûr, rien à voir avec ce que serait un rejet absolu du vêtement. Le bon sens continuant de régir le déroulement divers et circonstancié de la vie humaine, il est peu à craindre qu'une pratique nue ne dégarnisse les garde-robes des gens sensés.

Par ailleurs, le beau prétexte qui sous-tend le discours sur la pudeur sera parfois d'ordre social plutôt qu'économique. Deux exemples pris à l'histoire serviront à garder là-dessus notre sens critique en alerte. À lui seul, le langage moralisateur tenu par le clergé occidental sur la présumée condition honteuse de la nudité n'a longtemps pas eu d'impact appréciable sur la classe populaire. En fait, il a fallu attendre le XVIIIe siècle pour que le droit proscrive certains actes de nudité comme attentats à la pudeur. À quoi attribuer une telle tournure des choses ? Non point, comme d'aucuns voudraient le croire, à un renversement des mœurs. En parlant de « grossière indécence », les codes criminels confirment que nous devons un tel concept à la montée sociale de la bourgeoisie, qui prenait ainsi ses distances loin du bas peuple à la nudité commodément (étymologiquement) nommée « vulgaire[22] ». La stratégie n'est pas nouvelle. Dans les premiers temps, les ordres monastiques se « distinguèrent » de la masse des fidèles par une pudeur, si j'ose dire, institutionnalisée, et, au XIIe siècle, les raffinements de la pudeur courtoise contribuèrent à la « distinction » aristocratique[23]. Sous l'apparence des « bonnes mœurs », on détecte ainsi la vérité d'un snobisme de classe.

Ensuite, au XIXe siècle, le clergé adoptera à son tour le bon vieux discours de pruderie pour camoufler d'autres préoccupations de la hiérarchie.

---

21. M.-A. DESCAMPS, 1972, p. 225.
22. J.-T. MAERTENS, IV, p. 116-117.
23. J.-C. BOLOGNE, p. 325.

En Occident, les femmes n'avaient jamais connu, depuis plus d'un millénaire, un type de vêtement spécifiquement affecté à cacher le sexe (alors que les hommes, nous l'avons vu[24], avaient même inventé, à un certain moment, ô paradoxe! des accoutrements qui mettaient leur virilité en relief, bien plus qu'ils ne la voilaient, ce qui prouve aussi que l'habit officiellement le mieux seyant, fût-il de roi ou d'empereur, peut à tout prendre s'avérer suggestivement plus indécent que l'humble nudité). Sous la tunique ou la robe, les femmes sont allées nues... jusqu'au XIXe siècle. Le patronage de quelques grandes aventurières anglaises fut alors tout ce qu'il fallut pour que la culotte (ou l'ancien délicat pantalon des petites filles) fît son apparition sous les robes des dames de la haute société. Selon la logique du discours anti-nudité, le clergé aurait dû applaudir avec empressement. Les femmes ne seraient plus exposées à montrer leurs « parties honteuses »! Or on se mit au contraire à dénoncer cette machination diabolique, tout juste bonne à aguicher le désir masculin. Toujours la même stratégie. Que masquait-elle, en l'occurrence? La phobie de la modernité égalisatrice[25]. Les clercs se prirent à redouter l'émancipation des femmes plus encore que l'impudeur. Ils pressentaient déjà que le féminisme mettrait éventuellement en cause leur patriarcalisme coulé en institution.

Voilà bien des enjeux qu'il eût fallu discuter honnêtement. Il en va de même dans les débats actuels. Que redoutent par-dessus tout les adversaires acharnés de la nudité honnie? L'explosion de la lubricité? ou bien la perte du pouvoir sur des êtres désormais autonomes? Au bout du compte, l'expérience de la nudité a plutôt désensorcelé les tabous du sexe et assaini l'usage de l'humaine liberté.

Faut-il aller plus loin et faire valoir des arguments de « bien commun »? L'écologie trouverait son compte aussi bien dans les témoignages nudistes[26] que dans la sagesse séculaire des peuples autochtones plus ou moins primitifs. Une éducation écologique tirerait sans doute grand profit de l'expérience du corps dénudé, dans la prise de conscience de la fragilité de cet écosystème auquel l'humanité reste vitalement liée. Quel meilleur moyen de sensibiliser de jeunes êtres à l'environnement, que celui d'une existence non protégée artificiellement contre les éléments naturels? Nus dans la nature, chaque fleur, chaque brin d'herbe, chaque insecte, chaque goutte d'eau, chaque grain de sable, chaque rayon de soleil, chaque nuage, chaque brise nous touche de près. Le fait d'exister nu, de la nudité même de tous les éléments de la nature, renoue une soli-

---

24. *Supra*, ch. 4, p. 93.
25. J. LAURENT, p. 123-124.
26. M.-A. DESCAMPS, 1987, p. 6; A. GOODSON, p. 23.

darité atavique que le geste vestimentaire, somme toute, avait trahie. Au lieu d'embrigader les enfants dans des camps militaires ou des colonies de vacances du même modèle, on combattrait plus efficacement la pollution, l'ennemi le plus formidable que l'humanité n'ait jamais affronté, en les inscrivant dans des camps naturistes, qui leur offriraient une éducation authentiquement écologique. On doit certes sourire avec indulgence au lyrisme de tels propos, franchement utopiques. Il est cependant un esprit qu'on en peut tirer, propre à nourrir notre lutte de nature pour la survie de l'espèce. L'action qui sans doute s'impose vise moins à mettre sur pied des institutions nouvelles, qui prendraient, de toute manière, à plus ou moins immédiate échéance, l'allure coercitive de celles qu'elles prétendraient remplacer. Mais ce qui par-dessus tout importe, dans une atmosphère d'harmonie, c'est seulement l'affirmation sereine et tenace de la liberté de vivre comme on l'entend, avec la certitude et l'assurance que l'évolution déjà bien amorcée des mœurs suivra son cours et que le phénomène humain de la nudité, débarrassé de tout faux-semblant de péché et s'assumant en concordance avec les pratiques nécessaires et circonstanciées du vêtir, pourra être naturellement légitimé et bénéfiquement pratiqué.

Choix de société

S'il faut débattre publiquement la question de la nudité, avec l'espoir que, plus lucides sur la nature des enjeux collectifs, les citoyens sauront mieux régler leur conduite, les discours ne suffisent pas. De nouveaux choix s'imposent. Non certes nécessairement l'idée, suggérée ci-dessus par d'aucuns, de camps spécialisés pour une écosensibilisation ou une écothérapie de la jeunesse par une gestuelle de nudité éducative, mais quelque chose tout de même de concret et de positif, pour que certains tabous sociaux soient effectivement remplacés par des évaluations raisonnées et des jugements bien informés. De la façon dont jadis, au moment de discuter la proposition de la nudité féminine dans les palestres, Socrate conseillait à ses disciples de considérer que l'époque où les Grecs « jugeaient honteux et risible que les hommes se fissent voir tout nus » n'était encore guère éloignée. On s'était, de fait, arrêté de rire, lorsqu'il était apparu, par le raisonnement, que la pratique du sport dans l'état de nudité était justement une meilleure façon de faire[27].

Quand le constat a été fait de l'évolution des choses, il importe à la société de remplacer les lois et les règlements désuets. Plus que des amé-

27. PLATON, *République* V, 452 a-d, I, p. 1022-1023.

nagements mineurs, ce sont les présupposés législatifs et juridiques même qu'il faut examiner car, dans les questions de mœurs, souvent ils ne jouissent pas de l'évidence qu'on leur supposerait. Sur ce chapitre, la situation canadienne pourra servir d'illustration probante. Les problèmes qu'elle pose sont, au demeurant, assez semblables à ceux qu'on trouve ailleurs.

Au Canada, les poursuites en matière de dénuders sont codifiées au chapitre C-46, section 174, du Code criminel canadien :

1) Est coupable d'une infraction punissable sur déclaration de culpabilité par procédure sommaire quiconque, sans excuse légitime, selon les cas :
   a) est nu dans un endroit public,
   b) est nu et exposé à la vue du public sur une propriété privée, que la propriété soit la sienne ou non.
2) Est nu, pour l'application du présent article, quiconque est vêtu de façon à offenser la décence ou l'ordre public.
3) Il ne peut être engagé de poursuites pour une infraction visée au présent article sans le consentement du procureur général.

Admirons en passant l'intrépide élégance du législateur, capable de définir : « Est nu... quiconque est vêtu... » ! L'assimilation du nu au vêtu immodeste est d'ailleurs révélatrice de la connotation d'obscénité attachée à la nudité dans l'esprit des auteurs du Code. « Évidence » qui n'en est pas une et qui doit donc être contestée publiquement. Nous devons nous garder, comme citoyens responsables, de voir le « Grand Frère » de G. Orwell (de *1984*) dans la personne en perruque et en toge qui siège au tribunal. Les juges, même les meilleurs d'entre eux, ne sont pas plus infaillibles que nous, et leurs jugements rendus selon le chapitre C-46 de la section 174 démontrent qu'ils reprennent souvent des vues morales strictement personnelles, peu ou mal éclairées.

Revenons à la loi criminelle canadienne disposant des dénuders. Elle est sévère : pas de « nudité » en public ou sur une propriété privée exposée à la vue du public. Un examen de l'exercice judiciaire laisse voir, toutefois, que peu de gens (en dehors des danseurs et danseuses nus dans des établissements publics – problème fort différent du nôtre) sont poursuivis et que, de ceux qui le sont, peu sont condamnés. Deux cas types, en guise d'exemple :

- R. v. Hann, Terreneuve, le 1er juin 1990 : cinq chefs d'accusation de nudité publique sur une propriété privée. Des vices de procédure font avorter la cause, par manque de juridiction de la cour.
- R. v. Benolkin *et al.*, Saskatchewan, le 18 mai 1977 : la cour d'appel casse le verdict de culpabilité contre trois jeunes gens qu'on a surpris nus au bord d'une rivière. Le juge J. MacPherson observe, dans sa sentence, que « se baigner nu dans un endroit isolé en été ne saurait constituer une offense au Canada ».

Nous nous sommes renseigné auprès d'officiers des parcs canadiens de la Commission de la Capitale nationale, de la municipalité de Chelsea (Québec) où se trouve une plage nudiste publique. Tous ont donné la même réponse à nos questions : il n'existe pas d'autre règlement que celui du chapitre cité du Code criminel. Or ces officiels interviennent seulement lorsque des plaintes sont déposées par d'autres personnes. Ils s'en tiennent alors à rappeler sans plus aux baigneurs nus la règle du jeu. À leur connaissance, aucun baigneur, en quelque tenue que ce soit, dans les parcs, n'a jamais été poursuivi. On pratique, paraît-il, la même tolérance aux États-Unis où il existe, cependant, des lois anti-nudité dans plusieurs États et municipalités[28]. Contrairement à l'usage reçu dans le plus grand nombre de pays européens, cependant, le Canada, comme la plupart des États américains, résiste encore au monokini féminin. Il se dégage néanmoins des pratiques juridiques en Amérique du Nord comme en Europe, une impression de tolérance croissante devant la montée d'une volonté générale de pratiquer des formes récréatives de nudité dans des endroits publics. Sans une révision du Code, pourtant, personne n'est parfaitement tranquille : ni les baigneurs nus, qui peuvent être légalement poursuivis et punis par des juges prudes, ni les officiers chargés d'appliquer une loi qu'ils savent dépassée et qui sont moqués, sur place et dans les médias, s'ils interviennent. Au Canada, nous en sommes encore à l'âge du *Gendarme de Saint-Tropez...*

Dans sa teneur actuelle, le code criminel canadien porte à coup sûr la marque de ceux qui l'ont fabriqué : des hommes rigoureux d'esprit, sûrs de ce qui se fait et de ce qui ne se fait pas, et peu ouverts au pluralisme. La jurisprudence qui en est issue, jusqu'à présent, n'a guère été qu'à l'avenant. Or le moins qu'on puisse dire, c'est que la société a changé entretemps et que les standards traditionnels, pour des populations entières, sont devenus indûment coercitifs. Aux problèmes causés par la situation locale s'ajoute la tendance croissante des tribunaux canadiens à suivre la rage américaine de recourir aux poursuites juridiques. Le mal a déjà pris, aux États-Unis, des proportions telles qu'on ose à peine, dans les associations et les périodiques professionnels, discuter publiquement des questions relatives à la nudité, fussent-elles de pure science. De nombreux praticiens qui croient à la psychothérapie nue n'osent plus la pratiquer, du moins pas ouvertement, par crainte de représailles judiciaires[29]. En conséquence, l'ensemble des Canadiens et surtout des Canadiennes est forcé de s'aligner sur un modèle d'interaction humaine conçu exclusivement en

28. A. GOODSON, p. 221.
29. A. GOODSON, p. 48, 58-66.

termes de conflits de droits, plutôt que sur un autre qui se fonderait davantage sur les liens d'affinité et de coopération[30].

Pour mettre le comble, il faut encore s'interroger sur la représentativité et le bien-fondé même de certains groupes de pression qui se donnent des titres impressionnants, à la défense de la veuve et de l'orphelin, pour s'opposer sauvagement à tout ce qui favorise la liberté en matière de mœurs. Car, estiment-ils, la Liberté est un Bien tellement dangereux qu'elle doit être traitée, en pratique, comme un Mal ! Et ces champions des nobles causes, experts en délations sournoises, prétendent parler au nom de « La Famille » et de « L'Église » ! Quelles familles, grand Dieu ! quels fidèles de quelle église les ont mandatés comme leurs porte-parole en ces matières de mœurs ? D'autant plus que les institutions les plus vénérables ont, par les temps qui courent, un bien mauvais dossier de pratiques scandaleuses, quant à la gestuelle d'intimité. Les viols de mineurs et de femmes ont pris de telles proportions dans les cadres familiaux[31] et ecclésiastiques[32] canadiens (étrangers aussi bien), qu'il y a lieu de se demander si le pouvoir qu'Église et Famille s'arrogent sur la sexualité en est un de service ou bien de coercition et d'abus. Aussi est-il permis de penser qu'une libéralisation raisonnable de la gestuelle de nudité élargirait l'aire trop restreinte de l'intimité et assurerait une surveillance sociale plus saine, mieux partagée et plus équilibrée.

Ces questions préalables étant soulevées dans l'opinion, on pourrait se mettre à l'œuvre pour énoncer les critères sociaux d'une réglementation authentiquement équitable de la gestuelle de nudité, visant à *promouvoir* le bien commun plutôt qu'à le *protéger* contre des dangers bien souvent de pure fiction.

---

30. C. GILLIGAN, 1986.
31. R. F. BADGLEY *et al.*, 1984.
32. À ma connaissance il n'existe pas de statistiques précises sur ce sujet. Mais, à tort ou à raison, les médias ne tarissent pas sur les agressions sexuelles commises par le clergé, qui éclipseraient toutes les autres

CHAPITRE 13
Nudité et foi chrétienne

AVERTISSEMENT
R. Bellemare et R. Robidoux

Nous devons au lecteur quelques explications concernant ce dernier chapitre. Il est, à l'évidence, le moins accompli de tout l'ouvrage. La disquette du texte indique que l'auteur a repris ces pages une dizaine de jours avant son décès. Or c'est justement une période où des tâches matérielles l'accaparaient. Pour qui a connu cet homme consciencieux, il ne fait aucun doute que, en temps et lieu, il aurait soumis le chapitre à une ample révision. Voici, à notre avis, les corrections, mises au point, compléments qu'il aurait accepté d'introduire dans son texte. En disant cela, nous songeons, bien sûr, à sa capacité de se critiquer, mais encore à sa règle inviolable de solliciter et d'accueillir les observations de ses collègues. Il nous mêlait à ses travaux de façon régulière, et cela nous permet de proposer sans trop d'hésitation les remarques suivantes. Nous les ordonnerons autour du titre général de l'œuvre, en lui comparant et l'intitulé et le contenu et la démarche du chapitre, dans un souci de logique suivie.

A. Guindon avait en vue « une éthique du vêtir et du dénuder ». Les douze premiers chapitres, avec la documentation et les réflexions qu'ils assemblent, répondent à cette intention. Ils veulent apprendre à discerner des pratiques susceptibles de favoriser une humanisation vraie de la vie individuelle et des rapports intersubjectifs. Mais, avec le chapitre 13, se produit un net changement de registre. La critique d'une certaine « apologétique chrétienne antinudiste » amène l'auteur à un dépassement de la morale. En voulant montrer que la foi chrétienne ne comporte pas de condamnation péremptoire de la *nudité, il expose des signifiés de nudité qu'on nous permettra d'appeler* métamoraux. *En procédant à une rédaction définitive, il aurait sans doute marqué très clairement un tel passage de l'ordre éthique à un ordre religieux, théologique et même mystique.*

Autre point discutable. Ce chapitre est de loin le plus long de tout l'ouvrage. Le plus long et, dans l'état où il a été laissé, le plus disparate. On le soupçonne, à simplement rapprocher l'intitulé de la première section – « Apologétique chrétienne antinudiste du XX*e* *siècle » – et celui de la sixième et dernière – « Initiation en nudité à l'Ineffable Mystère ». Le fait que ces pages ultimes sont un ajout qui n'apparaît pas à la table des matières revue quelques semaines plus tôt (d'après la mémoire dûment datée de l'ordinateur), ce fait donc n'a rien pour atténuer notre soupçon. Les paragraphes centraux (nudité de Jésus dans la Passion; costume de gloire; nudité au baptême) forment, eux, un ensemble bien lié. Mais on pourrait les lire, semble-t-il, indépendamment des deux précédents. Par rapport à ceux-ci, ils font figure de pièces juxtaposées plutôt qu'organiquement enchaînées.*

Si ce chapitre 13 devait servir de conclusion à un ouvrage consacré à l'« éthique du vêtir *et du dénuder », on peut se demander pourquoi il traite de « nudité et foi chrétienne » uniquement. Il devrait tout autant annoncer et aborder le rapport « vêtement et foi ». Les grands signifiés de la nudité de Jésus crucifié et ressuscité ne doivent pas faire oublier le vêtement du « Christ aux outrages ». Les quatre Évangiles s'entendent pour garder vivante la mémoire de la scène (*Mt *27, 28-31;* Mc *15, 17-20;* Lc *23, 11;* Jn *19, 2-5) : le manteau écarlate et la couronne en dérision de la royauté de Jésus. Et Jean insiste : c'est dans cet accoutrement que Pilate le montre au peuple. Or, curieusement, A. Guindon qui ne mentionne pas de* vêtir *d'humiliation, parle, sous le titre de « nudité et foi », d'un autre vêtement : la tunique de poil de Jean-Baptiste. C'est pour indiquer ce qu'elle a de commun avec la nudité : l'une et l'autre conviennent aux « gens sans statut social, sans pouvoir mondain ». Indéniable. Mais reste qu'une tunique est un vêtement... Nous nous sommes permis de ne pas conserver ce court passage consacré à la tunique du Baptiste, trop éloigné du sujet de la section (« Jésus dénudé pour son peuple ») – éloignement rendu plus sensible par la non-mention du manteau et de la couronne d'humiliation. De même nous avons laissé tomber quelques lignes portant sur la guérison de l'aveugle Bartimée. Ces suppressions veulent délester le paragraphe d'éléments, somme toute, superflus.*

*Il en va autrement d'autres vêtements considérés dans le chapitre. La nudité du Ressuscité renvoie au vêtement du Christ à la Transfiguration (*Mt *17, 2;* Mc *9, 3;* Lc *9, 29). L'exégèse admet couramment que le récit de la Transfiguration ne se comprend que dans la perspective de Pâques. Il se trouve là une veine que A. Guindon aurait pu exploiter – aurait exploitée, eût-il vécu. Les trois récits de la manifestation en gloire du Christ prennent soin de décrire ses vêtements : ils sont de lumière, de* *blancheur telle « qu'aucun foulon sur terre ne saurait blanchir ainsi ». Blanc aussi et lumineux, le vêtement des mystérieux messagers au tombeau vide (*Mt *28, 3;* Mc *16, 5;* Jn *20, 12). Blanches encore les robes reçues au sortir du « bain de la régénération ». C'est que le blanc est la couleur des êtres célestes et des êtres transfigurés. Sa mention dans nos textes forme une trame unifiant transfiguration, résurrection, régénération baptismale.*

Supposons que l'auteur, à son habitude de consulter, aurait pris connaissance des présentes remarques, il est tout naturel de nous demander ce qu'il en aurait fait. Chose tout à fait certaine, il en aurait tenu compte. Mais dans quelle mesure ? Et comment aurait-il remanié son exposé ? Quel équilibre des sections en fût-il résulté dans le chapitre ? Tout à fait impossible, évidemment, de le savoir, et bien vain de se perdre en conjectures. Reste, alors, au lecteur de parcourir chaque section pour elle-même, en n'insistant pas outre mesure sur l'agencement d'ensemble du chapitre.

Ainsi, compte tenu des minimes suppressions que nous venons d'indiquer, nous reproduisons le texte suprême d'A. Guindon, en respectant son ordonnance en six sections un peu désassorties : 1. Apologétique chrétienne antinudiste du XXe siècle ; 2. Peuple vêtu par Yahvé ; 3. Jésus dénudé pour son Peuple ; 4. Le costume de gloire ; 5. Nudité lumineuse des baptisés; 6. Essai mystique (de dernière heure) sur l'humble et terrestre et chrétienne nudité. Nous avons simplement pris la liberté de donner nous-mêmes à la toute dernière section (qui s'intitulait Initiation en nudité à l'Ineffable Mystère*), un titre nouveau, qui nous semble renforcer une certaine structure dialectique finale.*

Apologétique chrétienne antinudiste du XXe siècle

L'examen que nous avons fait des signifiés autant enculturés que déculturés de la gestuelle de dénudation puisait largement dans l'expérience occidentale « chrétienne ». Les réflexions morales déjà proposées m'apparaissent donc de bon aloi autant pour une éthique de type chrétien que d'un autre type. À lire les théologiens moralistes du XXe siècle, catholiques notamment, on pourrait pourtant ne pas le croire. À de rares exceptions près[1], ils s'opposent à la nudité, au nu artistique, au dénuder de la *Nacktkultur.* Ceux de la première moitié du siècle qualifient tout cela en vrac

1. Par exemple, H. NORTHCOTE, qui soutient que l'expérience de nudité durant l'enfance est positive (p. 53-56) et que la contemplation du nu artistique n'a pas toujours les effets lubriques que l'on déplore (p. 274-279). Côté méthode, observons qu'il est un des seuls à faire preuve de connaissances en anthropologie, en psychologie et en esthétique.

simplement d'immoral[2]. Si, par la suite, certains continuent de tenir la nudité, surtout celle des représentations artistiques, pour obscène[3], d'autres commencent à donner des critères pour exercer un discernement plus juste[4].

L'opposition à la nudité (artistique ou réelle), l'opposition au nudisme surtout, prend souvent un caractère « doctrinal ». C'est une erreur[5], proclame-t-on, un fétichisme irréconciliable avec les idéaux chrétiens[6] et catholiques[7] ou avec l'enseignement révélé de l'Église[8]. Qu'en est-il, alors, de ces nombreux catholiques engagés dans leur foi, y compris prêtres, religieux et religieuses qui, de nos jours, pratiquent, dit-on, l'une ou l'autre forme de nudisme[9] ? Expérience chrétienne contaminée par un néo-paganisme omniprésent, comme l'appréhendaient les théologiens timorés de la première moitié du XXe siècle ? ou bien expérience chrétienne informée par une éthique fort différente de celle qu'a engendrée l'horreur victorienne de la nudité[10] ?

L'examen des textes « commis » contre la nudité s'inscrit dans la première hypothèse, mais conforte malgré soi la seconde. Dans leur forme, ces textes sont symptomatiques d'un discours qui tourne à vide. Ils ont une allure apologétique : les nudistes seraient dans l'erreur parce qu'il attaquent l'autorité de la hiérarchie et qu'ils accusent l'Église de mépris de la chair[11]. Mais nos polémistes manient curieusement l'histoire. Ils voudraient que les nus artistiques de l'Antiquité appartiennent à une époque de décadence de l'art, et du reste l'Église aurait toujours désapprouvé la représentation du nu[12] ; l'art moderne chercherait à subvertir l'esprit[13] ; la nudité répugnerait à la culture en général[14] ; le naturalisme engendrerait la révolte contre les saines conventions sociales[15]. On est imbu de « nudophobie » : les « peuples » qui vivent un dénuder social sont inférieurs[16] ;

2. G. DESJARDINS, p. 6 ; J. A. McHUGH et C. J. CALLAN, II, p. 572, n° 2569c.
3. J. A. McHUGH et C. J. CALLAN, I, p. 588-589, n. 2456-2457.
4. B. HÄRING, II, p. 491 ; R. A. McCORMICK, p. 37 ; G. V. LOBO, p. 310 et 417.
5. J. STEIZENBERGER, p. 259 ; F. TILLMANN, p. 202-203 ; J.-M. AUBERT, p. 368 (par implication).
6. B. HÄRING, III, p. 232.
7. E. HOCEDEZ, p. 402 ; E. F. HEALY, p. 203 ; H. DAVIS, 1952, p. 76.
8. E. PETERSON, p. 6.
9. M.-A. DESCAMPS, 1987, p. 13-14, signale cette participation.
10. On lira une manifestation typique de l'« horreur victorienne de la nudité » dans la lettre de J. HELBIG, p. 147-156, contre le nu dans la statuaire et en peinture.
11. E. HOCEDEZ, p. 411 ; L. RULAND, p. 304 ; F. TILLMANN, p. 202.
12. A. PREUSS, p. 48-49. H. LECLERQ, col. 1783-1784, affirme pourtant qu'on ne trouve aucune condamnation du nu artistique dans les conciles anciens et chez les Pères de l'Église.
13. C. KUCHAREK, p. 172.
14. J. STEIZENBERGER, p. 259.
15. E. HOCEDEZ, p. 405.
16. E. JANSSENS, p. 5 ; L. RULAND, p. 258.

l'immoralité généralisée des artistes tient au fait « qu'ils peignent le nu[17] »; le nudisme est morbide, amoral ou immoral[18]. Ces assurances tranchées n'accordent aucun crédit aux raisons adverses, qui mériteraient mieux qu'un rejet pur et simple[19]. Le simplisme du raisonnement de J.-B. Vittrant, son insignifiance, est à l'image de toute la polémique : la pudeur est la sauvegarde naturelle de la chasteté; or le nudisme détruit la pudeur; donc le nudisme détruit la chasteté[20].

Avant d'aller plus loin dans l'examen de l'argumentation antinudité, spécifions qu'une certaine apologie nudiste ne vaut pas mieux que son antagoniste. Elle a volontiers des airs de messianisme candide : « Bas les vêtements et c'est le salut ! » On conçoit alors les rappels au bon sens des théologiens moralistes. Mais on regrette que leur critique procède d'une intelligence étriquée, janséniste, de la sexualité, qui n'aurait d'autre fonction que la stricte reproduction de l'espèce. En dehors de quoi, la moindre manifestation de sensualité entraîne le péché[21]. La nudité aurait une telle charge d'excitation[22], suite au péché originel[23], qu'elle ferait perdre à l'homme commun tout contrôle sur ses sens[24]. Certains de ces exposés antinudité exagèrent tellement la déchéance du corps et de la sensualité, après la chute, qu'on pourrait les accuser d'hérésie *matérielle*, en regard d'articles majeurs de la foi chrétienne, l'Incarnation, la Rédemption, la Résurrection. Après pareils excès, on ne s'étonnera pas de la disparition, dans les manuels de théologie morale plus récents, d'une « nudophobie » ainsi appuyée sur une éthique sexuelle irréconciliable avec le donné de foi chrétienne.

En dépit d'une argumentation défectueuse, attachée à une « sexologie » périmée, cette condamnation prétendument morale du nudisme n'aurait-elle pas, malgré tout, une arrière-justification ? Le dénuder ne comporterait-il pas, en définitive comme le voulait E. Peterson, une incompatibilité métaphysique avec le christianisme[25] ? Faudrait-il y voir, avec R. J. Rushdoony, l'expression d'une foi religieuse, mais antibiblique, de « retour

17. E. HOCEDEZ, p. 401.
18. G. DESJARDINS, p. 6; J. STEIZENBERGER, p. 259; F. TILLMANN, p. 203.
19. G. LECORDIER, p. 58-65; L. RULAND, p. 306; E. F. HEALY, p. 203; B. HÄRING, III, p. 233.
20. J.-B. VITTRANT, p. 555.
21. E. JANSSENS, p. 14.
22. *Ibid.*, p. 14; L. RULAND, p. 303-304; G. DESJARDINS, p. 6.
23. E. HOCEDEZ, p. 402; G. DESJARDINS, p. 6; F. TILLMANN, p. 202-203. Même K. CLARK, I, p. 49, oppose la réussite humaine du culte grec de la nudité à ce qu'il comprend du péché originel !
24. E. HOCEDEZ, p. 402; E. JANSSENS, p. 14-15; G. DESJARDINS, p. 6; E. F. HEALY, p. 203-204; H. DAVIS, 1958, p. 227-228; F. TILLMANN, p. 202-203; C. KUCHAREK, p. 171.
25. E. PETERSON, p. 6.

au Paradis[26] » ? J.-M. Aubert qui dénonce comme nous l'argumentation antinudiste structurée autour de l'idée d'excitabilité[27], ne s'en prend pas moins à la nudité qui « révèle dans notre société une certaine disparition du mystère de chaque personne[28] ». La Tradition chrétienne nous accule-t-elle, sur le dénuder humain, à une fin de non-recevoir, comme le suggère l'ensemble de ces écrits théologiques contemporains ? Ou a-t-elle pensé qu'il pouvait être compatible avec la foi chrétienne et, même, entrer dans l'expression symbolique de cette foi ? Pour répondre à ces questions, nous examinerons quelques grands « lieux » de discussion théologique qui ont porté sur la gestuelle de dénudation.

Peuple vêtu par Yahvé

Les discours antinudité dans la théologie chrétienne sont immanquablement farcis de références vétérotestamentaires, puisque le Nouveau Testament ne fournit guère de textes susceptibles de nourrir un refus de toute gestuelle de dénudation. Dans le contexte d'une éthique occidentale, ces références sont généralement utilisées à mauvais escient. On identifie mal autant le signifié déculturé précis qu'elles ont en vue que l'ordre divin qu'elles entendraient illustrer.

Israël était entouré de nations chez qui l'esclavage formait une partie essentielle de l'organisation sociale. La terre et les moyens de production étaient la possession de quelques puissants, pour qui travaillait une masse indistincte d'hommes et de femmes – un véritable peuple d'esclaves dénués et nus. Or Yahvé est un Dieu de liberté. Le peuple qu'il s'est choisi, il le libère en lui donnant un sol à cultiver et en l'affranchissant de sa condition d'esclave. Déjà à l'origine, après même avoir prononcé la sentence de condamnation de leur faute, Yahvé revêt l'homme et la femme de tuniques de peau[29] pour remplacer les pauvres pagnes de feuilles[30] qu'ils avaient fabriqués dans leur déchéance. La nudité ici est, de toute évidence, déculturée, comme l'est ensuite celle de Joseph[31] réduit en esclavage et vendu par ses frères. Le dénuder, dans ce contexte, signale l'anonymat des prisonniers, des captifs, des esclaves, des prostituées, des criminels[32].

26. R. J. RUSHDOONY, p. 355-357. L'exégèse de cet auteur est d'un littéralisme navrant.
27. J.-M. AUBERT, p. 366.
28. *Ibid.*, p. 368.
29. *Gn* 3, 21.
30. *Gn* 3, 7.
31. *Gn* 37, 23.
32. E. HAULOTTE, p. 79-85 ; L. M. EPSTEIN, p. 26.

Conséquemment le vêtir, devenu en quelque sorte le signe d'identité du Peuple choisi[33], prend figure de symbole manifeste de dignité. Ainsi les Prophètes rappellent-ils sans cesse au Peuple exilé que Dieu ne tolère pas la nudité servile, qu'Il le revêtira d'habits somptueux, vêtements du salut dans lesquels Il le reconduira vers la terre promise[34].

La vue prédominante de l'Ancien Testament par rapport à la nudité n'a en réalité qu'un rapport assez indirect à la « pudicité ». C'est en fait pour sauver sa vertu que Joseph laisse son vêtement entre les mains de la femme de Potiphar afin de s'échapper[35]. Ailleurs, la nudité de Bethsabée au bain[36] n'a en soi rien que de normal, la culpabilité retombant, comme il se doit, tout entière sur le hardi voyeur. On en pourrait dire autant de la chaste Suzanne[37], si en outre, selon la juste remarque de A.-M. Dubarle[38], les deux vieillards, loin d'attendre cette occasion lubrique, n'avaient pas, bien avant, été déjà pris de désir pour la jeune femme. C'est en tout cas de ce genre de nudité humiliée, le plus souvent innocente du côté du sujet, que l'Ancien Testament se préoccupe. Du point de vue de la foi en un Dieu d'alliance et de libération, on n'en saurait tirer une règle d'usage et un code détaillé d'agir.

En revanche, il est une autre nudité que la loi de Yahvé demande de recouvrir, celle de la veuve, de l'orphelin, du pauvre, de l'étranger[39]. C'est la même nudité que le Nouveau Testament évoque encore dans le discours matthéen sur le jugement dernier. Seront bénis ceux qui ont vêtu le Fils de l'homme, lorsqu'il était nu dans les plus petits de ses frères et sœurs, et maudits ceux qui ne l'ont pas fait[40]. Mais cette nudité-là n'est toujours pas tolérable parce qu'elle résulte du seul dénuement.

E. Haulotte a trop systématiquement appliqué à toute la Bible la thèse d'un dénuder qui représenterait la rupture de l'harmonie entre Dieu et sa créature, opposé à un vêtir qui symboliserait sa résolution[41]. En dehors du contexte rapporté ci-dessus, le dénuder n'était pas, dans l'histoire du peuple hébreu, l'objet d'un tabou universel. Si l'on omet, pour l'instant, le grand symbole de la nudité paradisiaque, la Bible hébraïque est traversée de dénuders qui, notamment, disent la vérité sur l'humble condition de la créature devant la transcendance du Créateur. Nudité de la naissance et de

33. E. HAULOTTE, p. 76-79.
34. *Is* 61, 10; *Za* 3, 4.
35. *Gn* 39, 12.
36. 2 S 11, 2.
37. *Dn* 13, 7-18.
38. A.-M. DUBARLE, p. 45.
39. *Ex* 22, 25-26; *Dt* 24, 17-18 et 27, 19.
40. *Mt* 25, 31-46.
41. E. HAULOTTE, p. 330-331 ; A.-M. DUBARLE, p. 45, exprime aussi des réticences.

la mort, termes d'introduction et de sortie de l'existence finie de la créature[42]. Nudité de la gestuelle du prophète[43] (qu'adoptaient encore les Quakers, autant ceux de l'Angleterre puritaine de Cromwell que ceux de l'Amérique coloniale, pour établir leur statut prophétique[44]). Le rituel de « déchaussement » d'un Moïse ou d'un Josué en la présence de Yahvé, un geste religieux universel, participe de la même symbolique révérentielle[45]. Également pratiquée par d'innombrables religions dans leur stade le plus ancien[46], la nudité du prêtre. Avant les attirails imposés aux prêtres hébreux par la tradition sacerdotale au lendemain de l'exil[47], ceux-ci montaient à l'autel vêtus d'un pagne de lin[48] qui, à la mode égyptienne, s'ouvrait assez pour dévoiler ce qu'il masquait à peine[49]. On retrouve, dans cette quasi-nudité rituelle (que le code, il est vrai, aura ensuite le souci d'éliminer[50]) – et peut-être aussi de type prophétique – un peu de la tenue de David lorsqu'il dansa en signe de soumission devant l'arche de Yahvé[51]. Reconnaissance encore des limites humaines, ce geste symbolique de déchirement des vêtements accompagné d'une prosternation face contre terre[52]. Des exégètes vont même jusqu'à voir dans la découverte par Cham de la « nudité de Noé » l'expérience filiale des limites du père[53].

Précisons enfin que le discours nudophobe qu'on retrouve dans la littérature vétérotestamentaire de type « nationaliste » n'était pas prisé par l'ensemble du bon peuple hébreu. Le sectarisme est rarement représentatif de tout un peuple ! Les fameux Maccabées, dont l'histoire couvre deux livres dans le canon catholique (non reconnu par les Juifs ni les protestants) étaient des zélotes très conservateurs. Écrits par un Juif palestinien entre 134 et 63 avant notre ère, ces livres cherchaient à éveiller le sens patriotique des Juifs hellénisés d'Alexandrie et à rallier les dissidents. Dès le début du premier livre, l'auteur dénonce un large mouvement de Juifs

42. *Jb* 1, 21 ; Qo 5, 14 ; *Ps* 49, 18. Dans le même sens, *1 Tm* 6, 7. Voir les commentaires de L. A. SCHÖKEL, et de G. OGDEN, p. 84.
43. *Es* 20, 2-4 ; *Mi* 1, 8 ; *1 S* 19, 24.
44. W. C. BRAITHWAITE, p. 89, 126, 148-149 ; E. RUSSELL, p. 63-64 ; D. S. LOVEJOY, p. 124-126, 130-131.
45. *Ex* 3, 5 et *Jos* 5, 15. Voir les commentaires de M. NOTH, p. 38 ; J. GRAY, p. 75 ; J. I. DURHAM, p. 31.
46. S. REINACH, I, p. 179. Voir aussi p. 140.
47. *Ex* 28.
48. *1 S* 22, 18. Voir R. DE VAUX, II, p. 201-202.
49. *Ex* 20, 26 et 28, 42-43.
50. *Ex* 28, 42-43.
51. *2 S* 6, 14-21.
52. *Jos* 7, 6 ; *Nb* 14, 5-6 ; *Jb* 1, 20.
53. *Gn* 9, 20-27. Voir W. VOGELS, 1987, p. 554-573.

« libéraux » qui, soutenus à Jérusalem par le roi Antiochus Épiphane, prônaient la culture grecque, avec son gymnase et ses mœurs de nudité[54]. Le philosophe juif Philon témoignera, cent ans plus tard, de l'étendue des mœurs de nudité récréative des Juifs d'Alexandrie[55]. Ils n'étaient pas les seuls. À travers le monde hellénisé, de très nombreux Juifs pratiquants adoptaient allègrement la nudité des gymnases. On a trouvé des listes imposantes d'inscriptions juives dans les clubs d'éphèbes nus que la doctrine officielle n'interdisait pas formellement de fréquenter[56]. On a aussi trouvé, dans la synagogue juive hellèniste de Doura-Europos, quatre représentations de nus[57]. Les Juifs de la période talmudique babylonienne, d'ailleurs, se dénudaient, comme le reste de la population, pour travailler aux champs, pour se relaxer dans l'intimité, pour se baigner aux thermes. Les rabbins, comme les Pères de l'Église, n'étaient pas toujours d'accord et s'en prenaient à ces « vulgarités ». Mais leurs discours n'affectaient guère les mœurs populaires[58].

Oui, le Peuple hébreu, vêtu par Yahvé, s'efforce tant bien que mal de vivre au rythme de la Promesse de libération faite par le Dieu de l'Alliance. Rien n'est plus contraire à cet idéal que la nudité d'esclavage et d'asservissement d'autrui. Ces mêmes Juifs, par contre, n'hésitent pas à reconnaître leur condition de créature devant Yahvé par des gestes de dénudation. Toutes les indications rapportées ci-dessus, et d'autres encore, me portent à croire qu'ils étaient beaucoup plus habitués aux « nudités coutumières » qu'on ne le dit à l'article « nudité » dans certains dictionnaires bibliques.

Jésus dénudé pour son Peuple

Les écrits néotestamentaires témoignent encore de gestuelles de nudité analogues à celles de la Bible hébraïque. L'ordonnance fondamentale de revêtir la nudité humiliée est reprise solennellement, nous l'avons vu, dans le discours sur le jugement dernier[59]. D'autres textes en évoquent diverses formes : la perte d'identité de l'homme devenu « Légion », ce démoniaque gérasénien nu qui, après sa guérison, est « assis aux pieds de Jésus, vêtu et dans son bon sens[60] ». Ailleurs, la nudité est en rapport avec la captivité :

---

54. *1 M* 1, 10-15, 41-51.
55. Voir L. M. EPSTEIN, p. 27, et ses commentaires.
56. H. A. HARRIS, *passim.*
57. J. Z. SMITH, p. 221, note 16.
58. L. M. EPSTEIN, p. 28-31.
59. *Mt* 25, 31-46.
60. *Lc* 8, 27 et 35. Aussi la dénudation démoniaque d'exorcistes juifs dans *Ac* 19, 16. Voir les commentaires de C. J. ALLEN, IX, p. 76; F. E. GAEBELEIN, VIII, p. 913-914; C. F. EVANS, p. 382-387.

Pierre, dévêtu, dut s'habiller pour suivre l'ange hors de la prison, alors que Paul et Silas furent dévêtus avant d'être battus de verges[61]. Paul mentionne régulièrement, parmi les tribulations de l'existence apostolique, la nudité en association avec la faim, le froid, les dangers, les mauvais traitements, les persécutions, voire la mort[62]. Plus que dans l'Ancien Testament, toutefois, on trouve des traces explicites de dénuders coutumiers : on se dévêt pour le travail aux champs ou en mer[63], voire même pour s'adonner à l'odieux « travail » de la lapidation d'Étienne[64].

Ces signifiés de la nudité n'occupent toutefois qu'une position secondaire par rapport à la grande symbolique de la nudité de Jésus, au cœur même de l'Événement rédempteur. Parce qu'on y a vu toutes sortes d'intentions significatives, considérons un moment le cas du *neaniskos* de l'épisode de l'arrestation de Jésus au domaine de Gethsémani (*Mc* 14, 51-52). En pleine nuit, ce jeune homme suivait Jésus, « n'ayant pour tout vêtement qu'un drap (*sindon)*, et on le saisit; mais lui, lâchant le drap, s'enfuit tout nu (*gymnos*)[65] ».

L'exégèse traditionnelle s'était surtout intéressée à identifier ce *neaniskos* : Jean le disciple bien-aimé ? Jacques le frère de Jésus ? Marc l'évangéliste ? le jeune fils de l'oléiculteur de Gethsémani ? Quant à la signification de l'incident, on s'en tenait à signaler l'accomplissement de la prophétie messianique d'*Amos* 2, 16 : « Le plus vaillant de ces héros s'enfuira tout nu, ce jour-là[66] ».

Depuis la note publiée en 1951 par J. Knox[67], l'exégèse contemporaine s'est orientée dans un autre sens, accordant une valeur symbolique à cette gestuelle sur laquelle se termine le récit d'arrestation et qui introduit celui de la passion, de la mort et de la résurrection du Christ. Les uns, moins avancés, me semble-t-il, insistent surtout sur le thème général de la fuite des disciples qui « ne comprennent pas » le secret messianique[68]. D'autres, avec des nuances et des détails que nous ne saurions examiner ici, voient dans le dénuder du *neaniskos* un symbolisme christo-

---

61. *Ac* 12, 8 et 16, 22.
62. *Rm* 8, 35; *1 Co* 4, 11; *2 Co* 5, 3-4 et 11, 27. Voir aussi *Ap* 3, 17.
63. *Mt* 24, 18; *Mc* 13, 16; *Jn* 21, 7.
64. *Ac* 7, 58.
65. *Mc* 14, 51-52. Traduction de la Bible de Jérusalem. Voir J. M. ROSS, 1991.
66. Voir pour cette exégèse traditionnelle la présentation d'ensemble de F. NEIRYNCK, p. 55-59. J. M. ROSS, p. 170-174, s'en tient encore à ce point de vue.
67. J. KNOX, p. 27-30.
68. F. NEIRYNCK, notamment p. 65-66 : une simple indication au terme d'une longue revue de la littérature; H. FLEDDERMAN, p. 412-448 : sa critique ne rend pas justice aux raffinements de la thèse opposée.

logique et baptismal d'une grande richesse[69]. La nudité du jeune homme de Gethsémani est couverte d'un drap-linceul (*sindon*) comme celui dont Joseph d'Arimathie enveloppera le corps nu de Jésus à sa descente de croix[70]. Sa nudité symboliserait la mort de Jésus qui seul peut racheter, en sa nudité de crucifié, notre condition corporelle affaiblie par le péché des protoparents. Jésus, en quelque sorte, assume le vêtement mortel – autant celui du *neaniskos* laissé aux mains des ennemis de Jésus que celui de cet autre *neaniskos*, Joseph, laissé aux mains de ses frères puis encore aux mains de la femme de Potiphar[71] –, pour nous en délivrer définitivement, laissant dans le tombeau vide son linceul[72]. La nudité des *neaniskoi* de l'Ancien comme du Nouveau Testament, qui ont tout laissé, même leur vêtement, pour échapper à leurs ennemis, apparaît, dit A. Vanhoye, « comme une condition de la libération[73] ». Sur un tel sujet, les spéculations, plus subtiles et plus savantes les unes que les autres, peuvent continuer d'aller leur train. De réalité en symbole, à grand renfort de déductions et d'intentions, elles établissent, du moins, l'importance centrale, à mon point de vue, de la dénudation de Jésus dans le Nouveau Testament.

On s'étonne que des études (celle d'un Peterson ou d'un Haulotte[74]) qui donnent de la nudité dans la Bible une interprétation presque exclusivement négative passent sous silence le symbolisme exemplaire de la nudité du Christ à sa mort et à sa résurrection. Même conspiration du silence, du reste, dans l'ensemble de l'exégèse contemporaine. Le puritanisme moralisateur de l'antinudité y serait-il pour quelque chose? Pourtant, les quatre évangélistes rapportent le fait[75] avec insistance. Parmi les mille et un détails entourant la crucifixion, pourquoi les exégètes retiennent-ils celui de la dénudation et celui du tirage au sort des vêtements de Jésus par les soldats? Sur la vingtaine de commentaires bibliques courants que j'ai consultés, six rapportent que c'était la coutume de crucifier nus les condamnés[76], et trois d'entre eux mentionnent le

---

69. Voir, notamment, H. WAETJEN, p. 114-131; A. VANHOYE, p. 401-406; R. SCROGGS et K. I. GROFF, p. 531-548; B. STANDAERT, 1978, p. 163-173, et 1983, p. 103-104.
70. *Mc* 15, 24 et 46.
71. *Gn* 37, 23 et 39, 12. Sur ce rapprochement et d'autres semblables, voir surtout H. WAETJEN, p. 117-120. Déjà, au début du viiie siècle, Bède le Vénérable faisait ce rapprochement : « Suivant l'exemple du bienheureux Joseph... » *PL* 92, 279.
72. Ce point était la suggestion principale de J. KNOX, p. 29.
73. A. VANHOYE, p. 405.
74. E. PETERSON, 1943; E. HAULOTTE, 1966.
75. *Mt* 27, 35; *Mc* 15, 24; *Lc* 23, 34; *Jn* 19, 23-24.
76. D. E. NINEHAM, p. 423-424; R. E. BROWN, J. A. FITZMYER et R. E. MURPHY, 1968, II, p. 113; C. J. ALLEN, IX, p. 359; R. FREW, XVII, p. 310; R. E. BROWN, 1970, II, p. 902; J. A. FITZMYER, II, p. 1502.

caractère humiliant d'une telle pratique[77]. Les autres n'ont rien à dire ou se limitent à observer que les vêtements d'un crucifié appartenaient légalement aux bourreaux. Que la gestuelle centrale de la Rédemption de l'humanité s'accomplisse en nudité, que Jésus retrouve strictement le costume d'Adam pour mourir en croix ne suscite aucun commentaire, alors qu'on n'en finit plus de scruter les gestes bibliques du vanneur, du berger, de l'hôte ou du collecteur d'impôt... Par où l'on voit que les yeux des exégètes ont la décence qu'impose leur culture. Comment oser contempler le mystère de la Nudité crucifiée de Jésus, quand la morale courante s'en effraie comme d'une occasion de scandale ?

Que le symbole de la nudité ne soit pas négligeable, sa persistance jusqu'à la fin de l'Événement rédempteur vient le confirmer. Les quatre évangélistes relatent encore le fait que, à sa descente de croix, le corps nu de Jésus est roulé dans un drap-linceul propre (Jean parle de « bandelettes ») par un disciple « secret », membre du Sanhédrin, le riche Joseph d'Arimathie[78]. Ici encore, le silence exégétique est consternant. Dans un article[79] (que pourraient contresigner bon nombre de ses pairs) sur l'ensevelissement de Jésus d'après *Marc* 15, 42-47, R. Brown se contente de remarquer que le verbe *eneilesen* pour signifier l'enveloppement du corps est prosaïque (*pedestrian*) et pourrait décrire le piètre soin qu'on accorde à l'ensevelissement honteux d'un criminel. Peut-être, comme Brown le note encore (avec une référence gratuite à *Actes* 5, 6), « l'horreur juive de la nudité » suffit-elle à rendre compte du geste[80]. Mais, encore une fois, pourquoi avoir unanimement relevé ce geste qui « irait de soi » à l'exclusion des autres ? Où sont les manifestations d'« horreur » dans le texte ? Pourquoi, si la nudité est si horrible, le Fils de Dieu donne-t-il sa nudité en spectacle, au moment même d'offrir sa vie pour ceux qu'il aime ? À prendre les choses à la lettre, comme elles sont censément racontées pour l'« édification » de la foi, la *nudité* servirait de costume au Vivant conquérant le Salut, et le *vêtement* habillerait le Mort vaincu. Ce sont, en tout cas, ces questions qui fondent l'importance que les Pères ont reconnue à la nudité dans ces épisodes de la Rédemption.

La suite des événements suggère de plus que l'« horrible nudité » dont Brown fait état si allègrement n'est pas le signifié qui convient aux trois actes de la confession traditionnelle : Jésus crucifié, mort et enseveli, res-

77. D. E. NINEHAM, p. 423-424 ; C. J. ALLEN, IX, p. 359 ; J. A. FITZMYER, II, p. 1502.
78. Mt 27, 59 ; Mc 15, 46 ; Lc, 53 ; Jn 19, 49.
79. R. E. BROWN, 1988, p. 234, n. 3.
80. *Ibid.*, p. 242. Les appels à *Ap* 3, 17-18 et 16, 15, pour montrer que l'Église primitive partageait « l'horreur juive de la nudité » sont tout aussi mal venus. Ces textes ne parlent manifestement que d'un dénuement spirituel.

suscité d'entre les morts. Lorsque les femmes vinrent témoigner de la résurrection du Fils de l'homme, Pierre courut au tombeau : « en se penchant », dit Luc, « il ne vit que des bandelettes[81] ». Jean insiste. Rien d'autre n'est remarqué au « tombeau vide », sinon l'état du linge qui s'y trouvait : c'est-à-dire « les bandelettes posées là », aperçues par Jean, puis par Simon-Pierre, et « le linge qui avait recouvert la tête; celui-ci n'avait pas été déposé avec les bandelettes, mais il était roulé à part, dans un autre endroit[82] ». Si la nudité est une horreur telle qu'il faut revêtir les corps des criminels eux-mêmes, pourquoi Jésus est-il représenté dépouillé de son vêtement à la résurrection? Si « horreur » il y a, elle serait attachée au « vêtement de mort », plutôt qu'à la nudité bien affirmée du Ressuscité. La nudité du Christ à la résurrection ne fait néanmoins l'objet d'aucun commentaire dans l'exégèse contemporaine courante. Dans *The Jerome Biblical Commentary*, on affirme même qu'« il n'y a probablement aucun symbolisme à l'œuvre dans les divers détails de cette histoire [*sic*][83] ». Au point culminant de l'histoire biblique, dans la Tradition chrétienne, la théologie des évangélistes céderait la place à la simple chronique ! Ce trait n'est qu'un exemple de ce qu'on trouve aussi ailleurs : des détails insignifiants, voire saugrenus, sur la façon dont les vêtements abandonnés étaient disposés, quand on veut ignorer l'essentiel. Pourtant, la catéchèse baptismale des Pères de l'Église commente abondamment la nudité du Christ sur la Croix et à la Résurrection, et vingt siècles d'iconographie chrétienne l'illustrent, témoignant du fait que le symbole du Nu chrétien fut beaucoup plus signifiant dans la foi de l'Église que l'exégèse « en Sorbonne » ne le perçoit. L'éthique sexuelle antinudiste a tenté là d'occulter l'un des grands symboles du mystère de la mort et de la résurrection du Christ, qu'avait contemplé la foi des âges précédents.

Le costume de gloire[84]

Au Paradis, homme et femme créés à l'image de Dieu[85] étaient nus « sans se faire mutuellement honte[86] ». Lorsqu'ils se rebellèrent contre leur condition de créature (« vous serez comme des dieux[87] »), « alors

81. *Lc* 24, 12.
82. *Jn* 20, 5-7.
83. R. E. BROWN, J. A. FITZMYER et R. E. MURPHY, 1968, p. 463.
84. Sur les questions débattues dans la présente section (de la nudité paradisiaque) et dans la suivante (« Nudité lumineuse des baptisés »), voir aussi A. GUINDON, 1994. (Note des éditeurs).
85. *Gn* 1, 27.
86. *Gn* 2, 25.
87. *Gn* 3, 5.

leurs yeux à tous deux s'ouvrirent et ils surent qu'ils étaient nus. Ayant cousu des feuilles de figuier, ils s'en firent des pagnes[88] ». Au Seigneur Dieu qui vint se promener dans le jardin au souffle du jour, Adam avoua sa honte : « j'ai pris peur car j'étais nu, et je me suis caché[89] ». Suivent, après que Yahvé Dieu eut demandé à l'homme : « Qui t'a révélé que tu étais nu ?[90] », l'aveu de la désobéissance, les malédictions du serpent, de la femme et de l'homme puis, avant le bannissement du jardin d'Éden, « Le Seigneur Dieu fit pour Adam et sa femme des tuniques de peau dont il les revêtit[91] ». Comme dans la parabole de Golding où la nudité-bien-être des jeunes garçons se corrompt, symbolisant le drame du mal semé par la rébellion de Jack contre l'ordre rationnel de Ralph, ainsi dans ce récit d'orgueil, la gestuelle de nudité sert de procédé littéraire pour marquer les étapes du Drame qui sert à expliquer, dans la Bible, la condition pécheresse de l'humanité.

Ici encore, les exégètes contemporains remarquent à peine le grand symbole de nudité qui sert de toile de fond au récit. Typique du long discours de l'exégèse catholique sur les caractéristiques littéraires de *Genèse* 2-3, l'étude de J. McKenzie en 1954. Il consacre des pages au symbolisme des arbres ou à celui du serpent, et il n'a que dix lignes sur la nudité, la « honteuse », naturellement, et encore est-ce pour gloser sur la fausseté de la promesse du serpent qui a conduit à la honte plutôt qu'à la communion[92]. Il faut attendre les années 1980, le tabou de l'antinudité s'étant suffisamment estompé et les méthodes exégétiques s'étant renouvelées, pour qu'on en vienne à proposer des remarques plus pertinentes sur la nudité dans *Genèse* 2-3. Particulièrement éclairantes celles qui la présentent comme le symbole de la vérité de la condition de créature, cette « limite » qu'il est véridique de reconnaître, et faux de refuser. Dons de Dieu, les « tuniques de peau » rétabliraient la confiance d'une créature qui, pour son plus grand malheur, n'a pu supporter la vue de ses limites[93].

Ce récit a été, pour les Pères de l'Église, un lieu important de réflexion sur la nudité. Nous ne saurions faire ici une étude tant soit peu complète du sujet. Mais à partir de certains textes, nous dégagerons les vues relativement communes d'hommes d'Église (la voix des femmes ne se fait malheureusement pas entendre) qui, malgré leur phobie de la sexualité débri-

88. *Gn* 3, 7.
89. *Gn* 3, 10.
90. *Gn* 3, 11.
91. *Gn* 3, 21.
92. J. L. McKENZIE, p. 571.
93. Voir la lecture lacanienne de X. THÉVENOT, p. 12 et 14 ; la lecture sémiotique de W. VOGELS, 1983, p. 525-531.

dée, ont su reconnaître dans la symbolique de nudité paradisiaque tout autre chose qu'une sexualité désordonnée. Leur exégèse « spirituelle », c'est-à-dire faite en liaison avec la vie de foi, la liturgie, la mystique et la morale, ressemble davantage à une approche synchronique, plutôt que diachronique, du texte. Elle se distingue toutefois des exégèses scientifiques en se voulant contemplation, sous les symboles, du mystère du Christ comme source de vie chrétienne.

Si l'on suit l'ordre de la *Genèse*, la première question qui se pose aux Pères est celle de la nudité des protoparents avant la désobéissance. Pourquoi n'avaient-ils pas honte l'un devant l'autre ? Vivant sous le regard bienveillant de Dieu, répondent autant les Latins que les Grecs, leurs corps *gratifiés* des dons divins et béatifiés par ceux-ci étaient comme vêtus de splendeur.

Avant le péché, insistait Ambroise de Milan, « ils étaient nus, il est vrai, mais ils n'étaient pas dépouillés des vêtements de la vertu. Ils étaient nus à cause de la pureté de leur caractère et parce que la nature ignore la ceinture de duplicité[94] ». Lorsque, ensuite, il commentait la question adressée par Yahvé : « Adam, où es-tu ? », il l'interprétait comme voulant dire : « De quels biens, de quelle béatitude, de quelle grâce [...] t'es-tu départi[95] ? » Ailleurs, il parlait encore de l'enveloppe d'immortalité et d'innocence « qui faisait en sorte qu'ils ne se sentaient pas nus[96] ».

Son ancien catéchumène, Augustin, emploiera des formules semblables à propos d'Adam et d'Ève : « Leurs yeux béaient donc, mais à cela [leur nudité] ils n'étaient pas ouverts, c'est-à-dire appliqués à connaître ce qui leur était prêté par le vêtement de grâce, quand leurs membres ne savaient pas encore s'opposer à leur volonté[97] ». Le contemporain d'Augustin, Maxime, évêque de Turin, soutenait qu'« Adam était matériellement nu, physiquement, mais vêtu de la splendeur de l'immortalité[98] ».

Durant la même période, Jean Chrysostome prêchait, en Cappadoce, de longues homélies sur la *Genèse* et dans des termes semblables. Adam et Ève « vivaient sur terre comme s'ils eussent été au ciel; même s'ils possédaient un corps, ils n'en sentaient pas les limites ». « Mais ils savaient pertinemment, après tout, qu'ils étaient nus, couverts comme ils l'étaient

94. AMBROISE, *De Paradiso*, 13, 63. *CSEL* 32, 1, p. 322 (ma traduction).
95. *Ibid.*, 14, 70, *CSEL*, 32, 1, p. 328.
96. AMBROISE, *Apologia altera prophetae David*, 8, 41, *CSEL*, 32, 2, p. 385 (ma traduction).
97. AUGUSTIN, *La Cité de Dieu*, XIV, 17 (ma traduction littérale). *Patebant ergo oculi eorum, sed ad hoc non erant aperti, hoc est attenti, ut cognoscerent quid eis indumento gratiae praestaretur, quando membra eorum voluntati repugnare nesciebant.* (BA, 35, p. 426-427).
98. MAXIME DE TURIN, *Homélies*, 48, 3, *CCSL* 23, p. 188-189.

d'une gloire ineffable, qui les parait mieux que tout vêtement[99] ». « Ils jouissaient d'une telle confiance qu'ils n'étaient pas conscients de la nudité. En fait, c'était comme s'ils n'étaient pas nus : la gloire d'en haut les vêtait mieux que n'importe quel vêtement[100] ». « Ils n'en avaient aucune conscience (d'être nus) à cause de la bienveillance que le Seigneur leur montrait[101] ». Chrysostome parlait encore de « la splendeur admirable » dont ils étaient revêtus[102] et de leur « vêture resplendissante[103] ».

Trois siècles et demi plus tard, un autre représentant de la tradition orientale, Jean Damascène, tenait encore le même discours : « Et même si leurs corps étaient nus, ils étaient couverts par la grâce divine ; il ne s'agissait pas d'un vêtement corporel, mais d'un vêtement d'incorruptibilité[104] ».

Aucun de ces textes, contrairement à ce que propose E. Peterson, ne suggère une distinction entre un « non-vêtir » d'Adam et d'Ève qui « n'était pas une nudité[105] », un « non-vêtir » qu'il conçoit d'ailleurs tellement comme un « vêtir » que la découverte de leur « nudité », avec le péché, « n'a de sens qu'en supposant un dévêtir préalable[106] ». À lire les textes à partir d'un propos apologétique d'antinudité[107], on les déforme. La locution « non-vêtir » est d'ailleurs inappropriée au point de départ puisqu'elle s'oppose à un « vêtir ». On ne saurait qualifier de « non-vêtus » des individus qui ignorent jusqu'à l'existence (ou même la possibilité) de vêtements. Les Pères ne prenaient pas la métaphore des « vêtements de gloire » pour désigner une réalité matérielle, contrairement à l'impression créée par le texte de Peterson. Ils précisaient qu'Adam et Ève étaient nus, purement et simplement (dans l'absolu) et qu'ils *voyaient* clairement leur nudité. Pourquoi donc n'éprouvaient-ils pas de honte ? Parce que, regardés par Dieu avec bienveillance, dans le milieu confiant créé par l'intimité divine, leur nudité même était un costume resplendissant. Le regard de bienveillance créant la grâce d'un corps nu, c'est éminemment le regard divin, lequel crée, au sens fort du mot, une glorieuse beauté. Nudité resplendissante de l'image de Dieu. Le « vêtement de gloire » n'a pas l'« extériorité » que, dans sa théologie par trop « luthérienne » de la surnature, Peterson lui attribue[108]. Le « vêtement de gloire » est pure

99. JEAN CHRYSOSTOME, *Homilies on Genesis*, 16, 2-3, 1986, p. 207-208. Voir *Ibid.*, 17, 6, p. 225 ; *PG* 53, 126 (ma traduction).
100. *Ibid.*, 16, 14, p. 217.
101. *Ibid.*, 16, 15, p. 217.
102. *Ibid.*, 17, 18, p. 231.
103. *Ibid.*, 18, 3, p. 5.
104. JEAN DAMASCÈNE, *Homélie sur le figuier desséché*, 2, 3, *PG* 96, 581 A (ma traduction).
105. E. PETERSON, p. 6.
106. *Ibid.*, p. 8.
107. *Ibid.*, p. 6.
108. *Ibid.*, p. 11-14.

métaphore de la splendeur admirable d'une nudité graciée par l'amour divin.

La désobéissance ouvre les yeux des coupables. Ils rougissent d'une nudité qui leur apparaît maintenant honteuse, puisqu'elle ne se produit plus dans le milieu divin d'intimité, de confiance, de bienveillance. Non protégée, comme dans l'état précédent de communion divine, la nudité devient dangereuse, objet de convoitise, pour des regards qui ont perdu leur pureté et leur innocence.

Ambroise parlait de « l'esprit de l'homme voilé dans les plis complexes de la tromperie » et d'une prise de conscience de ce « que l'enveloppe protectrice de la vertu était disparue[109] ». En l'absence de la grâce, dira Augustin, « apparaît dans le mouvement du corps une certaine nouveauté impure qui rendit indécente la nudité[110] ». Jean Chrysostome précisait que les « yeux qui s'ouvrent » et voient la nudité « ne se rapportent pas aux yeux des sens, mais à la conscience ». Les « yeux des sens », bien sûr, voient toujours la nudité matérielle. Mais Adam et Ève prennent maintenant conscience « de la perte de la gloire dont ils jouissaient » avant le péché[111]. Une telle perte les a précipités dans une ignominie insondable. Tel est le mal du péché. Il « nous jette dans une honte et une abjection profondes, nous dépouille de biens que nous possédions, nous prive de toute confiance[112] ». Les protoparents étaient « couverts de confusion[113] », leurs délices, compromises[114]. Ils avaient renversé bout pour bout l'ordre qui convenait à la nature humaine[115].

Cette nudité dont Adam et Ève avaient honte n'est en rien la nudité « normale » qui aurait suivi un régime paradisiaque de nudité « anormale » (ou irréelle). C'est bien plutôt l'inverse. Selon les Pères cités, la nudité honteuse résulte du péché et est contraire à l'ordre de la création, contraire également à la nudité qui nous revient et dont nous devrions jouir. Elle est le résultat d'un état de confusion, d'ignorance, de perte de confiance, qui a conséquemment nécessité le recours au vêtement.

Adam et Ève, disait Ambroise, « ont trouvé un vain plaisir à coudre feuille à feuille pour cacher et couvrir l'organe de la génération[116] ». Cette activité est typique, ajoutait-il, de quiconque viole les commandements de

109. AMBROISE, *De Paradiso*, 13, 63, *CESL* 32, 1, p. 322-323 (ma traduction).
110. AUGUSTIN, *Contre Julien*, XVI, 82, BA, 31, p. 331, et *La Cité de Dieu*, 14, 9-11, BA, 35, p. 425-426.
111. JEAN CHRYSOSTOME, *Homélies sur la Genèse*, 16, 15, 1986, p. 217.
112. *Ibid.*, 16, 19, p. 220.
113. *Ibid.*, 17, 6, p. 224; 18, 3, p. 5.
114. *Ibid.*, 17, 14, p. 229.
115. *Ibid.*, 17, 18, p. 231; 18, 3, p. 5.
116. AMBROISE, *De Paradiso*, 13, 63, *CSEL* 32, 1, p. 323 (ma traduction).

Dieu : « Faisant usage, pour ainsi dire, de paroles vides et oisives, le pécheur tisse, mot après mot, des faussetés, dans le but de se cacher à lui-même la conscience de ses œuvres coupables[117] ». Chrysostome, de son côté, déplorait le sort de « ceux qui avaient vécu sur terre comme des anges et qui se voient réduits à se couvrir de feuilles de figuier[118] ». Il comparait les tuniques de peau dont Yahvé les revêt à un habit de servitude, dont la grossièreté leur rappellera la sorte de vêtements qu'ils méritent – rappel constant de leur désobéissance[119].

Pourquoi, demandait-il à ses auditeurs et, en particulier, à ses auditrices (est-il nécessaire de signaler le sexisme de Chrysostome ?), vous préoccupez-vous de toilettes luxueuses ? Ne comprenez-vous pas « que cette enveloppe a été conçue en punition sévère de la chute[120] » ? Ce thème est courant dans la tradition orientale. On le retrouverait déjà à la fin du IIe siècle dans les *Odes de Salomon*, œuvre hermétique témoin des usages liturgiques de la Syrie. Les « tuniques de peau représentent », selon les *Odes*, « la nature corruptible de la postérité non rachetée d'Adam[121] ». Grégoire de Nysse disait, dans son *Sermon sur le Pater*, que les tuniques de peau qui enveloppent notre nature depuis la faute d'Adam nous servent de « misérables haillons, ces misérables haillons que sont les plaisirs, les vanités, les honneurs passagers et les satisfactions fugitives de la chair, et que nous avons échangés contre des vêtements divins, nos vrais vêtements[122] ». On pourrait ainsi continuer jusqu'au XIIe siècle, à Bernard de Clairvaux, qu'on nomme parfois le dernier Père de l'Église. Dans ses fameuses admonestations au pape Eugène III, il l'exhortait à déchirer ce vêtement métaphorique de feuillage qui « ne fait que masquer la honte d'une plaie inguérissable ». « Cela fait, ajoutait-il, tu pourras considérer à nu ta propre nudité. [...] Si ta considération rayonnante perce le rideau de ces vanités [*i.e.*, tiare, joyaux, soieries...] et les dissipe, tu n'auras plus devant toi qu'un homme nu et chétif[123] ». Ailleurs, il reprendra l'allégorie traditionnelle opposant la peau nue et lisse de Jacob, figure du Christ, l'Adam puîné, à la peau velue d'Ésaü, type du premier Adam, chassé du Paradis dans sa tunique de peau[124]. Avec ce parallélisme, nous voici au seuil du lieu suivant des réflexions chrétiennes sur la nudité.

117. *Ibid.*, 13, 65, *CSEL* 32, 1, p. 324.
118. JEAN CHRYSOSTOME, *Homélies sur la Genèse*, 16, 19, 1986, p. 220 (ma traduction).
119. *Ibid.*, 18, 3-4, p. 4-5.
120. *Ibid.*, 18, 5, p. 6.
121. Texte cité par G. W. H. LAMPE, p. 112.
122. GRÉGOIRE DE NYSSE, *Homélies sur le Notre Père*, 1982 ; *PG* 44, 1184 B-D.
123. BERNARD DE CLAIRVAUX, *De la considération*, 2, 18, 1986, p. 61-62.
124. *Ibid.*, p. 87-89.

Nous sommes loin, à ce point, de la noble « théologie du vêtement », proposée autant par E. Peterson que par E. Haulotte. Par le péché, la nudité a en effet été humiliée et les Pères le rappellent constamment. Mais le vêtement, dans ce régime de déchéances, est un signe de la condition flétrie, un haillon de misère, un habit d'esclaves. Sur le corps d'un grand nombre, il se fait « parole » de fausseté, d'autodisculpation, de duplicité. Plus avantageux serait le spectacle de leur nudité leur rappelant leur vulnérabilité de créature et leur condition pécheresse. Telle qu'elle est sortie des mains du Créateur, sous le regard bienveillant du Seigneur Dieu, la nudité est costume de gloire, splendeur admirable de grâce et d'innocence. Au contraire, tout ce qui a trait au vêtement matériel, dans l'exégèse spirituelle de *Genèse* 2-3, chez les Pères, parle de péché[125]. Le seul « vêtement » qu'ils admirent est purement allégorique : il signifie la nudité elle-même, en tant que créée splendide, par le regard bienveillant de Yahvé Dieu[126]. Tout indique donc que les Pères parlaient de la nudité paradisiaque à la façon dont nous parlons d'une nudité comme « costume approprié » en telle ou telle circonstance.

Nudité lumineuse des baptisés

Le lieu à partir duquel on a vraisemblement le plus discuté de nudité dans la Tradition chrétienne est celui du baptême, tel qu'il se pratiquait anciennement. Discussion décisive pour notre sujet, puisqu'elle porte directement sur le statut de la nudité. Nudité d'homme ou de femme non plus avant ou après la chute, mais à la suite du dénuder de Jésus pour son Peuple. Les chrétiens doivent-ils encore porter leur nudité dans la honte ou, au contraire, avec joie et fierté ?

À partir du début du IIIe siècle jusqu'à la fin du VIe, les rites essentiels du baptême incluaient la dénudation totale des néophytes, souvent en présence les uns des autres, pour l'immersion baptismale[127]. En témoignent

125. M. R. MILES, p. 93, le signale aussi en ce qui a trait à AMBROISE dans le *Livre du Paradis*.
126. J.-T. MAERTENS, IV, p. 116, s'est laissé influencer par les interprétations de E. PETERSON et de E. HAULOTTE lorsqu'il écrit que « les Pères de l'Église refusent d'admettre cette nudité et revêtent Adam et Ève du manteau invisible de la gloire de Dieu [...]. Ce n'est qu'au moment de leur faute que les premiers parents deviennent nus ». Je n'ai pas trouvé pareille matérialisation d'une pure allégorie chez les Pères de l'Église.
127. H. LECLERCQ, col. 1801-1805 ; A. HAMMAN, 1962, p. 10 ; M. R. MILES, p. 24-52. Cette dernière porte une attention particulière au baptême des femmes.

les écrits des Pères, mais aussi la peinture des catacombes de la fin du Ier siècle jusqu'au début du Ve siècle[128], des bas-reliefs des sarcophages[129], des mosaïques de baptistères, tout un art « doctrinal[130] » et didactique ancien. Quoique les évangélistes ne mentionnent pas la nudité de Jésus lors de son baptême par Jean-Baptiste[131], l'iconographie chrétienne représente un Christ nu au baptême[132] et, à sa suite, des néophytes baptisés nus[133]. Lucien de Bruyne a montré que l'iconographie baptismale postule deux sujets essentiels à l'image du baptême : le bain et le Saint-Esprit. Le premier, le bain, était représenté, sans exception, soit par l'eau, soit par la nudité du néophyte, soit les deux[134].

À mesure que les rites se développèrent, le dévêtir donna vite lieu à l'élaboration d'une symbolique dont on retrouve partout les traces. Typique[135] semble le rite dans l'Église syrienne de la fin du IVe siècle, tel que transmis et commenté par Théodore de Mopsueste, dans ses *Homélies catéchétiques*[136], et par Narsaï[137], l'illustre théologien d'Édesse. La pratique syrienne comportait quatre moments : 1. le (ou la) néophyte enlevait ses vêtements et les piétinait, puis était exorcisé ; 2. son corps nu était ensuite oint tout entier ; 3. nu, le postulant était immergé ; 4. le nouveau baptisé était revêtu d'un vêtement blanc[138]. Nudité et vêtements piétinés de la première étape avaient une connotation. Si le « rite du cilice », répété à deux reprises pendant l'initiation ou le catéchuménat, avait un caractère pénitentiel[139], il ne fait aucun doute que les tissus grossiers en poil de chèvre, que le néophyte foulait aux pieds, rappelaient la fameuse tunique de peau de *Genèse* 3, 21[140]. Il en est de même du dernier vêtement dont on se dépouillait avant d'entrer dans l'eau baptismale : « vêtement étranger [...], indice de la mortalité, preuve convaincante de cette sentence qui abaissa

---

128. H. LECLERCQ, col. 1791.
129. On en trouvera de multiples exemples dans l'imposante collection de J. WILPERT, 1929-1936.
130. H. LECLERCQ, col. 1794.
131. *Mt* 3, 13-17; *Mc* 1, 9-11; *Lc* 3, 21-22 : le rite d'immersion la rend fort vraisemblable.
132. H. LECLERCQ, col. 1799.
133. *Ibid.*, col. 1782.
134. L. DE BRUYNE, p. 113-298, notamment p. 239 et 245.
135. J. QUASTEN, 1942a, p. 210-212; B. BOTTE, p. 14.
136. THÉODORE DE MOPSUESTE, *Homélies catéchétiques*, 12-14, 1949. Pour les 2e et 3e homélies, on consultera la traduction (qui se lit mieux) de G. COUTURIER dans l'édition HAMMAN, 1963, p. 105-142. Sur le rite de la « dévêture », voir J. Z. SMITH, p. 224-233.
137. NARSAÏ, *The Liturgical Homilies*, 21 et 22, p. 38-39 et 52.
138. J. Z. SMITH, p. 224-225.
139. J. QUASTEN, 1942a, p. 216.
140. *Ibid.*, p. 211; J. DANIÉLOU, 1958, p. 33.

[l'homme] à avoir besoin du vêtement[141] ». La nudité prébaptismale était aussi esclavage et captivité aux mains de Satan, le *turannos* usurpateur[142]. Nudité et vêtements prébaptismaux représentaient ce à quoi le postulant au baptême renonçait : « à Satan, à tous ses anges, à tout son service, à toute sa vanité et à tout son égarement séculier[143] ». Après avoir évoqué pareille renonciation, Paul écrivait aux Colossiens : « Vous vous êtes dépouillés du vieil homme, avec ses pratiques[144] ». Ayant comparé l'eau baptismale à un tombeau dans lequel le néophyte est enseveli pour y mourir et ressusciter à une vie nouvelle, Narsaï ajoutera que les néophytes enlèvent et rejettent leurs vêtements de péché et de mort au baptême, comme le Seigneur laissa des « vêtements » dans le tombeau en le quittant[145].

Cette exégèse allégorique des tuniques de peau, signes d'une nature déchue, aurait pris naissance, d'après J. Quasten, au tout début de notre ère, chez Philon, le philosophe juif d'Alexandrie[146]. Du côté chrétien, Irénée de Lyon et Tertullien[147] combattent l'interprétation gnostique hétérodoxe selon laquelle les tuniques représenteraient le corps d'Adam et d'Ève, lequel avant le péché n'aurait été créé qu'à l'état spirituel[148]. C'est à tort qu'on a, sur la seule foi des hérésiologues, attribué l'opinion gnostique à Origène[149]. Dans le *Contre Celse*, il rejette explicitement cette doctrine[150]. Nulle part sa propre position n'est plus explicite que dans la sixième homélie sur le *Lévitique* : ces « habits d'infortune », confectionnés par Dieu après le péché, ont été tirés des animaux. Les tuniques de peau « étaient le symbole de la mortalité résultant du péché d'Adam et de sa fragilité issue de la corruption de la chair[151] ». Dans la catéchèse baptismale du IVe siècle, cette interprétation s'imposera partout.

À Jérusalem, Cyrille en donnait un commentaire classique dans sa deuxième catéchèse mystagogique pour les nouveaux baptisés :

> Sitôt entrés donc, vous avez ôté votre tunique ; c'était l'image de notre dépouillement du vieil homme et de ses actions. [...] Puisque les puis-

141. THÉODORE DE MOPSUESTE, *Homélies catéchétiques*, 3, 8, 1949, p. 417-419.
142. *Ibid.*, 1, 24, p. 361 ; 2, 2, p. 371 et 2, 19, p. 401.
143. *Ibid.*, 2, 5, p. 373. Voir aussi NARSAÏ, *The Liturgical Homilies*, 22, p. 38-39.
144. *Col* 3, 8-9. Voir aussi *Rm* 6, 6 et *Ep* 4, 22.
145. NARSAÏ, *The Liturgical Homilies*, 21, p. 51 (ma traduction).
146. J. QUASTEN, 1942a, p. 211.
147. P. F. BEATRICE, p. 471.
148. Sur le symbolisme néoplatonicien du corps comme vêtement de l'âme, voir F. CUMONT, p. 429-432; J. PÉPIN, I, p. 294-301. J. DANIÉLOU, 1944, p. 60, attribuait encore à Origène l'interprétation hétérodoxe.
149. J. PÉPIN, I, p. 302. Voir aussi, dans ORIGÈNE, *Homélies sur le Lévitique*, *SC* 287, 1981, et le commentaire de M. BORRET, p. 371-372.
150. ORIGÈNE, *Contre Celse*, 4, 40, *SC* 136, p. 289 et 291.
151. ORIGÈNE, *Homélies sur le Lévitique*, 6, 2, *SC* 287, 1981, p. 277-278.

sances adverses s'étaient installées dans vos membres, il ne vous est plus permis de porter cette vieille tunique, homme corrompu par les convoitises trompeuses. Que l'âme qui l'a une fois dépouillée ne s'en revête jamais plus, mais qu'elle dise avec l'épouse du Christ dans le *Cantique des cantiques* : « J'ai ôté ma tunique, comment la remettrais-je ? »[152]. Les tuniques de peau représentent une violence faite à notre nature par des puissances adverses, qui l'ont envahie et corrompue.

Grégoire de Nysse ne pouvait trouver texte biblique plus propice à son exégèse allégorique que le *Cantique des cantiques*. La fiancée du *Cantique* est l'âme qui, tendue tout entière vers l'Immuable, chemine graduellement vers le Bien-Aimé. Dans ce contexte mystique, l'évocation de sa séparation d'avec Dieu, au temps où elle n'avait pas su « garder sa vigne[153] », donnera lieu, dans la deuxième homélie, à un rappel de *Genèse* 3, 21 : « J'ai pris un aspect sombre ». « Cette peau est la tunique ou l'apparence basanée ». Elle signifie la perte de « l'immortalité, de l'état libre de toute passion, de la ressemblance à Dieu et de l'éloignement du mal[154] ». L'idée des tuniques de peau comme symbole du péché revient dans la onzième homélie : « J'ai ôté ma tunique, comment la remettrais-je ? » dit le *Cantique* 5, 3. La fiancée, commentait Grégoire, « enlève la tunique de peau dont elle s'était vêtue après son péché[155] ». C'est le dépouillement du vieil homme dont parle Paul[156], tunique sombre, tunique de péché, « haillons dont s'habillent, disent les *Proverbes*[157], buveurs et prostituées[158] ». Par la justice, la bien-aimée du *Cantique* rejette définitivement, selon Grégoire, son vêtement sombre : « Je retrouve mon bonheur, je suis devenue belle et lumineuse. Je ne perdrai plus ma beauté[159] ». Grégoire abordera encore le thème dans la cinquième *Homélie sur le Notre Père* : « Ces misérables haillons que sont les plaisirs, les vanités, les honneurs passagers et les satisfactions fugitives de la chair, et que nous avons échangés contre des vêtements divins... » Comme si « Adam vivait encore en nous », il nous arrive de retourner à nos tuniques de peau. Lorsque, comme l'enfant prodigue, nous rentrons « en nous-mêmes et que nous

---

152. CYRILLE DE JÉRUSALEM, *Catéchèse mystagogique*, 2, 2, 1963, p. 40-41. Le renvoi est fait à *Ct* 5, 3.
153. *Ct* 1, 6.
154. GRÉGOIRE DE NYSSE, *Homélies sur le Cantique*, 2, *PG* 44, 800D ; *Commentary on the Song of Songs*, 1987, p. 66-67 (ma traduction).
155. *Ibid.*, 11, *PG* 44, 1004D ; 1987, p. 204.
156. *Ibid.*
157. *Pr* 23, 21.
158. GRÉGOIRE DE NYSSE, *Homélies sur le Cantique*, 11, *PG* 44, 1005B-D ; 1987, p. 205. Voir encore la mention de la tunique de peau dans le contexte baptismal à la fin de cette homélie, *PG* 44, 1008D.
159. *Ibid.*, 2, *PG* 44, 800D ; 1987, p. 66-67. 11, *PG* 1044D-1005 ; 1987, p. 204-205.

commençons à penser à notre Père du Ciel, nous disons comme lui : “Pardonne-nous nos offenses”[160] ».

À Antioche, Jean Chrysostome, qui avait longuement commenté les tuniques de peau dans sa dix-huitième homélie sur la *Genèse*, commençait sa deuxième *Catéchèse baptismale* par un exposé relativement long sur la conduite de Dieu envers Adam. Parvenu à l'explication des rites du baptême, il citait *Colossiens* 3, 10 sur l'ensevelissement du vieil homme et la résurrection en homme nouveau, et observait que le baptême « est pour nous dépouillement et revêtement : dépouillement du vieux manteau sali par la multitude des fautes commises et revêtement du nouveau, nettoyé de toute tache[161] ». Plus loin, il dira encore que le baptisé « a dépouillé l'ancien vêtement du péché[162] ».

Si les Latins du IVe siècle avaient une tradition moins riche se rapportant à cette allégorie, ils ne passaient pourtant pas sous silence les pauvres tuniques de peau abandonnées au baptême : « elles ne portent que la mort », écrivait Jérôme dans une lettre à Fabiola[163]. Dans son traité *Des mystères*, Ambroise évoquait le dépouillement de « la lourde tunique du péché[164] ». Augustin reprenait substantiellement la théologie des Orientaux, s'inspirant vraisemblablement d'Origène lui-même[165]. L'idée centrale des textes augustiniens est claire : les tuniques de peau, des peaux de brebis mortes, symbolisent la mortalité et la corruptibilité de la chair dont Adam, Ève et leur descendance furent affligés à la suite du péché[166].

Au début du Ve siècle, tout était dit sur les tuniques de peau. Le grand symbole patristique du péché et de la misère humaine, ce n'est pas la nudité, comme l'ont soutenu E. Peterson et les nombreux auteurs qui l'ont cité, mais bien les tuniques de peau, ces vêtements de honte, vêtements étrangers, violence faite à la nature humaine. Le péché abaissa à ce point la créature créée à l'image de Dieu qu'elle eut besoin de vêtements, marques de sa dissemblance d'avec Dieu, après la faute. Vêtements de péché, de mort et de corruptibilité, comme ceux que le Christ ressuscité abandonna dans le tombeau vide. Le vêtement représente le vieil homme

160. GRÉGOIRE DE NYSSE, *Homélies sur le Cantique*, 2, dans J. DANIÉLOU, 1944, p. 22-23. La pensée de Grégoire est cependant plus complexe qu'il n'apparaît dans ces quelques textes. Les tuniques de peau représenteraient, avec la mortalité, la sexualité et toute vie biologique qui est étrangère à la vraie nature humaine. Voir J. DANIÉLOU, *Ibid.*, p. 60-65.
161. JEAN CHRYSOSTOME, *Catéchèse baptismale*, 2, 11, p. 93.
162. *Ibid.*, 2, 25, 1963, p. 98.
163. JÉRÔME, *Lettres*, 64, 19, t. III, p. 135. Voir aussi, J. QUASTEN, 1942a, p. 207-215.
164. AMBROISE, *Traité des mystères*, 34, 1963, p. 74.
165. J. PÉPIN, I, p. 301-305.
166. AUGUSTIN, *De la Genèse contre les Manichéens*, II, 32, 1873, tome III, p. 481-482.

dont nous nous dépouillons au baptême. Baptisés, nous devons éviter, contrairement à l'enfant prodigue, de revêtir encore ces haillons sataniques, la vanité, les honneurs passagers, la débauche, les convoitises trompeuses, vêtements salis par la multitude des fautes commises. S'il est une « théologie du vêtement » dans les catéchèses baptismales des Pères, elle concerne le péché. J'accorde volontiers que les tuniques de peau sont symboliques d'un état de mortalité pécheresse. Mais là où les Pères matérialisaient le plus le symbole vestimentaire – ne disaient-ils pas que le besoin de vêtement est violence faite à notre nature? – c'est dans le contexte des tuniques de peau, indices du péché qui dénature l'authentique condition humaine.

Ayant quitté leurs « vêtements de peau », les néophytes étaient nus. Nudité sans honte. « Ô merveille! s'exclamait Cyrille de Jérusalem, vous étiez nus sous les yeux de tous et vous n'en aviez point de honte[167] ». Jean Chrysostome faisait la même remarque[168]. L'étonnant logion 37 de l'*Évangile selon Thomas* trouve dans le contexte baptismal syrien la seule explication satisfaisante : « Ses disciples dirent (à Jésus) : "Quand te manifesteras-tu à nous et quand te verrons-nous?" Jésus dit : "Lorsque vous serez dévêtus et que vous n'aurez pas honte"[169]. »

Dans l'Église de Syrie, après le rituel de la dénudation et du piétinement des tuniques de peau, le prêtre enduisait d'huile le corps du néophyte. Ainsi, disait Narsaï, « il reconstruit son corps et, de glaise qu'il était, il le change en or pur[170] » ; corps et âme du néophyte « acquièrent la consistance des êtres célestes[171] ». Jean Chrysostome commentait aussi la transformation que fait subir le prêtre au corps dépouillé de tout vêtement : « Il fait oindre tout votre corps de cette huile spirituelle, afin d'en fortifier tous les membres et de les rendre invulnérables aux traits que lance l'adversaire[172] ».

Sitôt que les baptisés étaient remontés des piscines sacrées, encore nus donc, « toute l'assistance se précipitait leur donner l'accolade, les saluer, les baiser tendrement, leur prodiguer des caresses, les congratuler et partager leur bonheur[173] [...] » Narsaï signalait pareillement ces caresses et

---

167. CYRILLE DE JÉRUSALEM, *Catéchèse mystagogique*, 2, 2, p. 41.
168. JEAN CHRYSOSTOME, *Homélie aux Colossiens*, 6, 4, *PG* 62, 342.
169. A. GUILLAUMONT, H.-CH. PUECH, G. QUISPEL, W. TILL, YASSAH 'ABD AL MASIK, L'*Évangile selon Thomas*, p. 23. J'ai modifié légèrement la traduction de la dernière phrase, suivant les indications de J. A. FITZMEYER, 1959, p. 546-547 et les remarques de la n. 43.
170. NARSAÏ, *The Liturgical Homilies*, 22, p. 42 (ma traduction).
171. *Ibid.*, 21, p. 49.
172. JEAN CHRYSOSTOME, *Catéchèse baptismale*, 3, 24, p. 98.
173. *Ibid.*, 2, 27, p. 99.

les baisers qu'on donnait au nouveau baptisé encore nu, après que le prêtre l'eut fait le premier : en sortant de l'eau, « au lieu de vêtements, le prêtre l'accueille et l'embrasse[174] ». On peut difficilement être plus clair.

Pourquoi cette candeur? Tout le monde embrasse le nouveau baptisé, répond Narsaï, parce qu'il sort de l'eau comme un nouveau-né sort du sein de sa mère[175]. « C'est qu'en vérité, ajoute Cyrille de Jérusalem, vous offriez l'image de notre premier père Adam qui, au paradis terrestre, était nu sans honte[176] ». Dans le paragraphe précédent, c'est au second Adam qu'il comparait les baptisés qui ont enlevé leurs tuniques de peau : « Vous vous êtes alors trouvés nus, imitant encore par là la nudité du Christ sur la croix; c'est par cette nudité qu'il a dépouillé les principautés et les puissances et qu'il a ouvertement triomphé d'elles du haut de ce bois[177] ».

Pour signifier et célébrer cette nouvelle créature qui sort de l'eau baptismale, comme Adam était sorti des mains du Créateur, la liturgie ancienne prévoyait qu'on la revêtît d'un vêtement blanc, en vue de la participation aux saints mystères. Rite essentiel, constate A. Hamman, que l'on retrouve partout dans l'Église ancienne[178]. Si G. Lampe et ses sources sont exacts, l'un des plus vieux témoins de ce rite serait les *Odes de Salomon*, document de la fin du IIe siècle qui refléterait le rite d'initiation, en Syrie. L'idée principale serait celle que Paul exprimait aux *Galates* 3, 27 : « Oui, vous tous qui avez été baptisés en Christ, vous avez revêtu Christ ». Aux ténèbres a succédé la lumière. Les baptisés sont renouvelés dans le Christ, sa lumière et son immortalité. Les *Odes* suggèrent que cette transformation est dorénavant représentée par un symbole extérieur, un vêtement blanc[179].

Les Pères qui commenteront le rite du vêtement blanc diront tous substantiellement la même chose. « Habit d'incorruption, selon Origène, en sorte que jamais n'apparaisse ta honte et "que ce qui est mortel soit absorbé par la vie"[180]. » De l'Afrique du Nord, environ un siècle plus tard, Optat de Milève écrira un texte splendide sur cette « tunique née dans l'eau que plusieurs revêtent. [...] Ô tunique toujours une et immuable qui vêt convenablement tous les âges et toutes les apparences sans qu'elle

174. NARSAÏ, *The Liturgical Homilies*, 21, p. 52 (ma traduction).
175. *Ibid.*, 21, p. 52.
176. CYRILLE DE JÉRUSALEM, *Catéchèse mystagogique*, 2, 2, p. 41. THÉODORE DE MOPSUESTE fait le même parallèle, *Homélies catéchétiques*, 3, 8, 1949, p. 417 et 419.
177. CYRILLE DE JÉRUSALEM, *Catéchèse mystagogique*, 2, 2, 1963, p. 41. La référence est à *Col* 2, 15.
178. A. HAMMAN, 1962, p. 10.
179. G. W. H. LAMPE, p. 111-112.
180. ORIGÈNE, *Homélies sur le Lévitique*, 6, 2, *SC* 287, 1981, p. 278. *2 Co* 5,4.

vieillisse sur les enfants[181]. » Les grands Cappadociens, avec un foisonnement d'images, proposaient la même interprétation. Le vêtement du baptême symbolise l'incorruptibilité, selon Grégoire de Nazianze[182]. Évoquant le lieu classique *1 Co* 15, 53 – « Il faut en effet que cet être corruptible revête l'incorruptibilité, et que cet être mortel revête l'immortalité » –, Basile le Grand disait que le vêtement du baptême « a effacé la mort de la chair : ce qui est mortel s'est dissipé dans le vêtement d'immortalité[183] ». Selon Grégoire de Nysse, la tunique que le Christ tend aux nouveaux baptisés est un habit d'incorruption[184], car si la condition mortelle n'est pas mauvaise en soi, elle est, chez l'homme « adventice et destinée à être dépouillée[185] ». Ambroise enseignait aux baptisés que « celui à qui son péché est remis devient "plus blanc que neige"[186] ». « Tu as reçu des vêtements blancs, preuve [...] que tu avais revêtu les chastes voiles de l'innocence[187]. » Ses considérations sur le baptême se terminent par cinq paragraphes sur le baptisé innocent, purifié, resplendissant, aimé comme la fiancée du *Cantique*[188]. Théodore de Mopsueste, enfin, précisait que si le « vêtement tout entier éclatant » dont fait usage le rite syrien est « le signe de ce monde brillant et resplendissant » auquel le baptisé est ultimement appelé, ce vêtement n'est reçu qu'en symbole et en figure (*tupos*). « Quand, en effet, tu recevras effectivement la résurrection et que tu te revêtiras d'immortalité et d'incorruptibilité, il ne faudra plus du tout de tels vêtements »[189].

Les deux grands thèmes pauliniens, revêtir l'homme nouveau et revêtir le Christ, reviennent constamment dans ces catéchèses baptismales sur le vêtement blanc. On retrouve le premier notamment chez Grégoire de Nysse[190]. Jean Chrysostome, pour sa part, en parlait ainsi : « À la place de l'ancien, surgit l'homme nouveau, parfaitement décrassé de toute la souillure de ses fautes : il a dépouillé l'ancien vêtement du péché et revêtu la robe royale[191]. » Le second thème est partout présent. « Pour que personne ne me dise téméraire parce que j'ai appelé le fils de Dieu un vête-

---

181. OPTAT, *Contre Parménien le Donatiste*, 5, 10, *CSEL* 26, 1893, p. 140, 12 et s.
182. GRÉGOIRE DE NAZIANZE, *Discours*, 40, 4, *SC* 358, p. 203.
183. BASILE LE GRAND, *Lettre à Palladios*, 292, t. III, p. 166.
184. GRÉGOIRE DE NYSSE, *La Catéchèse de la foi*, 1978, p. 41-42; *Homélies sur le Cantique*, 11, *PG* 44, 1005.
185. J. DANIÉLOU, 1944, p. 64.
186. *Ps* 50, 9.
187. AMBROISE, *Traité des mystères*, 36, p. 74.
188. *Ibid.*, 37-41, p. 75-77.
189. THÉODORE DE MOPSUESTE, *Homélies catéchétiques*, 3, 26, 1949, p. 455 et 457. Voir aussi, p. 417, 419 et 459.
190. GRÉGOIRE DE NYSSE, *Homélies sur le Cantique*, 11, *PG* 44, 1005A-B.
191. JEAN CHRYSOSTOME, *Catéchèse baptismale*, 2, 25, p. 98.

ment, protestait Optat de Milève, qu'on lise l'Apôtre : "Lorsque vous êtes baptisés au nom du Christ, vous revêtez le Christ"[192]. » Grégoire de Nazianze[193], Grégoire de Nysse[194], Jean Chrysostome[195] identifiaient tous à Christ le vêtement blanc revêtu par les baptisés. Ce revêtement du Christ est rattaché allégoriquement à divers gestes de Jésus. Grégoire de Nysse évoque sa transfiguration : « La personne vêtue de la tunique radieuse du Seigneur, qu'elle adopte avec la pureté et l'incorruptibilité, est dans une tunique semblable à celle que le Christ a montrée dans sa transfiguration sur la montagne[196] ». Avant lui, Aphraate, « le sage de Perse », semble rattacher l'expression au baptême de Jésus : « À l'heure même où le prêtre invoque l'Esprit, les cieux s'ouvrent et l'Esprit descend et plane sur les eaux, et ceux qui sont baptisés en sont vêtus[197] ».

À la lumière de ces thèmes pauliniens, notamment *Galates* 3, 27-28, et *Colossiens* 3, 10-11, l'image du « vêtement » – Christ, homme nouveau – ne peut en aucun cas s'entendre d'un vêtement de tissu que les baptisés devraient porter pour cacher une nudité honteuse. L'image représente, chez Paul, la transformation radicale du baptisé. L'humanité véritable a été réinstaurée dans le Christ, second Adam[198]. En un sens, « revêtir » l'homme nouveau, c'est enlever tout vêtement humain qui marque les différences entre peuples (ni Juif, ni Grec, ni barbare, ni Scythe), entre statuts (ni esclave, ni homme libre), entre religions (ni circoncis, ni incirconcis), entre sexes (ni homme, ni femme). En revêtant Christ, « tout en tous », l'« homme nouveau » a été libéré de ces facteurs de division que peuvent être les coutumes vestimentaires. L'homme ancien portait une tunique pour ne pas voir sa corruption. Revêtir l'homme nouveau en Christ c'est, paradoxalement, se dépouiller de vêtements trompeurs et recouvrer la glorieuse nudité.

La théologie patristique du baptême n'est donc pas une théologie du « vêtement », mais bien *une théologie de la nudité* innocentée dans la nudité crucifiée et ressuscitée du Christ. E. Peterson, à mon avis, s'est laissé séduire par l'image du vêtement à un point tel qu'il n'a pas compris qu'après le baptême, comme avant la chute, la *nudité* elle-même est costume de gloire, le *vêtement*, costume de péché. La seule nudité honteuse

192. OPTAT, *Contre Parménien le Donatiste*, 5, 10, *CSEL* 26, p. 140, 12 et s. La référence paulinienne est à *Ga* 3, 27.
193. GRÉGOIRE DE NAZIANZE, *Discours*, 40, 31, *SC* 358, 1990.
194. GRÉGOIRE DE NYSSE, *Homélies sur le Cantique*, 11, *PG* 44, 1005A-B.
195. JEAN CHRYSOSTOME, *Catéchèse baptismale*, 2, 11, p. 93, et 2, 27, p. 99.
196. GRÉGOIRE DE NYSSE, *Homélie sur le Cantique*, 11, *PG*, 1005C.
197. APHRAATE, *Les exposés*, 6, 14, *SC* 349, I, p. 400.
198. *1 Co* 15, 45.

est celle que recouvrent les tuniques de peau. À trop insister sur le vêtement blanc, on risque de retomber dans la vue discréditée selon laquelle la réalité de ce monde (la « nature ») s'opposerait à la réalité rachetée (la « surnature »), celle-ci ne servant qu'à couvrir, pour les masquer, les carences de celle-là. Les antécédents luthériens de E. Peterson ont peut-être influencé sa lecture des Pères. Une « campagne en faveur du nu » n'a nulle raison, à mon avis, d'être perçue *a priori* comme s'opposant « à l'enseignement révélé de l'Église[199] ». Au contraire, c'est lorsqu'on a du mal à affirmer une nudité chrétienne innocentée qu'on risque de mettre en question « l'enseignement révélé de l'Église », parce que, en fin de compte, on fait planer un doute sur l'efficacité de la Rédemption.

Essai mystique (de dernière heure) sur l'humble et terrestre et chrétienne nudité[200]

L'expérience d'un cosmos entièrement sacralisé, informé en chacune de ses composantes d'un mana divin, ou celle d'une histoire humaine se déroulant dans le plan « révélé » d'une Providence par trop assujettissante, sont des expériences du passé. Elles restent tout à fait étrangères à la femme et à l'homme contemporains. Pour eux, la quête de Dieu n'emprunte pas ces voies dont la science, la technologie et le pluralisme qu'elles entraînent, ont définitivement recouvert le tracé. Ceux qui, pour apaiser leur angoisse existentielle, tentent de reconstituer ces univers perdus, ou qui attendent leur retour, font figure d'inadaptés culturels.

Dans notre monde menacé par la violence : de l'anarchie, du déterminisme scientifique ou d'un ordre juridique inhumain, la quête de Dieu commence par une obscure mise en branle dans la présence à autrui. Nous ne sommes donc pas seul ? Et plusieurs de nos contemporains de retenir leur souffle, dans la conscience aiguë d'une telle dynamique. Qui d'entre eux se laisse entraîner dans le remuement est en fin de compte initié à ce qu'en termes mystiques j'appelle l'« Ineffable Mystère de la Présence ». Car, aussi bien, « le Verbe s'est fait chair et il a habité parmi nous[201] ». La quête de Dieu est, en effet, concrètement liée pour chacun à la recherche d'humanité transcendante dans les rapports à autrui.

En régime chrétien, les rituels initiatiques imputent, certes, à l'initiative divine l'authenticité de l'appel. Si l'eau vive peut devenir en nous « une

199. E. PETERSON, p. 6.
200. Cet intitulé n'est pas de l'auteur, mais des éditeurs. Voir aussi, en marge de la présente section, A. Guindon, 1993, p. 63-78. (Note des éditeurs.)
201. *Jn* 1, 14.

source jaillissante en vie éternelle[202] », n'est-ce pas parce que Dieu est déjà là, avant la soif qui fait reconnaître sa présence ? Rien, pourtant, n'atteindrait les baptisés sans des témoins qui, en leur propre pratique d'humanité[203] et par leur prédication[204], *disent* Dieu. Rien non plus ne serait entendu qui ne « s'entende pas » par une sensibilité et une intelligence humaines. Toute parole venue d'ailleurs n'est compréhensible que renvoyée à l'expérience humaine, référent incontournable de tout signe linguistique. Ainsi, pour ouvrir notre intelligence finie aux choses d'un Royaume auquel elle n'a pas directement accès, Jésus parle-t-il en paraboles, évocations des expériences quotidiennes de son auditoire, qui servent de points de comparaison pour « des réalités qu'on ne voit pas[205] ».

Liées à un état révolu du monde, les paraboles et toutes les autres images bibliques n'ont pas la permanence des Réalités mystérieuses qu'elles servent à éclairer. Des femmes, qu'une expérience de partriarcalisme institutionnel a profondément blessées, investissent tout ce qui est « paternel » des connotations les plus détestables. Nommer la divinité « Père » la rend irrecevable pour plusieurs d'entre elles. D'autres, moins sensibles aux méfaits du patriarcalisme et nourries d'une relation à un homme à la paternité généreuse et libératrice, trouvent encore dans l'*abba* évangélique une parole révélatrice de l'Ineffable Mystère. Dans un cas comme dans l'autre, l'expérience de la paternité est décisive pour l'attribution qui en est faite à Dieu.

De toutes les correspondances entre foi et morale, celle de l'expérience vécue, qui va du niveau humain vers le milieu divin, m'apparaît significative entre toutes dans l'exercice de la condition chrétienne. Étant présupposée, bien entendu, l'initiative de Dieu de se révéler à sa créature et de créer en elle ce qui la rend capable de communion divine, chaque humain s'initie, en réalité, à l'Ineffable Mystère, au plus vif de son expérience d'incarnation, d'humanisation. Il est bien dit que « Dieu a créé l'homme au commencement et l'a laissé à son propre conseil[206] ». Au lieu de le programmer rigidement – comme nous faisons de nos électroniques créatures –, Dieu l'a sans plus inséré, doté d'intelligence et de liberté, dans une communauté humaine qui, elle, *construit* et *communique* le sens. C'est, du reste, dans cette communauté – essentiellement : pratique d'altérité – où

202. *Jn* 4, 14.
203. *Ph* 4, 9 : la foi est engendrée dans l'Église de Philippes, dit Paul, par « ce que vous avez appris, reçu, entendu de moi, observé en moi ».
204. *Rm* 10, 17 : « Ainsi la foi vient de la prédication et la prédication, c'est l'annonce de la parole du Christ ».
205. *He* 11, 1.
206. *Si* 15, 14.

se développe la vie morale, que Dieu, à son heure, se révèle et se donne à connaître et à aimer[207].

Il ne faut donc pas s'étonner que, en matière de morale de la nudité, les sources chrétiennes ne contiennent vraiment pas d'« enseignements divins » non plus que de normes, révélées toutes faites d'en haut, sur un mode d'agir quotidien. La Bible et la Tradition ne nous ont manifesté que ce que l'expérience humaine *a effectué* et ce qu'en ont extrait de sages interrogations comme celles des Pères. Et sur un tel chapitre, notre étude n'a fait que confirmer que, dans la Tradition chrétienne *aussi*, comme dans l'histoire profane, le dénuder est susceptible de produire aussi bien des signifiés positifs et des gains moraux que des signifiés négatifs aux connotations immorales.

Des paraboles de Jésus nous apprenons encore que les expériences quotidiennes, en plus de fournir à l'enseignement sur le Royaume des points de repère humains, circonscrivent aussi le lieu de l'histoire salvifique. Leur mystère caché, comme le rappelle Jésus, doit, en temps opportun, « venir au grand jour[208] ». C'est du sein même de nos activités quotidiennes que l'Ineffable Mystère peu à peu se communique à nous. D'où la question qui nous est posée : à quelle initiation chrétienne une gestuelle de dénudation enculturée, réglée donc par des critères moraux adéquats (comme nous avons dit dans nos réflexions éthiques des chapitres antérieurs), se prêterait-elle ?

Vécue comme *bien-être*[209] sous la régulation de normes propres à intégrer les valeurs de l'esprit à l'existence incorporée, la gestuelle de dénudation peut être pédagogique du Mystère confessé dans le premier article du Symbole de la foi chrétienne, celui qui proclame la divinité créatrice « du ciel et de la terre ». La confession de foi s'ouvre par l'acte fondamental de la vertu de religion : reconnaissance de l'existence de la divinité et du rapport de création qui nous relie (religion : de *religare*) au Principe de notre vie. Or Celui-ci est par essence Bon. Et la Grande Église, à juste titre, s'est toujours dissociée des interprétations gnostiques du Credo : à côté d'une divinité bienveillante qui aurait créé toutes choses spirituelles, la Gnose posait un dieu ou démiurge malveillant, producteur de toutes choses corporelles, ainsi marquées du sceau de l'ignominie.

En cohérence avec l'interprétation spiritualiste du monde, on en vint à conclure que Jésus, porte-parole sur terre de la divinité créatrice du bien, ne pouvait avoir assumé, physiquement ni emblématiquement, une

---

207. *Mt* 25,40-45 ; *1 Jn* 4, 20.
208. *Mc* 4, 22.
209. La suite du présent chapitre (théologique) concerne les caractéristiques du dénuder enculturé (voir *supra*, chap. 8) : le *bien-être*, la *simplicité*, l'*intimité*. (Note des éditeurs.)

chair méprisable. Apparu dès le début du christianisme, ce mouvement de pensée atteignit, d'une certaine façon, son zénith dans les doctrines docétistes selon lesquelles Jésus n'aurait pris que l'apparence (*dokeô*) d'un homme. Mais depuis les vigoureuses réfutations d'Ignace d'Antioche, la tradition chrétienne n'a pas retenu ce système doctrinal. Un fort courant, toutefois, n'en a pas moins persisté, qui réduit à la dernière extrémité la composante corporelle de l'existence humaine de Jésus, afin de pouvoir proclamer l'indignité du corps. On y considère alors la divinité créatrice comme ambivalente et donc, selon l'expression de Maurice Bellet, comme « perverse[210] » : Dieu regarderait d'un « mauvais oeil » – regard mythique de malheur ! – les œuvres d'une chair pourtant créée par Lui.

L'art chrétien de la Renaissance, dans la démonstration significative de L. Steinberg, serait moins une redécouverte enthousiaste de l'Antiquité païenne qu'une prise de position antidocétiste. Les artistes donnaient forme sensible à une théologie de l'Incarnation, exaltant le caractère de « bien » (opposé à « mal ») de l'humanité rachetée, jusque dans la chair. Un nombre considérable de peintures, retables, fresques ou sculptures exposent même résolument les organes génitaux – Steinberg parle d'une véritable *ostentatio genitalium* – de l'enfant Jésus et, en moins appuyé, de Jésus torturé et crucifié, de Jésus descendu de la croix et pleuré par les siens, de Jésus ressuscité et siégeant à la droite du Père, comme des Vierges au sein dévoilé ou de grandes figures allégoriques nues. Une telle catéchèse iconographique correspondait au thème répandu dans les sermonnaires romains de l'époque, sur ce que Steinberg nomme judicieusement l'*humanation* du Christ[211]. Le message était clair : « Reconnaissez en sa nudité qui ne ment pas l'évidence de la réalité de sa corporalité sexuée. Jésus est vrai homme, né d'une vraie femme, soumis à une vraie passion dans sa chair souffrante, mourant et ressuscitant dans un vrai corps. » Ne pas confesser cette humanité du Christ constituerait, comme le soulignait D. Bonhoeffer, un péché radical : ce serait « empêcher Dieu de racheter les hommes[212] ».

Répéter les formules dogmatiquement correctes concernant le « créateur », dont procède *tout* ce qui existe « sur la terre comme au ciel », ou la bonté de toute chair, dont l'Incarnation du Fils est preuve et gage, est une chose. Autre chose est d'en confesser authentiquement la réalité par une vie qui n'apporte pas quotidiennement un démenti à ce que les lèvres

---

210. M. BELLET, 1979.
211. L. STEINBERG, 1987.
212. D. BONHOEFFER, p. 102.

profèrent. Qu'on pense à E. Hocedez qui, en 1925, se disputait furieusement avec les malheureux qui tentent de « réhabiliter la chair » par une pratique du nudisme, et déclarait, dans un même souffle, que « le catholicisme (qu'il prétendait représenter) n'est pas l'ennemi du corps », mais le révère[213]. La confession purement théorique d'un *credo* est rendue vaine par des jugements concrets et des pratiques qui la contredisent. Par l'*ostentatio genitalium* de Jésus, les artistes de la Renaissance confessent, eux, qu'ils « révèrent » effectivement le corps. Dans l'expérience morale de Hocedez, et de combien d'autres sommités chrétiennes de sa génération, au contraire, la chair nue est fatalement source de faute morale. L'haleine de vie aurait été insufflée par la divinité dans les narines d'un corps de poussière[214] irrémédiablement souillé. Cette vue pratique est irréconciliable avec le « Je crois en Dieu, Créateur du ciel et de la terre ».

Reconnue dans sa vigueur et sa beauté, portée avec dignité et respect, vécue ou représentée en harmonie avec la nature célébrée dans la convivialité, la nudité humaine peut être une initiation à l'Ineffable Mystère d'une divinité dont les opérations, autant externes qu'internes à elle-même, n'ont aucune affinité possible avec le mal. La divinité de la foi chrétienne crée du non-dieu, une humanité charnelle qu'elle convie, en son Verbe, à partager son Amour. Une gestuelle de pudeur, conçue comme refus d'une chair indigne de l'esprit, se pose en démenti au premier article du Credo chrétien.

Vécue comme *simplicité*, sous la régulation des normes propres à l'authenticité de vie, la gestuelle de dénudation peut être initiatique de l'Ineffable Mystère dans ce que Maurice Zundel a appelé « la divine Pauvreté[215] ». Pauvreté des divines Personnes trinitaires qui ne s'approprient chacune la vie divine qu'en la rapportant tout entière aux deux Autres. Pas le moindre égoïsme là où le Moi n'est qu'élan vers Autrui, là où la Personne n'est que relation altruiste. Pauvreté infinie de ces Personnes qui, en leur Trinité, ne « possèdent » rien, puisque chacune est éternellement donnée aux autres. Brisure décisive que ce Dieu pauvre, avec un Dieu de puissance et de domination, de possession et de répression, de châtiment et d'écrasement, idole construite à même nos insécurités et nos anxiétés. Exister, pour le Dieu révélé en Jésus-Christ, c'est se communiquer, se dépouiller, se donner. Désappropriation infinie dans une communion éternelle.

---

213. E. HOCEDEZ, p. 405, puis p. 411.
214. *Gn* 2, 7.
215. Les lignes qui suivent sont inspirées des passages suivants de M. ZUNDEL, 1939, p. 51-59; 1954, p. 61-79; 1959, p. 82-95; 1962, p. 43-77; 1976, p. 130-142.

Jésus de Nazareth – chemin, vérité et vie[216] – est né et est venu dans le monde pour rendre témoignage à cette vérité[217]. Sa *kénose*[218], évacuation radicale du moi-propriétaire, ouvre la voie à l'accueil, en son humanité, de la souveraine désappropriation divine. En cette humanité, Jésus devient une éternelle offrande au Père. En lui, Dieu se communique à nous, comme Il se communique en sa vie trinitaire.

Qui l'accueillera ? « Quiconque, répond Jésus à Pilate, est de la vérité[219] ». Quiconque, bien sûr, se trouvant déjà dans la mouvance de Dieu[220]. Ce don divin va de pair, néanmoins, avec le service humain de la vérité. Disposition libre de soi-même à « faire la vérité » dans la mouvance de Dieu[221]. Sont capables de Vérité divine, ceux en qui, comme en Nathanaël, il n'est point d'artifice[222]. Dans *Les Frères Karamazov*, Dostoïevski donne, du conseil d'authenticité évangélique au jeune homme riche[223], un sens qui correspond à *une œuvre de vérité*, qui ouvre le vrai disciple au Don qu'est Dieu. « Maître », ose demander au starets Zosime, le père dépravé du jeune Aliocha, « que faut-il faire pour gagner la vie éternelle ? » « Ne vous adonnez pas à la boisson et à l'intempérance de langage, ne vous adonnez pas à la sensualité, surtout à l'amour de l'argent [...]. Mais surtout, avant tout, ne mentez pas. [...] Surtout ne vous mentez pas à vous-même[224]. » Condition de l'innocence retrouvée, état de grâce élémentaire, disposition nécessaire à l'accueil de l'Autre.

Maurice Zundel attribue à François d'Assise l'intuition bouleversante de la divine Pauvreté. Si François choisit pour épouse Dame Pauvreté, c'est qu'elle symbolise et favorise le dépouillement du cœur. Ascèse, certes, mais surtout mystique de la transparence, d'un moi réceptif à la communication de l'Altérité. Ouvrir en soi l'espace qui permet à autrui de le combler de sa présence. Cette intuition fondamentale, le Poverello la dramatise à Assise en réinventant la vénérable gestuelle chrétienne de dénudation. Pour signifier une filiation nouvelle dans une économie de don, il se dépouille des vêtements qui marquent ses statuts individuel et social. Il renonce à la barre sur son intimité, contre les prétentions d'autrui. Il consent à la vulnérabilité pour l'amour de Dieu.

216. *Jn* 14, 6.
217. *Jn* 18, 37.
218. *Ph* 2, 6-11.
219. *Jn* 18, 37.
220. *Jn* 17, 6.
221. *Jn* 3, 31.
222. *Jn* 1, 47.
223. *Mt* 19, 16-30 ; *Mc* 10, 17-31 ; *Lc* 18, 18-30.
224. DOSTOÏEVSKY, p. 44.

Vécue, enfin, comme *intimité* partagée, sous la régulation des normes propres à assurer la bienveillance autant des intentions que des conduites, la gestuelle de dénudation peut initier à l'ineffable Mystère de l'Amour libérateur. Qui ne connaît l'admirable « Dieu est amour » de la première épître de Jean[225] ? Et qu'il suffit donc, pour résumer tout ce qu'ont pu prescrire loi et prophètes, d'aimer Dieu et le prochain comme soi-même[226] ? « Aime et fais ce que tu veux », proclamait Augustin. Les Pères du deuxième concile du Vatican insistent à nouveau sur ce point : le Verbe incarné est venu dans notre monde pour nous enseigner « que la loi fondamentale de la perfection humaine, et donc de la transformation du monde, est le commandement nouveau de l'amour[227] ».

Pour le commun des mortels, toutes nudités vécues en esprit, à la façon de l'amour passion de l'âme amante du *Cantique des cantiques* ou des chants de Jean de la Croix et des grands mystiques. Dans des cas exceptionnels, nudités physiques à message (François d'Assise...), ou, plus souvent, nudités coutumières non compliquées, non affectées, portées avec l'ingénuité des gestes coutumiers, permanentes (Marie l'Égyptienne...) ou circonstanciées et à bon escient, ménagées dans des existences délibérément soucieuses de présence simple, véridique, dépouillée des feintes conventionnelles; nudités de transparence plus mystique, en harmonie avec une nature livrée au regard : autant de lieux d'une gestuelle d'initiation à la divine Pauvreté et à l'Amour sacré.

Pourtant, on serait tenté de faire sienne la critique sévère de Jonathan Swift : nous, les chrétiens, « avons juste assez de religion pour nous haïr, mais pas assez pour nous aimer les uns les autres[228] »; religion, il va sans dire, qui relie effectivement à une divinité semeuse de zizanie et de peur[229]. Pourquoi pas, plutôt, religion qui attache au Dieu-Amour de la foi chrétienne? Dans le verset même qui proclame la nature amoureuse du Dieu de Jésus-Christ, Jean prévenait ses disciples : « Qui n'aime pas n'a pas découvert Dieu[230] ». La récitation des énoncés corrects sur Dieu-Amour ne suffit pas à le rendre présent dans la vie des baptisés. Pas plus que celle qui porte sur Dieu Créateur ou sur Dieu Trinité. La foi n'est pas une idéologie. Seule la pratique dans la foi de la dignité du créé, de la vérité de vie et du partage amoureux permet d'accueillir en nos vies l'Ineffable Mystère. Bien plus, la qualité de l'amour, croissant à la mesure

---

225. *1 Jn* 4, 8 et 16.
226. *Mt* 22, 34-40; *Mc* 12, 28-34; *Lc* 10, 25-28.
227. *Gaudium et spes*, 1966, n° 38.
228. J. SWIFT, p. 569.
229. Voir l'écrasant dossier monté par J. DELUMEAU, 741 p.
230. *1 Jn* 4, 8.

de notre développement moral, affecte celle du lien amoureux qui nous unit à Dieu dans la foi.

De nous-mêmes et d'autrui, les rapports de type fonctionnel reposent, nous l'avons vu, sur ce que nous *avons* à nous offrir mutuellement, non sur qui nous *sommes*. Ni objet de plaisir, ni objet d'utilité, la personne est un sujet dont la perfection n'est atteinte qu'en des relations d'*être*, donc d'unification, de vérité, de bonté, de beauté. L'amour qui l'achemine à sa fin, autant l'amour dispensé que l'amour reçu, ne saurait être que de bienveillance. Vouloir l'aimé en sa propre bonté d'être. En aimant de bienveillance, l'amant soutient la personne aimée dans son effort de devenir pleinement elle-même. Elle-même, non un personnage issu des désirs inavoués de l'amant. En prenant l'altérité au sérieux, la bienveillance est libératrice. Elle pose le fondement de la confiance – une « fiance du cœur » – en l'à-venir de nos relations de solidarité avec le cosmos, avec les autres humains, avec Dieu. Fidélité pneumatique, pour reprendre l'expression de V. Jankélévitch[231], qui habilite la personne libérée par l'amour à dépasser sa propre enfance (et le « Dieu des Pères »), et à partir bravement à la recherche de « Je suis qui je suis[232] » (le Dieu de Moïse).

L'Évangile relève constamment le scandale des « bien-pensants » devant les « pratiques de fréquentation » de ce jeune Jésus de Nazareth se mêlant aux adultères, aux prostituées, aux Samaritains, aux collecteurs d'impôt, aux mauvais enfants, aux lépreux interdits, tous mal-aimés de la société juive. Observant les conventions sociales qui définissent les rapports humains en termes d'utilitaire politique et religio-social, les bien-pensants sont foncièrement incapables de reconnaître, dans la foi, le visage du Dieu que révèlent les gestes de Jésus. Libérés de leur assujettissement à des « définitions » sociales qui leur interdisaient d'être eux-mêmes, les aimés de Jésus, pour leur part, confessent le Dieu-Amour qui s'offre toujours sans jamais s'imposer, dans la liberté recouvrée des enfants de Dieu.

Nudités privées qui, dans l'intimité amoureuse, symbolisent la totalité du don, nudités communautaires qui, dans des contextes favorisant la « fiance du cœur », disent la solidarité de personnes dépouillées des oripeaux de leurs avoirs et de leurs « compétences », nudités d'une convivialité entre des êtres humains qui ne sont que ce qu'ils sont, nudités offertes à voir, dans une altérité si fragile et pourtant si réelle. Autant de gestuelles initiant à la communion avec un Dieu-Amour radicalement différent des

231. V. JANKÉLÉVITCH, II, p. 496-503. Voir aussi, p. 408-424.
232. *Ex* 3, 14. Voir les bonnes pages de J. MOINGT, p. 275-286

idoles qui asservissent despotiquement à leur arbitraire toute créature qui les adore.

Faut-il redire, en conclusion, que le dénuder, en sa matérialité, ne crée aucune valeur morale. Faut-il encore reconnaître, avec les sagesses les plus diverses, que par vice individuel ou collectif, la nudité peut servir des projets déshumanisants et, par là même, est susceptible d'initier ses pratiquants à des idolâtries. Le propos du présent chapitre et des deux précédents n'est pas de nier, ni même de minimiser ces faits. Mais il est également nécessaire de constater que la tradition chrétienne admet *aussi* que le dénuder puisse être une gestuelle apte à promouvoir notre humanisation. On voit ici sous quels aspects de l'Ineffable Mystère de la foi le dénuder se prête à l'initiation des personnes qui en usent avec sagesse et droiture. En fait, le moralisme religieux n'a dénoncé si indistinctement toute présence nue à autrui que sous le joug d'une conscience tellement exacerbée par l'idée de péché qu'elle en vint à négliger l'état de grâce proclamé par la Bonne Nouvelle et donc à déformer la notion du Dieu qui y est révélé. Triste morale et plus triste théologie encore, coupées de leur source évangélique et construites à partir de l'expérience de l'« univers morbide de la faute ». Comme dans les psychologies structurées sur l'anormalité, les gens ordinaires ne s'y reconnaissent pas.

POSTFACE

Réjean Robidoux

Dans l'état où l'arrêt brutal a laissé Une éthique du vêtir et du dénuder, *l'ouvrage n'a pas de conclusion formelle. En réalité, les trois derniers chapitres sont une sorte de conclusion étendue, dynamique, élicitant même, à l'occasion, des leçons pratiques à tirer de l'étude faite, aux plans de l'éthique personnelle (ch. 11), de l'éthique sociale (ch. 12, à coup sûr, le plus incitateur en pratique, dans le sens d'une certaine action) et de la théologie chrétienne (ch. 13, où le message final transpose expressément sur le plan de l'Ineffable Mystère les signifiés des chapitres précédents). Le livre ainsi bouclé reste ouvert et respire toujours le désir de vivre et de lutter, cet allant créateur, fatalement brisé par l'aléa de la mort.*

En fin de course, on est aussi à même d'observer combien tout l'ouvrage illustre exemplairement le caractère naturel de l'éthique, qui ne descend pas du ciel tout armée, comme un impératif « révélé » et catégorique, mais qui est fondamentalement un fait humain toujours en mouvement, un vécu, dans le temps et dans l'espace, susceptible cependant de croître concrètement vers l'Ineffable Mystère[1]*. La nudité n'est pas tabou, inéluctablement chargée d'on ne sait quel maléfice, c'est bien au contraire un langage, qu'il s'agit de faire signifier : comment l'artiste, en pratique, exposant par exemple une multitude d'hommes et de femmes nus sur les surfaces (voûte, puis mur de chevet) de la chapelle Sixtine, non seulement ne fait aucune profanation, mais, tout à l'opposé, rapproche de Dieu la foule de ses contemplateurs.*

1. A. GUINDON, « La Référence à la Tradition dans la production d'une "théologie morale" : illustration d'un cas », *Théologiques*, Revue de la Faculté de théologie de l'Université de Montréal, 1/2 octobre 1993, p. 73-75.

Que l'expression du corporel (et de la sexualité) soit ainsi foncièrement un langage (humain, naturellement positif, bon, salutaire, donc chrétien), le pape Jean-Paul II lui-même semble le reconnaître. C'est lui qui a déclaré en toutes lettres et avec insistance, à l'Angélus du dimanche 26 juin 1994, que « la sexualité constitue un langage pour exprimer l'amour[2] *». Même si le Saint-Père se hâte d'exclure tout de suite de son propos l'amour libre, l'homosexualité et la contraception, et s'il proteste contre l'allégation que « l'Église a parfois été accusée de faire de la sexualité un tabou »(non, dit-il, « la vérité est exactement le contraire*[3] *»), le témoignage ne manque pas d'opportunité, puisqu'il est justement la base de la considération éthique et morale d'André Guindon.*

Or, de façon plus éclatante encore, sur le sujet séculairement sulfureux de la nudité sacrée, justement, c'est toujours le pape qui, dans une homélie prononcée au cours d'une messe solennelle pour l'inauguration du Jugement dernier *restauré, tient un discours dont André Guindon aurait eu toutes raisons de se réjouir et de profiter. On peut penser qu'il lui aurait fait un sort nonpareil, dans les développements de l'envolée mystique de la fin de son livre. Quelles paroles, en vérité ! Quand il a vu tous ces corps rétablis dans leur originale splendeur, Jean-Paul II a proclamé :*

> ***La chapelle Sixtine** est précisément – pour ainsi dire – **le sanctuaire de la théologie du corps humain**. En témoignant de la beauté de l'homme créé par Dieu comme homme et femme, elle exprime aussi, d'une certaine manière, **l'espérance d'un monde transfiguré**, le monde inauguré par le Christ ressuscité, et avant même le Christ du Mont Thabor. [...] Si, **devant le Jugement dernier, nous restons ébaubis par la splendeur et par la terreur**, en admirant d'un côté les corps glorifiés et de l'autre ceux qui sont soumis à la condamnation éternelle, nous comprenons aussi que la vision tout entière est profondément parcourue par une unique lumière et une logique artistique : **la lumière et la logique de la foi que proclame l'Église lorsqu'elle confesse** : « Je crois en un seul Dieu... Créateur du ciel et de la terre, de l'univers visible et invisible ». Sur la base de cette logique, en ce qui concerne la lumière qui vient de Dieu, le corps humain conserve lui aussi sa splendeur et sa dignité. Si on le sépare de cette dimension, il devient d'une*

---

2. Propos rapportés par l'agence France Presse, dans *Le Devoir*, 27 juin 1994.
3 *Ibid.*

certaine manière un objet, facilement avili, puisque ce n'est qu'aux yeux de Dieu que le corps humain peut rester nu et découvert et conserver sa splendeur et sa beauté[4]*...*

Paroles qui définissent le « sens » et la portée d'un manifeste, confirmant sans ambages à la nudité sacralisée ses titres de noblesse. Cette chapelle Sixtine, avec en plein centre céleste le sublime Adam nu, suscité au bout du doigt de Dieu, et l'Ève splendide du drame paradisiaque, dans le mystère (méta)physique des Ignudi *sacrés de la prodigieuse voûte*[5]*, jusqu'au déferlement final, pléthorique et irrésistiblement pathétique, de cette multitude de géants sexués, alentour du colossal Christ nu, au-dessus de l'autel, sur l'immense paroi du chevet focalisateur du célèbre lieu saint. Visages et regards de toutes expressions, des centaines de corps (adolescents, adultes mâles et femelles, vieillards, élus et damnés...), montrés comme le temple de l'âme, dans toutes les postures athlétiques et toutes les attitudes, musclés, articulés, tordus, en mouvement ou en suspension dans l'air, nus, naturellement nus et purs, laissant voir chastement un sexe tout menu dans leur stature colossale, et nus encore dans le drapé glorieux (jusqu'à la Vierge, en son allure tourmentée, ou bien, dans la voûte, Dieu lui-même créant l'homme), même contraints dans des accoutrements de voiles ou d'étoffes... Véritable métaphysique, religion du nu, de l'esprit en la chair, dans l'enchâssement du lieu le plus auguste de la terre !* Terribilità *de la vision michelangelesque, certes, mais, au même degré, humanisme flagrant des papes passionnés (et tout de même religieux et éclairés) de la Renaissance, le pape approuvant, bénissant des actes que d'autres, timorés, jugeaient scandaleux ! Intention qui doit être prise en compte, dans la signification théologico-esthético-éthique de la fresque totale*[6] *: ce Jules II (della Rovere, dont le symbole végétal, le gland et la feuille de chêne, se retrouve partout parmi les* Ignudi *du plafond et jusque dans l'arbre de la tentation d'Adam et Ève, lequel, même stylisé, n'a rien d'un pommier), tyrannique partenaire et collaborateur impétueux, en symbiose violente avec son*

---

4. Homélie du pape Jean-Paul II, 8 avril 1994, rapportée par l'agence Reuter (*Le Devoir*, 9 avril 1994) et publiée *in extenso* à la fin d'un cahier illustré de 16 pages (non numérotées), *Edizioni Musei Vaticani*, 1994. Le souligné dans le texte est le fait de cette dernière édition.

5. Admirables *Ignudi* : « corps frémissants, cuisses impatientes, membres ouverts, vastes dos tendus vers la caresse, cheveux fous qu'une main reconnaissante vient d'ébouriffer. » (Marcel MARNAT, *Michel-Ange. Une vie*, Paris, Gallimard, 1974, p. 122.)

6. La création de la chapelle Sixtine est certes le fait de Michel-Ange, homme de chair et d'os, homme d'instinct, d'intelligence, de conscience et de passion. Mais il est avéré que l'affaire a été activement assumée par Jules II et par Paul III, qui donnent aussi de l'autorité au témoignage « théologique ».

peintre ; ou cet autre, Paul III (Farnese, notoirement libre de mœurs, non moins que de religion sincère), qui tombe en prière (on dirait : en extase) devant « son » Jugement dernier *achevé, lui qui subit aussi jusqu'à nos jours, sur la Giustizia de son grandiose tombeau de l'abside de Saint-Pierre, l'outrage posthume de ces faiseurs de* braghe *ou de robes, de l'engeance des prudes qui se sont acharnés en la fresque Sixtine contre sainte Catherine (dont on a en outre forcé saint Blaise à se détourner) et contre ces quelques dizaines de mâles innocents, affublés du voile de « décence*[7] *».*

*Pareil témoignage du pape est en soi un signe d'ouverture, d'*aggiornamento. *Il correspond en tout cas à la projection créatrice dont André Guindon a donné un exemple suprême dans le livre qu'on a lu.*

7. Ce qui est dit ici des deux papes est strictement historique, y compris l'anecdote à propos du tombeau de Paul III, dont une figure allégorique toute nue – *nuda Justitia* – représente, dit-on, la belle Giulia Farnese, la propre sœur du pape défunt : on la revêtit très tôt d'une tunique correcte, qu'elle porte toujours. On sait que le *Jugement dernier* originel représentait sainte Catherine toute nue, et saint Blaise la regardant, fasciné; le fait est dûment attesté par la copie exécutée de la main du peintre Marcello Venusti, ami de Michel-Ange, en 1549. Dans ce cas particulier, Daniele da Volterra et son équipe de *braghettoni* ont pris les grands moyens pour éliminer même toute possibilité future de restauration de l'original : ils ont entaillé au ciseau le plâtre et ont repeint *affresco* sainte Catherine accoutrée d'un péplum en deux teintes disparates de vert, et saint Blaise la tête carrément retournée vers le Christ central.

BIBLIOGRAPHIE

Les données bibliographiques, strictement fonctionnelles (compléments d'information aux notes infrapaginales), sont présentées ici dans un ordre alphabétique d'auteurs. Lorsque plusieurs ouvrages ou articles d'un même auteur sont énumérés, l'indice chronologique ou bien l'indication du tome sert à les identifier dans les références du texte. En cas d'articles ou de livres anonymes, c'est le titre lui-même qui vient dans l'ordre alphabétique.

AGUIRRE, B.E.; E.L. QUARANTELLI; Jorge L. MENDOZA, « The Collective Behavior of Fads : The Characteristics, Effects, and Career of Streaking », *American Sociological Review*, 53/4, August 1988, p. 569-584.

AIKEN, Lewis R., « The Relationship of Dress to Selected Measures of Personality in Undergraduate Women », *Journal of Social Psychology*, 59, 1963, p. 119-128.

ALLEN, Charlene Duch; Joanne B. EICHER, « Adolescent Girls' Acceptance and Rejection Based on Appearance », *Adolescence*, 8/29, 1973, p. 125-138.

ALLEN, Clifton J., a : *The Broadman Bible Commentary : General Articles : Matthew – Mark*, vol. 8, Nashville, Tenn., Broadman Press, 1969-1972 [12 vol.]. b : *The Broadman Bible Commentary : General Articles : Luke – John*, vol. 9, Nashville, Tenn., Broadman Press, 1969-1972 [12 vol.].

ALLEN, Michael R., « Ritualized Homosexuality, Male Power, and Political Organization in Nord Vanuatu : A Comparative Analysis », dans G. W. HERDT, *Ritualized Homosexuality in Melanasia*, Berkeley, U. of California Press, 1984, p. 83-127.

AMBROISE, a : *De Paradiso*, C. SCHENKEL, dir., *Corpus Scriptorum Ecclesiasticorum Latinorum* (*CSEL*), 32, 1, Vindobonae, Tempsky, 1897. b : *Apologia altera prophetae David*, trad. John J. SAVAGE, New York, *Corpus Scriptorum Ecclesiasticorum Latinorum* (*CSEL*), 42, 2, 1961. c : « Traité des mystères », dans A. HAMMAN, dir., *L'Initiation chrétienne*, Paris, Grasset, 1963, p. 63-85.

ANDERSEN, Hans Christian, *The Complete Fairy Tales and Stories*, trad. E. C. HAUGAARD, London, Victor Gollancz, 1974.

ANDERSON, William A., « The Social Organization and Social Control of a Fad : Streaking on a College Campus », dans *Urban Life*, 6/2, July 1977, p. 221-240.

APFFEL MARGLIN, Frédérique, « Female Sexuality in the Hindu World », dans Clarissa W. ATKINSON, Constance H. BUCHANAN et Margaret R. MILES, eds., *Immaculate and Powerful : The Female in Sacred Image and Social Reality*, Boston, Beacon Press, 1985, p. 39-60.

APHRAATE, *Les exposés*, trad. Marie-Joseph PIERRE, Paris, Cerf, *Sources chrétiennes* (*SC*), 349, t. 1, 1988 [2 vol.].

ARAGON, H., *Les lois somptuaires en France*, Paris, 1921.

ARBUCKLE, Gerald A., « Dress and Worships : Liturgies for the Culturally Dispossessed », *Worships*, 59, 1985, p. 426-435.

ARENDT, Hannah, a : *The Human Condition*, Chicago, U. of Chicago Press, 1958. b : *Condition de l'homme moderne*, trad. Georges FRADIER, Paris, Calmann-Lévy, 1961.

ARIÈS, Philippe, a : *Centuries of Childhood*; A Social History of Family Life, trad. Robert BALDICK, New York, Random House, 1962. b : *L'enfant et la vie familiale sous l'Ancien Régime*, Paris, Seuil, 1975. c : *Histoire de la vie privée*, Paris, Seuil, 1985, 5 vol.

ARISTOPHANE, *Les Nuées*, dans *Théâtre complet I* , trad. Marc-Jean ALFONSI, Paris, Garnier-Flammarion, 1966, p. 151-215 [2 vol.].

ARISTOTE, *Éthique à Nicomaque*, trad. et com. J. TRICOT, Paris, Vrin, 1967.

AUBERT, Jean-Marie, *Abrégé de la morale catholique. La foi vécue*, Paris/Ottawa, Desclée/Novalis, 1987.

AUGUSTIN, a : *De la Genèse contre les Manichéens*, dans *Œuvres complètes*, Paris, Vivès, 1873, tome III, p. 420-492. b : *Contra Julianum, Hæresis Pelagianæ Defensorem*, Patrologia Latina (PL) 44, col. 641-874. c : *Contre Julien*, dans *Œuvres de saint Augustin*, Bibliothèque augustinienne (BA), vol. 31, Paris, Desclée de Brouwer. d : *La cité de Dieu*, dans *Œuvres de saint Augustin*, Bibliothèque augustinienne (BA), vol. 33-37, Paris, Desclée de Brouwer.

BADGLEY, Robin F. *et al.*, *Infractions sexuelles à l'égard des enfants* (Rapport fédéral), Ottawa, Centre d'édition du gouvernement du Canada, 1984, 2 vol.

BADINTER, Élisabeth, *L'un est l'autre : des relations entre hommes et femmes*, Paris, Odile Jacob, 1986.

BAKER, Hazel Bennett, « The Psychology of Clothing as a Treatment Aid », *Mental Hygiene*, 39, 1955, p. 94-98.

BARBER, Bernard, *Social Stratification : A Comparative Analysis of Structure and Process*, Robert K. MERTON, rd., New York, Harcourt and World, 1957.

BARTHES, Roland, a : *Mythologies*, Paris, Seuil, 1957. b : *Essais critiques*, Paris, Seuil, 1964. c : *Système de la mode*, Paris, Seuil, 1967.

BASILE LE GRAND, « Lettre à Palladios », dans *Lettres III*, trad. Yves COURTONNE, Paris, Les Belles Lettres, 1966, p. 166-168 [3 vol.].

BASTAIRE, Jean, *Éros sauvé : le jeu de l'ascèse et de l'amour*, Paris, Desclée, 1990.

BAUDRILLARD, Jean, *La société de consommation*, Paris, Gallimard, 1970.

BEALS, Ralph et Harry HOIJER, « The Origins of Clothing », dans Mary Ellen ROACH et Joanne Bubolz EICHER, eds., *Dress, Adornment, and the Social Order*, New York, John Wiley & Sons, 1965, p. 8-9.

BEATRICE, Pier Franco, « Le tuniche di pelle – Antiche letture di *Gen* 3, 21 », dans Ugo BIANCHI, dir., *La tradizione dell'enkrateia*, Atti del Colloquio internazionale, Milano, 20-23 aprile 1982, Roma, Edizioni dell'Ateneo, 1985, p. 433-484.

BEIDELMAN, T. O., « Some Nuer Notions of Nakedness, Nudity and Sexuality », *Africa*, 38, 1968, p. 113-131.

BELLET, Maurice, a : *Le Dieu pervers*, Paris, Desclée de Brouwer, 1979. b : *L'Issue*, Paris, Desclée de Brouwer, coll. *Connivence*, 1984.

BENSASSON, Mario, « Les instruments de l'amaigrissement », dans « Panoplies du corps », *Traverses*, n° 14-15, Paris, Centre national d'art et de culture Georges Pompidou, 1979, p. 176-184.

BERGSON, Henri, *Les deux sources de la morale et de la religion*, Paris, Presses universitaires de France, 1932.

BERNANOS, Georges, *Le Journal d'un curé de campagne* (1936), dans *Oeuvres romanesques*, suivies de *Dialogues des Carmélites*, Paris, Gallimard, Bibliothèque de la Pléiade, 1961.

BERNARD DE CLAIRVAUX, a : *De la considération*, trad. Pierre DALLOZ, Paris, Cerf, 1986. b : *Éloge de la nouvelle chevalerie*, trad. Pierre-Yves EMERY, Paris, Cerf, 1990.

BICKMAN, Leonard, a : « Social Roles and Uniforms : Clothes Make the Person », *Psychology Today*, 7/11, April 1974, p. 49-51. b : « The Social Power of a Uniform », *Journal of Applied Social Psychology*, 4/1, 1974, p. 47-61.

BINDRIM, Paul, a : « A Report on a Nude Marathon », *Psychotherapy* : Theory, Research and Practise 5, 1968, p. 180-188. b : « Nudity as a Quick Grab for Intimacy in Group Therapy », *Psychology Today*, 3/1, June 1969, p. 24-28.

BLODGETT, Jean, ed., *The Coming and Going of the Shaman : Eskimo Shamanism and Art*, Winnipeg, The Winnipeg Art Gallery, 1978.

BLUMER, Herbert, « Fashion : From Class Differentiation to Collective Section », *Sociological Quarterly*, 10, 1969, p. 275-291.

BOLLON, Patrice, *Morale du masque. Merveilleux, Zazous, Dandys, Punks, etc.*, Paris, Seuil, 1990.

BOLOGNE, Jean-Claude, *Histoire de la pudeur*, Paris, Olivier Orban, 1986.

BOLTANSKI, Luc, « Les usages sociaux du corps », dans *Annales, Économies, Sociétés, Civilisations*, 1, janvier 1971, p. 205-233.

BONFANTE, Larissa, « Nudity as a Costume in Classical Art », *American Journal of Archaeology*, 93, 1989, p. 543-570.

BONHOEFFER, Dietrich, *Éthique*, trad. Lore JEANNERET, 2e éd., Genève, Labor et Fides, 1969.

BOOTH, Cathy, « Cuba : Dancing the Socialist Line », *Time*, August 12, 1991, p. 22-23.

BOTTE, Bernard, « Le baptême dans l'Église syrienne », *L'Orient syrien*, I, 1956, p. 137-155.

BOTTOMLEY, Frank, *Attitudes to the Body in Western Christendom*, London, Lepus Books, 1979.

BOUCHER, François, *Histoire du costume en Occident, de l'Antiquité à nos jours*, Paris, Flammarion, 1965.

BOURDIEU, Pierre, a : *La distinction : critique sociale du jugement*, Paris, Éditions de Minuit, 1979. b : *Ce que parler veut dire : l'économie des échanges linguistiques*, Paris, Fayard, 1982.

BOUSKA, Marvin L.; Patricia A. BEATTY, « Clothing as a Symbol of Status : Its Effect on Control of Interaction Territory », *Bulletin of the Psychonomic Society*, 11/4, April 1978, p. 235-238.

BRAITHWAITE, William Charles, *The Beginnings of Quakerism*, London, Macmillan, 1912.

BRAUDEL, Fernand, *Civilisation matérielle et capitalisme : XVe-XVIIIe siècle*, t. 1. *Le possible et l'impossible : les hommes face à leur vie quotidienne*, Paris, A. Colin, 1967.

BRENNINKMEYER, Ingrid, *The Sociology of Fashion*, Winterthur, P. G. Keller, 1963.

BROBY-JOHANSEN, Rudolf, *Body and Clothes : An Illustrated History of Costume*, New York, Reinhold, 1968.

BROWN, Julia S.; Lester S. GOLDSTEIN, « Nurse-Patient Interaction Before and After the Substitution of Street Clothes for Uniforms », *International Journal of Social Psychiatry*, 14, 1967, p. 32-43.

BROWN, Raymond E., a : *The Anchor Bible : The Gospel According to John* (XIII-XXI), Garden City, N.Y., Doubleday, 1970, 2 vol. b : « The Burial of Jesus (Mark 15 : 42-47) », *The Catholic Biblical Quarterly*, 50, 1988, p. 233-245.

BROWN, Raymond E.; Joseph A. FITZMYER; Roland E. MURPHY, eds., a : *The Jerome Biblical Commentary*, Englewood Cliffs, N.J., Prentice-Hall, 1968. b : *The New Jerome Biblical Commentary*, *ibid.*, 1990.

BRUNDAGE, James Arthur, *Law, Sex, and Christian Society in Medieval Europe*, Chicago, U. of Chicago Press, 1987.

BULL, Ray, « Psychology, Clothing and Fashion : A Review », *Bulletin of the British Psychological Society*, 28, December 1975, p. 459-465.

BULLOUGH, Vern L., *Sexual Variance in Society and History*, New York, J. Wiley, 1976.

BURGELIN, Olivier, « Les outils de la toilette et le contrôle des apparences », dans « Panoplies du corps », *Traverses*, n° 14-15, Paris, Centre national d'art et de culture Georges Pompidou, 1979, p. 25-43.

BUSH, George; Perry LONDON, « On the Disappearance of Knickers : Hypothesis for the Functional Analysis of the Psychology of Clothing », *Journal of Social Psychology*, 51, 1960, p. 359-366.

CACCIARI-THAON, Patricia; Jacqueline JUDENNE, « Clothes and the Maternal Image », *Bulletin de Psychologie*, 32/18, n° 342, septembre-octobre, 1978-1979, p. 963-969.

CARLYLE, Thomas, *Sartor Resartus*, trad. CAZAMIAN, Paris, Aubier, 1958.

CÉZAN, Claude, *La mode, phénomène humain : entretiens avec Annie Baumel et autres*, Toulouse, Edouard Privat, 1967.

CHAUCER, Geoffrey, *Canterbury Tales*, A. C. CAWLEY, ed., London, Dent; New York, Dutton, 1958.

CHERESO, Cajetan, *The Virtue of Honor and Beauty According to St. Thomas Aquinas. An Analysis of Moral Beauty*, River Forest, Ill., Aquinas Library, 1960.

CICÉRON, a : *Tusculanes*, dans *Les Stoïciens*, trad. Émile BRÉHIER, Paris, Gallimard, Bibliothèque de la Pléiade, 1962, p. 295-404. b : *Traité des devoirs (De Officiis)*, Ibid., p. 493-628.

CIZANCKAS, Victor I. *et al.*, « A Community's Response to Police Change », *Journal of Police Science and Administration*, 3/3, September 1975, p. 284-291.

CLARK, Kenneth, *Le nu*, trad. Martine LAROCHE, collection *Pluriel* 8498 et 8501, Paris, Hachette, 1987, 2 vol.

CLEUGH, James, *The First Masochist : A Biography of Leopold von Sacer-Masoch*, New York, Stein and Day, 1967.

CLEVE, Gunnel, « Semantic Dimensions in Margery Kempe's "Whyght Clothys" », *Mystics Quarterly*, 12, December 1986, p. 162-170.

COCCIOLI, Carlo, *Fabrizio Lupo*, Paris, Le Livre de Poche, 1980.

COLISH, Marcia L., *The Stoic Tradition from Antiquity to the Early Middle Ages. Studies in the History of Christian Thought*, 34-35, Leiden, E. J. Brill, 1985 [2 vol.].

COMPTON, Norma H., « Personal Attributes of Color and Design Preferences in Clothing Fabrics », *Journal of Psychology*, 54, 1962, p. 191-195.

CONNER, B. H.; K. PETERS; R. H. NAGASAWA, « Person and Costume : Effects on the Formation of First Impressions », *Home Economics Research Journal*, 4/1, 1975, p. 32-41.

COURSEY, Robert D., « Clothes Doth Make the Man, in the Eye of the Beholder », *Perceptual and Motor Skills*, 36/3, 2, June 1973, p. 1259-1264.

COURTINE, Jean-Jacques; Georges VIGARELLO, « La physionomie de l'homme impudique. Bienséance et "impudeur" : les physiognomonies au XVIe et au XVIIe siècle », *Communications*, 46, Paris, Seuil, 1987, p. 79-91.

COX, Harvey, *La fête des fous : essai théologique sur les notions de fête et de fantaisie*, trad. Luce GIARD, Paris, Seuil, 1971.

CREEKMORE, A. M., « Clothing and Personal Attractiveness of Adolescents Related to Conformity, to Clothing Mode, Peer Acceptance, and Leaderships Potential », *Home Economics Research Journal*, 8, 1980, p. 203-215.

CUMONT, Franz, *Lux perpetua*, Paris, P. Geuthner, 1949.

CUNNINGTON, Cecil Willett, a : *Feminine Fig Leaves*, London, 1938. b : *Why Women Wear Clothes*, London, Faber & Faber, 1941.

CUNNINGHAM, Michael, *A Home at the End of the World*, New York, Farrar, Strauss Giroux, 1990.

CYPRIEN, *De la conduite des vierges (De Habitu virginum)*, trad. Joseph BOUTET, Paris, Desclée, 1926.

CYRILLE DE JÉRUSALEM, *Cinq Catéchèses mystagogiques de Cyrille de Jérusalem pour les nouveaux baptisés,* trad. Henri DELARUE [à partir du texte de *Patrologie grecque* (*PG*) 33, 1065-1123], dans A. HAMMAN, dir., *L'Initiation chrétienne*, Paris, Grasset, 1963.

DAGOGNET, François, *Rematérialiser, matières et matérialisme*, Paris, Vrin, 1985.

DANIÉLOU, Jean, a : *Platonisme et théologie mystique. Essai sur la doctrine spirituelle de saint Grégoire de Nysse*, Paris, Aubier, 1944. b : *Bible et liturgie*, Paris, Cerf, 1958.

DANTE, *Œuvres complètes*, trad. et comm. André PÉZARD, Paris, Gallimard, Bibliothèque de la Pléiade, 1965.

DARLEY, John M.; Joel COOPER, « The "Clean for Gene" Phenomenon : The Effect of Students' Appearance on Political Campaigning », *Journal of Applied Social Psychology*, 2/1, 1972, p. 24-33.

DAVIS, Fred, *Fashion, Culture, and Identity*, Chicago, U. of Chicago Press, 1992.

DAVIS, Henry, a : *Moral and Pastoral Theology*; A Summary, London, Sheed and Ward, 1952. b : *Moral and Pastoral Theology 2, Commandments of God, Precepts of the Church*, Heythrop Series II, London, Sheed and Ward, 1958, [4 vol.].

DAVIS, Natalie Zemon, *Society and Culture in Early Modern France*, Stanford, Calif., Stanford U. Press, 1975.

DE BRUYNE, Lucien, « L'Imposition des mains dans l'art chrétien ancien », *Rivista di Archeologia Cristiana*, 20, 1943, p. 113-298.

DECLERCK, Michèle; Jeanne BOUDOUARD, *La nourriture-névrose : Un nouveau mal du siècle*, Paris, Denoël-Gonthier, 1981.

DELAPORTE, Yves, « Perspectives méthodologiques et théoriques dans l'étude du vêtement », dans Yves DELAPORTE, dir., *Vêtement et société, L'Ethnographie*, 80/92-94, 1984, p. 33-57.

DELUMEAU, Jean, *Le péché et la peur. La culpabilisation en Occident (XIIIe-XVIIIe siècles)*, Paris, Fayard, 1984.

DENZINGER, H.; A. SCHÖNMETZER, *Enchiridion symbolorum, definitionum et declarationum de rebus fidei et morum*, Barcelona, Herder, 1967.

DEONNA, Waldemar, *La fiction dans l'histoire ancienne de Genève et du pays de Vaud*, Genève, A. Kundig, 1929.

DESCAMPS, Marc-Alain, a : *Le nu et le vêtement*, Paris, Éditions universitaires, 1972. b : *Psychosociologie de la mode*, Paris, Presses universitaires de France, 1979 (2e éd. rev. et cor. 1984). c : *L'invention du corps*,

Paris, Presses universitaires de France, 1986. d : *Vivre nu : Psycho-sociologie du naturisme*, Paris, Éditions Trismégiste, 1987. e : *Ce corps haï et adoré : psycho-histoire des idées sur le corps : sa haine et sa réhabilitation*, Paris, Sand, 1988. f : *Le langage du corps et la communication corporelle*, Paris, Presses universitaires de France, 1989.

DESCARTES, René, *Œuvres et Lettres*, Paris, Gallimard, Bibliothèque de la Pléiade, 1953.

DESJARDINS, Georges, *Si les femmes voulaient...*, Montréal, Institut social populaire, Œuvre des tracts, 282, 1942.

DESPLAND, Michel, *Christianisme, dossier corps*, Paris, Cerf, 1987.

DE VAUX, Roland, *Les institutions de l'Ancien Testament*, Paris, Cerf, 1990, 2 vol.

DEVEREUX, George, *Mohave Ethnopsychiatry and Suicide*, Washington, D.C., Bureau of American Ethnology Bulletin, 175, 1961.

Dictionnaire de proverbes et dictons, choisis et présentés par Florence MONTREYNAUD, Agnès PIERRON et François SUZZONI, Paris, Le Robert, 1980.

Dictionnaire de spiritualité ascétique et mystique : Doctrine et histoire, Paris, G. Beauchesne, 1937-1994.

DIOGÈNE LAËRCE, *Vies, doctrines et sentences des philosophes illustres*, Paris, Lefèvre, 1841.

DOLLE, Jean-Marie, *Pour comprendre Jean Piaget*, Toulouse, Privat, 1974.

DONNERSTEIN, Edward I.; Daniel LINZ; Steven PENROD, *The Question of Pornography* : Research Findings and Policy Implications, New York, Free Press, 1987.

DOSTIE, Michel, *Les corps investis. Éléments pour une compréhension socio-politique du corps*, Montréal, Éditions Saint-Martin, 1988.

DOSTOÏEVSKI, *Les Frères Karamazov*, Pierre PASCAL, dir., Paris, Gallimard, Bibliothèque de la Pléiade, 1952.

DOUGLAS, Mary Tew, *Natural Symbols. Exploration in Cosmology*, London, Barrie & Rockliff, 1970.

DOVER, Kenneth James, *Greek Homosexuality*, Cambridge, Harvard U. Press, 1978.

DRAKE, M. E.; I. M. FORD, « Adolescent Clothing and Adjustment », *Home Economics Research Journal*, 7/5, 1979, p. 283-291.

DRIVER, Harold Edson, *Indians of North America*, 2e éd. rev., Chicago, U. of Chicago Press, 1969.

DUBARLE, André-Marie, *Le péché originel. Perspectives théologiques*, Paris, Cerf, 1983.

DUCROT, Oswald; Tzvetan TODOROV, *Dictionnaire encyclopédique des sciences du langage*, Paris, Seuil, 1972.

DUFLOS-PRIOT, Marie-Thérèse, a : « L'apparence individuelle et la représentation de la réalité humaine et les classes sociales », *Cahiers internationaux de sociologie*, 70, 1981, p. 63-84. b : « Le maquillage, réduction protocolaire et artifice normalisé », *Communications*, 46, 1987, p. 245-253.

DUNLAP, Knight, « The Development and Function of Clothing », *Journal of General Psychology*, 1, 1928, p. 64-78.

DURHAM, John I., *Exodus* (*World Biblical Commentary* 3), Waco, Word Books, 1989.

EDMONDS, Ed. M.; Delwin D. CAHOON, « Female Clothes Preference Related to Male Sexual Interest », *Bulletin of the Psychonomic Society*, 22/8, May 1984, p. 171-173.

EKMAN, Paul, ed., *Emotions in the Human Face*, New York, Cambridge University Press, 1982.

ELIADE, Mircea, a : *Aspects du mythe*, Paris, Gallimard, 1963. b : *Images et symboles : Essais sur le symbolisme magico-religieux*, Paris, Gallimard, 1972. c : *Traité d'histoire des religions*, Paris, Payot, 1974. d : *Initiation, rites, sociétés secrètes. Naissances mystiques; essai sur quelques types d'initiation*, Paris, Gallimard, 1976.

ELIAS, Norbert, *La civilisation des mœurs*, Paris, Calmann-Lévy, 1974.

ELLIS, Havelock, *Studies in the Psychology of Sex 1 : The Evolution of Modesty*, 3e éd., New York, Random House, 1942 [7 vol.]

EPSTEIN, Louis M., *Sex Laws and Customs in Judaism*, New York, Ktav, 1967.

ÉRASME, a : *La civilité puérile* (1530), Paris, I. Liseux, 1877. b : *Éloge de la Folie* (1526), Paris, Garnier, 1953.

ERIKSON, Erik H., *Identity : Youth and Crisis*, New York, W. W. Norton, 1968.

EVANS, Christopher Francis, *Saint Luke [New Testament Commentaries]*, London, SCM Press; Philadelphia, Trinity Press International, 1990.

FARMER, R. G., « Censorship and Sex Education in the Home », *Australian Psychologist*, 8/2, July 1973, p. 148-149.

FEINBLOOM, Deborah Heller, *Transvestites and Transsexuals*, New York, Dell, 1977.

FERTILE-BISHOP, S.; M. GILLIAM, « In View of the Veil : Psychology of Clothing in Saudi Arabia », *Journal of Home Economics*, 73/4, 1981, p. 24-26.

FIORE, Ann M.; Marilyn DELONG, « Use of Apparel as Cues to Perception of Personality », *Perceptual and Motor Skills*, 59/1, August 1984, p. 267-274.

FITZMEYER, Joseph A., a : « The Oxyrhynchus *Logoi* of Jesus and the Coptic Gospel According to Thomas », *Theological Studies*, 20, 1959, p. 505-560. b : *The Anchor Bible : The Gospel According to Luke*, Garden City, N.Y., Doubleday, 1981-1985, 2 vol.

FLACCUS, Louis W., « Remarks on the Psychology of Clothes », *Pedagogical Seminary*, 13, 1906, p. 61-83.

FLANDRIN, Jean-Louis, *Familles. Parenté, maison, sexualité dans l'ancienne société*, Paris, Hachette, 1976.

FLEDDERMAN, Harry, « The Flight of a Naked Young Man », *The Catholic Biblical Quarterly*, 41/3, 1979, p. 412-418.

FLÜGEL, John Carl, a : « Clothes Symbolism and Clothes Ambivalence », *International Journal of Psychoanalysis*, 10, Spring 1929, p. 205-217. b : *The Psychology of Clothes*, London, The Hogarth Press and the Institute for Psycho-Analysis, 1930. c : *The Psychology of Nudism*, Chicago, Alethea Publications, Inc., 1951. d : *Le rêveur nu. De la parure vestimentaire*, Paris, Aubier-Montaigne, 1982.

FORSYTHE, Sandra; Mary F. DRAKE; Charles E. COX, « Influence of Applicant's Dress on Interviewer's Selection Decisions », *Journal of Applied Psychology*, 70/2, May 1985, p. 374-378.

FORTES, Meyer, *Religion, Morality, and the Person* : Essays on Tallensi Religion, Cambridge, Cambridge U. Press, 1987.

FOSTER, Jeremy J., « Notes on Perceived Personality of a Nude », *Perceptual and Motor Skills*, 31, 1970, p. 941-942.

FRANCIS, Sally K.; Pamela K. EVANS, « Effects of Hue, Value, and Style of Garment and Personal Coloring of Model on Person Perception », *Perceptual and Motor Skills*, 64/2, April 1987, p. 383-390.

FRANÇOIS, Frédéric, « Le langage et ses fonctions », dans A. MARTINET, dir., *Le langage* [Encyclopédie de la Pléiade, 25], Paris, Gallimard, 1968, p. 3-19.

FRANKLIN, Alfred, a : *La vie privée d'autrefois. Arts et métiers, modes, mœurs, usages des Parisiens du XIIe au XVIIIe siècle d'après des documents originaux ou inédits*, vol. II : *Les soins de toilette, Le savoir-vivre*, Paris, Plon, 1887. b : *La civilité, l'étiquette, la mode, le bon ton, du XIIIe au XIXe siècle*, Paris, É. Paul, 1908.

FRAZER, Sir James George, *The Golden Bough. A Study in Magic and Religion*, I (ed. abr.), New York, Macmillan, 1951 [12 vol.].

FREW, Robert, ed., *Notes on the New Testament* 17, Grand Rapids, Mich., Baker Book House, 1970-1972 [27 vol].

GAEBELEIN, Frank Ely, ed., *The Expositor's Bible Commentary with the New International Version of the Holy Bible : Matthew, Mark, Luke*, 8, Grand Rapids, Mich., Zonderman, 1984 [12 vol.].

GANS, Herbert J., « Symbolic Ethnicity : The Future of Ethnic Groups and Cultures in America », *Ethnic and Racial Studies*, 2/1, 1979, p. 1-20.

Gaudium et spes, Deuxième concile du Vatican, *Acta Apostolicae Sedis*, 58, 1966.

GAY, Antoine, *L'humeur, sa place dans la morale*, Paris, Alcan, 1913.

GIBRAN, Khalil, *Le Prophète*, trad. Camille ABOUSSOUAN, 6e éd., Tournai, Casterman, 1962.

GIBBINS, K., « Communication Aspects of Women's Clothes and their Relationship to Fashionability », *British Journal of Social and Clinical Psychology*, 8, 1969, p. 301-312.

GIDE, André, *Les Nourritures terrestres*, dans *Romans, récits et soties, œuvres lyriques*, Paris, Gallimard, Bibliothèque de la Pléiade, 1958.

GILES, Howard; William CHAVASSE, « Communication Length on a Function of Dress Style and Social Status », *Perceptual and Motor Skills*, 40/3, 1975, p. 961-962.

GILLIGAN, Carol, *Une si grande différence*, Paris, Flammarion, 1986.

GIMBUTAS, Marija Alseikaité, *The Gods and Goddesses of Old Europe, 7000 to 3500 B.C.*; Myths, Legends and Cult Images, London, Thames Hudson, 1974.

GOFFMAN, Erving, *The Presentation of Self in Everyday Life*, Garden City, Doubleday, 1959.

GOLDBERG, Arnold *et al.*, « The Role of the Uniform in a Psychiatric Hospital », *Comprehensive Psychiatry*, 2, 1961, p. 35-43.

GOLDING, William, *Lord of the Flies*, New York, Capricorn Books, 1959.

GOODSON, Aileen, *Therapy, Nudity and Joy*, Los Angeles, Elysium Growth Press, 1991.

GOULET, Jean-Guy, « Representation of Self and Reincarnation Among the Dene-Tha », *Culture*, 8/2, 1988, p. 3-18.

Les Grandes Chroniques de France, A. P. PÂRIS, dir., Paris, Techenoer, 1836-1837, 6 vol.

GRAY, J., ed., *Joshua, Judges and Ruth*, The Century Bible, New Edition 5, London, Nelson, 1967.

GRÉGOIRE DE NAZIANZE, *Discours 38-41*, Claudio MORESCHINI, dir., trad. Paul GALLAY, Paris, Cerf, *Sources chrétiennes* (*SC*), 358, 1990.

GRÉGOIRE DE NYSSE, a : *Homélies sur le Cantique*, *Patrologie grecque*, (Migne) (*PG*) 44, 756-1120. b : *Commentary on the Song of Songs*, trad.

Casimir McCAMBLEY, Brookline, Mass., Hellenic College Press, 1987. c : *La prière du Seigneur : Homélies sur le Notre Père et textes choisis*, trad. Monique PÉDEN-GODEFROI, Paris, Desclée de Brouwer, 1982. *Patrologie grecque* (Migne) (*PG*), 44, 1193-1302. d : *La catéchèse de la foi*, trad. Annette MAIGNAN, Paris, Desclée de Brouwer, 1978.

GREGOR, Thomas, *Anxious Pleasures : The Sexual Lives of an Amazonian People*, Chicago, U. of Chicago Press, 1985.

GREVEN, Philip, *The Protestant Temperament; Patterns of Child-Rearing, Religious Experiences, and the Self in Early America*, New York, New American Library, 1979.

GRIMES, Michael D. *et al.*, « Note on Students' Reactions to "Streakers" and "Streaking" », *Perceptual and Motor Skills*, 45/3-2, 1977, p. 1226.

GROMIER, Léon, *Commentaire du Caeremoniale Episcoporum*, Paris, La Colombe, 1959.

GUERRAND, Roger-Henri, *Les lieux : histoire des commodités*, Paris, La Découverte, 1985.

GUILLAUMONT, Antoine; H.-Ch. PUECH; G. QUISPEL; W. TILL; 'Abd al Masik YASSAH, *L'Évangile selon Thomas*, texte copte établi et traduit, Paris, Presses universitaires de France, 1959.

GUINDON, André, a : « La "crainte honteuse" selon Thomas d'Aquin », *Revue Thomiste*, 69, 1969, p. 589-623. b : « L'émerveillement. Étude du vocabulaire de l'*admiratio* chez Thomas d'Aquin », *Église et théologie*, 7, 1976, p. 61-97. c : *Le développement moral*, Paris/Ottawa, Desclée/Novalis, 1989. d : « La liberté transcendantale à la lumière d'une explication constructiviste de l'option fondamentale », dans Jean-Claude PETIT et Jean-Claude BRETON, dir., *Questions de liberté*, Héritage et projet, 46, Montréal, Fides, 1991, p. 197-230. e : « La référence à la Tradition dans la production d'une "théologie morale" : illustration d'un cas », *Théologiques*, 1/2, octobre 1993, p. 63-78. f : « Pour une éthique du vêtement ou de la nudité ? », *Laval théologique et philosophique*, 50/3, octobre 1994, p. 555-574.

GUMMERE, Amelia, *The Quaker* : A Study in Costume, Philadelphia, Ferris & Leach, 1901.

HACQUARD, Georges ; J. DAUTRY ; O. MAISANI, *Guide romain antique*, Paris, Hachette, 1952.

HAGÈGE, Claude, *Le français et les siècles*, Paris, Odile Jacob, 1987.

HAGER, June; Farah NAYERI, « Why Chic Is Now Cheaper », *Time*, 138/19, 11 nov. 1991, p. 58-60.

HALEY, Bruce, *The Healthy Body and Victorian Culture*, Cambridge, Mass., Harvard U. Press, 1978.

HAMID, Paul N., a : « Style of Dress as a Perceptual Cue in Impression Formation », *Perceptual and Motor Skills*, 26, 1968, p. 904-906.

b : « Changes in Person Perception as a Function of Dress », *Perceptual and Motor Skills*, 29, 1969, p. 191-194. c : « Some Effects of Dress Cues on Observational Accuracy, Perceptual Estimates, and Impression Formation », *Journal of Social Psychology*, 86, 1972, p. 279-289.

HAMMAN, Adalbert, a : *Le Baptême d'après les Pères de l'Église*, Paris, Grasset, 1962. b : *L'Initiation chrétienne*, Paris, Grasset, 1963.

HÄRING, Bernard, *The Law of Christ; Moral Theology for Priests and Laity, 2 : Special Moral Theology; Life in Fellowship with God and Fellow Man*, trad. Edwin G. KAISER, Cork, Ireland, The Mercier Press, 1961-1967 [3 vol.].

HARNS, Ernst, « The Psychology of Clothes », *The American Journal of Sociology*, 44, September 1938, p. 239-250.

HARRIS, Harold Arthur, *Greek Athletics and the Jews*, I. M. BARTON et A. J. BROTHERS, eds., Lampeter, CSP Printing of Cardiff, 1976.

HARRIS, Mary B. *et al.*, a : « Effects of Uniforms on Perceptions of Pictures of Athletes », *Perceptual and Motor Skills*, 39/1, August 1974, p. 59-62. b : « Clothing : Communication, Compliance, and Choice », *Journal of Applied Social Psychology*, 13/1, Jan.-Feb. 1983, p. 88-97.

HARTMAN, W. E.; M. FITHIAN; D. JOHNSON, *Nudist Society*, New York, Avon Books, 1971.

HAUGHTON, Rosemary, *The Mystery of Sexuality*, New York, Paulist Press, 1972.

HAULOTTE, Edgar, *Symbolique du vêtement selon la Bible*, Paris, Aubier, 1966.

HAYAKAWA, Samuel Ichiyé, *Language in Thought and Action*, 2e éd., New York, Harcourt, Brace & World, 1964.

HAYES, Joseph J., « Gayspeak », dans James W. CHESEBRO, ed., *Gayspeak : Gay Male and Lesbian Communication*, New York, Pilgrim Press, 1981, p. 45-57.

HAYUM, Andrée, « Michelangelo's *Doni Tondo* : Holy Family and Family Myth », *Studies in Iconography*, 7-8, 1981-1982, p. 209-251.

HEALY, Edwin F., *Moral Guidance ; A Textbook in Principles of Conduct for Colleges and Universities*, Chicago, Loyola U. Press, 1943.

HEGEL, Georg Wilhelm Friedrich, *Esthétique*, trad. S. JANKÉLÉVITCH, Paris, Flammarion, 1979, 4 vol.

HECKEL, Robert V., « Grin and Bare It. Focus of Control in Streakers », *Journal of Community Psychology*, 4, 1978, p. 145-148.

HELBIG, Jules, « Le nu dans la statuaire et la peinture », *Revue de l'art chrétien*, IIIe série, 1, 1883, p. 147-156.

HERDT, Gilbert H., a : *Guardians of the Flutes : Idioms of Masculinity*, New York, McGraw-Hill, 1981. b : *Rituals of Manhood : Male Initia-*

tion in Papua New Guinea, Berkeley, U. of California Press, 1982. c : *Ritualized Homosexuality in Melanasia*, Berkeley, U. of California Press, 1984.

HÉRODOTE, *Histoires*, trad. Ph. E. LEGRAND, Paris, Les Belles Lettres, 1954, 3 vol.

HESKETH, Christian, *Kilts et Tartans*, texte français de Claude PAGANI, Paris, Hachette, 1964.

HEUZEY, Jacques, « Le costume des femmes de l'Égypte ancienne », *Gazette des Beaux-Arts*, 16, 1936, p. 21-34.

HILL, Elizabeth M. ; Elaine S. NOCKS, Lucinda GARDNER, « Physical Attractiveness : Manipulation by Physique and Status Displays », *Ethology and Sociobiology*, 8/2, 1987, p. 143-154.

HILL, Terry L., « Respectable Nudity : The Essence of Naturism », *Going Natural : Bulletin of the Federation of Canadian Naturists*, 6/2, Spring 1991, p. 10-11.

HINTON, Karen ; Jean B. MARGERUM, « Adolescent Attitudes and Values Concerning Used Clothing », *Adolescence*, 19/74, Summer 1984, p. 397-402.

HIRSCHFELD, Lawrence A., « Cuna Aesthetics : A Quantitative Analysis », *Ethnology*, 16/2, 1977, p. 147-166.

HOCEDEZ, Edgar, « Pour la modestie chrétienne », *Nouvelle Revue Théologique*, 52, 1925, p. 396-403.

HOFFMAN, Hans J., « Kommunikation Mit Kleidung » (Communication with Clothing), *Communications*, 7/2-3, 1981, p. 269-280.

HOFFMAN, Philip T., *Church and Community in the Diocese of Lyons, 1500-1789*, New Haven, Yale U. Press, 1984.

HORACE, *Œuvres complètes d'Horace par ordre de production*, trad. M. GOUPY, Paris, Guiraudet, 1847.

HURTEAU, Phyllis, « Street Clothes or Uniforms for Psychiatric Nursing Personnel », *Nursing Outlook*, 11, May 1963, p. 359-360.

IRÉNÉE DE LYON, *Contre les hérésies*, Adelin ROUSSEAU et Louis DOUTRELEAU, dir., *Sources chrétiennes (SC)*, 264, Paris, Cerf, 1969-1982, 5 vol.

IRVING, John, *A Prayer for Owen Meany*, Toronto, Lester & Orpen Dennys, 1989.

ISSENMAN, Betty ; Catherine RONKIN, *IVALU : Traditions du vêtement inuit. Traditions of Inuit Clothing*, Musée McCord d'histoire canadienne, Montréal, Meridian Press, 1988.

JACOB, André, *Introduction à la philosophie du langage*, Paris, Gallimard, 1976.

JAKOBSON, Roman, « Closing Statement : Linguistics and Poetics », Thomas A. SEBEOK, ed., *Style in Language*, Cambridge, M.I.T. Press, 1960, p. 350-377.

JAKUBOVSKIS, Eleonora, « Uniforms vs. Street Clothes », *Canadian Nurse*, 64, February 1968, p. 37-39.

JANKÉLÉVITCH, Vladimir, *Traité des vertus*, Paris, Bordas, 1968-1972, 3 vol.

JANSSENS, Edgar, *Pudeur et nudisme*, Liège, La Pensée catholique, 1931.

JASPER, Cynthia R. ; Mary E. ROACH-HIGGINS, « Role Conflict and Conformity in Dress », *Social Behavior and Personality*, 16/2, 1988, p. 227-240.

JEAN CHRYSOSTOME, a : *Homélies sur la Genèse*, *Patrologie grecque*, (Migne) (*PG*) 53. b : *Homilies on Genesis*, trad. Robert C. HILL, Washington, DC, Catholic U. of America, 1986. c : *Catéchèse baptismale*, dans A. HAMMAN, dir., *L'Initiation chrétienne*, Paris, Grasset, 1963, p. 87-100. d : *Homélie aux Colossiens*, *Patrologie grecque*, (Migne) (*PG*) 62.

JEAN DAMASCÈNE, *Homélie sur le figuier desséché*, *Patrologie grecque*, (Migne) (*PG*) 96.

JEFFRIES, Vincent ; H. Edward RANSFORD, *Social Stratification : A Multiple Hierarchy Approach*, Boston, Allyn & Bacon, 1980.

JÉRÔME, *Lettres*, trad. et dir. Jérôme LABOURT, Paris, Les Belles Lettres, t. III [8 vol.].

JEUDON, L., *La morale de l'honneur*, Paris, Alcan, 1911.

JOHNSON, B. H. ; R. H. NAGASAWA ; K. PETERS, « Clothing Style Differences : Their Effect on the Impression of Sociability », *Home Economics Research Journal*, 6/1, 1977, p. 58-63.

JONES, Muriel Kathleen, « Esteem Accorded to Clothed Figures as Related to Fashion and Perception », *Dissertation Abstracts International*, 30/B, 1969, p. 271.

JONES, Nelson F. *et al.*, « Wearing of Street Clothing by Mental Hospital Personnel », *International Journal of Social Psychiatry*, 10, 1964, p. 216-222.

JORDAN, Édouard, « Morale et pudeur », *Documents de la Vie Intellectuelle*, 5, 1930, p. 247-259.

JOSEPH, Nathan ; N. ALEX, « The Uniform : A Sociological Perspective », L. M. GUREL et M. S. BEESON, eds., *Dimension of Dress and Adornment*, Dubuque, Kendall Hunt, 1979, p. 122-128.

JUDO, N. *et al.*, « The Effects of Clothing Style Upon the Reactions of a Stranger », *Social Behavior and Personality*, 3/2, 1975, p. 225-227.

JUVÉNAL, *Satires de Juvénal*, trad. J. DUSAULX, nouv. éd. rev. et corr. Jules PIERROT, Paris, C.L.F. Panckoucke, 1839, 2 vol.

KAISER, Susan B., a : *The Social Psychology of Clothing*, New York, Macmillan, 1985. b : *The Social Psychology of Clothing : Symbolic Appearances in Context*, 2e éd. rev., New York, Macmillan, 1990.

KAISER, Susan B. ; Joan L. CHANDLER, « Fashion Alienation : Older Adults and the Mass Media », *International Journal of Aging and Human Development*, 19/3, 1984, p. 203-221.

KEASEY, Charles Blake ; C. TOMLINSON-KEASEY, « Petition Signing in a Naturalistic Setting », *Journal of Social Psychology*, 89, 1973, p. 313-314.

KEENAN, Jeremy H., « The Tuareg Veil », *Middle Eastern Studies*, 13/1, 1977, p. 3-13.

KEGAN, Robert, *The Evolving Self*, Cambridge, Harvard U. Press, 1982.

KELLEY, E. A. ; C. W. DAIGLE ; R. S. LAFLEUR ; L. J. WILSON, « Adolescent Dress and Social Participation », *Home Economics Research Journal*, 2/3, 1974, p. 167-175.

KELLY-GADOL, Joan, « Did Women Have a Renaissance ? », Renata BRIDENTHAL et Claudia KOONZ, eds., *Becoming Visible : Women in European History*, Boston, Houghton Mifflin, 1977, p. 137-164.

KEMPER, Rachel H., *Costume*, New York, Newsweek Books, 1977.

KERMAN, Jerome B., « Her Mother's Daughter? The Case of Clothing and Cosmetic Fashions », *Adolescence*, 8/31, 1973, p. 343-350.

KERR, Barbara A. *et al.*, « Perceived Interviewer Expertness and Attractiveness : Effects of Interviewer Behavior and Attire and Interview Setting », *Journal of Counseling Psychology*, 23/6, November 1976, p. 553-556.

KING, Margaret J., « The New Art of Dressing », *Religious Humanism*, 19, Winter 1985, p. 46.

KINSEY, Alfred Charles ; Wardell B. POMEROY ; Clyde E. MARTIN, *Le comportement sexuel de l'homme*, trad. Pierre DESCLAUX *et al.*, Paris, Éd. du Pavois, 1948.

KISELSTEIN, G., *Les modes indécentes*, Liège, La Pensée Catholique, 1927.

KLAPP, Orrin Edgar, *Collective Search for Identity*, New York, Holt, Rinehart & Winston, 1969.

KLEIN, Robert H. *et al.*, « Psychiatric Staff : Uniforms or Street Clothes ?, *Archives of General Psychiatry*, 26, 1972, p. 12-22.

KLEINKE, Chris L., « Effects of Dress on Compliance to Requests in a Field Setting », *Journal of Social Psychology*, 101, 1977, p. 223-224.

KNESS, Darlene; Barbara DENSHORE, « Dress and Social-Political Beliefs of Young Male Students », *Adolescence*, 11/43, Fall 1976, p. 431-442.

KNESS, Darlene, « Clothing Deprivation Feelings of Three Adolescent Ethnic Groups », *Adolescence*, 18/71, Fall 1983, p. 659-674.

KNOX, John, « A Note on Mark 14 : 51-52 », dans *The Joy of Study. Papers on New Testament and Realted Subjects Presented to Honor Frederick Clifton Grant*, Sherman E. JOHNSON, ed., New York, Macmillan, 1951, p. 27-30.

KOESTER, Ardis W. ; Janet K. MAY, « Profiles of Adolescents' Clothing Practices : Purchase, Daily Selection, and Care », *Adolescence*, 20/77, Spring 1985, p. 97-113.

KRISTEVA, Julia, *Pouvoirs de l'horreur : Essai sur l'abjection*, Paris, Seuil, 1980.

KROEBER, A. L., « On the Principle of Order in Civilization as Exemplified by Changes of Fashion », *American Anthropologist,* 21, 1919, p. 235-263.

KUCHAREK, Cass, *To Settle Your Conscience*, Huntington, Ind., Our Sunday Visitor, 1975.

KUNZLE, D., *Fashion and Fetishism*, Totowa, N.J., 1982.

LALANDE, André, *Vocabulaire technique et critique de la philosophie*, 10e éd. rev. et augm., Paris, Presses universitaires de France, 1968.

LAMBERT, S., « Reactions to a Stranger as a Function of Style of Dress », *Perceptual and Motor Skills*, 35, 1972, p. 711-712.

LAMPE, Geoffrey W. H., *The Seal of the Spirit : A Study in the Doctrine of Baptism and Confirmation in the New Testament and the Fathers*, London, S.P.C.K., 1967.

LANGDON-DAVIES, J., *Lady Godiva : The Future of Nakedness*, London, 1928.

LANGNER, Lawrence, *The Importance of Wearing Clothes*, with an Introduction by James LAVER, New York, Hastings House, 1959.

LARSON, Ruth B. ; Robert B. ELLSWORTH, « The Nurse's Uniform and its Meaning in a Psychiatric Hospital », *Nursing Research*, 11, Spring 1962, p. 100-101.

LAUBIN, Reginald; Gladys LAUBIN, *Indian Dances of North America : Their Importance to Indian Life*, Norman, U. of Oklahoma Press, 1977.

LAURENT, Jacques, *Le nu vêtu et dévêtu*, Paris, Gallimard, 1979.

LAVENDER, A., « The Effects of Nurses Changing from Uniforms to Everyday Clothes on a Psychiatric Rehabilitation Ward », *British Journal of Medical Psychology*, 60/2, June 1987, p. 189-199.

LAVER, James, a : *Taste and Fashion*, London, Harrap, 1938. b : *Modesty in Dress*, Boston, Houghton Mifflin, 1969.

LE CAM, Anne, « Vérité voilée », *Notre Histoire*, 60, oct. 1989, p. 55.

LECLERC, Annie, *Hommes et femmes*, Paris, Grasset et Fasquelle, 1985.

LECLERCQ, Henri, a : « Nu dans l'art chrétien », *Dictionnaire d'archéologie chrétienne et de liturgie*, 12/2, 1936, col. 1782-1808. b : « Nudité baptismale », *ibid.*, col. 1801-1805.

LECORDIER, Gaston, « Nudisme, naturisme et nudo-naturisme », *Revue Apologétique*, 55, 1932, p. 58-65.

LEFF, H. Stephen *et al.*, « Effect of Nurses' Mode of Dress on Behavior of Psychiatric Patients Differing in Information-Processing Complexity », *Journal of Consulting and Clinical Psychology*, 34, 1970, p. 72-79.

LEHR, H., *L'Uniforme, étude historique*, Paris, 1930.

LEMOINE-LUCCIONI, Eugénie, *La robe, essai psychanalytique sur le vêtement*, Paris, Seuil, 1983.

LEROI-GOURHAN, André, *Évolution et technique*, Paris, A. Michel, 1971-1973, 2 vol.

LE SENNE, René, *Traité de morale générale*, Paris, Presses universitaires de France, 1949.

LÉVINAS, Emmanuel, *Totalité et infini, essai sur l'extériorité*, La Haye, M. Nijhoff, 1961.

LÉVI-STRAUSS, Claude, a : *Le totémisme aujourd'hui*, Paris, Presses universitaires de France, 1962. b : *Le cru et le cuit*, Paris, Plon, 1964. c : *L'homme nu*, Paris, Plon, 1971.

LEWIS, Robin J.; Louis H. JANDA, « The Relationship Between Adult Sexual Adjustment and Childhood Experiences Regarding Exposure to Nudity, Sleeping in the Parental Bed, and Parental Attitudes Toward Sexuality », *Archives of Sexual Behavior*, 17/4, August 1988, p. 349-362.

LIVINGSTONE, David, a : *Dernier journal du docteur Livingstone relatant ses explorations et découvertes de 1866 à 1872*, trad. Mme H. LOREAU, Paris, Hachette, 1876, 2 vol. b : *Missionary Travels*, London, Ward Lock, 1910.

LOBO, George V., *Christian Living According to Vatican II; Moral Theology Today*, Bangalore, Theological Publications in India, 1982.

LONG, Lynette N.; Thomas J. LONG, « Influence of Religious Status and Religious Attire on Interviewees », *Psychological Reports*, 39/1, August 1976, p. 25-26.

LOVEJOY, David Sherman, *Religious Enthusiasm in the New World : Heresy to Revolution*, Cambridge, Mass., Harvard U. Press, 1985.

LOWE, Elizabeth D.; John W. G. LOWE, « Quantitative Analysis of Women's Dress », dans Michael R. SOLOMON, ed., *The Psychology of Fashion*, Toronto, Lexington Books, 1985, p. 193-206.

LURIE, Alison, a : « The Dress Code », *New Society*, 38/740, 1976, p. 520-522. b : *The Language of Clothes*, New York, Random House, 1981.

LUTZ, Henry Frederick, *Textiles and Costumes Among the Peoples of the Ancient Near East*, Leipzig, J. C. Hinrichs; New York, G. E. Stechert and Co., 1923.

MACHOTKA, Pavel, *The Nude : Perception and Personality*, New York, Irvington Publishers, 1979.

MAERTENS, Jean-Thierry ; Marguerite DEBILDE, *Ritologiques*, Paris, Aubier Montaigne, 1978-1979, 5 vol. I. *Le dessin sur la peau. Essai d'anthropologie des inscriptions tégumentaires.* II. *Le corps sexionné. Essai d'anthropologie des inscriptions génitales.* III. *Le masque et le miroir. Essai d'anthropologie des revêtements faciaux.* IV. *Dans la peau des autres. Essai d'anthropologie des inscriptions vestimentaires.* V. *Le jeu du mort. Essai d'anthropologie des inscriptions du cadavre.*

MALCOMSON, Karen *et al.*, « An Evaluation of the Effect of Nurses Wearing Street Clothes on Socialization Patterns », *Journal of Psychiatric Nursing*, 15/1, January 1977, p. 18-21.

MALMESBURY, William of, *William of Malmesbury's Chronicle of the Kings of England : from the Earliest Period to the Reign of King Stephen.* With notes and illus. by J. A. GILES, London, H. G. Bohn, 1847. *Gesta Regum Anglorum*, New York, AMS Press, 1968.

MALSON, Lucien; Jean ITARD, *Les enfants sauvages. Mythe et réalité*, Paris, Union générale d'édition, 1964.

MANTEGAZZA, Paolo, *The Sexual Relations of Mankind*, trad. Samuel PUTNAM, V. ROBINSON, ed., New York, Eugenics Publishing Co., 1935.

MANZ, Wolfgang; Helmut E. LUECK, « Influence of Wearing Glasses on Personality Ratings : Crosscultural Validation of an Old Experiment », *Perceptual and Motor Skills*, 27/3, 1968, p. 704.

MARCHAND, S., « L'impact de la beauté physique au cours des expériences socialisantes », Québec, Université Laval, 1987 (manuscrit non édité).

MARCUSE, Donald J., « The Army Incident : The Psychology of Uniforms and Their Abolition on an Adolescent Ward », *Psychiatry*, 30, 1967, p. 350-375.

MARNAT, Marcel, *Michel-Ange. Une vie*, Paris, Gallimard, 1974.

MARROU, Henri-Irénée, *Décadence romaine ou antiquité tardive?*, Paris, Seuil, 1977.

MARTINET, André, dir., *Le langage*, Paris, Gallimard, Encyclopédie de la Pléiade, 1968.

MASLOW, Abraham H., *Eupsychian Management : A Journal*, Homewood, Ill., Richard D. Irwin and Dorsey Press, 1965.

MATHES, Eugene N.; Sherry B. KEMPHER, « Clothing as a Nonverbal Communicator of Sexual Attitudes and Behavior », *Perceptual and Motor Skills*, 43/2, October 1976, p. 495-498.

MATTHIESSEN, Peter, *Deux saisons à l'âge de pierre*, trad. Guy DURAND, Paris, Gallimard, 1967.

MAURO, Robert, « The Constable's New Clothes : Effects of Uniforms on Perceptions and Problems of Police Officers », *Journal of Applied Social Psychology*, 14/1, Jan.-Feb. 1984, p. 42-56.

MAUSS, Marcel, *Sociologie et anthropologie*, 4e éd., Paris, Presses universitaires de France, 1968.

MAXIME DE TURIN, *Homélies*, Almut MUTZENBECHER, dir., *Corpus Christianorum* : Series Latina (*CSSL*), 23, Turnholti, Brepols, 1962.

McCORMICK, Richard A., *Notes on Moral Theology; 1965 Through 1980*, Washington, D.C., University of America Press, 1981.

McCRACKEN, Grant David, a : « Clothing as Language : An Object Lesson in the Study of Expressive Properties of Material Culture », dans Barrie REYNOLDS and Margaret STOTT, eds., *Material Anthropology*, New York, University Press of America, 1985a. b : « The Thrickle-Down Theory Rehabilitated », dans Michael R. SOLOMON, ed., *The Psychology of Fashion*, Lexington, Mass., Heath, 1985b.

McFADDEN, Robert D., « Streaking : A Mad Dash to Where? », *New York Times*, March 8, 1974, p. 35, 41.

McHUGH, John Ambrose; Charles J. CALLAN, *Moral Theology; A Complete Course based on St. Thomas Aquinas and the Best Modern Authorities*, New York, Joseph F. Wagner, 1960, 2 vol.

McKENZIE, John L., « The Literary Characteristics of Genesis 2-3 », *Theological Studies*, 15, 1954, p. 541-572.

MERLEAU-PONTY, Maurice, *Phénoménologie de la perception*, Paris, Gallimard, 1963.

METCALF, John, *Kayhut*, Port Townsend, Printery Communications, 1988.

MICHAUD, H., « Pour une théologie du vêtement », *Revue apologétique*, tome 64, 1937, p. 55-60.

MICHEL, Jean, *Dora*, Paris, J.-C. Lattès, 1975.

MILES, Margaret Ruth, *Carnal Knowing : Female Nakedness and Religious Meaning in the Christian West*, Boston, Beacon Press, 1989.

MILLS, Charles Wright, a : *Cols blancs. Les classes moyennes aux États-Unis*, trad. André CHASSIGNEUX, Paris, F. Maspero, 1966. b : *The New Men of Power. America's Labor Leaders*, New York, A. M. Kelley, 1971.

MOHR, Richard, *Die christliche Ethich im Lichte der Ethnologie*, München, M. Hueber, 1954.

MOINGT, Joseph, « Laisser Dieu s'en aller », dans Joseph DORÉ, dir., *Dieu, Église, Société*, Paris, Le Centurion, 1985, p. 275-286.

MONTAIGNE, a : *Essais*, Texte établi et annoté par Albert THIBAUDET, Paris, Gallimard, Bibliothèque de la Pléiade, 1950. b : *Essais*, Adapt. et trad. en français moderne par André LANLY, Paris, Librairie Honoré Champion, 1989, 3 vol.

MOUNIER, Emmanuel, *Traité du caractère*, dans *Oeuvres*, t. II, Paris, Seuil, 1961.

MOUNIN, Georges, dir., *Dictionnaire de la linguistique*, Paris, Presses universitaires de France, 1974.

MYERS, Wayne A., « The Traumatic Element in the Typical Dream of Feeling Embarrassed at Being Naked », *Journal of the American Psychoanalytic Association*, 37/1, 1989, p. 117-130.

NARSAÏ, *The Liturgical Homilies of Narsaï*, trad. Richard Hugh CONNOLLY, Cambridge, University Press, 1909.

NEIRYNCK, F., « La fuite du jeune homme en Mc 14, 51-52 », *Ephemerides Theologicae Lovanienses*, 55/1, 1979, p. 43-66.

NEWNES, Craig, « Uniforms in a Psychiatric Hospital : Black Stockings and Frilly Caps ? », *Nursing Mirror*, 153, Oct. 28, 1981, p. 28-30.

NINEHAM, Dennis Eric, *The Gospel of Saint Mark*, London, Penguin Books, 1963.

NOESJIRWAN, J. A.; J. CRAWFORD, « Variations in Perceptions of Clothing as a Function of Dress Form and Viewer's Social Community », *Perceptual and Motor Skills*, 54/1, 1982, p. 155-163.

NORTHCOTE, Hugh, *Christianity and Sex Problems*, Philadelphia, F. A. Davis Company, 1923.

NOTH, Martin, *Exodus. A Commentary*, Philadelphia, The Westminster Press, 1962.

OGDEN, Graham, *Quohelet*, Sheffield, JSOT Press, 1987.

OPTAT, *Contre Parménien le Donatiste*, C. ZIWSA, dir., *Corpus Scriptorum Ecclesiasticorum Latinarum* (*CSEL*), 26, 1893.

ORIGÈNE, a : *Contre Celse*, Marcel BORRET, dir., *Sources chrétiennes* (*SC*), 136, t. II, Paris, Cerf, 1968 [5 vol.]. b : *Homélies sur le Lévitique*, Marcel BORRET, éd., *Sources chrétiennes* (*SC*), 286-287, Paris, Cerf, 1981 [2 vol.].

PANCER, S. Mark; James R. MEINDL, « Length of Hair and Beardedness as Determinants of Personality Impressions », *Perceptual and Motor Skills*, 46/3, 1978, p. 1328-1330.

PASTOR, Ludwig, F. von, *Histoire des papes depuis la fin du Moyen Âge*, t. 18, Paris, Plon, 1936.

PAULHAN, Frédéric, *La double fonction du langage*, Paris, Alcan, 1929.

PEELMAN, Achiel, *L'inculturation : L'Église et les cultures*, Paris/Ottawa, Desclée/Novalis, 1988.

PELES, Uri, « The Extremely Inhibited Woman », *Medical Aspects of Human Sexuality*, 8/6, June 1974, p. 41-42.

PÉPIN, Jean, « Saint Augustin et le symbolisme néo-platonicien de la vêture », dans *Augustinus magister*, Actes du Congrès international augustinien, Paris, Études augustiniennes, t. I, 1954 [3 vol.].

PERROT, Philippe, *Le travail des apparences. Le corps féminin, XVIIIe-XIXe siècle*, Paris, Seuil, 1984.

PESCHKE, C. Henry, *Christian Ethics. A Presentation of Special Moral Theology in the Light of Vatican II*, vol. 2, Dublin, C. Goodliffe Neale, 1978 [2 vol.].

PETERSON, Erik, *Pour une théologie du vêtement*, trad. M.-Y. CONGAR, Lyon, Éditions de l'Abeille, 1943. La traduction de Congar est parue d'abord dans *La Vie Spirituelle, Supplément* 46, 1936, p. 168-179.

PHAN, Marie-Claude; Jean-Louis FLANDRIN, « Les métamorphoses de la beauté féminine », *L'histoire*, 68, juin 1984, p. 56.

PHILLIPS, J. W.; H. K. STALEY, « Sumptuary Legislation in Four Centuries », dans GURD, L. M. et M. S. BEESON, eds., *Dimensions of Dress and Adornment*, 3e éd., Dubuque, Kendall/Hunt, 1979, p. 66-71.

PINSKER, Henry; William VINGIANO, « A Study of Whether Uniforms Help Patients Recognize Nurses », *Hospital and Community Psychiatry*, 39/1, January 1988, p. 78-79.

PLATELLE, Henri, « Le problème du scandale : les nouvelles modes masculines aux XIe et XIIe siècles », dans *Revue belge de philologie et d'histoire*, 53, 1975, p. 1071-1096.

PLATON, *Œuvres complètes*, trad. Léon ROBIN, Paris, Gallimard, Bibliothèque de la Pléiade, 1950, 2 vol.

PLINE l'Ancien, *Histoire naturelle*, Livre XV, trad. J. ANDRÉ, Paris, Les Belles Lettres, 1960.

PLINE le Jeune, *Lettres de Pline le Jeune*, trad. SACY, nouv. éd. rev. et corr. Jules PERROT, Paris, C.L.F. Panckoucke, 1832-1833, 3 vol.

PLUTARQUE, *Les vies des hommes illustres*, trad. Jacques AMYOT, Paris, Gallimard, Bibliothèque de la Pléiade, 1951, 2 vol.

POIRET, Paul, *En habillant l'époque*, Paris, Grasset, 1930.

POMEROY, Sarah B., *Women in Hellenistic Egypt. From Alexander to Cleopatra*, New York, Schocken Books, 1984.

POND, Mimi, *Shoes Never Lie*, New York, Berkeley, 1985.

PREMACK, David, *Gavagai ! or The Future History of the Animal Language Controversy*, Cambridge, Mass., MIT Press, 1986.

PREUSS, Arthur, *A Handbook of Moral Theology. Man's Duties to Himself*, 3, St. Louis, B. Herder Book Co., 1926 [5 vol.].

PRIETO, Luis J., « La sémiologie », dans André MARTINET, dir., *Le langage*, Paris, Gallimard, Encyclopédie de la Pléiade, 1968, p. 93-144.

QUASTEN, Johannes, a : « Theodor of Mopsuestia on the Exorcism of Cilicium », *Harvard Theological Review*, 35, 1942a, p. 209-219. b : « A Pythagorean Idea in Jerome », *American Journal of Philology*, 63, 1942b, p. 207-215.

RABELAIS, *La vie très horrificque du grand Gargantua, père de Pantagruel*, dans *Œuvres complètes*, Paris, Gallimard, Bibliothèque de la Pléiade, 1955, p. 1-164.

RAFFIN, Pierre, *Les rituels orientaux de la profession monastique*, Bégrolles, France, Abbaye de Bellefontaine, 1968.

REBOUL, Olivier, *Kant et le problème du mal*, Montréal, Presses de l'U. de Montréal, 1971.

REES, David W. *et al.*, « Dress Style and Symbolic Meaning », *International Journal of Symbology*, 5/1, March 1974, p. 1-8.

Register of Edward, the Black Prince, Preserved in the Public Record Office, trad. M. C. B. DAWES, London, 1930-1933.

REGNAULT, Lucien, *La vie quotidienne des Pères en Égypte au IVe siècle*, Paris, Hachette, 1990.

REHM, Jurgen, « Wearing Uniforms and Aggression : A Field Experiment », *European Journal of Social Psychology*, 17/3, July-September 1987, p. 357-360.

REINACH, Salomon, *Cultes, mythes et religions*, Paris, E. Leroux, 1906-1923, 5 vol.

RENAULT, Mary, a : *Fire from Heaven*, Harmondsworth, Penguin Books, 1970. b : *The Mask of Apollo*, London, New English Library, 1980.

RIBEIRO, Aileen, a : *Dress in Eighteenth Century Europe, 1715-1789*, London, B. T. Batsford, 1984. b : *Dress and Morality*, New York, Holmes and Meier, 1986.

RICŒUR, Paul, *Soi-même comme un autre*, Paris, Seuil, 1990.

RIESMAN, David; Nathan GLAZER; Read DENNY, *La foule solitaire. Anatomie de la société moderne*, Paris, Arthaud, 1965.

RINN, Roger C., « Effects of Nursing Apparel Upon Psychiatric Inpatients' Behavior », *Perceptual and Motor Skills*, 43/3, December 1976, p. 939-945.

RITTER, Abraham, *History of the Moravian Church in Philadelphia, from its Foundation in 1742 to the Present Time*, Philadelphia, 1857.

ROBINSON, Dwight, « The Economics of Fashion Demand », *Quarterly Journal of Economics*, 75/3, 1961, p. 376.

ROBINSON, John A. T., *Christian Freedom in a Permissive Society*, London, SCM Press, 1970.

ROCHE, Daniel, *La culture des apparences : une histoire du vêtement (XVIIe-XVIIIe siècle)*, Paris, Fayard, 1989.

RODOCANACHI, Emmanuel, *La Femme italienne à l'époque de la Renaissance : sa vie privée et mondaine, son influence sociale*, Paris, Hachette, 1907.

ROEDIGER, Virginia More, *Ceremonial Costumes of the Pueblo Indians : Their Evolution, Fabrication, and Significance in the Prayer Drama*, Berkeley, U. of California Press, 1961.

ROSCO, Will, *The Zuni Man-Woman*, Albuquerque, U. of New Mexico Press, 1991.

ROSS, J. M., « The Young Man Who Fled Naked », *Irish Biblical Studies*, 13/3, 1991, p. 170-174.

ROUSSEL, Pierre, dir. et trad., *Isaeus. Discours*, Paris, Les Belles Lettres, 1922.

RUBENS, A., *A History of Jewish Costume*, London, Valentine 1967.

RUCKER, M.; D. TABER; A. HARRISON, « The Effect of Clothing Variation on First Impression of Female Job Applicants : What to Wear When », *Social Behavior and Personality*, 9/1, 1981, p. 53-64.

RULAND, Ludwig, *Pastoral Medicine*, trad. T. A. RATTLER, éd. Arthur PREUSS, St. Louis, Herder Book Co., 1936.

RUSHDOONY, Rousas John, *The Institutes of Biblical Law; a Chalcedon Study*, with three appendices by Gary NORTH, Nutley, N.J., Craig Press, 1973.

RUSSELL, Elbert, *The History of Quakerism*, New York, Macmillan, 1942.

SAHLINS, Marshall David, *Culture and Practical Reason*, Chicago, U. of Chicago Press, 1976.

SAINT-JACQUES, Fernand, *À propos de modes*, Québec, Secrétariat des œuvres, 1921.

SAINT-LAURENT, Cecil (pseudonyme de Jacques LAURENT), *A History of Ladies' Underwear*, London, Michael Joseph, 1966.

SALADIN D'AUGLURE, B., « Penser le "féminin" chamanique, ou le "Tiers-Sexe" des Chamanes Inuit », *Recherches amérindiennes au Québec*, 18/1-2, 1988, p. 19-50.

SANCHEZ, Tomás, *De sancto matrimonii sacramento disputationum tomi tres*, Norimbergae, J. C. Lochneri, 1706, 3 vol.

SARTRE, Jean-Paul, *L'être et le néant. Essai d'ontologie phénoménologique*, Paris, Gallimard, 1947.

SAUL, Leon J., « Embarrassment Dreams of Nakedness », *International Journal of Psychoanalysis*, 47, 1966, p. 552-558.

SAVILL, Agnes, *Alexander the Great and His Time*, 2e éd., New York, Dorset Press, 1990.

SCHELER, Max F., *La pudeur*, trad. M. DUPUY, Paris, Aubier, 1952.

SCHERBAUM, Carol J.; Donald H. SHEPHERD, « Dressing for Success : Effects of Coloring and Layering on Perceptions of Women in Business », *Sex Roles*, 16/7-8, April 1987, p. 391-399.

SCHIAVO, R. Steven *et al.*, « Effect of Attire on Obtaining Directions », *Psychological Reports*, 34, 1974, p. 245-246.

SCHMIDT, Leich Eric, « A Church-Going People are a Dress-Loving People : Clothes Communication, and Religious Culture in Early America », *Church History*, 58/1, March 1989, p. 36-51.

SCHNEIDER, David J., « Effects of Dress on Self-Presentation », dans *Psychological Reports* 35/1, 1974, p. 167-170.

SCHNEIDER, Jane; Annette B. WEINER, « Cloth and the Organization of Human Experience », *Current Anthropology*, 27/2, April 1986, p. 178-184.

SCHÖKEL, Luis Alonso; J. L. DIAZ, *Job : Comentario teologico y literario*, Madrid, Ediciones Cristiandad, 1983.

Scottish Clans & Tartans : History of Each Clan and Full List of Septs, New York, Dorset, New Orchard Editions, 1991.

SCROGGS, Robin; Kent I. GROFF, « Baptism in Mark. Dying and Rising With Christ », *Journal of Biblical Literature*, 92, 1973, p. 531-548.

SEEMAN, Mary V., « Am I What I Wear ? Identity Conflicts in Borderline Patients », *Canadian Psychiatric Association Journal*, 23/8, December 1978, p. 579-582.

SERGENT, Bernard, *L'homosexualité initiatique dans l'Europe ancienne*, Paris, Payot, 1986.

SÉVIGNÉ, Madame de, *Lettres choisies de Madame de Sévigné*, Paris, Casterman, 1900.

SGROI, Suzanne M. dir., Linda C. BLICK et Frances S. PORTER, *L'agression sexuelle et l'enfant : approche et thérapie*, trad. Michel SAVARD, Saint Laurent, Trécarré, 1986.

SHELLEY, Sonya I., « Adolescent Attitudes as Related to Perception of Parents and Sex Education », *Journal of Sex Research*, 17/4, November 1981, p. 350-367.

SIMMEL, Georg, a : « Fashion », *The American Journal of Sociology*, 62, 1957, p. 541-558. Réimpression du fameux article publié en 1904. b : *Philosophie des Geldes* (La philosophie de l'argent), Leipzig, Duncker and Humblot, 1907. c : *The Philosophy of Money*, trad. Tom BOTTOMORE et David FRISBY, Boston, Routledge and K. Paul, 1978.

SIMON, René, « Vers une nouvelle approche de la responsabilité », *Église et théologie*, 26/1, 1995, numéro spécial *In Memoriam André Guindon (1933-1993)*, p. 11-29.

SINGER, Ming S.; Alan E. SINGER, « The Effect of Police Uniform on Interpersonal Perception », *Journal of Psychology*, 119/2, March 1985, p. 157-161.

SINGH, Joseph Amarito Lal; R. M. ZINGG, *L'homme en friche. De l'enfant-loup à Kaspar Hauser*, trad. Marcelle STROOBANTS, Préf. Arnold GESELL, Paris, Complexe, 1980.

SMITH, Jonathan Z., « The Garments of Shame », *History of Religions*, 5, 1966, p. 217-238.

SMITH, Philip R., « Social Workers and Uniforms », *Social Work*, 32/5, September-October 1987, p. 449-450.

SOLÉ, Jacques, *L'amour en Occident à l'époque moderne*, Paris, Complexe, 1984.

SOLOMON, Michael R.; John SCHOPLER, « Self-Consciousness and Clothing », *Personality and Social Psychology Bulletin*, 8/3, September 1982, p. 508-514.

SOLOMON, Michael R., « Standard Issue », *Psychology Today*, 21/12, December 1987, p. 30-31.

SOLOV'EV, Vladimir S., *La justification du bien. Essai de philosophie morale*, trad. T.D.M., Paris, Aubier, 1939.

SØRUM, Arve, « Growth and Decay : Bedamins' Notions of Sexuality », dans G. H. HERDT, rd., *Ritualized Homosexuality in Melanesia*, Berkeley, U. of California Press, 1984, p. 318-336.

SPROLES, George B., « Analyzing Fashion Life Cycles : Principles and Perspectives », *Journal of Marketing*, 45/4, 1981, p. 116-124.

STANDAERT, Benoît, a : *L'Évangile selon Marc. Composition et genre littéraire*, Nijmegen, Stickting Studentenpers, 1978. b : *L'Évangile selon Marc : commentaire*, Paris, Cerf, 1983.

STEELE, Valerie, a : *Fashion and Eroticism : Ideals of Feminine Beauty From Victorian Era to the Jazz Ace*, New York, Oxford University Press, 1985. b : *Paris Fashion : A Cultural History*, New York, Oxford U. Press, 1988.

STEINBERG, Leo, *La sexualité du Christ dans l'art de la Renaissance et son refoulement moderne*, trad. Jean-Louis HOUDEBINE, Paris, Gallimard, 1987.

STEIZENBERGER, Johannes, *Précis de morale chrétienne*, trad. A. LIEFOUGHE et J. ALZIN, Tournai, Desclée et Cie, 1960.

STERLING, F. E.; W. David DINNING, a : « Street Attire vs Nurses' Uniforms : A Brief Questionnaire », *Psychological Reports*, 47/1, August 1980, p. 181-182. b : « Net Positive Social Approaches of Young Psychiatric Inpatients as Influenced by Nurses' Attire », *Journal of Consulting and Clinical Psychology*, 1980, Feb., Vol. 48(1), p. 58-62.

STEWART, Andrew F., « When Is a Kouros Not an Apollo ? The Tenea "Apollo" Revisited », dans M. Del CHIARO et W. R. BIERS, eds. *Corinthiaca, Studies in Honor of D. A. Amyx*, Columbia, Mo., U. of Missouri Press, 1986, p. 54-70.

STOETZEL, J., « Un phénomène de masse mal étudié », dans C. CÉZAN, *La mode, phénomène humain : Entretiens avec Annie Baumel et autres*, Toulouse, Édouard Privat, 1967.

STOLLER, Robert J., *Perversion : The Erotic Form of Hatred*, New York, Pantheon Books, 1975.

STONER, Sue; Mark WATMAN, « Personality Variables of Streakers and Non-Streakers », *Psychology*, 11/4, November 1974, p. 14-16.

STORY, Marilyn D., a : « Factors Associated with More Positive Body Self-Concepts in Preschool Children », *Journal of Social Psychology*, 108/1, June 1979, p. 49-56. b : « Comparisons of Body Self-Concept Between Social Nudists and Non-Nudists », *Journal of Psychology*, 118/1, September 1984, p. 99-112. c : « A Comparison of Social Nudists and Non-Nudists on Experience with Various Sexual Outlets », *Journal of Sex Research*, 23/2, May 1987, p. 197-211.

STUBBES, Philip, *The Anatomie of Abuses*, Préf. éd. Garland, Arthur FREEMAN, New York and London, Garland Publishers, 1973; Reprint ed. 1583, London, R. Jones.

SUEFELD, Peter; Stephen BOCHNER, Carol MATAS, « Petitioner's Attire and Petition Signing by Peace Demonstrators : A Field Experiment », *Journal of Applied Social Psychology*, 1/3, 1971, p. 278-283.

SUÉTONE, *Vies des douze Césars*, trad. Henri Ailloud, Paris, Le Livre de Poche, 1967.

SUSSMAN, Stephen A., « Body Disclosure and Self-Disclosure : Relating Two Modes of Interpersonal Encounter », *Journal of Clinical Psychology*, 33/4, October 1977, p. 1146-1148.

SWEENEY, Maureen M. ; Paul ZIONTS, « The Second Skin : Perceptions of Disturbed and Non-Disturbed Early Adolescents on Clothing, Self-Concept, and Body Image », *Adolescence*, 24/94, Summer 1989, p. 411-420.

SWIFT, Jonathan, *Pensées sur divers sujets*, dans *Œuvres*, Paris, Gallimard, Bibliothèque de la Pléiade, 1988.

TALLEMANT DES RÉAUX, *Historiettes*, Paris, Gallimard, Bibliothèque de la Pléiade, 1960, 2 vol.

TARCZYLO, Théodore, *Sexe et liberté au siècle des Lumières*, Paris, Presses de la Renaissance, 1983.

TARDE, Gabriel de, *Les lois de l'imitation : Étude sociologique*, 2e éd. rev. et augm., Paris, Alcan, 1895.

TENTLER, Thomas N., *Sin and Confession on the Eve of the Reformation*, Princeton, N.J., Princeton U. Press, 1977.

TERRAILLON, Eugène, *L'honneur, sentiment et principe moral*, Paris, Alcan, 1912.

TERTULLIEN, a : *Du manteau (De Pallio)*, dans *Œuvres de Tertullien*, trad. M. de GENONDE, 2e éd., t. II, Paris, L. Vivès, 1852, p. 153-171, [2 vol.]. b : *La toilette des femmes (De cultu feminarum)*, Intr., texte crit., trad. et comm. Marie TUREAU, Paris, Cerf, *Sources chrétiennes (SC)*, 173, 1971. c : *La résurrection des morts*, trad. Madeleine MOREAU, Paris, Desclée de Brouwer, 1980.

TERRY, Roger L. ; David L. KROGER, « Effects of Eye Correctives on Ratings of Attractiveness », *Perceptual and Motor Skills*, 42/2, 1976, p. 562.

THÉODORE DE MOPSUESTE, a : *Homélies catéchétiques*, Raymond TONNEAU et Robert DEVREESSE, dir., Città del Vaticano, Biblioteca apostolica vaticana, 1949. b : *Homélies catéchétiques*, dans A. HAMMAN, dir., *L'Initiation chrétienne*, Paris, Grasset, 1963.

THÉOPHRASTE D'ÉRÈSE, *Caractères*, Octave NAVARRE, dir., 2e éd. rev. et cor., Paris, Les Belles Lettres, 1952.

THÉVENOT, Xavier, « Emmaüs, une nouvelle Genèse ? Une lecture psychanalytique de Genèse 2-3 et Luc 24, 13-55 », *Mélanges de Science Religieuse*, 37/1, 1980, p. 3-18.

THOMAS, L. Eugene, « Clothing and Counterculture : An Empirical Study », *Adolescence*, 8/29, Spring 1973, p. 93-112.

THOMAS D'AQUIN, a : *De virtutibus in communi*, dans *Quaestiones Disputatae*, II, Turin-Rome, Marietti, 1965, p. 707-751. b : *Somme théologique*, II[a], Paris, Cerf, 1984-1985, t. 2 et 3.

THOMAS MORE, *L'Utopie*, trad. Victor STOUVENEL, Paris, Éditions sociales, 1982.

THOMPSON, Spencer K., « Gender Labels and Early Sex Role Development », *Child Development*, 46/2, 1975, p. 339-347.

THUCYDIDE, *Histoire de la Guerre du Péloponnèse*, trad. Jean VOILQUIN, Paris, Garnier, 1952, 2 vol.

TILLMANN, Fritz, *The Master Calls : A Handbook of Christian Living*, trad. Gregory J. ROETTGER, Baltimore, Helicon Press, 1960.

TIWARI, Jagdish Narain, *Goddess Cults in Ancient India (With Special Reference to the First Seven Centuries A.D.)*, Delhi, Sundeep Prakashan, 1985.

TÖNNIES, Ferdinand, *Communauté et Société (Gemeinschaft und Gefellschaft, 1887). Catégories fondamentales de la sociologie pure*. Intr. et trad. J. LEIF, Paris, Presses universitaires de France, 1944.

TOUSSAINT-SAMAT, Maguelonne, *Histoire technique et morale du vêtement*, Paris, Bordas, 1990.

TRAVER, T. ; A. V. MOSS, « Psychiatric Opinions About Nurses Ceasing to Wear Uniforms », *Journal of advanced Nursing*, 5, 1980, p. 47-53.

TRIGGER, Bruce, *Les Enfants d'Aataentsic*, trad. Jean-Paul SAINTE-MARIE et Brigitte Chabert HACIKYAN, Montréal, Libre Expression, 1991.

TRILLING, Lionel, *Sincerity and Authenticity*, Cambridge, Mass., Harvard U. Press, 1973.

URS VON BALTHASAR, Hans, a : « Descente aux enfers », *Axes* 4, juin 1970, p. 3-12. b : « Au coeur du mystère », *Résurrection. Revue de doctrine chrétienne* 41, 1973, p. 2-9.

U.S. Commission on Obscenity and Pornography, *Report*, Washington, D.C., U.S. Government Printing Office, 1970.

U.S. News and World Report, 30 août 1982, p. 47-48.

VALÈRE MAXIME, *Faits et paroles mémorables*, trad. C.A.F. FRÉMION, Paris, C.L.F. Panckoucke, 1834-1835, 3 vol.

VAN DOELVELT, S., *Lettre à Madame la Marquise de *** sur la nudité des sauvages*, jointe à *La République des philosophes ou Histoire des Ajaoiem*, trad. Bernard Le Bovier de FONTENELLE, Genève, s.n., 1768, p. 153-188.

VAN GENNEP, Arnold, *Les rites de passage*, Paris, Émile Nourry, 1909.

VANHOYE, Albert, « La fuite du jeune homme nu (Mc 14, 51-52) », *Biblica*, 52/3, 1971, p. 401-406.

VAN NESS DEARBORN, George, *The Psychology of Clothing*, Princeton, N.J. and Lancaster, Pa., Psychological Review Co., 1918.

VAN THIENEN, F. W. S., *Huit siècles de costume*, Verviers, Gérard, 1961.

VEBLEN, Thorstein, « The Economic Theory of Women's Dress » (1903), dans L. ARDZRCONI, ed., *Essays in Our Changing Order*, New York, Viking, 1934, p. 65-77.

VECSEY, Christopher; Carol Ann LORENZ, *Imagine Ourselves Richly : Mythic Narratives of North American Indians*, New York, Crossroad, 1988.

VENER, Arthur M.; Charles R. HOFFER, « Adolescent Orientation to Clothing », dans M. E. ROACH et J. B. EICHER, ed., *Dress, Adornment, and the Social Order*, New York, John Wiley and Son, 1965, p. 76-81.

VIGARELLO, Georges, a : *Le corps redressé. Histoire d'un pouvoir pédagogique*, Paris, J.-P. Delarge, 1978. b : *Le propre et le sale : L'hygiène du corps depuis le Moyen Âge*, Paris, Seuil, 1985; 2e éd., 1987.

VITTRANT, Jean-Benoit, *Théologie morale; bref exposé à l'usage des membres du clergé et spécialement des confesseurs*, Paris, Beauchesne et ses Fils, 1944.

VOGELS, Walter, a : « L'être humain appartient au sol, Gn 2, 4b – 3, 24 », *Nouvelle Revue Théologique*, 105, 1983, p. 515-534. b : « Cham découvre les limites de son père Noé », *Nouvelle Revue Théologique*, 109, 1987, p. 554-573.

VUILERMET, Antonin, a : *Les modes actuelles*, nouv. éd. rev. et corr., Paris, P. Lethielleux, 1920. b : *La croisade pour la modestie*, Paris, P. Lethielleux, 1926.

WAETJEN, Herman, « The Ending of Mark and the Gospel's Shift in Eschatology », *Annual of the Swedish Theological Institute*, 4, 1965, p. 114-131.

WALKER, Michael *et al.*, « The Influence of Appearance on Compliance With a Request », *Journal of Social Psychology*, 112/1, October 1980, p. 159-160.

WALKER, Valerie J. *et al.*, « The Effects of Psychiatric Nurses Ceasing to Wear Uniforms », *British Journal of Psychiatry*, 118, 1971, p. 581-582.

WATSON, Geoffrey, « The Uniform that Brings Confidence », *Nursing Mirror*, 147, July 20, 1978, p. 34.

WEBER, Max, *The Theory of Social and Economic Organization*, New York, The Free Press, 1969.

WEINBERG, Martin S., a : « Sexual Modesty, Social Meanings, and The Nudist Camp », *Social Science*, Fall 1965. b : « Becoming a Nudist », dans Earl RUBINGTON and Martin S. WEINBERG, eds., *Deviance : The Interactivist Perspective*, New York, Macmillan, 1987, p. 215-225. c : « The Nudist Management of Respectability », *ibid.*, p. 342-351.

WESTERMARCK, Edward Alexander, *Histoire du mariage*, trad. Arnold VAN GENNEP, Paris, Mercure de France, 1934-1945, 6 vol.

WETHEY, Harold, *The Paintings of Titian, III : The Mythological and Historical Paintings*, London, Phaidon, 1975.

WIESNER, Merry, « Women's Defense of Their Public Role », dans Mary Beth ROSE, ed., *Women in the Middle Ages and the Renaissance*, Syracuse, N.Y., Syracuse U. Press, 1986, p. 3-8.

WILLIAMS, Walter L., *The Spirit and the Flesh : Sexual Diversity in American Indian Culture*, Boston, Beacon Press, 1988.

WILPERT, Joseph, *I sarcofagi cristiani antichi*, Roma, Pontificio Istituto de Archeologia Cristiana, 1929-1936, 3 t. en 5 vol.

WINNINGER, Paul, *La variété dans l'Église*, Paris, Le Centurion, 1968.

WRIGHT, Lawrence, *Clean and Decent. The Fascinating History of the Bathroom & the Water Closet*, London, Routledge and Kegan Paul, 1960.

ZUNDEL, Maurice, a : *L'Évangile intérieur*, 2e éd., Saint-Maurice, Œuvre Saint-Augustin ; Paris, Desclée de Brouwer, 1939. b : *La pierre vivante*, Paris, Les Éditions Ouvrières, 1954. c : « Retraite aux Franciscaines de Lons-le-Saulnier à Ghazir (Liban) du 3 au 10 août 1959. » Texte polycopié. d : *Morale et mystique*, Bruges, Desclée de Brouwer, 1962. e : *Quel homme et quel Dieu ? Retraite au Vatican*, Paris, Fayard, 1976.

Le papier utilisé pour cette publication satisfait aux exigences minimales contenues dans la norme American National Standard for Information Sciences – Permanence of Paper for Printed Library Materials, ANSI Z39.48-1992.

ACHEVÉ D'IMPRIMER
CHEZ
MARC VEILLEUX,
IMPRIMEUR À BOUCHERVILLE,
EN SEPTEMBRE MIL NEUF CENT QUATRE-VINGT-DIX-SEPT